Joel Osteen

In dir steckt mehr

7 Schritte zu Ihrem vollen Potenzial

Über den Autor

Joel Osteen ist der Hauptpastor der *Lakewood Church* in Houston, Texas, Nordamerikas derzeit größter und schnellstwachsender Gemeinde mit etwa 35.000 Gottesdienstbesuchern wöchentlich.

Joel Osteen ist mit Victoria verheiratet, die selbst gelegentlich in der Gemeinde predigt, normalerweise aber die Frauenarbeit in Lakewood betreut. Victoria und Joel haben zwei Kinder, Jonathan und Alexandra.

Die Gottesdienste der *Lakewood Church* sind jeden Sonntag CNBC Europe sowie am Samstag und am Sonntag auf GOD Channel Europe zu sehen.

Joel Osteen

In dir steckt mehr

7 Schritte zu Ihrem vollen Potenzial

Aus dem Englischen übersetzt
von Martina Merckel-Braun

Verlagsgruppe Random House FSC-DEU-0100
Das für dieses Buch verwendete FSC-zertifizierte Papier
Super Snowbright liefert Hellefoss AS, Hokksund, Norwegen.

Die Originalausgabe erschien unter dem Titel „Become a better you".
Published by arrangement with the original publisher, Free Press,
a division of Simon & Schuster, Inc.
All rights reserved.
© 2007 by Joel Osteen
© 2009 der deutschen Ausgabe by Gerth Medien GmbH, Asslar,
in der Verlagsgruppe Random House GmbH, München

Die Bibelzitate wurden, sofern nicht anders angegeben, der „Gute Nachricht Bibel"
entnommen. Revidierte Fassung, © 2000 Deutsche Bibelgesellschaft, Stuttgart.
Darüber hinaus wurden folgende Bibelübersetzungen verwendet:
– Lutherbibel, revidierter Text 1984, durchgesehene Ausgabe
in neuer Rechtschreibung, © 1999 Deutsche Bibelgesellschaft, Stuttgart (LÜ)
– Hoffnung für alle, durchgesehene Ausgabe in neuer Rechtschreibung,
© 1986, 1996, 2002 by International Bible Society, USA.
Übersetzt und herausgegeben durch: Brunnen Verlag Basel, Schweiz (Hfa)
– Neues Leben Bibel, © der deutschen Ausgabe 2002 und 2005 by Hänssler Verlag,
D-71087 Holzgerlingen, Germany. All rights reserved (NL)

1. Auflage 2009
Bestell-Nr. 816 372
ISBN 978-3-86591-372-3

Umschlaggestaltung: Hanni Plato
Umschlagfoto 816 372: Getty Images, David Trood
Umschlagfoto 16 372: Getty Images, Blue Line Pictures
Lektorat und Satz: Nicole Schol
Druck und Verarbeitung: GGP Media GmbH, Pößneck
Printed in Germany

Nachdruck, auch auszugsweise, nur mit Genehmigung des Verlages.

Für Victoria, die Liebe meines Lebens

Danke, dass du an mich glaubst und mich dazu inspirierst, mich nach Höherem auszustrecken. Deine Liebe, deine Loyalität und dein sanftes, freundliches Wesen machen jeden Tag, den ich mit dir verbringe, zu einem Geschenk. Ohne die Samen, die du in mein Leben gesät hast, wäre ich nicht der Mensch, der ich bin.
   Ich respektiere dich, ich bewundere dich, und ich freue mich darauf, den Rest meines Lebens mit dir zu verbringen.

Für Jonathan, meinen wunderbaren Sohn

Du bist freundlich und respektvoll und hast viel Sinn für Humor. Deine Klugheit, deine Einsicht und dein Talent verblüffen mich immer wieder. Es bedeutet mir sehr viel, dass wir Zeit miteinander verbringen dürfen. Unsere Welt wird durch das, was du zu geben hast, reicher werden. Ich bin stolz darauf, dass du mein Sohn bist.

Für Alexandra, mein kleines Juwel

Du siehst nicht nur hübsch aus, du bist auch innerlich schön. Du hast ein weiches Herz, das voller Liebe und Mitgefühl ist. Du bist klug und witzig und du hast eine Stimme wie ein Engel. Wenn du singst, können wir regelrecht spüren, dass Gott uns liebt. Ich bin stolz auf dich und werde immer dein größter Fan sein!

Inhalt

Vorwort 11

Teil 1: Streben Sie stets danach voranzukommen 15

Kapitel 1: Steuern Sie auf die nächste Stufe zu 16
Kapitel 2: Geben Sie Ihren Träumen eine neue Chance 36
Kapitel 3: Sie besitzen kostbares Erbgut 53
Kapitel 4: Reißen Sie die Festungen
   Ihrer Vergangenheit nieder 71
Kapitel 5: Das Generationenkonto 82
Kapitel 6: Entdecken Sie Ihre Bestimmung 95

Praktische Schritte
Teil 1: Streben Sie stets danach voranzukommen 107

**Teil 2: Haben Sie eine positive Einstellung
zu sich selbst** 109

Kapitel 7: Hören Sie nicht länger auf kritische Stimmen 110
Kapitel 8: Lernen Sie, sich selbst zu mögen 126
Kapitel 9: Lassen Sie Ihre Worte
   Ihrem Leben Richtung geben 136
Kapitel 10: Trauen Sie sich etwas zu 149

Praktische Schritte
Teil 2: Haben Sie eine positive Einstellung zu sich selbst 160

Teil 3: Pflegen Sie bessere Beziehungen 161

Kapitel 11: Bringen Sie das Beste in anderen zum Vorschein .. 162
Kapitel 12: Bemühen Sie sich
  um die Vermeidung von Konflikten 175
Kapitel 13: Kämpfen Sie für Ihre Familie 190
Kapitel 14: Investieren Sie in Ihre Beziehungen 202
Kapitel 15: Seien Sie gut zu anderen 216

Praktische Schritte
Teil 3: Pflegen Sie bessere Beziehungen 229

Teil 4: Entwickeln Sie bessere Gewohnheiten 231

Kapitel 16: Pflegen Sie Ihre guten Angewohnheiten 232
Kapitel 17: Machen Sie Glücklichsein zu Ihrer Grundhaltung . 253
Kapitel 18: Lernen Sie, mit Kritik umzugehen 271
Kapitel 19: Behalten Sie auch Ihr eigenes Wohl im Auge 285

Praktische Schritte
Teil 4: Entwickeln Sie bessere Gewohnheiten 299

Teil 5: Finden Sie ein Ja zu dem Platz,
an dem Sie stehen 301

Kapitel 20: Finden Sie ein Ja zu dem Platz, an dem Sie stehen . 302
Kapitel 21: Lassen Sie es sich gutgehen 314
Kapitel 22: Bleiben Sie gelassen 323
Kapitel 23: Erinnern Sie sich an all das Gute 333
Kapitel 24: Gott hält alles in seiner Hand 339

Praktische Schritte
Teil 5: Finden Sie ein Ja zu dem Platz, an dem Sie stehen 352

Teil 6: Entwickeln Sie Ihren inneren Menschen 355

Kapitel 25: Höher hinauf................................. 356
Kapitel 26: Hören Sie auf Ihr Gewissen 366
Kapitel 27: Packen Sie das Problem an der Wurzel 375

Praktische Schritte
Teil 6: Entwickeln Sie Ihren inneren Menschen 386

**Teil 7: Bewahren Sie sich die Leidenschaft
        für das Leben**................................. 387

Kapitel 28: Rechnen Sie mit dem Segen Gottes 388
Kapitel 29: Tragen Sie ein Loblied im Herzen 401
Kapitel 30: Vom Glauben zum Erwarten 413
Kapitel 31: Bewahren Sie sich
    Ihre Leidenschaft für das Leben 427

Praktische Schritte
Teil 7: Bewahren Sie sich die Leidenschaft für das Leben 443

Anmerkungen 445
Sie sind uns wichtig! 447

Vorwort

Gleichgültig, ob Ihr Leben ganz nach Ihren Wünschen verläuft oder ob Sie das Gefühl haben, dass es ein einziger Scherbenhaufen ist – wir alle möchten uns gern weiterentwickeln. Wir möchten in unserem Leben mehr erreichen. Wir möchten Gott besser kennenlernen. Wir möchten bessere Ehepartner und Eltern sein, bessere Angestellte, bessere Chefs und Manager. Gott hat tief in unser Inneres etwas hineingelegt, das uns wünschen lässt, ihm ähnlicher zu werden. In unserem Herzen hören wir eine Stimme, die zu uns sagt: „Du wurdest für etwas Besseres geboren. Du bist dazu bestimmt, auf einer höheren Ebene zu leben, als du es jetzt tust. Gib dich nicht mit weniger zufrieden. Du kannst weiterkommen."

Die Frage lautet: „Wie? Was muss ich tun, um das zu schaffen?"

In meinem ersten Buch „Lebe jetzt!" habe ich sieben Prinzipien erläutert, wie Sie lernen können, Ihr volles Potenzial auszuschöpfen. Viele Menschen entwickeln heute eine kühnere Vision für ihre Zukunft und erfahren Gottes Gunst und seine Segnungen in stärkerem Ausmaß. Aber selbst wenn Sie sich weiterentwickelt haben, ist es wichtig, dass Sie nicht stehen bleiben. Gott möchte immer weiter an uns arbeiten; er möchte mehr an uns und durch uns tun. Er möchte, dass wir uns selbst immer besser kennenlernen, und er möchte uns helfen, in unserem Leben immer weiter nach vorne zu streben. Er hat uns nicht dazu erschaffen, durchschnittlich zu sein. Er will nicht, dass wir uns mit „ausreichend" zufriedengeben. Er möchte, dass wir weiterstreben und uns danach sehnen, weitere Schritte in unserer persönlichen Entwicklung zu gehen.

Mit „In dir steckt mehr" möchte ich Ihnen dabei helfen, genau dies zu tun. Ich möchte Sie einladen, sich auf eine Reise in Ihr Inneres zu begeben und in sich selbst die unschätzbar wertvollen Samen zu entdecken, die Gott in Sie hineingelegt hat. In diesem

Buch werde ich Ihnen sieben Schlüsselprinzipien vorstellen, die Ihnen dabei helfen sollen, diese Samen zu aktivieren. Auf diese Weise kann das Leben im Überfluss hervorbrechen, das Gott Ihnen schenken möchte. Diese Schlüssel sind äußerst einfach und naheliegend und gerade deshalb werden sie oft übersehen. Es sind jedoch die sieben Schlüsselprinzipien, die mich selbst stark geprägt haben und die mir dabei helfen, in meinem persönlichen Leben, in meinen Beziehungen, in meiner Familie und in meinem Beruf beständig Gutes zu erwarten. Ich weiß, dass diese Prinzipien funktionieren, weil ich es immer wieder selbst erlebt habe.

Zu viele Menschen geben sich mit Mittelmäßigkeit zufrieden. Es ist an der Zeit, diese negativen Gedankenmuster abzulegen und sich weiterzuentwickeln. Denken Sie daran: Gott hat alles in Sie hineingelegt, was Sie brauchen, um ein erfolgreiches Leben zu führen. Jetzt liegt es an Ihnen, diese Pflänzchen ans Tageslicht zu befördern. Wir dürfen nicht zulassen, dass falsche Denkmuster, negative Erfahrungen in der Vergangenheit oder die Meinung anderer Leute uns entmutigen oder veranlassen, zu resignieren und aufzugeben. Menschen, die ihr volles Potenzial ausschöpfen wollen, haben entdeckt, dass das Gute oft der Feind des Besseren ist.

Haben Sie schon einmal jemanden kennengelernt und gedacht: *Was für eine großartige Einstellung! Sie ist eine prima Mutter!* oder: *Er ist ein toller Kollege!?* Ich vermute, dass die Person, die Sie bewundert haben, ein wandelndes Beispiel für einen Menschen war, der sich ständig weiterentwickelte.

Wie können auch Sie lernen, sich ständig weiterzuentwickeln? Der erste Schritt besteht darin, dass Sie begreifen: Gott möchte, dass Sie immer mehr zu dem Menschen werden, den er im Sinn hatte, als er Sie erschuf. Und zweitens müssen Sie sich klarmachen: Gott wird Ihnen dabei helfen – aber Sie müssen ebenfalls Ihren Teil dazu beitragen. Wenn Sie wollen, dass es in Ihrem Leben ständig aufwärts geht, sollten Sie:

1. aktiv danach streben voranzukommen,
2. eine positive Einstellung zu sich selbst haben,
3. bessere Beziehungen aufbauen,

4. bessere Gewohnheiten entwickeln,
5. den Ort annehmen, an dem Sie stehen,
6. sich innerlich weiterentwickeln,
7. sich Ihre Leidenschaft für das Leben bewahren.

Die meisten von uns bemühen sich in gewissem Maße, in diesen Bereichen voranzukommen, aber um wirklich bedeutende Fortschritte zu machen, müssen wir uns mit großer Entschlossenheit auf diese verschiedenen Punkte konzentrieren. In den nächsten Kapiteln werde ich jedes dieser Prinzipien ausführlich erläutern und Ihnen erklären, wie sie funktionieren und wie sie Ihnen dabei helfen können, Ihr eigenes Leben und das zukünftiger Generationen zu verbessern. Ich werde Ihnen helfen zu verstehen, wo Sie im Moment stehen, woher Sie kommen und wohin Sie gehen. Während wir auf diese Weise gemeinsam wachsen, wird Gott fortwährend Gutes in Ihrem Leben bewirken und Sie so weit bringen, wie Sie es in Ihren kühnsten Träumen nicht für möglich gehalten hätten.

    Wenn Sie gerade eine schwierige Zeit durchmachen, fassen Sie Mut! Es liegen bessere Tage vor Ihnen! Gott will Sie hindurchtragen; er will, dass Sie hinterher ein besserer Mensch sind als zuvor. Er will Ihnen alles ersetzen, was Sie verloren haben, und Ihnen sogar noch viel mehr geben!

    Wenn es Ihnen gut geht und Sie Ihr Leben genießen, können Ihnen diese Prinzipien dabei helfen, Ihr Herz und Ihre Gedanken zu schützen und ein Leben zu führen, das Gott gefällt. Führen Sie sich immer wieder vor Augen, wie gut Gott zu Ihnen ist. Erinnern Sie sich daran, dass es sein Segen ist, den Sie genießen, und dass es Ihre Aufgabe ist, diesen Segen auch an andere weiterzugeben. Dann wird Gott Ihr Leben mit unermesslicher Liebe und Freude und tiefem Frieden erfüllen.

    Machen Sie sich bereit! Sie sind dabei, sich auf eine Reise zu begeben, die Sie zu Bereichen Ihres Lebens führt, die Sie bisher selten oder nie unter die Lupe genommen haben. Bei jedem Schritt geht es um Ihren Verstand, Ihr Herz und Ihre Seele, aber Sie werden zu Ihrer Überraschung feststellen, dass Ihre innere Reise sich auf Ihr

„äußeres" Leben auswirkt. Ihre Beziehungen zu anderen werden sich vertiefen, Sie werden Ihre Gaben und Talente effektiver nutzen und Ihr Leben wird in jeder Hinsicht besser.

Ich muss Sie aber auch warnen: Wenn Sie die sieben Schlüsselprinzipien dieses Buches umsetzen, könnte das dazu führen, dass sich Ihr Leben völlig verändert! Und auch wenn ich Ihnen nicht garantieren kann, dass Sie reich oder berühmt werden, kann ich Ihnen eines versichern: Wenn Sie diesem Plan folgen, werden Sie ein erfüllteres Leben führen.

Es geht in diesem Buch immer wieder darum, wie Sie sich in jeder Hinsicht weiterentwickeln können. Je mehr Sie lernen, Gott zu vertrauen, desto größere Fortschritte werden Sie machen. Er wird Ihren Horizont ständig erweitern und Ihr Lebensweg wird immer weiter nach oben führen!

Teil 1

Streben Sie stets danach voranzukommen

Kapitel 1

Steuern Sie auf die nächste Stufe zu

Der berühmte Architekt Frank Lloyd Wright entwarf viele schöne Gebäude, Wohnanlagen und andere großartige Bauwerke. Gegen Ende seiner Karriere erkundigte sich ein Reporter danach, welches der Projekte dem Architekten selbst am besten gefiele.

Ohne zu zögern, antwortete Frank Lloyd Wright: „Mein nächstes."

Frank Lloyd Wright wusste, dass es im Leben darum geht, sich nach immer neuen Zielen auszustrecken, sich ständig weiterzuentwickeln und sich niemals mit vergangenen Erfolgen zufriedenzugeben.

Und das gilt auch für Sie: Die ganze Welt wartet auf *Ihr* nächstes Abenteuer!

Zu viele Menschen leben weit unter ihren Möglichkeiten. Sie haben viele Gaben und Talente und könnten so viel mehr erreichen. Aber sie haben sich innerlich zurückgelehnt und geben sich viel zu bereitwillig mit dem Status quo zufrieden.

Oft höre ich, wie Menschen sich dafür entschuldigen, dass sie in ihrer persönlichen Entwicklung keine Fortschritte mehr machen:

„Ich habe so viel erreicht wie die meisten anderen."

„Im Vergleich zu anderen bin ich in meinem Beruf ganz schön erfolgreich."

„Ich bin so weit gekommen wie meine Eltern."

Das ist toll, aber Gott will, dass Sie noch einen Schritt weitergehen. Selbst Gott hat sich nach der Erschaffung der Welt nicht zurückgelehnt, sondern ist auch heute noch am Werk – und er wünscht sich dies auch von uns. Gleichgültig, wo Sie in Ihrem Leben stehen, Gott hält mehr für Sie bereit. Wir sollten ständig danach streben, unsere Fähigkeiten auszubauen, unser Glaubensleben zu vertiefen, immer besser mit unseren Finanzen umzugehen, beruflich voranzukommen und unsere Beziehungen zu verbessern. Jeder von uns hat Bereiche, in denen er sich weiterentwickeln kann. Wir haben vielleicht ein bestimmtes Maß an Erfolg erreicht, aber es gibt immer neue Herausforderungen zu bewältigen. Es gibt neue Träume und Ziele, die wir verfolgen können.

Gott hat vermutlich schon viel in Ihrem Leben getan. Er hat Türen für Sie geöffnet, die niemand sonst hätte öffnen können. Vielleicht hat er Ihnen eine wunderbare Familie und ein tolles Zuhause geschenkt. Vielleicht hat er dafür gesorgt, dass Sie befördert werden und dass Ihr Arbeitgeber oder Abteilungsleiter Ihnen wohlgesonnen ist. Das ist prima, und Sie sollten Gott für all das danken, was er für Sie getan hat. Aber seien Sie auf der Hut: Wenn wir das Leben genießen, besteht manchmal die Gefahr, dass wir bequem und selbstgefällig werden und denken: *Ja, Gott ist gut zu mir gewesen. Ich kann mich nicht beschweren. Ich habe meine Ziele erreicht; ich habe meine Möglichkeiten ausgeschöpft.* Aber Gott vollbringt seine größten Taten nicht in Ihrer Vergangenheit.

Vielleicht hat Gott schon Wunder für Sie getan, aber das ist noch gar nichts! Sie haben das Beste noch vor sich. Lassen Sie nicht zu, dass Ihr Leben langweilig wird. Träumen und hoffen Sie weiter, machen Sie Pläne für neue Projekte, Erfahrungen und Abenteuer mit Gott.

Ich habe entdeckt, dass Gott sich gern selbst übertrifft. Er will Ihnen seine Gunst in größerem Ausmaß zuwenden als bisher. Er will, dass Sie morgen mehr Segen erfahren als heute. Er wünscht sich, dass Sie Ihr Umfeld stärker positiv beeinflussen als bisher: Wenn Sie Lehrerin sind, haben Sie Ihre beste Unterrichtsstunde noch nicht gehalten. Wenn Sie Bauunternehmer sind, haben Sie Ihr bestes Haus noch nicht gebaut. Wenn Sie Geschäftsmann sind, haben Sie Ihren besten Deal noch nicht abgeschlossen. Es ist Zeit, dass Sie Ihre Hoffnungen neu entfachen. Entwickeln Sie eine neue Perspektive für die Zukunft, und stellen Sie sich auf die Dinge ein, die Gott am Horizont für Sie bereitgestellt hat. Ihre beste Zeit liegt nicht hinter Ihnen – sie liegt vor Ihnen!

> Gott vollbringt seine größten Taten nicht in Ihrer Vergangenheit.

Aber wenn sich dies bewahrheiten soll, dann müssen wir uns darum bemühen, uns weiterzuentwickeln. Werfen Sie Ihre geringen Erwartungen über Bord. Machen Sie keine „kleinen" Pläne für Ihr Leben. Träumen Sie keine „kleinen" Träume. Laufen Sie nicht mit dem Gedanken herum: *Alle Leute haben Erfolg, nur ich nicht. Ich habe meine Grenzen erreicht. Ich werde bestimmt nie befördert. Ich weiß nicht, warum ich nicht eine so tolle Begabung habe wie diese andere Person.*

Verabschieden Sie sich von diesen negativen Denkmustern. Sie sind ein Kind des allmächtigen Gottes. Gott hat Ihnen *sein* Leben eingehaucht. Er hat großartige Samen in Sie hineingelegt. Sie haben alles, was Sie brauchen, um die Berufung zu erfüllen, die Gott Ihnen mitgegeben hat. Gott hat Ihnen das Talent, die Kreativität, die Disziplin, die Weisheit und die Entschlossenheit, die Sie benötigen, schon gegeben. All dies steckt bereits in Ihnen. Sie verfügen über ein immenses Potenzial. Aber Sie müssen Ihren Beitrag leisten und damit beginnen, es anzuzapfen. Sie müssen die Gaben und Talente, die Gott Ihnen geschenkt hat, auch einsetzen.

In der Bibel steht, dass wir einen wertvollen Schatz in uns haben. Sie haben eine Gabe (oder sogar mehrere). Sie haben etwas anzubieten, das niemand sonst hat. Sie sind nicht einfach zufällig auf dieser Erde gelandet. Sie wurden vom allmächtigen Gott auserwählt. Er sah Sie schon, bevor Sie im Leib Ihrer Mutter gebildet wurden, und hat Sie aus einem bestimmten Grund hierhergebracht. Sie haben eine Bestimmung. Es gibt etwas, das Sie nach dem Willen Gottes erreichen sollen. Es gibt jemanden, dessen Leben sich verändern wird, wenn er Ihnen begegnet. Er braucht das, was Sie anzubieten haben.

Leben Sie nicht, ohne diesen Schatz zu entdecken, und sterben Sie nicht mit diesem ungehobenen Schatz in Ihrem Inneren. Streben Sie vorwärts. Verwirklichen Sie die Träume und Sehnsüchte, die Gott in Sie hineingelegt hat.

Neurologen haben entdeckt, dass wir Menschen im Durchschnitt weniger als 10 Prozent unseres Verstandes nutzen. Das bedeutet, dass mehr als 90 Prozent unseres Leistungsvermögens brachliegen. Sie werden niemals angezapft. Wenn wir nur begreifen könnten, was wir besitzen: Gott hat einen Teil von sich selbst in Sie hineingelegt. Als der Zeitpunkt Ihrer Geburt gekommen war, sagte Gott: „Ich will dir diese Gabe schenken, dieses Talent, diese kreative Fähigkeit." Sie haben die Samen des allmächtigen Gottes in Ihrem Inneren. Sie wurden nicht dazu erschaffen, durchschnittlich zu sein. Sie wurden nicht dazu erschaffen, ein bestimmtes Niveau zu erreichen und dort stehen zu bleiben. Sie wurden dazu erschaffen, Herausragendes zu leisten. Es gibt keine Grenzen dafür, wie weit Sie in Ihrem Leben kommen können, wenn Sie lernen, Ihre Bequemlichkeit abzuschütteln und sich nach Höherem auszustrecken. Mit Gottes Hilfe stehen Ihnen alle Türen offen.

All dies beginnt jedoch in unserem Herzen und in unserem Kopf. Wir müssen glauben, dass wir haben, was wir brauchen. Wir müssen glauben, dass wir eine Gabe, einen Schatz besitzen. Vielleicht haben andere Menschen versucht, Sie kleinzuhalten. Vielleicht haben Ihre Lebensumstände Ihre Einstellung negativ geprägt. Vielleicht haben Sie ja versucht, im Leben Erfolg zu haben, und sind immer wieder gegen eine Wand gerannt. Versuchen Sie es noch einmal. Vielleicht hat jemand tausendmal nein zu Ihnen gesagt – fragen Sie noch einmal. Fragen Sie so lange, bis Sie das Ja bekommen, auf das Sie warten. Geben Sie nicht auf.

Zu viele Menschen geben sich mit viel weniger als dem zufrieden, was Gott für sie geplant hat. Manchmal verlieren sie den Mut, aber allzu oft ist es einfach Bequemlichkeit. Sie bemühen sich nicht länger. Ihr Glaube bleibt reine Theorie, sie setzen ihn nicht praktisch um – und wie ein straffer, muskulöser Körper, der nicht bewegt wird, erschlafft er mit der Zeit. Ich denke, diese Art von Bequemlichkeit ist vor allem darauf zurückzuführen, dass viele Menschen nicht wirklich begreifen, was in ihnen steckt. Sie erkennen das Potenzial nicht, das Gott in sie hineingelegt hat.

Vor einigen Jahren war ein Freund von mir mit einem Bekannten auf einer deutschen Autobahn unterwegs. Anders als bei den amerikanischen Highways gibt es auf den Autobahnen keine allgemeine gesetzlich geregelte Höchstgeschwindigkeit. Sie dürfen so schnell fahren, wie Sie wollen bzw. wie aufgrund der Verhältnisse möglich ist.

Mein Freund war so begeistert, dass er das Gaspedal heruntertrat und das Auto auf 120, 130, 150, 160 Stundenkilometer beschleunigte. Er fühlte sich wie ein kleiner Rennfahrer, als er so an den anderen Fahrzeugen vorbeirauschte.

Nach einigen Minuten sah er jedoch im Rückspiegel ein anderes Auto heransausen. Es war genau dasselbe Modell wie sein eigenes, aber es raste an ihm vorbei, als würde er still stehen. Dieses zweite Fahrzeug musste eine Geschwindigkeit von über 200 Stundenkilometern draufgehabt haben.

Der Beifahrer, der neben meinem Freund saß, lachte und sagte: „Siehst du? Du fährst nicht so schnell, wie du kannst. Du fährst nur so schnell, wie du dich traust."

Denken Sie einmal darüber nach: Das Auto meines Freundes hatte ein enormes Potenzial. Es war ebenfalls dazu imstande, 200 Stundenkilometer zu fahren. Der Hersteller hatte das Potenzial in den Wagen hineingelegt. Wie schnell mein Freund dann tatsächlich fuhr, hatte jedoch nichts mit der Leistungsfähigkeit des Autos zu tun. Mit anderen Worten: Das Potenzial des Wagens wurde dadurch, dass er es nicht nutzte, nicht geringer. Und die bloße Tatsache, dass ihm das Potenzial zur Verfügung stand, wirkte sich nicht auf sein Tempo aus.

Ebenso ist es auch mit uns. Unser Potenzial wurde von unserem Hersteller, unserem Schöpfer, dem allmächtigen Gott, in uns hineingelegt. Ob wir es nutzen oder nicht, ändert nichts an seinem Ausmaß, aber es wirkt sich auf unsere Zukunft aus. Wie jemand Sie behandelt oder was der- oder diejenige über Sie gesagt hat, ändert nichts an Ihrem Potenzial. Vielleicht haben Sie einige Enttäuschungen erlebt oder Sie sind unfair behandelt worden. All dies hat keine Auswirkung auf Ihr Potenzial. Der Schöpfer des Universums hat es in Sie hineingelegt. Wenn wir wirklich glauben, vertrauen wir ihm und strecken uns nach Höherem aus. Auf diese Weise beginnen wir, unser Potenzial anzuzapfen. So werden wir uns weiterentwickeln.

Sie besitzen bestimmte Fähigkeiten, die Frage ist nur: Sind Sie dazu bereit, Ihre selbst auferlegten Grenzen zu sprengen und sich darum zu bemühen, Neues zu entdecken?

Allzu oft lassen wir zu, dass negative Erfahrungen, die wir in der Vergangenheit gemacht haben, uns davon abhalten, vorwärtszugehen. Vielleicht hat ein Geschäftspartner, ein Trainer, ein Verwandter oder ein Freund zu Ihnen gesagt: „Hey, glaubst du wirklich, dass du das kannst? Vielleicht ist das eine Nummer zu groß für dich. Was ist, wenn du es versuchst und auf die Nase fällst? Was ist, wenn es nicht klappt?"

Vielleicht verfolgen diese Worte Sie und lähmen Sie, sodass Sie es nicht wagen, sich nach etwas Neuem auszustrecken. Machen Sie sich klar, dass keine dieser Behauptungen etwas an dem Potenzial in Ihrem Inneren ändern kann. Sie besitzen es dennoch. Lassen Sie sich daher von solchen Aussagen anderer Leute nicht davon abhalten, das einzusetzen, was Gott Ihnen geschenkt hat. Wenn Gott Ihnen gezeigt hat, dass Sie etwas Bestimmtes tun sollen, dann tun Sie es.

Viele Menschen bekamen negative Kommentare zu hören wie: „Du hast nicht das Zeug dazu. Du bist nicht sehr begabt. Ich glaube nicht, dass du jemals Erfolg haben wirst."

Wenn wir nicht aufpassen, können sich solche negativen Worte in unseren Gedanken einnisten und dort zu regelrechten Festungen werden.

Eine junge Frau namens Sherry kam einmal zu einem Beratungsgespräch zu mir. Sie hatte jahrelang in einer Beziehung gelebt, in der sie missbraucht wurde. Während dieser Zeit hatte ihr Partner ihr immer wieder gesagt: „Du kannst nichts richtig machen. Du bist so dumm. Du bist so hässlich." Sie hatte diese Worte so oft gehört, dass es sie körperlich, seelisch und geistlich völlig fertiggemacht hatte. Sie empfand keine Freude, hatte kaum noch Selbstvertrauen und noch weniger Selbstachtung.

Ich sagte ihr, was ich auch Ihnen sage: „Ihren Wert, Ihre Gaben und Talente haben Sie vom allmächtigen Gott bekommen. Und es ist völlig gleichgültig, was irgendjemand sonst über Sie sagt. Die gute Nachricht ist, dass Gott das letzte Wort hat. Er sagt Ihnen, dass in Ihrem Inneren ein Schatz verborgen ist. Er sagt Ihnen, dass Sie eine bestimmte Begabung haben. Er sagt Ihnen, dass Sie wertvoll sind. Hören Sie damit auf, dieses alte Lied abzuspielen, und stimmen Sie ein neues an. Beschäftigen Sie sich mit Gedanken wie: *Ich bin kreativ. Ich bin begabt. Ich bin wertvoll. Mir stehen alle Türen offen. Das Beste liegt noch vor mir.* Sie müssen dafür sorgen, dass sich Ihr Denken in diese neue Richtung bewegt. Denn wenn Sie negativen Gedanken über sich selbst Raum geben, hindert Sie das daran, der Mensch zu werden, den Gott geplant hat, als er Sie erschuf."

Wer auch immer negative Dinge zu Ihnen gesagt hat – Ihre Eltern, Ihr Ehepartner, ein Vorgesetzter oder ein Lehrer –, Sie müssen diese Worte aus Ihrer Erinnerung entfernen. Worte haben Macht. Sie können Barrieren in Ihrem Herzen und in Ihren Gedanken errichten. Manchmal kann uns ein einziger kleiner Satz jahrelang in unserer Entwicklung behindern.

Einer meiner Freunde war Assistent eines bekannten Pastors und begleitete diesen auf seinen Reisen. Eines Tages kam ein Mann ins Hotel und verlangte, dass der Pastor sofort mit ihm beten würde. Sein Assistent entgegnete jedoch: „Tut mir leid, aber der Pastor darf jetzt nicht gestört werden. Er ruht sich aus und bereitet sich auf die Veranstaltung vor, die heute Abend stattfindet."

Aber dieser Mann ließ nicht locker. Äußerst aggressiv beharrte er auf seiner Forderung. Mein Freund blieb freundlich und höflich und versuchte, den unerwarteten Besucher zu beschwichtigen. Vergebens.

Schließlich schlug mein Freund vor: „Wie wäre es, wenn *ich* für Sie beten würde? Ich arbeite tagtäglich mit dem Pastor zusammen. Es wäre mir eine Freude, für Sie zu beten."

Da baute sich der aufdringliche Mann wütend vor ihm auf und erwiderte: „Nein, das kommt nicht infrage. Mit *Ihnen* lasse ich mich nicht abspeisen."

Diese Worte taten wirklich weh: „Mit *Ihnen* lasse ich mich nicht abspeisen." Die Botschaft, die sie übermittelten, lautete: „Sie sind nicht gut genug. Ihre Gebete können nichts ausrichten."

Mein Freund erzählte mir später, wie diese Worte Tag für Tag in seinem Herzen und seinem Kopf widerhallten und ihn quälten. „Mit Ihnen lasse ich mich nicht abspeisen." Wenn er nachts im Bett lag, dachte er: *Du hast nicht das Zeug dazu. Du bist nicht so sehr von Gott gesegnet wie der berühmte Pastor. Du kannst keiner Menschenseele helfen.*

Der junge Mann hatte ohnehin schon mit seinem Selbstvertrauen zu kämpfen, aber nun setzten sich diese negativen Worte in seinem Unterbewusstsein fest. Er konnte sie einfach nicht abschütteln und ließ zu, dass sie ihn jahrelang niederdrückten.

Und diese Erfahrung machen viele Menschen. Sie leiden unter Minderwertigkeitskomplexen und ihnen fehlt die nötige Selbstachtung, weil ihnen ständig negative Dinge über sich selbst durch den Kopf gehen. Ich will mich selbst jetzt nicht in einem besseren Licht dastehen lassen, aber ich versuche, mich den ganzen Tag lang in Gedanken daran zu erinnern: *Gott hat mir seinen Heiligen Geist geschenkt und mir bestimmte Gaben mitgegeben. Ich bin kreativ. Ich bin talentiert. Ich bin erfolgreich. Gott hat mir viele gute Dinge gegeben. Meine Mitmenschen mögen mich.*

Versuchen Sie es. Wenn Sie mit solchen Gedanken durchs Leben gehen, haben geringe Selbstachtung, mangelndes Selbstvertrauen oder Minderwertigkeitsgefühle bei Ihnen keine Chance. Richten Sie sich gerade auf, lächeln Sie, und halten Sie nach Möglichkeiten Ausschau, sich weiterzuentwickeln.

Nachdem Adam und Eva damals im Garten Eden die verbotene Frucht gegessen hatten, versteckten sie sich. Als es am Abend kühl wurde, kam Gott zu ihnen und rief: „Adam, Eva, wo seid ihr?"

Sie antworteten: „Gott, wir verstecken uns, weil wir nackt sind."

Ich finde toll, was Gott darauf entgegnete. Er sagte: „Adam, wer hat dir gesagt, dass du nackt bist?" Mit anderen Worten: „Wer hat dir gesagt, dass mit dir irgendetwas nicht in Ordnung sei?" Gott wusste sofort, dass der Feind zu ihnen gesprochen hatte.

Gott fragt uns auch heute noch: „Wer hat dir gesagt, dass du nicht das Zeug dazu hast, dein Leben erfolgreich zu meistern? Wer hat dir gesagt,

> Wer hat Ihnen gesagt, dass mit Ihnen irgendetwas nicht in Ordnung sei?

dass du in der Schule nur Dreier schreiben kannst und keine Einser? Wer hat dir gesagt, dass du nicht liebenswert genug bist, um erfüllte Beziehungen zu anderen Menschen zu haben, oder nicht begabt genug, um beruflich erfolgreich zu sein? Wer hat dir gesagt, dass deine Ehe garantiert in die Brüche geht?"

Das sind die Lügen des Feindes. Sie müssen diese Gedanken zur Seite schieben und entdecken, was Gott über Sie sagt.

„Also, ich glaube nicht, dass ich diese Beförderung erhalten werde, Joel."

Wer hat Ihnen das gesagt? Gott hat versprochen: „Der Herr wird denen nichts Gutes vorenthalten, die tun, was recht ist" (Psalm 84,12; NL).

„Ich glaube nicht, dass ich jemals heiraten werde, Joel. Ich habe schon so lange keine Verabredung mehr gehabt, und ich glaube, ich werde nie jemanden finden, der zu mir passt und der mich so liebt, wie ich bin."

Wer hat Ihnen das gesagt? Gott hat versprochen: „Suche dein Glück beim Herrn: Er wird dir jeden Wunsch erfüllen" (Psalm 37,4).

„Ich glaube nicht, dass ich jemals im Management arbeiten könnte. Ich bin einfach keine Führungspersönlichkeit."

Wer hat Ihnen das gesagt? Gott hat versprochen: „Allem bin ich gewachsen durch den, der mich stark macht" (Philipper 4,13). Sie haben das nötige Potenzial. Es verändert sich nicht, nur weil Sie nicht daran glauben oder weil Sie einige negative Erfahrungen hinter sich haben. Der Schöpfer des Universums hat es in Sie hineingelegt und in der Bibel steht: „Denn Gott nimmt seine Gnadengeschenke nicht zurück und eine einmal ausgesprochene Berufung widerruft er nicht" (Römer 11,29). Das bedeutet, Gott wird das Potenzial, das er in Sie hineingelegt hat, nie zurücknehmen. Er wird niemals sagen: „Ich habe keine Lust mehr, mich mit dir abzugeben. Du hast zu oft versagt. Du hast zu viele Fehler gemacht. Gib mir einfach meine Geschenke wieder zurück."

Nein, diese Geschenke und die Berufung, die auf Ihrem Leben liegt, werden Ihnen bis zu dem Tag, an dem Sie diese Erde verlassen, erhalten bleiben. Aber es liegt an Ihnen zu entscheiden, ob Sie sie anzapfen und gebrauchen wollen oder nicht.

Wenn Sie nur wüssten

Im 4. Kapitel des Johannesevangeliums wird davon berichtet, dass Jesus an einem Brunnen in Samaria einer Frau begegnete und sie um einen Schluck Wasser bat. Sie war überrascht, denn damals wollten die Juden nichts mit den Samaritern zu tun haben: „Wie kannst du mich um etwas zu trinken bitten?"

Jesus antwortete: „Wenn du wüsstest, wer ich bin, dann würdest du mich um etwas zu trinken bitten, und ich würde dir lebendiges Wasser geben."

Die Frau nahm an, Jesus würde im ganz wörtlichen Sinn über Wasser sprechen: „Herr, du hast doch gar nichts, womit du Wasser schöpfen könntest. Du hast keinen Eimer und der Brunnen ist tief. Wie willst du mir da Wasser geben?"

Ich frage mich manchmal, wie oft Gott uns sagt, dass er etwas Großartiges in unserem Leben tun will, dass wir gesund werden können, dass es uns gut gehen soll, dass es uns gelingen wird, unsere Schulden zurückzuzahlen. Wir spüren es ganz deutlich, aber ebenso wie die Frau am Brunnen denken wir gleich an das, was wir *nicht* haben, und an all die Hindernisse, die uns im Weg stehen. Und innerhalb kurzer Zeit haben wir uns selbst davon überzeugt, dass Gott niemals so etwas Tolles für uns tun wird: „Das kann doch gar nicht klappen. Mir fehlt die entsprechende schulische Bildung; ich habe nicht das Talent dazu; ich besitze nicht die erforderliche Disziplin. Ich werde diese Sucht niemals überwinden; ich werde meine Träume nie in die Tat umsetzen können." Nein, Sie müssen damit aufhören, auf das zu blicken, was Sie nicht haben, und zu glauben beginnen, dass Ihnen alles möglich ist.

Ich hätte mir niemals träumen lassen, dass ich das tun würde, was ich heute tue – Menschen auf der ganzen Welt zu ermutigen. 17 Jahre lang hat mein Vater versucht, mich dazu zu bewegen, in unserer Gemeinde zu predigen, aber ich verspürte keinerlei Verlangen danach. Ich bin von Natur aus eher ruhig und zurückhaltend und würde viel lieber hinter den Kulissen arbeiten.

Aber als mein Vater starb, wusste ich, dass ich sein Nachfolger werden sollte. Obwohl ich nie zuvor gepredigt hatte und keine theologische Ausbildung besaß, sagte ich: „Gott, ich werde nicht auf das schauen, was ich nicht habe. Ich schaue auf dich. Ich weiß, dass du gerade in meiner Schwachheit am deutlichsten zeigen wirst, wie mächtig du bist." Ich ging diesen Glaubensschritt, und Gott hat mich Dinge tun und erleben lassen, von denen ich nie zu träumen gewagt hätte.

Er kann für Sie dasselbe tun. Lassen Sie sich in Bezug auf Ihre Einstellung, Ihren Beruf oder Ihre Ehe nicht von der Macht alter Gewohnheiten fesseln. In Ihnen steckt unglaublich viel – wahrscheinlich viel mehr, als Ihnen bewusst ist! Gottes Handeln ist nicht durch irgendwelche Naturgesetze Grenzen gesetzt. Er kann tun, was Menschen nicht tun können. Der Schlüssel ist: Wenden Sie Ihre Augen von Ihren Problemen ab und richten Sie sie auf Gott.

Wenn Gott einen Traum in Ihr Herz legt, mag es rein menschlich gesehen vielleicht unmöglich scheinen, diesen in die Wirklichkeit umzusetzen. Und vielleicht sagt Ihnen jeder, dass daraus niemals etwas werden kann. „Du wirst diese Sucht nie überwinden. Du wirst das, was du dir erträumst, nie erreichen können. Du wirst nie glücklich werden." Aber wenn Sie vertrauensvoll an Gott festhalten und Gutes erwarten, können auch Sie das scheinbar Unmögliche erreichen.

Ich unterhielt mich einmal mit einem bekannten Drahtseilartisten, der aus einer Familie kommt, die schon seit sieben Generationen beim Zirkus arbeitet. Ich fragte ihn: „Was ist das Geheimnis dabei, wenn man auf einem Drahtseil gehen will? Es sieht so einfach aus, wenn Sie das tun."

Er erwiderte: „Joel, das Geheimnis besteht darin, dass Sie dorthin schauen, wo Sie hingehen wollen. Sie dürfen nie nach unten blicken. In welche Richtung Sie auch Ihren Kopf wenden – dorthin wird Sie auch Ihr Körper begleiten. Wenn Sie nach unten schauen, werden Sie mit großer Wahrscheinlichkeit abstürzen. Also müssen Sie immer dahin blicken, wo Sie hinwollen."

Dasselbe Prinzip gilt auch für unser Leben. Manche Menschen blicken ständig zurück und können ihre Augen nicht von ihrem Schmerz und ihren Verletzungen abwenden. Andere schauen nach unten – sie sind voller Selbstmitleid und beklagen sich, das Leben sei nicht fair. Wenn Sie sich weiterentwickeln und weitere Schritte gehen wollen, dann müssen Sie Ihre Augen fortwährend auf Ihr Ziel richten. Träumen Sie große Träume! Fixieren Sie Ihren Blick nicht auf Ihre gegenwärtige Situation; stellen Sie sich stattdessen vor, wie Sie Ihr Ziel erreichen und Ihre Berufung erfüllen.

Als Jugendlicher war Pete ein begeisterter Baseballspieler. Aber als er sich einem Team anschließen wollte, gab der Trainer ihm keine Chance. Er sagte: „Tut mir leid, Junge – du bist einfach zu klein. Du wirst nie in dieser Mannschaft spielen."

Pete war am Boden zerstört. Sein Herz hing am Baseballspiel. Als seine Mutter ihn von der Schule abholte, setzten er und sein bester Freund sich auf die Rückbank. Pete bemühte sich, die Fassung zu wahren und nicht in Tränen auszubrechen, doch dann sagte sein Freund, der viel größer war als Pete: „Hey, hast du deiner Mam gesagt, dass sie dich nicht in die Mannschaft aufgenommen haben, weil du zu klein bist?"

Die Worte seines Freundes schmerzten zutiefst. Pete hasste es, klein zu sein. Er ging in sein Zimmer und fühlte sich erbärmlich und zurückgestoßen. Im Laufe dieser Woche wurde jedoch in der Schule bekanntgegeben: „Weil so viele Jungen in die Baseballmannschaft aufgenommen werden wollen, werden wir eine zweite gründen – die B-Mannschaft."

Pete bewarb sich und wurde in die B-Mannschaft aufgenommen.

Am Ende jener Saison trafen gerade diese beiden Mannschaften beim Entscheidungsspiel um die Meisterschaft aufeinander, und die zweite Mannschaft, die B-Mannschaft, schlug die A-Mannschaft. Raten Sie einmal, wer der siegreiche Werfer war. Richtig – es war Petes herausragendem Talent als Werfer zu verdanken, dass die B-Mannschaft den Sieg davontrug.

Nun beantworten Sie mir die folgende Frage: Wie viel Potenzial besaß Pete, als ihm die Aufnahme in die A-Mannschaft verweigert wurde? Und hatte sich sein Potenzial irgendwie verändert, als er für die B-Mannschaft zu spielen begann?

Der Punkt ist: Was andere Menschen denken, entscheidet nicht darüber, wie groß Ihr Potenzial ist. Was sie sagen oder denken, ändert nichts an dem, was Gott in Sie hineingelegt hat. Lassen Sie nicht zu, dass sich negative Worte oder Haltungen in Ihrem Inneren festsetzen und Sie daran hindern, vorwärtszustreben. Vielleicht fragt Gott Sie heute: „Wer hat dir gesagt, du wärst zu klein? Wer hat dir gesagt, du wärst nicht intelligent? Wer hat dir gesagt, du wärst nicht talentiert genug?"

> Andere Menschen entscheiden nicht darüber, wie groß Ihr Potenzial ist.

Gott hätte den Traum nicht in Ihr Herz gelegt, wenn er Ihnen nicht auch bereits all das gegeben hätte, was Sie brauchen, um ihn Wirklichkeit werden zu lassen. Das bedeutet: Wenn ich einen Traum oder eine Sehnsucht habe und weiß, dieses Verlangen kommt von Gott, brauche ich mir keine Sorgen darüber zu machen, ob ich die Fähigkeiten besitze, die erforderlich sind, um sie Wirklichkeit werden zu lassen. Ich weiß, dass Gott keine Fehler macht. Er beauftragt uns nicht, etwas zu tun, ohne uns nicht auch die Fähigkeiten zu geben oder die Ressourcen zur Verfügung zu stellen, die wir dafür benötigen.

Auch wenn Sie manchmal vielleicht nicht das Gefühl haben, dass Sie Ihre Träume verwirklichen können – machen Sie sich bewusst: *Ich trage das Saatgut des allmächtigen Gottes in mir.* Wenn Sie das Gefühl haben, dass Sie nicht die Weisheit, das Talent, die Fähigkeit oder die Ressourcen besitzen, die erforderlich sind, dann rufen Sie sich einfach ins Gedächtnis: *Gott hat mich auf meine Umwelt abgestimmt. Er hat schon in mich hineingelegt, was ich benötige.*

Ein Pastor gab einmal einem Mann vor dem Gottesdienst einen 20-Dollar-Schein und bat ihn, diesen heimlich in der Bibel seiner Frau (der des Gottesdienstbesuchers) zu verstecken. „Passen Sie gut auf, dass sie es nicht sieht", betonte er dabei.

Später, während der Predigt, bat der Pastor die Frau aufzustehen. „Vertrauen Sie mir?", fragte er.

„Ja, natürlich", erwiderte sie.

„Werden Sie tun, was ich von Ihnen verlange?"

„Ja, das werde ich", antwortete sie.

„Gut, dann schlagen Sie bitte Ihre Bibel auf und geben Sie mir den 20-Dollar-Schein, der darin steckt."

Die Frau zuckte zusammen und sagte: „Oh, das tut mir sehr leid, aber in meiner Bibel steckt kein 20-Dollar-Schein."

„Ich dachte, Sie hätten gesagt, dass Sie mir vertrauen?", gab der Pastor mit gespieltem Erstaunen zurück.

„Ja, das tue ich", entgegnete die Frau.

„Dann schlagen Sie bitte Ihre Bibel auf und geben Sie mir den 20-Dollar-Schein."

Ausgesprochen widerstrebend schlug die Frau ihre Bibel auf und zu ihrer größten Überraschung fand sie einen 20-Dollar-Schein zwischen den Seiten. Ihre Augen leuchteten auf, als sie den Pastor ansah: „Aber wie ist er da hineingekommen?"

„Ich habe ihn Ihnen gegeben", lächelte der Pastor, „und nun bitte ich Sie einfach, das Geschenk herauszunehmen, das ich Ihnen bereits gegeben habe, und etwas Gutes mit diesen 20 Dollar zu machen."

Ganz ähnlich ist es mit Gott: Er wird niemals etwas von Ihnen verlangen, das er nicht zuvor in Sie hineingelegt hat. Wenn Sie den Mut haben, einen Glaubensschritt zu gehen, werden Sie in sich Gaben entdecken, von deren Vorhandensein Sie bis dahin keine Ahnung hatten.

Manche Menschen laufen Gefahr, die wunderbaren Dinge zu verpassen, die Gott an ihnen und durch sie tun will, weil sie in dem Irrglauben leben, Gott hätte nichts Großes mit ihnen im Sinn. Als Gott Mose den Auftrag gab, zum Pharao zu gehen und ihm zu befehlen, das Volk Gottes ziehen zu lassen, das lange in der Sklaverei gelebt hatte, schreckte Mose zurück. „Ich kann so etwas nicht, Gott", sagte er. „Ich stottere und kann nicht gut mit Worten umgehen. Ich bin einfach kein guter Redner."

Ich liebe die Art und Weise, wie Gott auf Moses Proteste und Entschuldigungen reagierte. Er fragte: „Wer hat deine Zunge geschaffen, Mose? Wer hat dir deine Stimme gegeben?"

Mit diesen Fragen machte Gott seinem Diener bewusst: „Mose, ich habe das, was du brauchst, schon in dich hineingelegt. Nun greife zurück auf das, was ich dir gegeben habe, und gebrauche es zu meiner Ehre, zum Segen für deine Verwandten, deine Freunde und dich selbst."

Gott sagte etwas Ähnliches zu Gideon, einem anderen Helden, von dem im Alten Testament berichtet wird. Er sagte diesem, dass er das hebräische Volk aus der Unterdrückung befreien würde. Gott bezeichnete ihn sogar als einen starken und mutigen Mann.

Dennoch antwortete Gideon ihm voller Furcht und Unsicherheit: „Wie soll ich Israel befreien? Meine Sippe ist die kleinste im ganzen Stamm Manasse und ich bin der Jüngste in meiner Familie. Jeder andere hat mehr Talent als ich" (vgl. Richter 6,15).

Dennoch gab Gott Gideon genau das, was dieser brauchte, um das zu tun, was Gott von ihm verlangt hatte.

Lassen Sie sich von der Größe Ihrer Träume oder dem gewaltigen Ausmaß der Berufung, die Gott auf Ihr Leben gelegt hat, nicht beängstigen. Und lassen Sie sich von etwaigen Nörglern und Kritikern in Ihrem Umfeld nicht davon abhalten, vorwärtszugehen. Als die Menschen den Apostel Paulus zu entmutigen versuchten und ihm seine Träume ausreden wollten, indem sie ihn darauf hinwiesen, was er alles nicht konnte, entgegnete Paulus: „Gott steht auf jeden Fall zu seinem Wort, auch wenn alle Menschen Lügner sind" (Römer 3,4; Hfa).

Mit anderen Worten: „Wenn andere Menschen nicht daran glauben wollen, dass Gott Besseres mit ihrem Leben vorhat – gut. Aber das wird mich nicht davon abhalten, seinem Versprechen zu glauben. Ich weiß, dass seine Verheißungen mir ganz persönlich gelten."

Das ist die Haltung, die auch wir an den Tag legen sollten. Was ist schon dabei, wenn andere Leute sagen, dass ich keinen Erfolg haben kann? Was ist schon dabei, wenn jemand versucht, mich herunterzuziehen? Was ist schon dabei, wenn jemand keinen Glauben hat? Ich werde nicht zulassen, dass ihre Taten, Einstellungen oder Bemerkungen mir die Träume rauben, die Gott mir geschenkt hat. Ich lasse nicht zu, dass ihr Unglaube meinen Glauben zerstört.

Lassen Sie sich durch Ablehnung nicht vom Ziel abbringen

Nur allzu oft verlieren wir, wenn wir in irgendeiner Form abgelehnt oder enttäuscht werden, den Mut und geben auf. „Ich schätze, es soll einfach nicht sein", reden wir uns ein. Oder: „Ich dachte, ich könnte mich mit dieser attraktiven Person verabreden, aber vielleicht sehe ich einfach nicht gut genug aus." Oder: „Ich dachte, ich könnte diese Beförderung erhalten, aber ich habe es versucht und bin gescheitert. Vielleicht habe ich einfach nicht das Zeug dazu. Es hat nicht geklappt."

Wenn Sie, bildlich gesprochen, am Boden liegen, weil Sie enttäuscht oder zurückgewiesen wurden, dann stehen Sie auf und versuchen Sie es erneut. Wir geben unsere Träume zu leicht auf. Wir müssen begreifen, dass Gott so, wie er manchmal auf übernatürliche Weise Türen öffnet, gelegentlich auch auf übernatürliche Weise Türen verschließt. Und wenn Gott eine Tür verschließt, dann liegt das meines Erachtens immer daran, dass er etwas Besseres für uns bereithält. Wenn Sie in eine Sackgasse geraten sind, bedeutet das nicht automatisch, dass Sie das Handtuch werfen müssen. Suchen Sie einen neuen Weg und streben Sie weiter vorwärts.

Oft geben gerade unsere größten Enttäuschungen unserem Leben eine neue Richtung. Wenn Sie vor einer verschlossenen Tür stehen oder irgendetwas in Ihrem Leben nicht klappt, dann betrachten Sie das nicht zwangsläufig als das Ende, sondern denken Sie einmal darüber nach, ob Gott Sie nicht in eine bessere Richtung schubst. Ja, manchmal ist das unbequem; manchmal gefällt es uns nicht. Aber wir dürfen nicht den Fehler machen, uns einfach zurückzulehnen und mit dem Status quo zufriedenzugeben.

> Oft geben gerade unsere größten Enttäuschungen unserem Leben eine neue Richtung.

1959 war mein Vater Pastor einer erfolgreichen Gemeinde. Sie hatten gerade ein wunderschönes neues Gebäude errichtet und mein Vater hatte eine glänzende Zukunft vor sich. Etwa zu diesem Zeitpunkt kam meine Schwester Lisa zur

Welt und litt von Geburt an unter einer Art zerebraler Lähmung. Das belastete das Glaubensleben meines Vaters sehr. Er zog sich für einige Zeit zurück, um mit Gott allein zu sein. Er studierte die Bibel auf eine ganz neue Weise und begann zu erkennen, dass Gott ein guter Gott ist, ein Gott, der Menschen heilt, und dass er auch heute noch Wunder vollbringen kann. Mein Dad ging zu seiner Gemeinde zurück und predigte mit neuem Feuer und neuer Begeisterung. Er dachte, alle würden seinen Enthusiasmus teilen, aber die Reaktion der Gemeinde war genau entgegengesetzt. Seine neue Botschaft gefiel ihnen nicht. Sie passte nicht zu ihrer Tradition. Nachdem er viel Gegenwind, Kummer und Schmerz erfahren hatte, wusste mein Vater, dass es das Beste für ihn war, diese Gemeinde zu verlassen.

Natürlich war er enttäuscht. Er begriff nicht, warum so etwas geschehen konnte. Aber denken Sie daran: Ablehnung und Enttäuschung geben unserem Leben oft eine neue Richtung. Wenn sich eine Tür schließt, öffnet Gott vielleicht gerade eine größere und bessere.

Mein Vater gründete schließlich in einem verlassenen Lebensmittelgeschäft am anderen Ende der Straße mit neunzig anderen Menschen am Muttertag 1959 die *Lakewood*-Gemeinde. Kritiker sagten, sie würde sicher nicht lange bestehen bleiben, aber heute, nach beinahe 50 Jahren, ist *Lakewood* eine der größten Gemeinden in den USA geworden und wächst immer noch weiter.

Ich glaube nicht, dass mein Vater die Aufgabe erfüllt hätte, die er verfolgte, und dass er all das verwirklicht hätte, was Gott in ihn hineingelegt hatte, wenn er in jener Umgebung geblieben wäre, die seinen Träumen und Visionen für die Zukunft Grenzen setzte. Hier erkennen Sie eine weitere Schlüsselwahrheit: Der Traum in Ihrem Herzen kann größer sein als das Umfeld, in dem Sie sich befinden. Manchmal müssen Sie Ihre Umgebung verlassen, um Ihren Traum zu verwirklichen.

> Der Traum in Ihrem Herzen kann größer sein als das Umfeld, in dem Sie sich befinden.

Stellen Sie sich einmal eine Eiche vor. Wenn Sie sie in einen Topf pflanzen, setzen Sie damit ihrem Wachstum Grenzen. Sobald ihre

Wurzeln den Topf ausfüllen, kann sie nicht mehr weiterwachsen. Das Problem ist nicht der Baum; es ist die Umgebung. Sie verhindert das Wachstum.

Vielleicht tragen Sie Größeres im Herzen, als Ihr gegenwärtiges Umfeld vertragen kann. Eben darum wird Gott Sie unter Umständen aus einer bequemen Situation herauskatapultieren. Wenn Sie Gegenwind und Ablehnung erfahren, dann liegt das nicht immer daran, dass jemand es auf Sie abgesehen hat. Manchmal ist das einfach die Art und Weise, wie Gott Sie in seinen vollkommenen Willen hineinführt. Er versucht, Sie dazu zu bewegen, sich nach dem nächsten Entwicklungsschritt auszustrecken. Er weiß, dass Sie das nicht von sich aus tun werden. Daher verpasst er Ihnen einen Schubs und sorgt dafür, dass es Ihnen da, wo Sie sich gerade befinden, ungemütlich wird. Manchmal begehen wir den Fehler, uns darüber zu ärgern und eine trotzige Haltung einzunehmen. Wir konzentrieren uns auf das, was nicht geklappt hat. Wenn wir so reagieren, verhindern wir, dass sich neue Türen öffnen.

Vor einigen Jahren versuchte die *Lakewood*-Gemeinde, ein Grundstück zu erwerben, um dort ein neues Versammlungsgebäude zu errichten. Wir hatten uns monatelang umgeschaut und schließlich ein wunderbares, etwa 40 Hektar großes Stück Land gefunden. Wir waren total begeistert. Aber an dem Tag, als wir den Deal abschließen wollten, verkauften die Leute das Grundstück vor unserer Nase an jemand anderen.

Ich war furchtbar enttäuscht und musste mich selbst ermahnen: „Joel, Gott hat diese Tür aus einem bestimmten Grund geschlossen. Er hält etwas Besseres für uns bereit." Natürlich war ich deprimiert, und ich gebe zu, dass ich entmutigt war, aber ich musste diese Gefühle abschütteln und sagen: „Nein, ich gebe nicht auf. Ich werde weitermachen."

Einige Monate darauf fanden wir ein anderes schönes Grundstück. Es wäre ebenfalls gut geeignet gewesen, aber es lief ganz ähnlich wie beim ersten Mal, und der Besitzer war nicht bereit, es uns zu verkaufen. Eine neuerliche Enttäuschung. Ich verstand es nicht, aber ich sagte: „Gott, ich vertraue dir. Ich weiß, deine Wege sind nicht meine Wege. Was uns passiert ist, scheint nicht in Ordnung zu sein. Es scheint nicht fair zu sein. Aber ich vertraue dir weiterhin und werde weiterhin Gutes erwarten."

Kurze Zeit später öffnete sich die Tür zum *Compaq Center,* einer Sporthalle mit 16.000 Sitzplätzen im Stadtzentrum von Houston, inmitten einem der belebtesten Stadtviertel. Da begriffen wir, warum Gott die anderen Türen verschlossen hatte. Wenn wir eines der anderen Grundstücke gekauft hätten, hätte uns das vielleicht daran gehindert, Gottes vollkommenen Plan zu verwirklichen.

Wir werden in unserem Leben nicht immer alles verstehen, was uns zustößt. Aber wir müssen lernen, Gott zu vertrauen. Wir müssen daran glauben, dass er uns in seiner Hand hält, dass er uns führt und leitet und dass er immer unser Bestes will.

Ich kenne Menschen, die auf der persönlichen Ebene Ablehnung erfahren haben. Vielleicht ist ihre Ehe gescheitert. Sie haben all diese Jahre investiert, und nun sind sie verletzt und niedergeschlagen, haben allen Mut verloren und rechnen nicht mehr damit, dass ihnen noch irgendetwas Gutes widerfahren könnte.

Ich glaube nicht, dass eine Scheidung Teil von Gottes vollkommenem Plan ist. Aber unglücklicherweise ist sie manchmal unvermeidlich. Wenn Sie eine Scheidung hinter sich haben, dann dürfen Sie sich bewusst machen, dass Gott trotzdem noch einen Plan für Ihr Leben hat. Dass jemand Sie abgelehnt oder sich von Ihnen getrennt und Sie dadurch verletzt hat, bedeutet noch lange nicht, dass Sie sich von anderen Menschen fernhalten und mit dem Status quo abfinden müssen. Diese Zurückweisung hat nichts an dem Potenzial geändert, das Gott in Sie hineingelegt hat. Sie können trotzdem noch einmal glücklich werden. Wenn sich eine Tür schließt und Sie die richtige Einstellung beibehalten, wird Gott eine andere Tür öffnen. Aber Sie müssen Ihren Teil dazu beitragen und weiter vorwärtsgehen. Zu viele Menschen werden verbittert und wütend und fangen an, Gott die Schuld zuzuschieben. Nein – lassen Sie die Verletzung hinter sich! Sie verstehen es vielleicht nicht, aber vertrauen Sie Gott, und setzen Sie Ihr Leben fort. Betrachten Sie die negative Erfahrung nicht als das Ende. Betrachten Sie sie als einen neuen Anfang. Vielleicht hat jemand Sie abgelehnt, aber Sie können Ihren Kopf hoch tragen in der Gewissheit: Gott liebt Sie. Gott ist auf Ihrer Seite. Und er hält etwas Besseres für Sie bereit.

Bitte sterben Sie nicht mit dem ungehobenen Schatz in Ihrem Inneren. Gehen Sie mutig voran. Strecken Sie sich nach Höherem aus. Lassen Sie Wirklichkeit werden, was Gott in Sie hineingelegt hat. Lassen Sie sich von anderen Leuten nicht Ihre Träume ausreden. Hören Sie auf das, was Gott über Sie sagt, nicht auf all die negativen Stimmen. Wenn Sie zurückgewiesen und enttäuscht werden, dann lassen Sie sich davon nicht beirren. Seien Sie gewiss, Gott hat einen anderen Plan. Vielleicht haben Sie Gottes Gunst in der Vergangenheit noch nicht erlebt, aber dies ist ein neuer Tag. Sie haben keine Vorstellung davon, welche wunderbaren Dinge Gott für Sie vorbereitet hat. Lassen Sie sich von den Ablenkungen und Enttäuschungen, die das Leben mit sich bringt, nicht lähmen. Strecken Sie sich stattdessen nach dem nächsten Schritt aus, streben Sie danach, Ihr gesamtes Potenzial zu entdecken. Wenn Sie das tun, kann ich Ihnen versichern, dass das Beste noch vor Ihnen liegt. Gott wird Sie mehr segnen und Sie werden Stolpersteine in Treppenstufen verwandeln und höher hinauskommen, als Sie es sich jemals haben träumen lassen.

Kapitel 2

Geben Sie Ihren Träumen eine neue Chance

Vor Jahren betrat ich einmal ein Regierungsgebäude, an dessen Eingang sich zwei Schwingtüren befanden, die etwa fünf Meter voneinander entfernt waren. Die erste Schwingtür öffnete sich automatisch, als ich mich ihr näherte, aber aus Sicherheitsgründen öffnete sich die zweite erst, nachdem ich durch die erste hindurchgegangen war und diese sich hinter mir geschlossen hatte. Solange ich bei der ersten Schwingtür stehen blieb, blieb die zweite geschlossen.

In vieler Hinsicht verhält es sich mit dem Leben ganz ähnlich wie mit diesen automatischen Türen. Sie müssen Ihre Enttäuschungen und Ihr Versagen hinter sich lassen und dafür sorgen, dass diese Türen völlig geschlossen sind. Gehen Sie die weiteren Schritte in die Zukunft, die Gott für Sie bereithält – in dem Bewusstsein, dass Sie an den Enttäuschungen der Vergangenheit nicht das Geringste ändern können. Sie haben keinen Einfluss auf Ihre Vergangenheit, aber Sie können Ihre *Zukunft* beeinflussen. Was vor Ihnen liegt, ist viel wichtiger als das, was hinter Ihnen liegt. Wohin Sie gehen, ist viel wichtiger, als woher Sie kommen oder wo Sie gewesen sind.

> Sie können in der Zukunft viel mehr erreichen, als Sie in der Vergangenheit versäumt oder verloren haben.

Wenn Sie die richtige Einstellung haben, können Sie in der Zukunft viel mehr erreichen, als Sie in der Vergangenheit versäumt oder verloren haben. Hören Sie auf zurückzublicken. Heute ist ein neuer Tag. Es mag so aussehen, als hätten Sie Ihre Träume begraben müssen, aber Gott kann Ihre toten Träume wieder auferstehen lassen oder Ihnen ganz neue schenken. Er ist nicht an die Naturgesetze gebunden, und wenn wir daran glauben, ist alles möglich.

Gott hat Sie nicht aufgegeben; er weiß, dass er großartige Samen in Sie hineingelegt hat. Sie haben etwas zu geben, das kein anderer anzubieten hat. Er hat Ihnen wunderbare Träume und Sehnsüchte geschenkt. Aber allzu oft lassen wir zu, dass Widerstände, Enttäuschungen und Rückschläge uns lähmen und daran hindern, mutig voranzugehen. Wir haben den Glauben daran verloren, dass wir uns noch weiterentwickeln und mehr im Leben erreichen können.

Seltsamerweise erleben oft gerade die begabtesten Menschen die größten Ungerechtigkeiten und machen die traurigsten Erfahrungen: Scheidung, Missbrauch, Vernachlässigung. Und schnell denkt ein solcher Mensch: *Warum passiert mir das? Womit habe ich das verdient?*

Leider ist sich auch unser Feind dessen bewusst, was in Ihnen steckt. Er kennt das Potenzial, über das Sie verfügen, und so tut er alles, was in seiner Macht steht, um zu verhindern, dass diese Saat aufgeht. Er will nicht, dass Ihre Gaben und Talente aufblühen. Er will nicht, dass Sie Ihre Träume verwirklichen. Er will, dass Sie ein durchschnittliches, mittelmäßiges Leben führen.

Aber seien Sie gewiss: Gott hat keinen Menschen erschaffen, in den er nicht etwas äußerst Wertvolles hineingelegt hätte. Das Leben hat Ihnen vielleicht übel mitgespielt, und Sie sind versucht, sich von den Enttäuschungen und Rückschlägen, die Sie hinnehmen mussten, entmutigen zu lassen. Vielleicht können Sie sich nicht vorstellen, wie Sie jemals wieder auf die Beine kommen sollen. Sie können sich nicht vorstellen, wie Sie jemals glücklich werden sollen. Aber atmen Sie tief durch, recken Sie sich und sagen Sie: „Ich weiß, was in mir steckt. Ich bin ein Kind des allmächtigen Gottes. Seine Kraft ist in mir, und ich werde aufstehen und so werden, wie Gott mich geplant hat."

Der Apostel Paulus drängte seinen jungen Schüler Timotheus: „Lass die Gabe wieder aufleben, die Gottes Geist in dich gelegt hat" (2. Timotheus 1,6). Ebenso müssen auch Sie die Gaben, Talente, Träume und Sehnsüchte wieder aufleben lassen, die Sie in sich tragen – mit anderen Worten: Ihr Potenzial! Vielleicht liegen diese Qualitäten und Charakterzüge unter Depression und Entmutigung oder unter den negativen Aussagen anderer Leute, die Ihnen vorhalten, Sie seien unfähig, unter Schwächen, Misserfolgen oder Ängsten begraben.

Aber das Wertvolle, das Gott in Sie hineingelegt hat, ist immer noch da. Nur müssen Sie Ihren Teil dazu beitragen und damit beginnen, es auszugraben.

Vielleicht haben Sie mehr negative, ungerechte Dinge erlebt als die meisten anderen Menschen, die Sie kennen. Aber glauben Sie mir: Gott will etwas Neues tun. Er will Ihnen einen Neuanfang schenken. Geben Sie nicht auf. Leben Sie nicht mit der Einstellung, dass Sie sich nicht mehr weiterentwickeln können und Ihre Grenzen erreicht haben. „Ach, Joel, Sie wissen ja nicht, in welcher Lage ich mich befinde. Ich bin so weit gekommen, wie es bei meiner Ausbildung möglich ist. Sie wissen ja nicht, wie ich zu kämpfen habe."

Nein, vielleicht weiß ich das alles nicht. Aber eines weiß ich: Unser Gott ist allmächtig. Er hält mehr für Sie bereit. Meine Frage an Sie lautet: Können Sie es erkennen? Können Sie Raum dafür schaffen? Alles beginnt in Ihren Gedanken. Wenn Sie Ihrem Verstand und Ihrer Fantasie Grenzen setzen, dann wird auch Ihr Leben begrenzt sein.

> Wenn sich eine Tür schließt, wird Gott immer eine andere öffnen. Und wenn sich alle Türen schließen, öffnet er ein Fenster!

„Aber ich bin bankrott gegangen, Joel. Ich habe es versucht und bin gescheitert."

Mag sein, aber lassen Sie diese Erfahrung hinter sich. Heute ist ein neuer Tag.

„Meine Ehe ist gescheitert. Ich bin so enttäuscht. Ich hätte nie gedacht, dass ich zu diesem Zeitpunkt meines Lebens einmal so dastehen würde."

Das ist sehr traurig, aber es ist nicht das Ende. Wenn sich eine Tür schließt, wird Gott immer eine andere öffnen. Und wenn sich alle Türen schließen, öffnet er eben ein Fenster!

Gott hat immer noch einen tollen Plan für Ihr Leben. Er will Ihnen jederzeit einen neuen Anfang schenken. Wissen Sie, wann das geschehen wird? Es wird in dem Augenblick beginnen, wenn Sie

Ihren Blick von der Vergangenheit abwenden. Es beginnt, sobald Sie aufhören, über das zu trauern, was Sie verloren haben. Nichts kann Sie so wirksam von dem Guten abhalten, das Gott Ihnen schenken möchte, wie in der Vergangenheit zu leben.

Vielleicht haben Sie das Gefühl, dass das Leben Sie durch Enttäuschungen und andere unfaire Ereignisse zu Boden geworfen hat. Aber was auch immer Sie tun, bleiben Sie nicht liegen. Stehen Sie wieder auf, klopfen Sie den Staub von Ihren Kleidern ab. Wenn Sie niemanden finden, der Ihnen Mut macht, dann lernen Sie, sich selbst zu ermutigen. Stehen Sie morgens auf, nehmen Sie die Schultern zurück, schauen Sie in den Spiegel und sagen Sie: „Ich bin schon zu weit gekommen, um aufzugeben. Ich bin vielleicht zu Boden geworfen worden, aber ich bin nicht k. o. geschlagen. Ich werde wieder aufstehen. Ich weiß, dass ich jemand bin, der sein Leben erfolgreich meistert, und kein Opfer."

Sie müssen sich aufraffen, wenn Sie sehen wollen, dass diese Türen sich öffnen. Ich kenne zu viele Menschen, die im „Es könnte schlimmer sein"-Land leben.

„Ich mag meinen Job nicht, Joel, aber es könnte schlimmer sein." – „Mein Mann und ich verstehen uns nicht besonders gut, aber es könnte schlimmer sein. Wir kommen zurecht." – „Ich setze meine Gaben nicht ein. Ich mache nicht das, was mir gefällt, aber es könnte schlimmer sein. Immerhin habe ich eine Stelle."

Nein, geben Sie sich nie mit „aber es könnte schlimmer sein" zufrieden. Gehen Sie mutig nach vorne! Glauben Sie an den Gott der guten Pläne! Sie wurden nicht zur Mittelmäßigkeit erschaffen; Sie wurden erschaffen, um Großartiges zu leisten. Sie wurden erschaffen, um in diesem Leben Spuren zu hinterlassen. Rufen Sie sich jeden Morgen ins Gedächtnis: „Ich bin begabt. Ich bin kreativ. Ich besitze die Gunst Gottes. Er hat mich ausgerüstet und befähigt. Ich werde sehen, wie meine Träume sich erfüllen." Sprechen Sie diese Sätze im Glauben aus, und binnen Kurzem werden Sie sehen, wie sie Realität werden.

Sie müssen wissen, dass wir unser Leben lang mit Mächten zu kämpfen haben, die uns daran hindern wollen, so zu werden, wie Gott uns geplant hat. Und oft sind die Widerstände und Ungerechtigkeiten, mit denen wir konfrontiert sind, das Ergebnis der Anstrengungen des Feindes, der uns entmutigen und dazu bringen will, unsere Träume aufzugeben. Vielleicht haben Sie das Gefühl, sich in einer Art luftleerem Raum zu befinden. Sie haben beträchtliche Schwierigkeiten hinter sich und es bewegt sich nicht mehr viel in Ihrem Leben. Aber Gott möchte Ihnen wieder aufhelfen, Sie ermutigen und mit neuer Hoffnung erfüllen. Er will Ihre Träume wieder auferstehen lassen. Er will etwas Neues tun.

Erinnern Sie sich immer wieder daran, dass Sie mindestens eine besondere Begabung besitzen. Sie haben Talent. Sie sind kreativ. Genau das ist der Grund, warum der Feind versucht, Sie am Boden zu halten – er will nicht, dass Ihre Gaben, Ihre Kreativität, Ihre Freude, Ihr Lächeln, Ihre Persönlichkeit und Ihre Träume jemals sichtbar werden. Er hätte nur zu gern, dass sie Ihr Leben lang unter der Oberfläche schlummern. Aber, Dank sei Gott, darüber entscheidet nicht Ihr Feind: Darüber entscheiden Sie!

Ja, Sie hatten vielleicht einen schlechten Start ins Leben. Sie haben vielleicht mehr Negatives erlebt als manch andere. Aber es kommt nicht darauf an, wie Ihr Leben angefangen hat. Es kommt darauf an, wie es endet. Schütteln Sie die Vergangenheit ab. Schütteln Sie die Entmutigung ab. Erinnern Sie sich daran, dass Gott immer noch die absolute Kontrolle über Ihr Leben hat. Wenn Sie Ihr Vertrauen auf ihn setzen, dann verspricht er, dass keine Waffe, die gegen Sie geschmiedet wurde, etwas ausrichten kann.[1] Ihre Situation ist möglicherweise schwierig und scheint vielleicht unfair, und es mag aussehen, als würden die Kräfte, die gegen Sie arbeiten, den Sieg davontragen. Aber Gott hat gesagt, dass er die Umstände umkehren und zu Ihren Gunsten gebrauchen wird.

> Geben Sie sich nicht mit „es könnte schlimmer sein" zufrieden.

Lehnen Sie sich nicht zurück. Geben Sie sich nicht mit „es könnte schlimmer sein" zufrieden. Lassen Sie sich nicht hängen. Die Mächte, die für Sie sind, sind zahlreicher und stärker als die, die gegen Sie sind. In der Bibel steht: „Am Abend mögen Tränen fließen – am Morgen jubeln wir vor Freude" (Psalm 30,6).

Holen Sie Ihre Träume wieder hervor. Fachen Sie Ihr Feuer wieder an. Halten Sie Ihre Ehe nicht einfach nur aus – lassen Sie sich heute eine neue Vision dafür schenken. Schleppen Sie sich nicht jeden Tag zur Arbeit, um dieselben Routineaufgaben zu erledigen – tun Sie ein paar Glaubensschritte. Es steckt mehr in Ihnen! Geben Sie sich einen Ruck. Was Sie erhoffen, ist vielleicht in der Vergangenheit nicht geschehen, aber dies ist ein neuer Tag. Wenn Sie weiterhin vorwärtsgehen, hoffen und glauben, werden Sie nicht nur vorankommen, Sie werden auch sehen, wie die Dinge anfangen, sich zu Ihren Gunsten zu verändern.

„Joel, ich habe es ja versucht und bin gescheitert. Mein Traum ist zerbrochen."

Träumen Sie einen neuen Traum.

„Ich habe einen großen Verlust erlitten, einen heftigen Rückschlag erlebt."

Stehen Sie auf und versuchen Sie es erneut. Wir alle müssen das immer wieder tun.

Stellen Sie sich die Enttäuschung und Verzweiflung vor, die Adam und Eva empfunden haben müssen, als sie entdeckten, dass ihr Sohn Kain ihren Sohn Abel getötet hatte. Trotz ihres Schmerzes sagten sie schon wenig später: „Gott hat mir wieder einen Sohn geschenkt. Der wird mir Abel ersetzen, den Kain erschlagen hat."[2] Damit meinten sie im Grunde: „Wir sind entsetzt, dass so etwas in unserer Familie geschehen ist, und wir haben den Boden unter den Füßen verloren. Aber wir werden nicht für immer trauern, denn wir wissen, dass Gott uns einen neuen Sohn geschenkt hat."

In den schwierigen Zeiten, wenn Sie das Gefühl haben, es könnte kaum noch schlimmer kommen, sagt Gott dennoch: „Verlier nicht den Mut. Ich werde dir einen neuen ‚Sohn' schenken. Ich werde etwas Neues tun."

Vielleicht haben Sie einen schlechten Befund vom Arzt erhalten oder eine wichtige Beziehung ist zerbrochen. Für alles, was Sie verloren haben, für alles, was Ihnen genommen wurde, gilt: Gott hat einen neuen Plan.

Im hebräischen Urtext der Bibel steht an dieser Stelle eigentlich das Wort „Samen", das in den deutschen Bibelübersetzungen mit

„Sohn" oder „Nachkomme" wiedergegeben wird. Gott gebraucht das Wort „Samen", weil es auf das hinweist, was noch kommt. Denken Sie daran – wenn Sie Ihren Teil tun, um das Alte hinter sich zu lassen, und mutig vorwärtsschreiten, werden Sie in der Zukunft mehr erreichen, als Sie in der Vergangenheit verloren haben.

Vielen Menschen fällt es jedoch sehr schwer, loszulassen, was hinter ihnen liegt. Sie konzentrieren sich ständig darauf, wer sie verletzt hat und wie unfair sie behandelt worden sind. „Warum ist mir das passiert?", fragen sie. Dadurch werden ihre Gaben, Talente und Träume ständig unterdrückt. All ihr Potenzial schlummert weiterhin unter der Oberfläche.

Genau dies wäre auch meinem Vater beinahe passiert. Dad hatte schon sehr früh geheiratet, aber leider zerbrach diese Beziehung. Mein Vater war verzweifelt. Er war davon überzeugt, dass seine Zeit als Pastor vorüber war und dass er nie wieder eine Familie haben würde. Er dachte, er hätte sein Leben ruiniert und würde nie mehr imstande sein, in dieser Welt noch irgendetwas Gutes zu bewirken. Lange Zeit war er einfach nur deprimiert, verzweifelt und niedergeschlagen.

Dann, eines Tages, tat er das, worum ich Sie gerade bitte. Statt sich mit „es könnte schlimmer sein" abzufinden, statt sich auf all seine Fehler zu konzentrieren und mit dem zu beschäftigen, worin er versagt hatte, beschloss er, es loszulassen. Jahre später erzählte er mir, dass das Schwerste für ihn dabei gewesen war, die Gnade Gottes in Anspruch zu nehmen. Aber in der Bibel steht, wenn wir unsere Sünden bekennen, vergibt Gott uns nicht nur, er beschließt, sich nicht länger daran zu erinnern. Wenn jemand Ihre Vergangenheit zur Sprache bringt, dann müssen Sie wissen, dass das nicht Gottes Willen entspricht. Gott hat sie losgelassen – warum lassen Sie sie nicht ebenfalls los?

Genau das tat auch mein Vater. Eines Tages stand er auf, klopfte sich, bildlich gesprochen, den Staub von den Kleidern ab und sagte: „Ja, ich habe Fehler gemacht. Ich habe falsche Entscheidungen getroffen. Aber ich weiß, Gott hat einen anderen Samen. Er hat einen neuen Plan." Kurz darauf lernte er meine Mutter kennen, sie heirateten und im Laufe der Jahre segnete Gott sie mit fünf Kindern!

Viele Menschen, die ebenso wie mein Vater Verletzungen und Schmerzen erlitten haben, beschäftigen sich fortwährend mit ihren Fehlern. Sie leiden unter Schuldgefühlen und Selbstanklagen und sind ständig frustriert. Sie denken, ihr Leben wäre gelaufen, und lassen zu, dass ihre Gaben und Talente verkümmern; sie legen ihre Träume auf Eis.

Versuchen Sie, anders zu reagieren. Wenn Sie Fehler gemacht haben, darf ich Sie trösten: Gott ist ein Gott der zweiten Chance, aber auch der dritten, vierten und fünften. Ich rate Ihnen nicht, den leichten Weg zu gehen und sich aus Ihrer Ehe hinauszustehlen. Nein, tun Sie alles in Ihrer Macht Stehende, um Ihre Ehe zu erhalten. Aber wenn die Würfel bereits gefallen sind und es keinen Rückweg mehr gibt, dann lassen Sie sich nicht von dem Gedanken lähmen, dass Ihr Leben vorbei ist und dass Sie nie wieder glücklich werden können. Nein, Gott hat einen neuen Samen. Er will Ihnen einen neuen Anfang schenken. Lassen Sie die Tür völlig zufallen, und gehen Sie Schritte in die Zukunft hinein, die Gott für Sie bereithält. Blicken Sie nicht länger zurück. Nein, empfangen Sie die Gnade Gottes und gehen Sie mutig voran.

Das Auto, das Sie fahren, hat eine große Windschutzscheibe, aber nur einen relativ kleinen Rückspiegel. Was das bedeutet, ist offensichtlich: Was in Ihrer Vergangenheit passiert ist, ist längst nicht so wichtig wie das, was Ihre Zukunft bringt. Wohin Sie gehen ist viel wichtiger, als wo Sie gewesen sind. Wenn Sie Ihren Blick auf die Vergangenheit richten, ist es sehr wahrscheinlich, dass Sie viele wunderbare Möglichkeiten verpassen, die vor Ihnen liegen.

> Was in Ihrer Vergangenheit passiert ist, ist längst nicht so wichtig wie das, was Ihre Zukunft bringt.

Wie lassen Sie die Vergangenheit los? Als Erstes müssen Sie Ihre Gedanken disziplinieren – hören Sie auf, an die Vergangenheit zu denken. Sprechen Sie nicht mehr darüber. Hören Sie auf damit, Ihre negativen Erfahrungen wieder und wieder zu durchleben.

Wenn Sie jemanden verloren haben oder einer Ihrer Träume zerbrochen ist, dann ist es nur allzu menschlich, eine gewisse Zeit lang zu trauern. Aber irgendwann müssen Sie aufstehen, sich den Staub von der Kleidung klopfen, eine neue Haltung einnehmen und Ihr Leben wieder in Angriff nehmen. Lassen Sie die Enttäuschung nicht zum Hauptthema Ihres Lebens werden. Hören Sie auf, über etwas zu trauern, was Sie nicht mehr ändern können. Gott will Ihnen einen Neuanfang schenken, aber Sie müssen das Alte loslassen, bevor Sie das Neue sehen können. Lassen Sie die Tür zufallen, die hinter Ihnen liegt, und gehen Sie durch die, die vor Ihnen liegt.

Vielleicht haben Sie sich von anderen Menschen einreden lassen, dass Sie nie weiterkommen können und dass Sie nie erleben werden, dass Ihre Träume Wirklichkeit werden. Dass es schon zu lange so geht und dass der Karren endgültig verfahren ist.

Glauben Sie diese Lügen nicht. Nehmen Sie sich ein Vorbild an Kaleb, einem Mann aus dem Alten Testament. Als Kaleb ein junger Mann war, gehörte er mit Josua zu einem Team von Kundschaftern, die herausfinden sollten, wie stark der Feind war, der in dem Land lebte, das das Volk Gottes einnehmen wollte, weil Gott es ihnen versprochen hatte. Von den zwölf Kundschaftern brachten nur Kaleb und Josua gute Nachrichten. Sie sagten: „Wir können das Land sehr wohl erobern! Wir sind stark genug!" (4. Mose 13,30). Aber die zehn anderen Kundschafter wandten ein: „Nein, Mose, es leben Riesen in dem Land. Die Feinde sind viel zu stark, und die Hindernisse sind so groß, dass wir sie nicht überwinden können."[3] Und die Mehrheit der Kundschafter versuchte, Mose und den Rest des Volkes Israel davon abzuhalten, mutig voranzugehen und all die guten Dinge in Empfang zu nehmen, die Gott ihnen versprochen hatte. Sie waren nur allzu bereit, sich mit dem Zweitbesten zufriedenzugeben und den Rest ihres Lebens genau da zu verbringen, wo sie sich befanden. Leider schaffte es diese Gruppe von Pessimisten nie bis in das verheißene Land. Sie verbrachten die darauffolgenden 40 Jahre damit, sich im Kreise zu drehen und ziellos in einer Wüste umherzuirren. Schließlich, nachdem Gott eine neue Generation hatte aufwachsen lassen, starben die meisten von ihnen, ohne dass ihr Traum sich erfüllt hatte.

Zu diesem Zeitpunkt war Kaleb 85 Jahre alt, aber er hatte den

Traum, den Gott ihm geschenkt hatte, nicht aufgegeben. Viele Menschen, die dieses Alter erreicht haben, würden sich in einem Schaukelstuhl zurücklehnen und über die gute alte Zeit nachdenken – Kaleb jedoch nicht. Er war immer noch voller Tatkraft und Eifer, und er hatte dafür gesorgt, dass er fit blieb. Er sagte Josua, dass er immer noch so stark war wie damals, als er die Verheißung zum ersten Mal erhalten hatte.

Kaleb ging an genau dieselbe Stelle zurück, zu demselben Berg, den die anderen nicht zu besteigen gewagt hatten.[4] Er sprach mutig: „Gott, gib mir diesen Berg." Oder um es mit anderen Worten zu sagen: „Ich will an keinem anderen Ort leben. Ich träume immer noch diesen Traum."

Interessanterweise bat Kaleb nicht um ein einfaches Erbteil. Auf dem Berg, den er für sich beanspruchte, lebten fünf Riesen. Sicher hätte er einen Ort finden können, der weniger stark gesichert und leichter zu erobern gewesen wäre. Aber Kaleb sagte: „Nein, es ist mir egal, wie viele Hindernisse es gibt. Gott hat mir diesen Ort versprochen. Auch wenn das schon 40 Jahre her ist, ich werde mutig weitergehen. Ich werde weiterglauben, bis ich sehe, dass sich dieses Versprechen erfüllt."

Das ist die Einstellung, die auch wir brauchen. Wir geben zu leicht auf. „Ich habe die Beförderung nicht erhalten, auf die ich gehofft habe. Ich schätze, daraus wird wohl nichts."

„Mein Mann und ich kommen nicht miteinander aus. Ich schätze, es ist aus."

Nein, streben Sie weiter vorwärts und glauben Sie weiter. Machen Sie sich selbst Mut. Sie haben die Gaben, das Talent, die Träume. Lassen Sie nicht zu, dass Ihre eigene Bequemlichkeit verhindert, dass Gottes Verheißungen sich in Ihrem Leben erfüllen.

Bleiben Sie in einer gesunden Umgebung

Wenn Sie das volle Potenzial ausschöpfen wollen, das Gott in Sie hineingelegt hat, dann besteht ein anderer Schlüsselfaktor darin, dass Sie sich in ein Umfeld begeben, in dem die Saat wachsen kann. Ich kenne Menschen, die außergewöhnlich begabt sind. Sie besitzen ein unglaubliches Potenzial. Aber sie lassen sich nicht davon abbringen, sich mit den falschen Menschen abzugeben.

> Sie können nicht ausschließlich mit negativen Menschen herumhängen und erwarten, ein positives Leben zu führen.

Wenn Sie eng mit Menschen befreundet sind, die faul und undiszipliniert sind, die keine großen Träume haben, Menschen, die negativ und kritiksüchtig sind, dann wird das auf Sie abfärben. Und darüber hinaus wird das Umfeld, in das Sie sich begeben, Sie daran hindern, sich weiterzuentwickeln. Sie können nicht ausschließlich mit negativen Menschen herumhängen und erwarten, ein positives Leben zu führen. Wenn alle Ihre Freunde deprimiert und niedergeschlagen sind und ihre Träume aufgegeben haben, dann unternehmen Sie etwas. Lassen Sie uns ehrlich sein: Sie werden diese Menschen wahrscheinlich nicht hochziehen. Es ist wahrscheinlicher, dass Sie, wenn Sie weiterhin zu viel Zeit mit ihnen verbringen, von ihnen hinuntergezogen werden.

Natürlich lieben Sie Ihre Freunde. Sie können für sie beten und versuchen, sie dazu zu ermutigen, ihr Leben in positiver Richtung zu verändern, aber manchmal ist es das Beste, wenn Sie sich von negativen Menschen lösen und sich in ein positives Umfeld begeben und sich mit Personen umgeben, die ebenfalls daran glauben, dass Gott einen guten Plan für sie hat. Das ist sehr wichtig, denn wie groß das Potenzial auch ist, das Gott Ihnen geschenkt hat – wenn Sie es nicht in einen guten Boden säen, wird es nicht aufgehen und wachsen.

Natalie lebte in einem äußerst negativen Umfeld und wurde körperlich, seelisch und verbal misshandelt. Ihr Ehemann Thomas unterdrückte sie stark. Er litt unter einem regelrechten Kontrollzwang, aber er weigerte sich, professionelle Hilfe in Anspruch zu nehmen. Dennoch hielt Natalie jahrelang an ihrer Ehe fest. Sie hatte Angst vor dem Alleinsein und befürchtete, sie würde es nicht schaffen, sich selbst und ihre beiden Töchter zu ernähren. Sie konnte sich nicht vorstellen, jemals einen anderen Mann kennenzulernen, der sie lieben und annehmen würde – von ihren Kindern ganz zu schweigen.

Als Natalie mich fragte, ob sie weiterhin an dieser destruktiven Beziehung festhalten sollte, antwortete ich: „Ich glaube nicht, dass das Gottes Plan für Sie ist. Ich bin sehr dafür, dass Ehepartner zusammenbleiben und alles tun, um gemeinsam ihre Probleme zu lösen, Natalie. Aber glauben Sie mir, Gott hat Sie nicht erschaffen, damit Sie misshandelt und ausgenutzt werden. Ihre Mutter hat in einer destruktiven Beziehung gelebt, und nun geht es Ihnen genauso, und wenn Sie nichts an Ihrer Situation ändern, wird Ihren Töchtern einmal dasselbe passieren."

Es zerriss ihr beinahe das Herz, aber schließlich nahm sie all ihren Mut zusammen und beendete die Beziehung. Sie machte einen Neuanfang und begann eine neue Ausbildung, die sie mit Auszeichnung abschloss. Sie fand eine gute Stelle und lernte einen Mann kennen, der sich nicht nur in sie, sondern auch in ihre Kinder verliebte.

Immer wieder haben Menschen zu mir gesagt: „Ich weiß nicht, warum ich mich immer zu Menschen hingezogen fühle, die mich schlecht behandeln. Ich beende eine schlechte Beziehung und gerate in eine andere, die doppelt so schlecht ist wie die vorherige. Ich weiß, dass ich mich lösen sollte. Ich weiß, dass es nicht gut für mich ist. Aber ich kann die Beziehung einfach nicht beenden. Ich würde mich schuldig fühlen."

Ich antworte dann normalerweise: „Nein, das müssen Sie nicht. Sie sind dafür verantwortlich, dass Sie gesund bleiben und keinen Schaden nehmen. Sie haben eine Gabe. Gott hat Ihnen seine Talente und seine Träume anvertraut. Und es mag schmerzlich sein, aber das Beste, was Sie tun können, ist, sich von jemandem zu trennen, der Sie ständig hinunterzieht. Lassen Sie nicht zu, dass jemand Sie so behandelt. Sie sind ein ungemein wertvoller Mensch, denn Sie wurden nach dem Bild des allmächtigen Gottes erschaffen."

„Joel, wenn ich mich wehre und Grenzen setze, dann wird er oder sie mich vielleicht verlassen." Nun, in Wirklichkeit wäre das das Beste, was passieren könnte. Ich habe mal jemanden sagen hören, dass es so etwas wie „das Geschenk des Abschieds" gebe. Das bedeutet, wenn jemand, der Sie hinunterzieht, sich entscheidet, Sie zu verlassen, dann tut er Ihnen damit einen großen Gefallen, auch wenn Ihnen das vielleicht nicht bewusst ist. Blicken Sie nicht zurück; schauen Sie stattdessen in die Zukunft. Machen Sie sich bereit für das Neue, das Gott in Ihrem Leben tun will.

Es passiert uns allen immer wieder einmal, dass Menschen sich von uns abwenden. Das müssen keine „schlechten" Menschen sein. Vielleicht ist die Zeit für diese Beziehung einfach vorbei. Wir verstehen es vielleicht nicht, aber Gott weiß, warum er zulässt, dass wir diese Erfahrung machen. Vielleicht bremst diese Person Sie. Vielleicht hindert sie Sie daran, Ihre Flügel auszubreiten. Vielleicht hat sie keinen guten Einfluss auf Sie. Sie werden feststellen: Manchmal, wenn Sie selbst nicht dafür sorgen, dass die Dinge in Bewegung bleiben, wird Gott es tun. Wenn jemand Ihnen den Rücken kehrt oder wenn eine Beziehung endet – ob es nun ein Geschäftspartner, ein Freund, ein Nachbar oder ein Kollege ist, der Ihnen die Freundschaft aufkündigt –, dann versuchen Sie, es gelassen zu nehmen. Versuchen Sie, den Betreffenden nicht zum Bleiben zu überreden. Lassen Sie Gott etwas Neues tun. Machen Sie sich bewusst, dass Gottes Pläne für Ihr Leben nicht an die Menschen geknüpft sind, die sich von Ihnen abwenden.

> Machen Sie sich bewusst, dass Gottes Pläne für Ihr Leben nicht an die Menschen geknüpft sind, die sich von Ihnen abwenden.

Vielleicht denken Sie: *Aber ich brauche diesen Menschen. Er ist ein toller Freund.* Oder: *Ich bin davon abhängig, dass sie für mich da ist. Sie ist eine großartige Geschäftspartnerin.*

Nein, diese Person ist nicht der Schlüssel dafür, dass Sie sich weiterentwickeln und vorwärtskommen. Wenn Gott zulässt, dass eine Beziehung endet, dann kann sie auch mit noch so viel Klebstoff nicht zusammengehalten werden. Sie können sie ebenso gut loslassen und sich bereitmachen für das Neue, das Gott in Ihrem Leben und durch Sie tun will.

Sorgen Sie auch in ganz praktischer Hinsicht für eine gesunde Umgebung. Wenn Sie mit Niedergeschlagenheit und Depression zu kämpfen haben, dann sollten Sie nicht den ganzen Tag in einer dunklen Wohnung sitzen und über Ihre Probleme nachgrübeln. Öffnen Sie die Fenster; lassen Sie die Sonne herein. Legen Sie Musik auf, die Sie fröhlich macht. Schaffen Sie sich eine positive Umgebung. Wenn Sie dazu neigen, den Mut zu verlieren, dann kommen Sie nicht auf die Idee, sich mit fünf Freunden zu treffen, denen es genauso geht, um mit ihnen ihre Schwierigkeiten zu besprechen. Finden Sie jemanden, der fröhlich ist und Sie aufmuntert. Suchen Sie die Nähe von Menschen, die Sie dazu inspirieren, sich weiterzuentwickeln. Achten Sie sorgfältig darauf, mit wem Sie Ihre Zeit verbringen, vor allem, wenn Sie sich emotional auf dünnem Eis bewegen. Denn negativ eingestellte Menschen können Ihnen Ihre Träume geradewegs aus Ihrem Herzen stehlen.

Als ich zum ersten Mal in Erwägung zog, dass die *Lakewood*-Gemeinde ja in das ehemalige *Compaq Center* im Zentrum Houstons ziehen könnte, sagten mir viele, dass wir niemals dort einziehen würden. Geschäftsleute und andere „Experten" sagten: „Joel, verschwende nicht deine Zeit und dein Geld. Daraus wird nichts."

Es wäre ein Leichtes gewesen, nun aufzugeben: *Sie sind wahrscheinlich viel gewiefter als ich. Sie haben einen viel besseren Geschäftssinn. Vielleicht sollte ich die Sache einfach aufgeben.*

Aber ich entgegnete: „Nein. Ich glaube, dass Gott mir diesen Traum ins Herz gelegt hat, und ich habe nicht vor, mich in 50 Jahren zu fragen, was wohl passiert wäre, wenn ich einfach daran geglaubt hätte. Was passiert wäre, wenn ich nicht zugelassen hätte, dass sie mir diesen Traum ausreden."

Ich kann mir nichts Schlimmeres vorstellen, als am Ende seines Lebens mit einem Haufen quälender Fragen dazustehen: Was hätte geschehen können? Was hätte ich tun können? Was hätte ich tun sollen?

Hüten Sie sich vor den negativen Einflüssen in Ihrem Umfeld, wenn Sie dabei sind, Ihre Träume zu verfolgen. Ich erinnere mich an einen Berater, den wir einstellten, als wir uns um das *Compac Center* bewarben. Jedes Mal, wenn wir uns trafen, nannte er uns all die Gründe, warum es nicht klappen würde. Er hatte ständig nur Negatives zu sagen. Als mir schließlich klar wurde, dass dieser Berater uns in hohem Maße negativ beeinflusste, entschied ich: „Wir brauchen diesen Mann nicht in unserem Team. Er vergiftet unser Umfeld. Er zieht uns alle hinunter."

Natürlich brauchen Sie auch Menschen, die ehrlich genug sind, um Ihnen zu sagen, wenn Sie eine schlechte Wahl oder eine falsche Entscheidung treffen. Umgeben Sie sich nicht mit einer Schar von Ja-Sagern. Aber lassen Sie sich auch nicht auf einen Haufen von negativen, kritischen Miesmachern ein. Oft sind leider die Menschen, die Sie am stärksten entmutigen, gerade diejenigen, die Ihnen am nächsten stehen.

Erinnern Sie sich an König David? Als er ein kleiner Junge war, sagte er zu seinem älteren Bruder Eliab, dass er gegen den riesigen Philister Goliath kämpfen wollte. Eliab versuchte, David zu entmutigen, indem er ihm vorhielt: „Was hast du denn hier zu suchen! Unsere kümmerlichen paar Schafe lässt du allein in der Wildnis; wer wird nun auf sie aufpassen?" (1. Samuel 17,28) In Wirklichkeit meinte er aber: „David, du wirst niemals irgendetwas Großes leisten. Du hast nicht das Zeug dazu."

An diesem Punkt musste David eine wichtige Entscheidung treffen: Würde er dieser negativen Behauptung seines Bruders Glauben schenken, oder würde er dem glauben, was Gott ihm ins Herz gelegt hatte? Er hätte sagen können: „Nun, vielleicht hat mein Bruder recht. Er ist älter als ich, er hat mehr Erfahrung und kennt sich besser mit den Hindernissen aus, mit denen man im Leben so konfrontiert wird. Ich bin nur ein kleiner Junge. Ich glaube, ich bin nicht allzu begabt. Vielleicht gehe ich ja drauf."

Aber nein, David sagte: „Es ist mir egal, was du über mich sagst. Ich weiß, wer ich bin. Ich weiß, welche Fähigkeiten Gott in mich hineingelegt hat. Ich werde mich aufmachen und meine Bestimmung erfüllen." Und genau das tat er auch – mit einer Schleuder und ein paar Kieselsteinen trat er dem Riesen entgegen und tötete ihn.

Ist es nicht interessant, dass sogar Jesus seine Heimatstadt Nazareth verlassen musste, weil die Menschen dort so voller Unglauben waren? Jesus wusste, wenn er in diesem negativen Umfeld geblieben wäre, hätte ihn das daran gehindert, Gottes Plan für sein Leben zu erfüllen.

Vielleicht haben auch Sie Angehörige oder Verwandte, die keine Vision haben und sich nicht vorstellen können, dass Sie irgendetwas Großes erreichen. Seien Sie nicht sauer auf sie. Sehr wahrscheinlich sind es nette Menschen. Natürlich sollen Sie sie lieben und mit Respekt behandeln, aber seien Sie sich darüber im Klaren, dass sie nicht tagtäglich mit ihnen zusammen sein sollten. Das Leben ist zu kurz, um sich von eifersüchtigen, zynischen Pessimisten herunterziehen zu lassen. Gleichgültig, wie groß Ihre Gabe ist oder wie viel Potenzial Gott in Sie hineingelegt hat – solange Sie diese Saat nicht in ein Umfeld bringen, das ihr Wachstum fördert, wird sie nicht aufgehen. Dann werden die Chancen, dass Ihr Traum in Erfüllung geht, immer geringer.

> Manche Menschen muss man von Weitem lieben.

Sie müssen sich mit anderen Träumern umgeben – nicht mit Tagträumern, sondern mit Menschen, die große Ziele haben, Menschen, die vorhaben, etwas Bedeutsames mit ihrem Leben zu erreichen. Suchen Sie die Gesellschaft von Personen, die Ihnen helfen, zu dem Menschen zu werden, den Gott im Sinn hatte, als er Sie schuf.

Gott lädt Sie ein, einen Neubeginn zu wagen. Holen Sie sich Ihr Feuer zurück. Holen Sie sich Ihre Leidenschaft zurück. Vielleicht waren Sie lange krank – nehmen Sie sich heute vor, wieder gesund zu werden. Vielleicht hatten Sie mit Depression und Mutlosigkeit zu kämpfen – entscheiden Sie heute, mit der Unterstützung von Gott, Ärzten und anderen davon frei zu werden. Vielleicht stammen Sie aus einer Familie, die immer wieder Niederlagen und Versagen erlebt hat und in der alle pessimistisch eingestellt waren – jetzt ist die Zeit gekommen, sich aus diesem Sumpf zu erheben.

Entfachen Sie Ihren Glauben neu. Stehen Sie jeden Morgen in der Erwartung auf, dass etwas Gutes geschehen wird. Und denken Sie daran: Gott ist auf Ihrer Seite. Er liebt Sie. Er ist *für* Sie. In der Bibel steht: „Wer ihm glaubt und auf ihn vertraut, wird nicht zugrunde gehen" (Römer 10,11).

Mein Vater zitierte oft einen einfachen und doch tiefsinnigen Ausspruch des amerikanischen Dichters Edwin Markham (1852–

1940), der die Haltung beschreibt, die wir uns zu eigen machen müssen: „Ach, es ist großartig, an den Traum zu glauben, wenn wir als junge Menschen zu den Sternen blicken. Aber großartiger ist es, sich durch das Leben hindurchzukämpfen und am Ende zu sagen: Der Traum wurde wahr!"

Geben Sie sich nicht mit Mittelmäßigkeit zufrieden. Streichen Sie „es könnte schlimmer sein" aus Ihrem Wortschatz! Dann werden auch Sie entdecken, dass der Traum Wirklichkeit werden kann.

Kapitel 3

Sie besitzen kostbares Erbgut

Vor Kurzem las ich einen Artikel über einige berühmte Rennpferde. Ich hatte bis dahin eine ganz falsche Vorstellung davon gehabt, wie ein Pferd zu einem Rennpferd wird: Ich hatte gedacht, ein Reiter, der mit seinem Pferd unterwegs ist, würde irgendwann entdecken, dass sein Tier schnell ist und Ausdauer besitzt, und würde beschließen, es zu diesem oder jenem Rennen anzumelden. Aber natürlich muss man viel mehr tun, um ein Spitzenrennpferd zu erhalten.

Es handelt sich dabei zunächst einmal nicht um Durchschnittspferde, sondern um Vollblüter. Sie tragen die Gene von Generationen von Siegern in sich. Diese Pferde sind über Generationen hinweg mit großer Sorgfalt beobachtet und gezüchtet worden. Häufig studieren die Züchter, Trainer und Tierärzte die Daten und Statistiken der vergangenen 50 oder 60 Jahre, um das Erbgut des Tieres zu ermitteln. Es ist kein Zufall, wenn ein Pferd in einem hochklassigen Rennen läuft.

Im Rennsport gibt es die sogenannten „Vollblutagenten", die sich auf die Beratung und Unterstützung der Züchter spezialisiert haben. Sie richten ihre Aufmerksamkeit auf das Erbgut der Pferde. Sie verbringen Monate damit, den Stammbaum eines Tieres zu studieren und sich mit den Anlagen und Leistungen seiner Vorfahren zu beschäftigen. Sie forschen nach, wie erfolgreich der Vater des Pferdes war, wie weit seine Sprünge waren, welche Höchstgeschwindigkeit er erreichte, wie groß er war und so weiter. Die Züchter wissen, dass ein Champion nicht zufällig entsteht. Das Siegen steckt in den Genen, es liegt einem Tier im Blut.

Ein solches Vollblut-Rennpferd zu züchten kann bis zu einer halben Million Dollar kosten. Und es gibt keine Garantie dafür, dass aus diesem Fohlen einmal ein Sieger wird. Wenn ein solches

Fohlen zur Welt kommt, sind seine Beine so wacklig, dass es kaum darauf stehen kann, und seine Augen sind trübe. Ein Beobachter, der den Stammbaum des Tieres nicht kennt, würde vermutlich sagen: „Diese armen Besitzer haben ihr Geld verschwendet. Dieses Tier wird nie irgendwas gewinnen. Es sieht aus wie ein ganz normales Durchschnittspferd."

Aber die Eigentümer wissen, dass das Fohlen von seinen Vorfahren eine Fülle von Siegergenen geerbt hat. Es trägt vielleicht das Erbgut von einem Dutzend Champions in sich. Es steckt alles in seinem Blut. Darum machen sich die Besitzer nicht unbedingt Sorgen über die anfängliche Schwäche des Tieres. Es interessiert sie nicht wirklich, welche Farbe es hat, wie hübsch es ist und noch nicht einmal, wie groß es ist. Sie wissen, dass durch die Adern dieses Fohlens das Blut eines Siegers fließt.

Und genau so betrachtet Gott auch Sie und mich. Unser äußeres Erscheinungsbild ist gleichgültig. Es ist egal, welche Hautfarbe Sie haben und welcher ethnischen Gruppe Sie angehören. Es zählt nicht, wie viele Fehler und Schwächen Sie haben. Sie tragen die DNA des allmächtigen Gottes in sich. Sie stammen von einer langen Reihe von Siegern ab.

Halten Sie sich immer wieder vor Augen, dass Ihr himmlischer Vater durch ein Wort die Galaxien erschaffen hat. Ihr älterer Bruder hat den großen Feind besiegt.

Und denken Sie auch einmal über einige Ihrer irdischen Vorfahren nach: Mose hat das Rote Meer geteilt. In Ihren Genen befindet sich großer Glauben.

David, ein Hirtenjunge, besiegte Goliath mit nichts als ein paar Kieselsteinen. In Ihren Genen befindet sich außergewöhnlicher Mut.

Simson brachte einen Tempel zum Einsturz. In Ihren Genen befindet sich übernatürliche Kraft.

Daniel verbrachte eine ganze Nacht in einer Löwengrube und erlitt keinen Schaden. In Ihren Genen befindet sich göttlicher Schutz.

Nehemia baute die Mauern Jerusalems wieder auf, obwohl alle Umstände dagegensprachen. In Ihren Genen befinden sich Durchhaltevermögen und Entschlossenheit.

Königin Ester setzte ihr Leben aufs Spiel, um das Volk Gottes zu retten. In Ihren Genen befinden sich Opferbereitschaft und Heldenmut.

Verstehen Sie jetzt? Sie stammen aus einer Familie von Siegern. Sie sind kein Durchschnittsmensch – Sie sind ein „Vollblüter". Es kommt nicht darauf an, in welcher Lage oder Verfassung Sie im Moment sind – machen Sie sich bewusst, dass durch Ihre Adern das Blut eines Siegers fließt. Sie tragen göttliches Saatgut in Ihrem Inneren.

> Sie stammen aus einer Familie von Siegern.

Beschäftigen Sie sich ausführlicher mit Ihrem Stammbaum: Unter Ihren Vorfahren war ein Sieger nach dem anderen. Sie sind ein Nachkomme des allmächtigen Gottes.

Richten Sie Ihren Blick daher nicht länger auf Ihre Schwächen, sondern betrachten Sie Ihr Leben mit anderen Augen. Gott ist schon lange davon überzeugt, dass auch Sie ein Sieger sind. Er hat schon gesehen, wie man Ihnen einen Lorbeerkranz um den Hals hängt. Genau davon sprach König David, als er sagte: „Jeder meiner Tage war schon vorgezeichnet, noch ehe der erste begann" (Psalm 139,16). Mit anderen Worten: Sie sind vielleicht erst 30, 40 oder 50 Jahre alt, aber Gott ist schon lange in Ihnen am Werk. Er hatte Sie geplant, lange bevor Sie geboren wurden. Sie sind ein sehr wertvolles Lebewesen; Sie sind kein Durchschnittsmensch; Sie stammen aus einer großartigen Familie. Sie sind dazu bestimmt, das Leben eines Siegers zu führen, dazu bestimmt, Schwierigkeiten zu überwinden, dazu bestimmt, dieser Generation Ihren Stempel aufzudrücken.

Manchmal höre ich, wie jemand sagt: „Nun ja, er hat einfach gute Anlagen. Er kommt aus einer guten Familie." Ich versichere Ihnen: *Sie* kommen aus einer unvergleichlichen Familie. Gott hat Sie aus seinem besten Material gefertigt.

Interessanterweise sehen berühmte Rennpferde in den Augen der meisten Menschen nicht viel anders aus als gewöhnliche Pferde. Sicher, es sind schöne Tiere, aber ein Laie könnte einen Champion nicht von einem normalen Rassepferd unterscheiden. Der Unterschied steckt im Blut. Das macht Spitzenrennpferde so wertvoll.

So ist es auch mit uns. In der Bibel steht, dass wir den Feind durch das Blut des Lammes, durch unser standhaftes Bekenntnis und die Bereitschaft besiegt haben, dafür unser Leben zu opfern. Aufgrund dessen, was Gott getan hat, ist jeder Einzelne von uns ein „Vollblüter".

„Aber Sie haben ja keine Ahnung, was für ein Leben ich geführt habe", höre ich Sie sagen. „Hier habe ich versagt, und da habe ich Fehler gemacht, und außerdem komme ich nicht von dieser Sucht los."

Das ändert nichts an Ihrem Erbgut; es ändert nichts an dem, was in Ihnen steckt. Vielleicht ist Ihnen noch nie bewusst geworden, wie wertvoll Sie sind. Vielleicht haben Sie sich noch nie klargemacht, welchen Preis Gott für Sie bezahlt hat. Sie müssen begreifen, was Sie in sich tragen. Im 1. Korintherbrief steht, dass Gott einen hohen Preis für uns bezahlt hat. Er hat sein Bestes für uns gegeben: seinen einzigen Sohn. Lassen Sie sich darum bitte nicht einreden, Sie wären wertlos und hätten keine Zukunft. In Ihnen steckt ein Champion. Sie haben es im Blut!

Vor Jahren besuchten mein Vater und ich einmal einen Gottesdienst in der Gemeinde eines Freundes. Da mein Vater ein bisschen zu spät kam, setzte er sich in die letzte Reihe. Nach ein paar Minuten kam ein junger Mann herein und setzte sich in die Nähe meines Vaters. Daddy bemerkte, dass der junge Mann zutiefst unglücklich aussah.

Er tat meinem Vater leid, und dieser beschloss, ihn nach dem Gottesdienst anzusprechen und ihm auf irgendeine Weise Mut zu machen. Aber während des Gottesdienstes erhob sich der junge Mann und ging hinaus.

Mein Vater beschloss, ihm zu folgen. Er verließ ebenfalls den Gottesdienstraum, suchte die große Eingangshalle ab, konnte ihn jedoch nicht finden. Dann ging er hinaus auf den Parkplatz, aber auch dort entdeckte er den jungen Mann nicht. Er kam wieder hinein und wollte schon aufgeben, entschied dann aber, noch auf der Toilette nachzusehen. Im Vorraum waren nur ein paar andere Männer, so blieb er einfach stehen und wartete. Und tatsächlich, nach ein paar Minuten kam der junge Mann heraus.

Er wirkte überrascht, als er meinen Vater sah, darum sagte dieser sofort: „Ich weiß, dass Sie mich nicht kennen, und ich habe nicht vor, mich in Ihre Angelegenheiten einzumischen. Aber ich mache mir große Sorgen um Sie. Und ich möchte Ihnen sagen, dass Gott Sie liebt und dass Sie äußerst wertvoll für ihn sind."

Der junge Mann starrte meinen Vater an und plötzlich rannen Tränen über seine Wangen. Er entgegnete: „Ich habe mein Leben total verpfuscht. Ich bin von so vielen Drogen abhängig, dass ich es einfach nicht mehr ertrage. Ich hatte beschlossen, noch ein letztes Mal zur Kirche zu gehen. Danach wollte ich nach Hause gehen und alle Tabletten schlucken, die ich finden konnte, um dem Ganzen ein Ende zu setzen."

Mein Vater erwiderte: „Es ist nicht wichtig, in welcher Situation Sie sich gerade befinden. Vielleicht haben Sie Fehler gemacht. Vielleicht haben Sie tausendmal versagt, aber glauben Sie mir, das ändert nichts an dem Wert, den Sie in Gottes Augen besitzen. Sie sind nicht zufällig hier auf Erden. Gott hat einen Plan und eine Bestimmung für Ihr Leben. Er hat einen Auftrag für Sie. Und der besteht nicht darin, einfach nur ein durchschnittliches Leben zu führen."

Mein Vater und der junge Mann beteten miteinander und dieser Abend war ein Wendepunkt in dessen Leben. Heute, über 30 Jahre später, ist dieser Mann Pastor einer Gemeinde, und er hat Tausenden von anderen Menschen dabei geholfen, einen positiven Einfluss auf unsere Welt auszuüben.

Vielleicht sind Sie wie dieser junge Mann. Vielleicht haben Sie nie wirklich begriffen, was in Ihnen steckt. Vielleicht haben Sie gravierende Fehler gemacht. Lassen Sie sich von diesen Fehlern nicht niederdrücken. Stehen Sie auf und machen Sie weiter. Ihre Irrtümer und falschen Entscheidungen ändern nichts an Ihrem Erbgut. Sie haben keinen Einfluss auf das, was in Ihnen steckt. Oft schreibt unsere Gesellschaft einen Menschen ab, wenn er versagt oder falsche Entscheidungen getroffen hat – nicht aber Gott. Gott sieht Ihr Potenzial. Er weiß, wozu Sie fähig sind. Er ist derjenige, der Sie erschaffen hat, und er weiß, dass Sie immer noch Großes vollbringen können. Es liegt Ihnen im Blut.

Er hat Sie mit allem ausgerüstet, was Sie brauchen, um ein erfolgreiches Leben zu führen. Darum dürfen Sie jeden Tag zu sich sagen: „Ich habe das Zeug dazu. Ich bin mehr als ein Überwinder. Ich bin intelligent. Ich bin begabt. Ich bin erfolgreich. Ich bin attraktiv. Ich bin ein(e) Sieger(in)." Gott hat all diese Dinge in Sie einprogrammiert; sie stecken in dem Erbgut, das er Ihnen mitgegeben hat.

Ja, vielleicht haben Sie von Ihren leiblichen Vorfahren ein paar negative Dinge geerbt, die Sie überwinden müssen, aber denken Sie immer daran: Ihr spirituelles Erbgut ist stärker als Ihr biologisches Erbgut. Sie sind vom allmächtigen Gott auserwählt worden. Sein königliches Blut fließt durch Ihre Adern. Nehmen Sie die Schultern zurück und tragen Sie den Kopf hoch – Sie sind ein(e) Auserwählte(r)! Schon bevor er die Welt erschuf, hat Gott Sie in seine Nachfolge gerufen. Machen Sie sich bewusst, wie wertvoll Sie sind, und schütteln Sie alle Gefühle von Minderwertigkeit und Unsicherheit ab. Der „Champion" steckt bereits in Ihnen und wartet nur darauf, entdeckt zu werden.

> Ihr spirituelles Erbgut ist stärker als Ihr biologisches Erbgut.

Gibt es auch schlechte Anlagen?

In meiner Kindheit wurden Unruhestifter häufig mit den Worten beschrieben: „Tja, er hat einfach schlechte Anlagen." Darin steckt ein Körnchen Wahrheit. Wir alle haben von unseren Eltern, Großeltern, Urgroßeltern und weiteren Vorfahren biologisches Erbgut mit auf den Weg bekommen, das für bestimmte Fähigkeiten und Eigenschaften verantwortlich ist.

Aber wir haben auch spirituelles Erbgut. Die gute Nachricht ist, dass unser geistliches Erbgut unser natürliches Erbgut überwinden kann. In der Bibel steht, dass ein Mensch, der sich für Christus entscheidet, eine neue Schöpfung ist. Was früher war, ist vorbei; etwas ganz Neues hat begonnen.[5] Mit anderen Worten: Wir haben einen neuen Stammbaum bekommen. Wenn Sie wirklich begreifen, was Gott für Sie getan hat, und entsprechend zu handeln beginnen, können Sie sich über alle widrigen Umstände erheben. Sie können all das Negative aus Ihrer Vergangenheit überwinden. Die Kraft dazu steckt in Ihrem geistlichen Erbgut.

David schreibt in Psalm 139: „Du hast mich geschaffen mit Leib und Geist, mich zusammengefügt im Schoß meiner Mutter" (Vers 13). Und im Vers 16 desselben Psalms heißt es: „Du sahst mich schon fertig, als ich noch ungeformt war. Im Voraus hast du alles aufgeschrieben; jeder meiner Tage war schon vorgezeichnet, noch ehe der erste begann." David weist hier darauf hin, dass Gott uns schon sah, bevor wir geboren wurden. Ehe Adam und Eva, Abraham, Mose oder Ihre Großeltern das Licht der Welt erblickten, hat Gott Sie bereits gesehen. Mit anderen Worten: Ihre Eltern haben nicht einfach den Entschluss gefällt, ein Kind zu bekommen. Sie wurden schon dazu bestimmt, hier auf dieser Erde zu leben, bevor die Welt erschaffen wurde.

Gott ist der große Architekt des Universums. Er hat alles geplant und dafür gesorgt, dass Sie gerade zu diesem Zeitpunkt der Geschichte hier sind. Auch aus diesem Grund sollten wir uns bewusst sein, dass wir eine Bestimmung haben und wertvoll sind.

Ihr Wert hängt nicht davon ab, wie ein anderer Sie behandelt hat oder wie vollkommen das Leben war, das Sie bisher gelebt haben. Und auch nicht davon, wie erfolgreich Sie sind. Ihr Wert beruht einzig und allein auf der Tatsache, dass Sie ein Kind des höchsten Gottes sind. Nein, wir sind nicht perfekt, wir alle begehen Fehler; wir alle haben Schwächen. Aber das ändert nichts daran, dass wir in Gottes Augen wertvoll sind. Wir sind immer noch sein kostbarster Besitz.

Manchmal neigen Menschen aus falsch verstandener Religiosität dazu, andere niederzumachen: „Du hast das und das getan, und hier hast du versagt, und du hast diesen Menschen falsch behandelt, und du hast deine Kinder nicht richtig erzogen." Viele Menschen quälen sich mit solchen Gefühlen herum, haben wenig Selbstachtung und fühlen sich wertlos. Sie sind der festen Überzeugung: „Gott könnte mich niemals segnen. Ich habe zu viele Fehler gemacht. Ich habe alles verdorben."

Ich habe eine gute Nachricht für Sie: Gott wusste von vornherein, dass Sie nicht vollkommen sein würden. Warum entspannen Sie sich nicht und nehmen das Ganze ein bisschen lockerer? Hören Sie auf, sich wegen allem und jedem fertigzumachen, was Sie im Leben falsch gemacht haben. Sie können die Vergangenheit doch sowieso nicht ändern. Wenn Sie Fehler gemacht haben, sagen Sie einfach: „Es tut mir leid, Gott. Ich bereue es. Bitte hilf mir, es nächstes Mal besser zu machen." Lassen Sie die Vergangenheit dann endgültig hinter sich und blicken Sie nach vorn. Wenn Sie jedoch an der Vergangenheit festhalten, öffnen Sie Schuld- und Verdammnisgefühlen Tür und Tor, und es wird nicht lange dauern, bis Sie mit einer „Ach-ich-Ärmster"-Einstellung herumlaufen.

„Ich habe nichts Gutes verdient. Ich bin einfach ein armseliger Wurm", höre ich manchmal Leute sagen. Nein, Sie sind kein armseliger Wurm – Sie sind ein Kind des höchsten Gottes. Tragen Sie den Kopf hoch, nehmen Sie die Schultern zurück und beginnen Sie zu handeln wie ein Kind des allmächtigen Gottes.

Sie müssen an sich selbst glauben und daran, dass Sie dieser Welt etwas zu geben haben, was kein anderer hat. Sie sind nach dem Bild des allmächtigen Gottes geschaffen worden. Das bedeutet, Sie sind nicht wie die anderen Lebewesen – Sie sind nicht wie ein Hund, eine Katze oder ein Pferd. Nein, die Bibel sagt, dass Gott Ihnen seinen Atem eingehaucht hat.[6] Sie haben eine Bestimmung. Sie sind nicht zufällig hier aufgekreuzt. Gott hat schon an Sie gedacht, bevor Sie geboren wurden. In der Bibel steht, dass er Sie sorgfältig und in allen Einzelheiten geplant hat.

Manche Menschen sind ständig mit sich selbst unzufrieden: „Ich wünschte, ich sähe anders aus. Ich wünschte, ich hätte ihre Persönlichkeit. Ich wünschte, ich hätte sein Talent."

Nein, Gott hat Sie ganz bewusst so erschaffen, wie Sie sind. Sie sind ein Original. Hören Sie auf damit, sich selbst mit kritischen Augen zu sehen, und fangen Sie an, sich darüber zu freuen, dass Sie ein einzigartiges Geschöpf Gottes sind.

Ich hoffe, dass Sie mich nicht falsch verstehen, aber es gefällt mir, ich zu sein. Ich weiß, ich bin nicht perfekt, und es gibt Bereiche, in denen ich mich verbessern muss. Aber im Großen und

Ganzen kann ich mich selbst gut leiden. Ich bin mir bewusst, dass ich für Gott wertvoll bin.

Auch Sie haben vielleicht einige Eigenschaften, die Sie gern ablegen würden, aber statt Ihr Augenmerk auf diese Bereiche zu richten, sollten Sie aus dem, was Gott Ihnen gegeben hat, das Beste machen. Sie bedeuten ihm außerordentlich viel. Jemand hat es einmal so ausgedrückt: Wenn Gott einen Kühlschrank hätte, würde Ihr Bild daran kleben. Wenn Gott eine Brieftasche hätte, wäre Ihr Foto darin.

Vielleicht wenden Sie jetzt ein: „Ich habe im Leben wenig Glück gehabt und meinen Eltern ging es genauso. Ich glaube, das ist einfach mein Schicksal."

Nein, es ist nicht Ihr Schicksal, ein Opfer zu sein, sondern jemand, der über die Schwierigkeiten triumphiert! Ihr „Schicksal" besteht darin, glücklich und „heil" zu sein. Sicher, es gibt vielleicht die einen oder anderen natürlichen Anlagen, die Sie überwinden müssen, aber Ihr geistliches Erbgut ist hervorragend. Ihr Vater hat durch sein Wort Himmel und Erde erschaffen. Er hätte jeden auswählen können, aber er hat Sie ausgewählt. Er ist mit Ihnen zufrieden und hat Sie mit allem ausgerüstet, was Sie für Ihren Lebensweg brauchen.

Ich liebe den Bibelvers aus dem Galaterbrief: „Wenn ihr aber zu Christus gehört, seid ihr auch Abrahams Nachkommen und bekommt das Erbe, das Gott Abraham versprochen hat" (Galater 3,29). Das bedeutet, wir alle dürfen all das Gute erfahren, dass Gott auch Abraham zukommen ließ. Wenn Sie sich mit Abrahams Leben beschäftigen, werden Sie entdecken, dass er wohlhabend und gesund war und ein langes, produktives Leben führte. Obwohl er nicht immer die klügsten Entscheidungen traf, durfte er Gottes Segen und seine Gunst erfahren.

Gleichgültig, wie viele Fehler Sie begangen haben, Sie dürfen wissen, dass Sie das Saatgut des allmächtigen Gottes in sich tragen. Warum also nicht sagen: „Es gibt vielleicht vieles, das ich ablegen muss, vielleicht haben die Leute versucht, mich fertigzumachen, und vielleicht habe ich im Leben bislang wenig Glück gehabt, aber das ändert nichts an dem, was ich bin. Ich weiß, ich kann meine

Bestimmung erfüllen." Sie sollten jeden Tag erwarten, dass Ihnen Gutes widerfährt, und mit Gottes Gunst und seinen Segnungen rechnen. Gott möchte Ihnen an jedem Tag Ihres Lebens Gutes tun, nicht schaden.

„Ich kann mir das alles überhaupt nicht vorstellen", halten Sie mir jetzt vielleicht entgegen. „Ich habe einfach schon zu viel Negatives erlebt."

Das mag schon sein, aber wenn Sie unbeirrt weitergehen und weiterglauben, verspricht Gott, dass er aus all diesen negativen Erfahrungen doch noch etwas Gutes machen wird.

Denken Sie daran, dass die Bibel uns als Überwinder bezeichnet. Das bedeutet, es wird Hindernisse geben, die wir überwinden müssen. Sie können keine großen Siege erringen, ohne schwierige Schlachten zu schlagen. Sie werden niemals eine großartige Geschichte zu erzählen haben, ohne vorher einige Prüfungen zu bestehen. Der Feind kämpft immer dann am heftigsten gegen Sie, wenn er weiß, dass Gott etwas Großartiges für Sie bereithält.

Wenn Ihnen unfaire Dinge zugestoßen sind oder wenn Menschen Sie beraubt oder betrogen haben, verspricht die Bibel, dass Gott Ihnen doppelt so viel erstatten wird, wie Ihnen genommen wurde.[7] Wenn Ihr Leben also gerade hart ist, dürfen Sie dennoch sagen: „Ich werde nach dieser Erfahrung doppelt so viel Freude, doppelt so viel Frieden, doppelt so viel Ehre, doppelt so viel Erfolg haben."

Zapfen Sie die Kraftquelle Gottes an

Manche Leute sagen zu mir: „Ich weiß, dass ich eines Tages glücklich sein werde, Joel. Ich weiß, irgendwann einmal werde ich mein Leben genießen."

Ich respektiere diese Haltung, aber Gott will, dass wir unser Leben hier und jetzt genießen. Er möchte, dass wir ein Stück Himmel auf Erden erleben, gerade dort, wo wir sind. Einer der Gründe, warum Jesus gekommen ist, war, dass wir ein Leben in der Fülle genießen können. Sie können in diesem Leben frei und glücklich sein, nicht nur irgendwann einmal im Himmel. Ist das nicht eine gute Nachricht: Sie können Ihre Träume verwirklichen, *bevor* Sie in den Himmel kommen.

Wie kann Ihnen das gelingen? Indem Sie die Kraftquelle Gottes anzapfen, die in Ihrem Inneren ist.

In der Bibel steht: „Christus hat uns von dem Fluch losgekauft, unter den uns das Gesetz gestellt hatte" (Galater 3,13). Dieser Fluch ist die Ursache für jede Art von Niederlage – Sünde, Fehler, falsche Entscheidungen, Furcht, Sorgen, ungesunde Beziehungen, schlechte Einstellungen. Bitte machen Sie sich bewusst: Von all diesen Dingen sind Sie bereits befreit worden. Aber der Haken ist: Wenn Sie diese Freiheit nicht im Vertrauen auf Gott in Anspruch nehmen, wenn Sie nicht dafür sorgen, dass Ihre Gedanken, Ihre Worte und Ihre innere Haltung dieser Tatsache Rechnung tragen, dann wird Ihnen diese Freiheit nichts nützen.

Vielleicht warten Sie gerade darauf, dass Gott etwas Übernatürliches in Ihrem Leben tut, aber eigentlich ist es vielmehr so, dass Gott auf *Sie* wartet. Erheben Sie sich in der Autorität, die Sie als Kind Gottes besitzen, beweisen Sie ein bisschen Rückgrat und Entschlossenheit und sagen Sie: „Ich werde kein mittelmäßiges Leben führen, das von Süchten, negativen Einstellungen und Niederlagen geprägt ist. Nein, ich werde es wie der Apostel Paulus machen: Ich werde all dies hinter mir lassen und auf das Ziel zuhalten.[8] Ich werde all das in Anspruch nehmen, was Gott für mich bereithält."

Ich habe einmal von einem kleinen Hund gehört, der jahrelang an einer sechs Meter langen Leine gehalten worden war, die an einem Baum befestigt war, wo auch seine Hütte stand. Sein Besitzer kam zu ihm heraus, um ihm sein Futter zu geben und ab und zu mit ihm zu spielen. Aber der Hund blieb immer an der Leine. Er sah die anderen Hunde und rannte so weit auf sie zu, wie seine Leine es zuließ. Er wusste genau, wie weit er gehen konnte. Er wollte sie jagen. Er wollte mit ihnen spielen, aber er kannte seine Grenzen. Wenn er zu weit lief, zog die Leine ihn zurück an seinen Platz.

Eines Tages tat der Hund seinem Besitzer so leid, dass dieser beschloss, ihn von der Leine zu lassen. Doch das Halsband blieb weiter um seinen Hals. Der Besitzer rechnete damit, dass der Hund nun davonlaufen würde, glücklich und frei. Ein anderer Hund kam vorbei, und wirklich, sein Hund stand auf und lief los. Aber zur großen Überraschung des Besitzers blieb sein Hund genau dort stehen, wo die Leine immer geendet hatte.

Ein paar Minuten darauf stolzierte eine Katze vorbei. Diese Katze hatte den Hund jahrelang gequält. Sie wusste genau, wo sie vorbeigehen musste – nur einen halben Meter weiter, als die Leine reichte, das war genug. Wieder rannte der Hund los, blieb jedoch auch diesmal genau dort stehen, wo er immer stehen geblieben war.

Der Hund war frei, er begriff es nur nicht. Die Leine war gelöst. Alles, was er tun musste, war, einen Schritt weiter zu gehen, als er es gewöhnt war, und er wäre frei gewesen.

Oft verhalten wir uns genau wie dieser Hund. Gott hat die Ketten aus Süchten, persönlichen Niederlagen, falschen Einstellungen gelöst. Das Problem ist nur, dass wir uns dessen nicht wirklich bewusst sind und weiterhin in ihrer Reichweite bleiben.

„Ich bin schon immer so gewesen. Mein Temperament ist schon immer mit mir durchgegangen. Ich war schon immer von dieser Sache abhängig", jammern manche Menschen.

Nein, Sie müssen begreifen, dass Sie bereits befreit wurden. Vor 2.000 Jahren hat Gott Ihre Ketten gelöst. Jetzt liegt es an Ihnen, auch aus ihrem Einflussbereich hinauszutreten.

Wie können Sie das tun? Ändern Sie Ihre Einstellung. Sagen Sie nicht länger: „Ich kann das nicht schaffen. Ich werde nie gesund werden. Ich werde meine Schulden nie loswerden. Ich muss zu viele Hindernisse überwinden."

Jeder Gegner in Ihrem Leben ist bereits besiegt worden – ob es nun um Sorgen, Depressionen, Süchte oder Armut geht – und Sie besitzen Autorität über sie. Dieselbe Kraft, die Christus von den Toten auferweckt hat, lebt in Ihnen. Es gibt nichts in Ihrem Leben, das Sie nicht überwinden können. Keine Verletzung ist so tief, dass Sie nicht vergeben können. Sie haben die Kraft, all die negativen Dinge aus Ihrer Vergangenheit hinter sich zu lassen. Vielleicht sind Sie schon tausendmal gestrauchelt, aber Sie haben die Kraft, immer wieder aufzustehen. Ihr medizinischer Befund sieht vielleicht nicht gut aus, aber Sie haben die Kraft, stark zu bleiben und die Hoffnung nicht aufzugeben.

Weigern Sie sich einfach, aufzugeben und sich mit weniger als dem zufriedenzugeben, was Gott Ihnen schenken möchte. Leben Sie in der Haltung: „Ich weiß, dass meine Ketten gelöst worden sind. Ich kenne den Preis, der für mich bezahlt worden ist, und selbst wenn ich mein Leben lang weiterglauben und so lange ausharren muss, bis ich sterbe – ich werde mich nicht zurücklehnen und mit einem mittelmäßigen Leben abfinden. Ich werde weiterhin mutig voranschreiten."

Viel zu viele Menschen lernen, sich mit ihrem Mangel zu arrangieren. Sie nehmen alles Mögliche hin, was nicht dem Willen Gottes für ihr Leben entspricht. Sie sind streitsüchtig, verbittert und nachtragend. Sie haben Streit mit ihren Angehörigen und sind kritiksüchtig und unnachgiebig. Statt diese Probleme anzugehen und sich von Gott heilen zu lassen, umwickeln sie sie nur mit einem notdürftigen Verband. Sie haben sich mit ihren schlechten Eigenschaften arrangiert.

> Viel zu viele Menschen lernen, sich mit ihrem Mangel zu arrangieren.

Doch Sie können niemals ändern, was Sie tolerieren. Solange Sie es akzeptieren und sich damit arrangieren, werden Sie genau dort bleiben, wo Sie sind. Aber Sie brauchen nicht so zu leben. Sie haben vielleicht gelernt, sich mit Ihrem Mangel zu arrangieren, aber ich möchte Ihnen Mut machen, einen Schritt weiter zu gehen. Versuchen Sie, jeden Tag *eine* Zigarette weniger zu rauchen. Vergeben Sie *einem* Menschen, der Sie verletzt hat. Bemühen Sie sich, heute *nur ein bisschen* disziplinierter zu sein als gestern.

„Ach, Joel", wenden Sie ein, „ich bin schon zu lange so. Ich kann mir gar nicht vorstellen, wie ich mich jemals ändern sollte." Doch der Preis für Ihre Freiheit ist schon bezahlt worden. Nun liegt es in Ihrer Verantwortung, diese negative Haltung abzuschütteln und durch positive, kraftvolle Gedanken zu ersetzen. Beginnen Sie damit, dass Sie sagen: „Ich bin frei. Diese Sucht beherrscht mich nicht länger. Der in mir am Werk ist, ist mächtiger als der, der diese Welt regiert."[9] Sagen Sie niemals: „Meine Träume werden sich nie erfüllen. Ich werde vermutlich nie heiraten." Oder: „Meine Rechnungen sind so hoch und mein Einkommen ist so niedrig. Ich glaube nicht, dass ich jemals meine Schulden loswerde." Nein, drehen Sie den Spieß um. Sagen Sie: „Ich bin nicht nur jemand, der Hindernisse überwindet. Gott hat einen Plan für mein Leben und den werde ich umsetzen. Er wird mir alles geben, was ich dazu brauche."

Sie müssen beharrlich sein, wenn Sie all das haben wollen, was Gott für Sie bereithält. Es ist viel leichter, passiv zu sein und zu sagen: „Das ist mir zu anstrengend, das ist zu viel Arbeit. So wichtig ist mir Veränderung nun auch nicht. Ich weiß, ich neige dazu, ein bisschen schwarzzusehen, aber eigentlich will ich ja auch kein Sonnenscheinchen werden. Ich weiß, ich sollte dieses Junkfood nicht essen, aber es schmeckt mir eben. Ich weiß, ich sollte aufhören zu rauchen, aber ich habe keine Lust mehr, es zu versuchen."

> Doch Sie können niemals ändern, was Sie tolerieren.

Wenn Sie diese Einstellung an den Tag legen, werden Sie auch keine Fortschritte machen. Sie *können* ein besserer Mensch, eine bessere Mutter, ein besserer Ehemann, eine bessere Kollegin, ein besserer Chef werden. Gott hält mehr für Sie bereit.

Vielleicht hat Ihre Familie seit Generationen viel Negatives erlebt. Es wird von einer Generation an die nächste weitergegeben: Krankheiten, schlechte Einstellungen, Süchte, finanzielle Nöte, mangelnde Selbstachtung und ähnliche Dinge, die immer wieder auftreten. Bitte machen Sie sich bewusst, dass all dies Dinge sind, von denen Christus Sie bereits befreit hat. Sie sind Folgen des Fluches und der Fluch ist gebrochen worden.

Ihre Vorfahren – Ihre Eltern, Ihre Großeltern und so weiter –, waren zweifellos gute Menschen. Aber wenn jemand nicht versteht, was Gott für ihn getan hat, neigt er sehr wahrscheinlich dazu, sich mit einem mittelmäßigen Leben abzufinden.

Ein junger Mann namens Eric erklärte mir einmal: „Joel, mein Vater war Alkoholiker und mein Großvater ebenfalls. Jetzt habe ich dasselbe Problem. Ich kann es einfach nicht überwinden."

„Doch, Sie können es überwinden", ermutigte ich ihn. „Die

Kraft in Ihrem Inneren ist stärker als diese Sucht. Aber Sie müssen Ihre Einstellung zu diesem Problem ändern. Sie müssen anfangen zu sagen: ‚Ich bin frei.' Sprechen Sie diese Worte jeden Tag laut aus. Reden Sie nicht darüber, wie Sie sind, sondern darüber, wie Sie sein wollen."

Oft höre ich Leute sagen: „Einmal süchtig, immer süchtig. Einmal Alkoholiker, immer Alkoholiker." Ja, viele Menschen geben einen solchen Unsinn von sich, aber im Wort Gottes steht: „Wenn der Sohn euch frei macht, dann seid ihr wirklich frei" (Johannes 8,8). Mit Gottes Hilfe können Sie all die schlechten Dinge in Ihrem Leben besiegen. Sie können jede schlechte Gewohnheit ablegen. Sie können jedes Hindernis überwinden.

„Meine Großmutter hatte Diabetes, Joel. Meine Mutter hat Diabetes. Es sieht ganz so aus, als würde ich diese Krankheit auch bekommen."

Wenn Sie so denken, dann planen Sie geradezu, Diabetiker zu werden. Sie laden diese Krankheit förmlich in Ihr Leben ein. Tun Sie das nicht! Sagen Sie voller Entschlossenheit: „Großmutter mag Diabetes gehabt haben. Mutter mag Diabetes haben. Aber ich und meine Kinder können gesund leben. Ich will unter dem Segen Gottes und nicht unter dem Fluch leben und werde alles tun, um diese Krankheit nicht zu bekommen." Planen Sie keine negativen Dinge für sich ein!

Die meisten meiner Vorfahren väterlicherseits litten unter Herzerkrankungen und viele von ihnen sind aus diesem Grund früh gestorben. Aber ich will nicht herzkrank werden. Ich möchte lange leben und gesund bleiben – und ich trage meinen Teil dazu bei: Ich bemühe mich, mich gesund zu ernähren und regelmäßig Sport zu treiben. Und ich sage jeden Tag: „Ich werde gesund bleiben und meine Bestimmung erfüllen."

Vielleicht litten viele Mitglieder Ihrer Familie an Alzheimer, aber das bedeutet nicht, dass Sie selbst auch daran erkranken müssen. Geben Sie solchen Befürchtungen keinen Raum! Sagen Sie stattdessen jeden Tag: „Ich habe einen scharfen Verstand. Meine Gedanken sind klar. Ich habe ein gutes Gedächtnis. Jede Zelle meines Körpers funktioniert optimal. Ich rauche nicht, ernähre mich vitaminreich und achte auf meine Gesundheit." Wenn Sie sich im Bewusstsein Ihrer Autorität gegen alles Negative zur Wehr setzen, können Sie derjenige sein, der die unguten Entwicklungen in Ihrer Familiengeschichte zum Stillstand bringt.

> Reden Sie nicht darüber, wie Sie sind; reden Sie darüber, wie Sie sein wollen.

Vanessa ist Ärztin und Mitglied der *Lakewood*-Gemeinde. 1995 praktizierte sie noch in Washington, D. C., und zu diesem Zeitpunkt begann sie, unter furchtbaren Gelenkschmerzen zu leiden. Die Schmerzen wurden so schlimm, dass sie es kaum noch aushalten konnte. Sie kam nach Houston, um sich die Knie operieren zu lassen, und hoffte, dass der chirurgische Eingriff das Problem beheben würde, aber leider wurde es nur schlimmer. Ihr Körper baute immer mehr ab. Obwohl sie noch nicht einmal 30 war, konnte sie sich nur noch mit Hilfe eines Stockes fortbewegen. Sie erzählte uns, dass sie sich wie eine Neunzigjährige fühlte und auch so aussah.

Interessanterweise hatte Vanessas Vater mit Anfang 20 dieselbe Krankheit bekommen und war im Alter von 43 Jahren daran gestorben. Ihre Großmutter litt ebenfalls an dieser Erkrankung und musste ihr Leben im Rollstuhl verbringen. Es sah ganz so aus, als würde Vanessa dasselbe Schicksal erwarten.

Wenn sie zum Gottesdienst in das alte Versammlungsgebäude der *Lakewood*-Gemeinde kam, brauchte sie eine Dreiviertelstunde, um von ihrem Auto zu ihrem Platz im Versammlungsraum zu gelangen – die meisten anderen benötigten dafür zwei oder drei Minuten. Nach dem Gottesdienst wartete sie meist, bis sich die Menge verlaufen hatte, damit niemand sah, wie schlecht es ihr ging. Unter der Woche stand sie um drei Uhr morgens auf und begann damit, sich anzuziehen und ihre Gelenke zu lockern, damit sie pünktlich um sieben im Krankenhaus war.

Es wäre in dieser Situation ein Leichtes gewesen, sich zurückzulehnen und zu denken: *Es sieht schlecht für mich aus. Daddy hat die Krankheit gehabt. Oma hat sie gehabt. Ich schätze, diese Krankheit ist einfach mein Schicksal.*

Aber Vanessa tat genau das *nicht*. Sie war eine Kämpferin.

Sie sagte: „Ich werde all das tun, was Gott für mich bereithält."
Sie begann, zu beten, zu glauben und jeden Tag laut auszusprechen: „Es geht mir immer besser. Gott stellt meine Gesundheit wieder her. Ich werde leben und nicht sterben." Drei Jahre lang erlebte sie keinerlei Veränderung. Es hatte nicht den Anschein, als würde irgendetwas geschehen. Aber Vanessa ließ sich nicht davon beirren. Sie vertraute einfach weiter darauf, dass Gott eingreifen würde.

Manchmal müssen Sie dem Feind zeigen, dass Sie mehr Entschlossenheit besitzen als er. Genau das tat Vanessa.

Eines Tages bemerkte sie plötzlich, dass die Schmerzen nicht mehr ganz so schlimm waren. Es fiel ihr ein bisschen leichter, ihre Gelenke zu bewegen. Am Tag darauf fühlte sie sich noch ein bisschen besser. Und am nächsten Tag fiel es ihr wieder etwas leichter, sich zu bewegen. Es passierte nicht über Nacht, aber im Laufe der folgenden drei Monate ging es Vanessa zunehmend besser, und heute ist sie völlig frei von Beschwerden. Sie ist ein glücklicher, gesunder, heiler Mensch geworden.

Und das war meines Erachtens nur möglich, weil sie standhaft blieb. Nun werden ihre Kinder, ihre Enkel und alle weiteren Generationen von ihrer Entscheidung profitieren, unter dem Segen und nicht unter dem Fluch zu leben.

„Ach, Joel, ich weiß nicht, ob das auch in meinem Leben geschehen könnte. Sie haben ja keine Ahnung von meiner Situation."

Sie haben recht. Es wird sich mit Sicherheit nichts ändern, solange Sie eine negative Einstellung haben und zweifeln. Diese Art von Segen ist für Gläubige gedacht, nicht für Zweifler. Sie müssen innerlich aufstehen, dem Hindernis ins Gesicht sehen und sagen: „Ich werde dich besiegen. Ich bin ein Kind des höchsten Gottes, und ich werde genau so werden, wie er mich geplant hat, als er mich schuf."

Schütteln Sie diese Mentalität ab, die Sie in der Schwäche verharren lässt. Beginnen Sie damit, positive Gedanken zu denken wie: *Durch Christus bin ich allem gewachsen. Ich bin kein Opfer, sondern ein(e) Sieger(in).* Denken Sie daran: Dieselbe Kraft, die Christus von den Toten auferweckt hat, lebt auch in Ihnen. Ihre

Ketten sind bereits gelöst worden. Der Preis ist schon bezahlt. Nun ist es an Ihnen, aktiv zu werden und in der Autorität voranzugehen, die Sie durch Jesus Christus besitzen.

Was hindert Sie, was steht Ihrer Entwicklung im Wege? Süchte, falsche Einstellungen, mangelnde Selbstachtung? Machen Sie sich klar, was es ist. Lernen Sie nicht einfach nur, sich mit Ihrem Mangel zu arrangieren. Seien Sie bereit, sich zu verändern. Der Prophet Joel sagte: „Der Schwache spreche, ich bin stark!" (Joel 4,10; LÜ). Sie sind stark – nehmen Sie in Besitz, was Gott Ihnen zugedacht hat. Erwecken Sie die Gabe, die in Ihnen schlummert. Erhalten Sie Ihre Träume lebendig. Entscheiden Sie sich heute dafür, dass Sie von jetzt an unter dem Segen und nicht unter dem Fluch leben werden. Wenn Sie das tun, werden Sie entdecken, dass der allmächtige Gott Ihre Leine bereits entfernt und Ihnen die Kraft gegeben hat, sich von den Dingen zu lösen, die Sie in der Vergangenheit behindert haben.

Kapitel 4

Reißen Sie die Festungen Ihrer Vergangenheit nieder

Es ist erstaunlich, aber wahr: Die Entscheidungen, die wir heute treffen, berühren nicht nur uns selbst – sie wirken sich auf unsere Kinder und Kindeskinder aus, über viele Generationen hinweg. In der Bibel heißt es, dass das Fehlverhalten der Väter sich auf drei oder vier Generationen von Nachkommen auswirken kann. Das bedeutet, schlechte Gewohnheiten, Süchte, Pessimismus, falsche Denkmuster und andere verkehrte Verhaltensweisen können an die Nachkommen weitergegeben werden.

Vielleicht haben Sie heute in bestimmten Bereichen Schwierigkeiten, weil einige Ihrer Vorfahren falsche Entscheidungen gefällt haben. Wenn man sich dessen bewusst ist und darauf achtet, kann man oft die Ergebnisse dieser Entscheidungen in der Familiengeschichte zurückverfolgen. Es ist wichtig, dass wir erkennen, welche Prinzipien hier am Werk sind, und diese negativen Verhaltensmuster nicht automatisch zu übernehmen. „Ich bin eben so. In meiner Familie gibt es seit jeher Geldprobleme und chronische Erkrankungen."

Nein, Sie müssen aktiv werden und etwas dagegen unternehmen. Vielleicht ist es jahrelang so gewesen, aber die gute Nachricht lautet, dass es nicht so bleiben muss. Sie können derjenige sein, der dem ein Ende setzt. Sie können diejenige sein, die den Segen und nicht den Fluch wählt.

Neuere Forschungen versuchen, spezifische Gene zu identifizieren, um herauszufinden, inwiefern Auffälligkeiten wie Suchtverhalten, Essstörungen und sogar Depressionen erblich sind. Die Wissenschaftler erkennen gewisse Muster, aber sie können nicht endgültig bestimmen, ob diese Störungen genetisch bedingt sind, durch Umwelteinflüsse hervorgerufen werden oder ob sie durch eine Kombination beider Faktoren verursacht werden.

Sicherlich spielen diese Faktoren eine gewisse Rolle, aber ich glaube, die wahre Ursache ist geistlicher Art. Die Bibel nennt diese Ursache *Sünde*.

Wir müssen uns über eines im Klaren sein: Ebenso wie hervorstechende körperliche Merkmale oft erblich bedingt sind, werden auch negative Verhaltensweisen und Charaktereigenschaften häufig von einer Generation an die nächste weitergegeben – so lange, bis jemand aktiv wird und der Sache ein Ende setzt. Als Adam und Eva Gott ungehorsam waren, betraf diese Entscheidung nicht nur sie selbst; sie wirkte sich auch auf ihre Kinder aus. Wissen Sie, wer der erste Mörder war, von dem in der Bibel berichtet wird? Es war Adams Sohn Kain. Der zweite Mörder war einer von Kains Nachkommen, ein Mann namens Lamech. Dieses spezielle Fehlverhalten zog sich über Generationen hinweg durch Kains Nachkommenschaft. Es „lag in der Familie".

Auf ähnliche Weise lassen sich viele Dinge, mit denen wir heute ringen, bis zu einem unserer Vorfahren zurückverfolgen, der in diesem Bereich nicht zurechtkam – mit dem Ergebnis, dass wir uns heute mit diesem Problem herumschlagen müssen. Wir sollten das zwar nicht als Entschuldigung oder Rechtfertigung dafür vorschieben, dass wir dieses Verhaltensmuster fortsetzen können. Aber wir müssen uns klarmachen, was geschehen ist, und mit umso größerer Entschlossenheit danach streben, dass *wir* diejenigen sind, die dieser Sache ein Ende setzen.

Eine junge Frau namens Betsy litt unter Magersucht. Sie erklärte mir, dass ihre Mutter, einige ihrer Tanten, ihre Schwestern und ein paar Cousinen dasselbe Problem hatten. Diese eine Erkrankung zerstörte quasi die gesamte Familie. Das war nicht einfach ein Zufall – es war ein negativer, zerstörerischer Geist, der in dieser Familie weiter „vererbt" wurde. Er hätte wahrscheinlich weiterhin in dieser Familie gewütet, wenn Betsy sich nicht entschlossen hätte, unter dem Segen Gottes und nicht unter dem Fluch zu leben. Sie begriff, dass ihr Kampf gegen die Magersucht nicht nur ein körperlicher Kampf war; es war auch ein geistlicher Kampf. Als sie sich im Namen und in der Autorität Jesu gegen dieses Problem zur Wehr setzte, befreite sie sich von der ererbten Bindung.

Beschäftigen Sie sich mit den Bereichen Ihres Lebens, in denen Sie immer wieder Kämpfe auszufechten haben, die sich auch im Leben von Verwandten wiederfinden. Vielleicht handelt es sich ja um ein sich ständig wiederholendes Muster von Scheidung, Armut, Suchtverhalten, Missbrauch, Depression oder bestimmten körperlichen Erkrankungen.

Fast jedes männliche Mitglied von Tims Familie hatte einen Herzinfarkt erlitten und starb mit etwa 50 Jahren. Tim ist im Moment 48, also können Sie sich vorstellen, dass er sich wahnsinnige Sorgen macht.

„Tim, Sie können derjenige sein, der diesen Fluch bricht", erklärte ich ihm. „Fangen Sie nicht an, Ihre Beerdigung zu planen. Gehen Sie nicht davon aus, dass Sie einen Herzinfarkt erleiden werden. Setzen Sie sich dagegen zur Wehr.

Ernähren Sie sich gesund, treiben Sie regelmäßig Sport und erklären Sie jeden Tag: ‚Gott schenkt mir ein langes, erfülltes Leben.'[10]"

Sie müssen sich dafür entscheiden, dass Sie den Segen und nicht den Fluch empfangen wollen. Versuchen Sie, herauszufinden, ob es in Ihrer Familie solche negativen Muster gibt, und unternehmen Sie etwas dagegen. Geben Sie sie nicht einfach weiter.

Als Bradley, der Sohn von Stephen und Susan, eingeschult wurde, freute er sich riesig. Er war sehr extrovertiert und ein richtiges Energiebündel und schloss viele neue Freundschaften. Nach einigen Monaten bekam er jedoch in der Schule heftige Panikattacken. Er geriet völlig außer sich und bekam schreckliche Angst, dass seine Eltern nicht zurückkommen und ihn von der Schule abholen würden. Bradleys Lehrerin versuchte, ihn zu beruhigen, indem sie Stephen oder Susan anrief, damit einer von ihnen ihm sagen konnte, wie sehr sie ihn liebten und dass sie ihn natürlich abholen würden, sobald die Schule aus war. Aber nichts, was seine Eltern sagten, konnte Bradley beruhigen. Immer wieder mussten die Eltern zur Schule fahren, um ihrem Kind zu versichern, dass alles in Ordnung war.

Es gab keinen Grund für Bradleys unerklärliche Angst. Stephen und Susan waren liebevolle Eltern und hatten ihn nie irgendwo zurückgelassen. Dennoch setzten sich die Panikattacken über Monate hinweg fort. Es wurde schließlich so schlimm, dass Bradley, wenn er zu Hause war, nicht mehr von Susans Seite wich. Er folgte ihr von einem Zimmer ins nächste. Wenn sie nach draußen ging, kam er sofort hinterher. Wenn er sie aus irgendeinem Grund nicht fand, bekam er sofort eine neue Panikattacke.

Seine Eltern waren verzweifelt. Sie fragten sich, was sie getan hatten, um diesen schrecklichen Zustand heraufzubeschwören, und was sie tun konnten, um Bradley zu helfen. Eines Tages sprach Stephen mit seinem Vater, dem Großvater des Jungen, über diese Situation. Während er das Problem schilderte, begann dieser, die Zusammenhänge zu verstehen. „Stephen, ich weiß genau, was mit Bradley los ist", sagte er. „Als ich damals in die erste Klasse ging, starb mein Vater ganz unerwartet. Wenn meine Mutter mich danach zur Schule begleitete, hatte ich auf dem Schulweg schreckliche Angst, dass sie nicht mehr wiederkommen würde. Oft musste sie mich wieder mit nach Hause nehmen, weil es gar nicht anders ging. Ich glaube, Bradleys Angst hat irgendwie mit dem zu tun, was ich damals durchgemacht habe."

Stephen und Susan erkannten, dass Bradleys Angst ihren Ursprung nicht in seinem eigenen Leben hatte; sie war aufgrund eines traumatischen Erlebnisses, das sein Großvater gehabt hatte, an ihn weitergegeben worden. Sie begannen zu begreifen, dass manche Dinge von einer Generation zur nächsten übertragen werden können, Dinge, mit denen sie nichts zu tun hatten.

Man kann solche Probleme nicht einfach mit medizinischen, psychologischen oder anderen menschlichen Methoden in den Griff bekommen. Auch mit reiner Willenskraft lassen sich diese Dinge nicht überwinden; es ist ein geistliches Problem. Stephen und Susan begannen zu beten. Jeden Tag griffen sie die Festung der Furcht an, die der Feind in ihrer Familie errichtet hatte, und versuchten aktiv, diesen Fluch zu überwinden. Inzwischen ist Bradley ein junger Mann, und er ist völlig frei geworden und lebt ein normales, gesundes Leben.

Manche Menschen leben unter einem Geist der Depression, der von Generation zu Generation weitergegeben wird. Ihr Leben ist freudlos und ohne Schwung. Ich habe dies sogar an kleinen Kindern beobachtet. Andere Kinder spielen im Freien, lachen und haben eine Menge Spaß, aber das Kind aus der depressiven Familie ist todernst und still, bläst Trübsal und kann seine Kindheit nicht genießen. So sieht der Geist der Depression aus.

Ich habe Menschen kennengelernt, die alles haben, was sie sich nur wünschen können. Sie haben tolle Familien, verdienen einen Haufen Geld und sind beruflich erfolgreich, aber sie sind nie wirklich glücklich oder erfüllt. Es ist, als würde ständig etwas an ihnen nagen und ihnen ihre Freude und ihren Frieden rauben. Wenn Ihnen das bekannt vorkommt: Glauben Sie mir, so etwas ist nicht normal. So sieht der Geist der Niederlage aus, der Geist der Mutlosigkeit. Und Sie müssen ähnlich damit umgehen, wie Stephen und Susan es taten – Sie müssen im Gebet und mit positiven, biblisch fundierten Aussagen, die Sie immer wieder laut aussprechen, dagegen angehen.

Sie können derjenige sein, der den Fluch in Ihrer Familie bricht. Sie dürfen sich nicht einfach zurücklehnen und sagen: „Ach, wir hatten schon immer eine etwas pessimistische Sicht der Dinge", „Ich war schon immer von dieser Sache abhängig" oder: „Jeder in meiner Familie war drei- oder viermal verheiratet und lässt sich jedes Mal wieder scheiden."

Nein, seien Sie derjenige, der sagt: „Genug ist genug. Ich bin es leid, ständig missgelaunt und mutlos zu sein. Wir – meine Familie und ich – entscheiden uns für den Segen und nicht für den Fluch."

Sie können derjenige sein, der gegen die Mächte der Finsternis aufsteht und die Festungen niederreißt, die Sie und Ihre Angehörigen gefangen halten. In der Bibel steht, dass sich ein Fluch nicht ohne Grund auf einem Menschen niederlässt.[11] Das bedeutet, wenn wir mit einem Problem wie Suchtverhalten, schlechten Gewohnheiten oder seelischen Störungen zu tun haben, dann haben entweder wir selbst oder irgendjemand in unserer Familie falsche Entscheidungen getroffen. Es gibt einen Grund dafür, wenn ein Mädchen zur Alkoholikerin wird. Es gibt einen Grund dafür, wenn ein Junge zu einem gewalttätigen Vater wird. Es gibt einen Grund dafür, wenn ein junger Mann gegen das Gesetz verstößt, bis er ins Gefängnis kommt, und nach seiner Entlassung wieder in dasselbe Fahrwasser gerät. Sicher, auch soziale Faktoren mögen eine gewisse Rolle spielen, aber auf geistlicher Ebene geschehen solche Dinge nicht zufällig. Irgendjemand hat irgendwann dem Feind die Tür geöffnet.

Negative familiäre Verhaltensmuster überwinden

Machen Sie sich eines bewusst: Wenn Sie mit einem oder mehreren der Probleme zu kämpfen haben, die ich im Verlauf des Kapitels aufgelistet habe, dann bedeutet dies nicht, dass Sie ein schlechter Mensch sind. Sie müssen sich nicht voller Schuldgefühle durchs Leben quälen, weil Sie ein paar Hindernisse zu überwinden haben. Häufig ist es gar nicht Ihre Schuld. Ein anderer hat die falschen Entscheidungen getroffen und nun haben Sie mit den Folgen zu kämpfen. Achten Sie jedoch darauf, dies nicht als Entschuldigung dafür vorzuschieben, dass Sie negative Verhaltensmuster wiederholen. Sie müssen sich auf die Hinterbeine stellen und etwas dagegen unternehmen.

Wenn Sie solche über Generationen hinweg vererbten Flüche brechen wollen, besteht einer der ersten Schritte darin, sich bewusst zu machen, womit man es zu tun hat. Identifizieren Sie das Problem. Ignorieren Sie es nicht. Versuchen Sie nicht, es unter den Teppich zu kehren, in der Hoffnung, dass es von selbst verschwindet. Das wird es nicht.

Wenn Sie faul und undiszipliniert sind, dann reden Sie sich nicht heraus. Geben Sie es einfach zu und sagen Sie: „Ich werde diese Sache in Angriff nehmen." Wenn Sie ein Problem mit unkontrollierten Wutausbrüchen haben oder es Ihnen im Umgang mit anderen an Achtung und Respekt mangelt, dann versuchen Sie, sich nicht einzureden, dass das schon in Ordnung sei. Geben Sie es zu und nehmen Sie es in Angriff.

In der Bibel steht: „Überhaupt sollt ihr einander eure Verfehlungen bekennen und füreinander beten, damit ihr geheilt werdet" (Jakobus 5,16). Sie müssen sich selbst gegenüber so ehrlich sein und Ihre Fehler zugeben. Aber Sie müssen sich auch an einen guten Freund wenden, der mit beiden Beinen im Leben steht, und ihm sagen: „Ich brauche deine Hilfe. Ich habe mit diesem Bereich Schwierigkeiten und bitte dich, mit mir zu beten."

Allzu oft tun wir genau das Gegenteil. Wir denken: *Ich werde niemandem von diesem Problem erzählen. Was würden sie von mir denken? Das wäre mir schrecklich peinlich.*

Überwinden Sie Ihren Stolz, geben Sie Ihre Schwäche zu, und holen Sie sich die Unterstützung, die Sie brauchen, um Ihre Probleme in den Griff zu kriegen. Es ist nicht leicht, zuzugeben, dass wir Hilfe brauchen, aber es ist notwendig und es ist befreiend.

Robert wuchs in einem Umfeld auf, das von Zorn und Gewalt geprägt war. Als junger Mann wurde er drogenabhängig und begann zu dealen, um seine Sucht zu finanzieren. Er führte ein gefährliches, selbstzerstörerisches Leben und folgte damit dem Verhaltensmuster, das er in seiner Familie kennengelernt hatte.

Dann, er war Mitte 20, vertraute Robert sein Leben Jesus an. Er las viel in der Bibel und begann, anderen von seinem Glauben zu erzählen. Schließlich wurde er Pastor. Sein Leben verlief in geregelten Bahnen und seine Gemeinde blühte und gedieh. Er begann schließlich auch, im In- und Ausland davon zu berichten, wie Gott sein Leben verändert hatte.

Doch die meisten Menschen wussten nicht, dass er immer noch ein schwerwiegendes Problem mit unkontrollierten Wutausbrüchen hatte. Gott hatte ihn von allen möglichen anderen schlechten Gewohnheiten, von Drogensucht und Alkoholismus geheilt, aber er hatte immer noch mit diesen Wutanfällen zu kämpfen. In der Öffentlichkeit ließ er es sich nie anmerken, aber wenn zu Hause irgendetwas schiefging, bekam er jedes Mal einen furchtbaren Wutanfall. Oft waren es nur Kleinigkeiten, die ihn explodieren ließen. Und immer wieder schlug und beschimpfte er auch seine Frau. Er behandelte sie schrecklich, warf mit Gegenständen und verletzte sie körperlich. Wenn er sich dann schließlich beruhigt hatte, bat er sie um Vergebung, die sie ihm auch gern gewährte. Darüber hinaus bat sie ihn immer wieder: „Wir brauchen Hilfe. Wir müssen mit jemandem über dieses Problem reden."

„Das wäre mir zu peinlich", wandte er jedes Mal ein. „Ich bin der Pastor der Gemeinde. Ich soll doch ein Vorbild sein. Wie könnte ich da jemandem sagen, dass ich dieses schreckliche Problem habe?"

Schließlich nahm seine Frau ihren ganzen Mut zusammen und erwiderte: „Aber in der Bibel steht: ‚Bekennt einander eure Verfehlungen, damit ihr geheilt werdet.' Du wirst es niemals schaffen, dieses Problem ganz allein zu überwinden. Du musst dich an einen Freund, einen Mentor, einen Pastor oder einen Seelsorger wenden. Such dir jemanden, der mit dir betet und dir in dieser Sache beisteht."

Roberts Frau hatte völlig recht. Wenn man irgendwelche hartnäckigen Probleme hat, bedeutet das noch lange nicht, dass man ein schlechter Mensch ist. Wir müssen uns von dem Irrglauben verabschieden, dass wir vollkommen sein müssen, weil wir Gott lieben und andere zu uns aufblicken. Das ist einfach nicht wahr.

Wenn Sie ein Problem mit Zorn oder mit Alkohol haben oder an irgendeiner anderen versteckten Sucht leiden, dann versuchen Sie nicht, dieses Problem allein in den Griff zu bekommen. Verbergen Sie es nicht, weil es Ihnen zu peinlich ist. Suchen Sie sich einen gläubigen Menschen, der Ihnen zur Seite steht. Ich sage nicht, dass Sie es in die ganze Welt hinausposaunen sollen. Aber Sie müssen *einen* Menschen finden, dem Sie wirklich vertrauen. Wenn Sie Ihren Beitrag zur Lösung des Problems leisten, wird Gott Ihnen helfen, die negativen Verhaltensmuster zu überwinden.

Pastor Robert gab später zu, dass er niemandem von seinen Wutausbrüchen erzählen wollte, weil er dachte, dass mit ihm irgendetwas nicht in Ordnung sei. Er konnte nicht verstehen, wie es möglich war, dass er immer noch unter diesen Wutanfällen litt, obwohl Gott ihn von all seinen anderen schlimmen Abhängigkeiten befreit hatte. Robert erzählte, dass er sich sogar dann, wenn er vor Wut völlig außer sich war, tief in seinem Inneren fragte: *Warum mache ich das? Warum kann ich nicht aufhören? Was stimmt nicht mit mir?*

Das Problem war, dass es schon seit Generationen Menschen

in seiner Familie gab, die dasselbe Problem hatten. Aus diesem Grund ließ sich dieses negative Verhaltensmuster nicht so leicht durchbrechen wie manch andere Gewohnheiten. Außerdem musste er noch über die Angst hinwegkommen, was die Leute von ihm denken würden. Schließlich gelang es Robert jedoch, Hilfe in Anspruch zu nehmen. Als er seine Fehler bekannte, befreite Gott ihn. Heute ist er einer der sanftesten, freundlichsten Männer, die Sie sich nur vorstellen können.

Auf dieselbe Weise können auch Sie alles überwinden, was Ihnen zu schaffen macht. Keine Sucht ist für Gott zu kompliziert. Keine Festung ist so stark, dass er nicht in sie eindringen könnte. Es ist gleichgültig, wie lange Sie das Problem schon haben oder wie oft Sie es zu lösen versucht haben und gescheitert sind – heute ist ein neuer Tag. Wenn Sie ehrlich zu sich selbst sind, sich klarmachen, womit Sie zu kämpfen haben, und jemanden finden, dem Sie sich anvertrauen können, dann können auch Sie damit beginnen, unter dem Segen zu leben statt unter dem Fluch. Sie können sich selbst mit Gottes Hilfe von diesen negativen Mustern befreien, die Ihre Vorfahren an Sie weitergegeben haben, und an Ihre Nachkommen ein neues Verhaltensmuster weitergeben, das von Güte und Liebe geprägt ist.

Übernehmen Sie Verantwortung für Ihr Handeln. Gott hat Ihnen einen freien Willen geschenkt. Sie können sich dafür entscheiden, sich zu ändern. Sie können sich dafür entscheiden, neue Maßstäbe zu setzen. Jede richtige Entscheidung, die Sie treffen, wird die falschen Verhaltensmuster, nach denen andere Menschen in Ihrer Familiengeschichte gehandelt haben, ein Stück aufweichen. Jedes Mal, wenn Sie einer Versuchung widerstehen, sind Sie dem Sieg einen Schritt näher. Ihre Geschichte ist vielleicht wirklich schlimm, aber Sie müssen sie nicht wiederholen. Wir können unsere Vergangenheit nicht ändern, aber wir können unsere Zukunft beeinflussen, indem wir heute die richtigen Entscheidungen treffen.

Leider ist es häufig so, dass verletzte Menschen wiederum andere verletzen. Sie denken vielleicht, dass wir uns schnell ändern, wenn wir das schädliche Umfeld verlassen. Wie oft hören wir Menschen sagen: „Also, ich werde meine Kinder nie so erziehen" oder:

„Ich würde meine Frau nie so behandeln, wie mein Vater meine Mutter behandelt hat." Die Wahrheit ist, dass sie in den meisten Fällen genau das tun werden, was sie niemals tun wollten. Sie werden von demselben Geist beherrscht.

Wenn Sie in einem negativen Umfeld aufgewachsen sind, ist die Wahrscheinlichkeit groß, dass Sie – solange Sie das geistliche Muster nicht durchbrechen, das sich dahinter verbirgt – Ihre Kinder einmal genauso behandeln, wie Sie selbst behandelt worden sind. Ich kenne Menschen, die in ihrer Kindheit körperlich und verbal misshandelt wurden. Man würde meinen, dass sie angesichts dessen, was sie selbst erleiden mussten, ihre eigenen Kinder niemals so behandeln würden. Untersuchungen bestätigen jedoch, dass genau das Gegenteil der Fall ist. Bei Menschen, die misshandelt oder missbraucht wurden, ist die Wahrscheinlichkeit besonders hoch, dass sie selbst einmal andere misshandeln oder missbrauchen. Warum? Nicht, weil sie das unbedingt wollen. Sie wissen ja selbst, wie zerstörerisch dieses Verhalten ist. Nein, sie handeln so, weil sie immer noch vom selben Geist beherrscht werden.

Aber Gott sei Dank können wir etwas dagegen unternehmen. Im Epheserbrief steht, dass wir nicht gegen Fleisch und Blut, sondern gegen unsichtbare, geistliche Mächte kämpfen.[12] Fällen Sie den Entschluss, etwas gegen das Problem zu unternehmen. Gott wird Ihnen die Kraft geben, das Erforderliche zu tun. Sie dürfen sich nicht einfach zurücklehnen und den Status quo akzeptieren. Tun Sie etwas dagegen.

Viele Menschen haben es sich angewöhnt, immer wieder anderen den Schwarzen Peter zuzuschieben: „Es ist seine Schuld oder ihre Schuld." – „Ich bin depressiv, weil meine Mutter depressiv war." – „Ich kann diese Süchte nicht überwinden; meine ganze Verwandtschaft leidet darunter." Oder: „Ich bin wütend, weil du mich wütend gemacht hast."

Lassen Sie sich nicht auf diesen Unsinn ein. Übernehmen Sie Verantwortung für Ihre eigenen Handlungen. Man hat Sie vielleicht in der Vergangenheit unfair behandelt und Sie haben sehr darunter gelitten, aber dennoch sollten Sie fest entschlossen sagen: „Ich werde nicht herumsitzen und mich darüber beschweren, wie ich aufgewachsen bin oder wie schlecht mich jemand behandelt hat. Nein, Gott hat mir dieses Leben geschenkt und ich werde das Beste daraus machen. Ich werde heute damit beginnen, die richtigen Entscheidungen zu treffen."

Wir haben in diesem Kapitel viel über den „Fluch der Vorfahren" gehört, aber genauso wichtig ist die Entscheidung, die wir selbst heute treffen. Wir brauchen nicht so zu bleiben, wie wir sind.

Durchbrechen Sie die negativen Verhaltensmuster, die Ihre Familie geprägt haben. Vielleicht sind Ihre Vorfahren seit Generationen davon

> „Gott hat mir dieses Leben geschenkt und ich werde das Beste daraus machen."

beherrscht worden, aber Sie können die Person sein, die dem ein Ende setzt. Denken Sie daran, dass dies auch ein geistlicher Kampf ist. Sie müssen all die Festungen niederreißen, in denen Sie gefangen sind. Als Erstes müssen Sie sich klarmachen, was Ihnen zu schaffen macht – also das Problem identifizieren. Dann müssen Sie es ans Licht bringen und ihm den Kampf ansagen. Wenn Sie das tun, werden Sie Gottes Segnungen und seine Gunst in Ihrem Leben erfahren, und Sie werden diese guten Dinge an Ihre Nachkommen weitergeben. Im nächsten Kapitel zeige ich Ihnen, wie Sie ein bleibendes Erbe hinterlassen können.

Kapitel 5

Das Generationenkonto

Die meisten von uns machen sich keine allzu großen Gedanken über die Fülle von Entscheidungen, die wir tagtäglich fällen. Dennoch werden sich die Entscheidungen auf unsere Kinder, unsere Enkel und weitere Generationen auswirken.

Stattdessen denken wir allzu oft nur an das Hier und Jetzt. „Ach, Joel, das ist *mein* Leben. Ich weiß, dass ich ein paar schlechte Angewohnheiten habe. Ich weiß, dass ich ziemlich aufbrausend bin. Ich weiß, dass ich meine Mitmenschen manchmal nicht richtig behandle. Aber das ist schon in Ordnung, das krieg ich schon irgendwann in den Griff."

Aber so einfach dürfen wir es uns nicht machen. Denn es geht nicht nur um uns. Wir beeinträchtigen auch das Leben derer, die nach uns kommen. Die Dinge, mit denen wir nicht fertigwerden, die Probleme, mit denen wir uns nicht auseinandersetzen, geben wir an die nächste Generation weiter. Keiner von uns lebt oder stirbt für sich alleine. Sowohl die guten Angewohnheiten eines Menschen als auch seine falschen Entscheidungen – seine Abhängigkeiten, seine falschen Haltungen, seine negativen Denkmuster – all dies wird weitergegeben.

Aber die gute Nachricht ist, dass wir uns mit jeder richtigen Entscheidung – jedes Mal, wenn wir einer Versuchung widerstehen, jedes Mal, wenn wir Gott ehren, jedes Mal, wenn wir das Richtige tun – nicht nur selbst weiterentwickeln. Wir machen es auch den Generationen, die nach uns kommen, ein bisschen leichter.

Ich möchte Ihnen dies an einem Bild illustrieren: Jeder von uns hat ein geistliches Bankkonto. Durch die Art und Weise, wie wir leben, sammeln wir entweder ein Guthaben an, oder wir machen Schulden. Auf der Haben-Seite stehen alle guten Dinge: unsere Integrität, unser Glaube an Gott und unsere Entschlossenheit, seinen

Willen zu tun. Diese Dinge tragen uns Segen ein. Schulden hingegen machen wir durch unsere schlechten Gewohnheiten, unsere Süchte, unsere Selbstsucht, unsere mangelnde Disziplin. Und all diese Dinge, seien sie gut oder schlecht, werden an die zukünftigen Generationen weitergegeben.

Ich betrachte mein Leben gern als ein paar Kilometer in dem Marathon, den meine Familie läuft. Wenn mein irdisches Leben vorüber ist, werde ich den Stab an meine Kinder weitergeben. Dieser Stab wird meine körperlichen Merkmale enthalten: meine DNA, meine Gesichtszüge, meine Haarfarbe, meine Größe und mein Gewicht. Und er wird auch meine geistliche und seelische DNA enthalten: meine Neigungen, meine Einstellungen, meine Gewohnheiten und meine Denkmuster. Meine Kinder werden den Stab ergreifen, ein paar Kilometer laufen und ihn dann an ihre Kinder weitergeben und so weiter. Jede Runde, die wir zielbewusst voller Leidenschaft und Integrität laufen, ist eine Runde mehr, die denjenigen nützt, die nach uns kommen. In gewisser Weise bringt jeder Kilometer, den wir gut laufen, zukünftige Generationen ein Stück weiter auf dem Weg zu Bedeutsamkeit und Erfolg.

Wir müssen unser Leben im Kontext des großen Ganzen sehen. Ich möchte, dass meine Familie nach meinem Tod besser dasteht als davor. Ich möchte nicht, dass mein Leben von Egoismus, Süchten oder schlechten Gewohnheiten geprägt wird. Ich möchte, dass alles, was ich hier auf Erden tue, das Leben derjenigen erleichtert, die nach mir kommen.

Selbst wenn Sie keine Kinder haben, werden Sie in den Menschen weiterleben, die Sie beeinflussen. Ihre Gewohnheiten, Ihre Einstellungen und das, wofür Sie stehen, wird an irgendjemanden weitergegeben.

Ich las einmal von einer interessanten Studie, die 1993 vom amerikanischen Militär durchgeführt wurde. Man beschäftigte sich darin mit der Frage, welche Eigenschaften von einer Generation an die nächste weitergegeben werden. Wir wissen, dass das bei unseren körperlichen Merkmalen der Fall ist. Wie ist es aber mit unseren seelischen, geistigen und geistlichen Eigenschaften? Mit falschen Haltungen und Süchten? Oder mit guten Eigenschaften wie Integrität, Mitgefühl und Gottesfurcht? Können auch sie „weitervererbt" werden?

Die Forscher entnahmen einem Freiwilligen ein paar weiße Blutkörperchen und gaben sie in ein Reagenzglas. Dann führten sie die Sonde eines Lügendetektors in dasselbe Reagenzglas ein, um festzustellen, wie die betreffende Person reagierte.

Nun wiesen sie denselben Freiwilligen an, ein paar Zimmer weiter zu gehen und sich ein paar brutale Szenen aus einem Kriegsfilm anzusehen. Als dieser Mann die Szenen anschaute und sich darüber aufregte, schlug der Lügendetektor, der das Blut in jenem anderen Raum testete, wie verrückt aus. Er zeigte die seelische Reaktion des Mannes an, obwohl sich dessen Blut gar nicht mehr in seinem Körper befand.

Dieser Versuch wurde mit zahlreichen weiteren Personen wiederholt und lieferte jedes Mal dasselbe Ergebnis. Die Forscher schlossen daraus, dass die Blutkörperchen sich offenbar daran „erinnern", woher sie stammen.

Wenn nun Krankheiten, Süchte und falsche Denkmuster weitervererbt werden können – was ist dann mit Gottes Segnungen, seiner Gunst und unseren guten Gewohnheiten?

Natürlich ist es wichtig zu verstehen, dass es gewissermaßen einen „erblichen Fluch" gibt – aber noch wichtiger ist, dass wir uns bewusst machen: Es gibt auf der anderen Seite auch eine Art „erblichen Segen". Ich weiß, dass ich einen Großteil des Segens, der auf meinem Leben ruht, nicht meinen eigenen Anstrengungen zu verdanken habe. Ich habe all das, was ich gegenwärtig genieße, nicht selbst angesammelt. Mein Vater und meine Mutter haben es an mich weitergegeben. Sie haben mir nicht nur ein körperliches, sondern auch ein geistliches Erbe hinterlassen.

Wir können auf der Vergangenheit aufbauen. Mein Vater hat mir sozusagen 40 Jahre Vorsprung mitgegeben, als er den Stab an mich weitergab und ich von ihm die Leitung der *Lakewood*-Gemeinde übernahm. Und ich träume davon, meinen Kindern einen riesigen Vorsprung mitzugeben. Ich spreche jetzt nicht von Geld – es geht mir um ihre Einstellungen, ihre Arbeitsethik, ihren Charakter und ihren Glauben.

Wir müssen uns vor Augen halten, dass die verschiedenen Generationen miteinander in Verbindung stehen. Sie säen heute Samen für zukünftige Generationen. Ob Sie sich dessen bewusst sind oder nicht – alles, was Sie tun, zählt. Jedes Mal, wenn Sie am Ball bleiben, jedes Mal, wenn Sie treu sind, jedes Mal, wenn Sie anderen dienen, erreichen Sie etwas. Sie sammeln ein Guthaben auf Ihrem „Generationenkonto" an. Denken Sie nicht: *Ach, ich bin doch nur ein Geschäftsmann.* Oder: *Ich bin nur Hausfrau.* Oder: *Ich bin nur eine alleinerziehende Mutter, die arbeiten geht. Ich werde nichts Großartiges vollbringen.* Mach dir da bloß keine Illusionen.

Denken Sie generationsbezogen. Dadurch, dass Sie fleißig arbeiten, treu für Ihren Partner und Ihre Kinder sorgen und Ihr Bestes geben, säen Sie eine Saat für diejenigen, die nach Ihnen kommen. Vielleicht sehen Sie zu Ihren Lebzeiten nicht alle Resultate Ihres Handelns. Vielleicht bereiten Sie aber den Boden dafür, dass ein Kind oder Enkelkind einmal etwas Großes vollbringt. Lassen Sie sich nicht entmutigen. Es geht um das, was Sie Ihrer Familie hinterlassen. Wenn Sie die richtigen Entscheidungen treffen, verändern Sie dadurch nicht nur Ihr eigenes Leben. Sie verändern dadurch buchstäblich Ihren Familienstammbaum!

Meine Großmutter väterlicherseits musste die meiste Zeit ihres Lebens sehr hart arbeiten. Meine Großeltern waren Baumwollfarmer und verloren während der Großen Depression (1929–1930) alles, was sie besaßen. Sie hatten nicht viel Geld, kaum Essen und keine Zukunft. Meine Großmutter arbeitete zwölf Stunden am Tag, indem sie für zehn Cent die Stunde die Wäsche anderer Leute wusch. Sie verdiente damit einen Dollar zwanzig am Tag!

Aber meine Großmutter beklagte sich nie. Sie badete nicht in Selbstmitleid. Sie tat einfach, was sie konnte, und gab ihr Bestes. Sie war zielstrebig und unermüdlich. Sie war sich dessen vielleicht nicht bewusst, aber sie säte eine Saat für ihre Nachkommen. Sie vererbte die Fähigkeit, hart zu arbeiten, sowie Zielstrebigkeit und Ausdauer, Eigenschaften, auf denen mein Vater aufbauen konnte. Weil Großmutter die Grundlage dafür schuf, war mein Vater dazu imstande, Armut und Not zu überwinden und unsere Familie einen großen Schritt weiterzubringen.

Meine Großmutter hat die Segnungen, die ihren Kindern zuteil wurden, nicht selbst genießen können. Wenn sie aber nicht bereit gewesen wäre, den Preis zu bezahlen, wäre es meinem Vater vielleicht nie gelungen, aus dem Teufelskreis der Armut auszubrechen, und vielleicht hätte auch ich nicht das glückliche Leben, das ich heute führen darf.

Victoria und ich bekommen heute viel Anerkennung dafür, dass wir ein so erfolgreiches Leben führen, aber wir haben gelernt, zurückzuschauen und denjenigen die Ehre zu geben, denen Ehre gebührt: den Männern und Frauen, die uns vorangegangen sind. Viele unserer Vorfahren haben uns ein Stück auf unserem Weg vorangebracht.

Meine Großmutter hat zu ihren Lebzeiten nicht viel Lob erhalten. Ihr ist keine besondere Ehre zuteil geworden, aber sie ist ein paar wichtige Kilometer in unserem Familienmarathon gelaufen. Als sie den Stab weitergab, enthielt er Zielstrebigkeit, Ausdauer, die Entschlossenheit, niemals aufzugeben, und den Glauben an die eigenen Fähigkeiten. Nun sind diese Eigenschaften Teil unseres Familienerbes geworden. Ich glaube, dass die Mitglieder meiner Familie auch in den nächsten vier oder fünf Generationen besser dran sein werden als viele andere – eben weil Großmutter Osteen so war, wie sie war.

Dasselbe gilt auch für Sie: Wenn Sie früh aufstehen, hart arbeiten und jederzeit Ihr Bestes geben, dann hat das Auswirkungen auf die Zukunft Ihrer Familie. Seien Sie nicht so kurzsichtig und selbstbezogen, dass Sie nicht zufrieden sind, wenn Sie nicht sofort Resultate sehen. Nein, Sie säen eine Saat, die den Generationen nach Ihnen einmal eine reiche Ernte eintragen wird.

„Aber ich arbeite schwer, Joel", sagte mir eine alleinerziehende Mutter. „Ich versuche, meinem Kind ein Studium zu ermöglichen, und ich bin so müde."

Ich fühle mit dieser Mutter und vielen anderen, die in einer ähnlichen Lage sind. Niemand hat gesagt, dass es leicht sein würde, aber bleiben Sie unermüdlich. Sie wissen nicht, wie sehr dieses Kind vielleicht einmal unsere Welt beeinflussen wird. Jemand aus Ihrer Familie wird vielleicht ein großer Geschäftsmann, Leiter,

Lehrer, Pastor, Politiker oder Schriftsteller. Vielleicht geschieht das noch in dieser Generation oder vielleicht auch erst in vier oder fünf Generationen. Aber es wird zu einem Teil auch deshalb geschehen, weil Sie bereit waren, den Preis zu zahlen.

Jedes Mal, wenn Sie jemanden sehen, der erfolgreich ist oder etwas Großes erreicht hat, können Sie sicher sein, dass er dies nicht allein geschafft hat. Jemand, der vor ihm kam, hat den Preis dafür bezahlt. Jemand hat die Qualitäten an ihn weitergegeben, die dafür nötig waren, dass er nun erfolgreich ist.

Wenn Sie jederzeit Ihr Bestes geben, wenn Sie „die zweite Meile gehen"[13], dann bemerkt das vielleicht niemand. Es mag so aussehen, als würden Sie keinerlei Lohn empfangen, aber seien Sie gewiss: In dem Erbgut, das in Ihrer DNA angelegt wird, werden diese Tüchtigkeit, diese Kraft, diese Leistungsbereitschaft gespeichert. Sie werden an zukünftige Generationen weitergegeben. Was Sie tun, wirkt sich auf Ihre Nachkommen aus.

Einer meiner Freunde leitet eine Gemeinde in einem anderen Bundesstaat. Zusammen mit seiner Frau hat er sie vor 14 oder 15 Jahren gegründet und die Gottesdienste werden regelmäßig von Tausenden von Menschen besucht. Es ist eine starke, gesunde Gemeinde.

Aber mein Freund hat einen großen Traum. Er möchte sehen, dass seine Gemeinde auf Tausende und Abertausende von Mitgliedern anwächst. Und außerdem träumt er davon, Bücher zu schreiben, die die Welt beeinflussen.

Nachdem er ein paar Jahre lang in seiner Gemeinde gearbeitet hatte, verlor er den Mut. Seine Energie und seine Begeisterung hatten sich gelegt und es passierte nicht allzu viel Aufregendes. Die Gemeinde wuchs nur noch langsam. Und zudem kam mein Freund jedes Mal, wenn er morgens zur Arbeit fuhr, an einer anderen großen Gemeinde vorbei. Diese Gemeinde zählte zwischen 15.000 und 20.000 Mitgliedern und besaß ein schönes, weitläufiges Gelände mit mehreren großen Gebäuden – genau das, wovon mein Freund geträumt und worauf er hingearbeitet hatte.

Eines Tages steckte mein Freund in einem Verkehrsstau und starrte auf das schöne Gelände der großen Gemeinde, und es kam ihm so vor, als würde jemand Salz in seine Wunde reiben. Er war so entmutigt, dass er sagte: „Gott, das ist einfach nicht fair. Ich habe mein Herzblut in diesen Traum investiert, den du mir geschenkt hast, aber ich glaube nicht, dass ich jemals so erfolgreich sein werde wie der Pastor dieser Gemeinde. Warum wächst meine nicht?"

Er gestand Gott ganz ehrlich, was er empfand: „Herr, ich fühle mich regelrecht auf den Arm genommen. Ich weiß gar nicht, ob ich überhaupt weitermachen soll."

Gerade in diesem Augenblick sprach Gott zu ihm, nicht mit hörbarer Stimme, sondern direkt in sein Herz und seine Gedanken hinein: „Mein Sohn, wie fändest du es, wenn dein Sohn deinen Traum verwirklichen würde? Wie wäre es, wenn deine Tochter ein Buch schriebe, das die Welt beeinflusst? Was würdest du empfinden, wenn deine Kinder den Erfolg genießen würden, nach dem du dich sehnst?"

Da begannen die Augen meines Freundes zu leuchten: „Herr, das wäre toll. Dann würde mein Traum doch noch in Erfüllung gehen." Mein Freund erzählte mir später, dass dieses Erlebnis seine Sicht der Dinge veränderte. Er beschäftigte sich nun häufiger mit dem Gedanken, in zukünftige Generationen zu investieren. „Vielleicht säe ich ja eine Saat für meine Kinder", sagte er. „Vielleicht bereite ich den Boden dafür, dass meine Enkelkinder etwas Großes erreichen."

Denken Sie daran: Jeder Kilometer, den wir laufen, ist ein Kilometer weniger für die, die nach uns kommen. Mit jedem Tag, an dem Sie treu bleiben, mit jeder Prüfung, die Sie bestehen, mit jedem Hindernis, das Sie überwinden, sammeln Sie eine Art Guthaben an, das zukünftigen Generationen zum Segen wird. Sie sorgen dafür, dass Ihre Kinder und Ihre Enkelkinder es einmal leichter haben. Ihre Träume erfüllen sich vielleicht nicht genau so, wie Sie es gern hätten, aber die Saat, die Sie säen, kann einmal von Ihren Söhnen und Töchtern geerntet werden.

Interessanterweise war der Leiter der großen Gemeinde, an der mein Freund jeden Tag vorbeifuhr, Pastor in der vierten Generation. Sein Vater, sein Großvater und sein Urgroßvater hatten treu kleinere Gemeinden von wenigen hundert Mitgliedern geleitet. Warum hatte dieser Mann eine so große Gemeinde, warum besaß er so viel Einfluss?

Jemand hatte den Preis dafür bezahlt. Ja, dieser Pastor hatte bestimmte Begabungen und Fähigkeiten. Aber seine Vorfahren, diejenigen, die vor ihm lebten, waren diejenigen, die das Guthaben angesammelt hatten. Und die gegenwärtige Generation darf die Segnungen ernten.

Ich möchte Ihnen eine Frage stellen: Sind Sie bereit, den Preis dafür zu zahlen, dass Ihre Kinder und Kindeskinder einmal weiterkommen und mehr erreichen können? Wenn Sie so sind wie ich, dann würde Sie nichts glücklicher machen, als zu sehen, dass Ihre Kinder höher hinauskommen und mehr zustande bringen, als Sie selbst je für möglich hielten. Oder zu sehen, dass Ihre Enkelkinder mehr erreichen, als Sie selbst sich je erträumt haben.

Ihre Kinder werden noch mehr erreichen!

Manchmal sind die Träume, die Gott Ihnen schenkt, vielleicht größer als das, was Sie jemals selbst erreichen werden. An diesem Punkt kommen dann vielleicht Ihre Kinder oder Enkelkinder ins Spiel und vollenden, was Sie begonnen haben. Jemand hat einmal gesagt: „Nichts, das wirklich groß ist, lässt sich in einem einzigen Leben erreichen." Damals verstand ich diese Worte nicht, denn es ist doch offensichtlich, dass jede Generation etwas Großes erreichen kann. Aber ich habe mittlerweile gelernt, dass Gottes Pläne manchmal mehr als eine Generation umspannen.

Mein Vater hat mal gesagt: „Eines Tages werden wir einen Versammlungsraum bauen, in dem 20.000 Menschen Platz haben. Eines Tages werden wir einen riesigen Raum besitzen, in dem wir alle zusammenkommen und Gott anbeten können." Mein Vater hatte die Vision, aber Gott gebrauchte seine Kinder, um diese zu erfüllen. Und dennoch: Wenn er nicht treu geblieben wäre, wenn er nicht an seiner Vision festgehalten und jederzeit und in jeder Hinsicht sein Bestes gegeben hätte, hätte sein Traum sich wahrscheinlich nicht erfüllt. Mein Vater säte die Saat; er bereitete den Boden, und meine Familie – und Millionen anderer Menschen – durften die Ernte genießen.

Vielleicht haben auch Sie einen großen Traum. Es kann sein, dass Gott diese Saat in Sie hineingelegt hat, damit Sie den ersten Schritt auf dem Weg zu seiner Erfüllung gehen. Vielleicht werden Ihre Kinder und Enkelkinder diese Sache dann einmal weiter voranbringen, als Sie es je für möglich gehalten hätten.

Im Alten Testament wird davon berichtet, dass König David davon träumte, einen Tempel zu bauen, in dem das Volk Gott anbeten konnte. David stellte das Material bereit, ließ riesige Zedern aus dem Libanon herbeischaffen und sammelte Unmengen von Gold und anderen Edelmetallen an. Aber Gott erlaubte David nicht, den Tempel zu bauen. Er beauftragte dessen Sohn Salomo damit.

Wenn nicht alles nach dem Zeitplan abläuft, den Sie aufgestellt haben, sollten Sie weiterhin Ihr Bestes geben. Es ist immer noch alles in Gottes Hand. Und außerdem dürfen Sie sicher sein: Wenn Sie weiterhin Samen aussäen, jederzeit Ihr Bestes geben und Gottes Plan für Ihr Leben folgen, dann wird Ihr Leben reiche Frucht bringen. Gottes Timing ist perfekt – wenn die richtige Zeit gekommen ist, wird die Frucht Ihrer Mühen sichtbar werden.

In der Bibel steht, dass das Land, in dem die Nachkommen Hams lebten, hinterher in einem besseren Zustand war als zuvor.[14] Auch ich wünsche mir, dass meine Familie durch mein Leben in jeder Hinsicht bereichert wird – dass meine Angehörigen sich weiterentwickeln, glücklich und zufrieden sind, im Glauben wachsen, in immer stärkerem Maß Gottes Segen erleben und lernen, Hindernisse zu überwinden. Ich will dazu beitragen, dass die Menschen, die ich liebe, Gott näherkommen und von allen Fesseln frei werden.

Vielleicht haben Ihre Eltern nicht den Boden dafür bereitet, dass Sie einmal ein erfolgreiches Leben führen können – vielleicht haben sie keine gute Saat gesät. Vielleicht haben sie Ihnen Hoffnungslosigkeit und Mittelmäßigkeit vorgelebt, vielleicht haben sie Süchten und Pessimismus Raum gegeben. Aber Sie können einen Neuanfang wagen. Sie können derjenige sein, der einen neuen Maßstab setzt.

Jemand muss bereit sein, den Preis zu zahlen. Jemand muss aufstehen und das schmutzige Geschirr vom Tisch räumen. Vielleicht gibt es negative Dinge in Ihrem geistigen oder geistlichen Erbgut, aber das muss nicht so bleiben. Alles, was dazu nötig ist, ist ein Mensch, der beginnt, bessere Entscheidungen zu treffen. Jede richtige Entscheidung, die Sie treffen, macht eine falsche Entscheidung rückgängig, die jemand getroffen hat, der vor Ihnen da war.

Vielleicht sind Sie der Erste in Ihrer Familie, der bereit ist, etwas zu tun, aber wenn Sie Dinge zum Positiven verändern, dann wird eines Tages jemand aus Ihrer Familie zurückblicken und sagen: „Es war seinetwegen. Es war ihretwegen. Sie haben das Ruder herumgerissen. Bis dahin waren wir chancenlos. Bis dahin waren wir süchtig. Aber seht, was passiert ist, als sie kamen: Alles ist anders geworden. Wir können neue Schritte nach vorn gehen."

Was ist geschehen? Der Fluch wurde gebrochen und die Segnungen begannen. Sie können derjenige sein, der dies für Ihre Familie tut!

Ich weiß, dass ich heute da bin, wo ich bin, weil jemand in meiner Familie gebetet hat. Jemand hat sich dafür entschieden, ein Leben zu führen, das Gottes Plänen für die Menschen entspricht. Jemand hat seine Versprechen gehalten. Jemand hat ein anständiges, ehrliches Leben gelebt und immer sein Bestes gegeben. Meine Vorfahren, von denen ich die meisten nie kennengelernt habe, haben Samen in mein Leben gesät.

„Ach, du hast einfach Glück gehabt, Joel", wendet vielleicht jemand ein. Mit Glück hat das nichts zu tun. Mein Leben ist heute gesegnet, weil irgendjemand in meiner Familie gebetet und durchgehalten und Gott die Ehre gegeben hat.

Wenn Sie gläubige Eltern und/oder gläubige Großeltern hatten, dann sollten Sie unendlich dankbar sein, denn Sie genießen dadurch unvorstellbare Vorteile. Aufgrund dessen, was diese Menschen getan haben, genießen Sie heute vermutlich mehr von Gottes Segnungen, mehr von seiner Gunst. Mit dem Preis, den sie bezahlt haben, haben sie in Ihre Zukunft investiert.

Und noch etwas: Wenn Sie ein solches Erbe besitzen, stolpern Sie vielleicht einfach in Segnungen hinein. Wunderbare Dinge werden geschehen, und Sie werden noch nicht einmal wissen, warum. Scheinbar fest verschlossene Türen werden sich auf übernatürliche Weise öffnen. Vielleicht werden Sie befördert, obwohl Sie wissen, dass Sie das eigentlich gar nicht verdienen. Das ist kein glücklicher Zufall. Es liegt daran, dass Ihre Großmutter gebetet hat. Es liegt daran, dass Ihre Eltern so gelebt haben, wie es Gott gefiel. Oder weil Ihre Urgroßeltern Samen der Integrität und des Erfolges gesät haben.

Sicher, jeder von uns ist für seine eigenen Taten verantwortlich, und Sie und ich müssen fleißig arbeiten und die Gelegenheiten ergreifen, die uns geboten werden. Aber in der Bibel steht auch, dass wir, wenn wir ein solches geistliches Erbe haben, in Häusern leben werden, die wir nicht gebaut haben. Wir werden Weingärten genießen, die wir nicht gepflanzt haben. Die Segnungen Gottes werden uns verfolgen und überholen. Ich danke Gott jeden Tag für meine Eltern und meine Großeltern. Ich weiß, aufgrund dessen, wie sie gelebt und was ich getan habe, lebe ich nicht unter einem „erblichen Fluch", sondern unter einem „erblichen Segen".

Sie können dies auch für Ihre Familie tun. Vielleicht werden Sie Ihren Kindern einmal Geld, Häuser, Autos oder andere materielle Dinge vererben – es ist toll, wenn Sie das können. Aber wenn Sie Ihr Leben in enger Verbundenheit mit Gott führen und jederzeit bestrebt sind, so zu handeln, dass Gott dadurch geehrt wird, dann ist das mehr wert als alle materiellen Besitztümer. Die Gunst und den Segen Gottes an Ihre Nachkommen weiterzugeben ist mehr wert als alles andere auf der Welt.

Gehen Sie nicht einfach den leichten Weg. Tun Sie Ihr Bestes, auch wenn es schwer ist. Lieben Sie unermüdlich, geben Sie unermüdlich, dienen Sie unermüdlich. Gott sieht Ihre Treue. Sie sammeln ein Guthaben an – für sich selbst und die Generationen, die nach Ihnen kommen.

In Kapitel 25 des 1. Buches Samuel wird beschrieben, wie David und seine Männer die Familie und die Diener eines gewissen Nabal beschützten. Eines Tages sandte David Boten zu Nabal und bat ihn um Proviant für seine Truppen. David dachte, dass Nabal ihm dankbar sein und seine Männer großzügig mit den Lebensmitteln versorgen würde. Aber Nabel behandelte die Boten unhöflich und respektlos. Er sagte sinngemäß: „Ich weiß überhaupt nicht, wer ihr seid. Ich habe euch nie gebeten, irgendetwas für uns zu tun, also verschwindet gefälligst und lasst mich in Ruhe."[15]

Als die Männer zurückkehrten und David berichteten, wie unverschämt Nabal sie behandelt hatte, war David außer sich. Er entgegnete: „Gut, Männer. Schnallt eure Schwerter um. Dieser Nabal kann was erleben. Wir werden ihn und seine Familie auslöschen."

Aber unterwegs kam ihnen Nabals Frau Abigail entgegen. Ein Diener hatte ihr erzählt, wie unhöflich ihr Mann sich verhalten hatte, und daraufhin hatte sie in der Hoffnung, David dadurch zu besänftigen, viele Geschenke und einen großen Vorrat an Lebensmitteln eingepackt und war David entgegengeritten. Sie sagte: „David, mein Mann ist ein unhöflicher, undankbarer Mann. Er hätte dich niemals so behandeln dürfen." In Vers 28 heißt es wörtlich: „Verzeih deiner Magd ihr Vergehen! Denn der Herr wird meinem Herrn sicher ein Haus errichten, das Bestand hat" (Einheitsübersetzung).

Ich mag diesen Ausdruck: „ein Haus, das Bestand hat". Abigail sagte quasi: „David, ich weiß, dass du aus gutem Grund wütend bist. Ich weiß, dass mein Mann dir Gutes mit Bösem vergolten hat, aber ich weiß, wenn du darüber hinwegsiehst und tust, was richtig ist, dann wird Gott dich und deine Nachkommen segnen. Ich weiß, er wird dir ein Haus bauen, das Bestand hat."

David überwand seinen Stolz und sah über die Beleidigung hinweg. Er ließ es los, und Gott segnete ihn und die Kinder, die er später bekam, tatsächlich.

Wir alle werden im Laufe unseres Lebens in Situationen geraten, die uns allen Grund liefern, wütend oder verbittert zu sein. Ich bitte Sie trotzdem, das Richtige zu tun: Geben Sie diesen Impulsen nicht nach. Diese Entscheidungen finden vielleicht den Weg in Ihr Erbgut; Sie geben sie unter Umständen an Ihre Nachkommen weiter. Ihre Kinder und Enkelkinder werden schon mit genügend Dingen zu kämpfen haben, Sie müssen sie nicht noch zusätzlich belasten.

Es mag schwierig sein, aber Sie haben die Kraft, die falschen Entscheidungen zu überwinden, die frühere Generationen Ihrer

Familie getroffen haben. Und Sie können das Leben der Generationen, die nach Ihnen kommen, besser machen. Jede Beleidigung, die Sie vergeben, jede schlechte Gewohnheit, mit der Sie brechen, jeder Sieg, den Sie erringen, ist ein Kilometer weniger für diejenigen, die nach Ihnen kommen. Selbst wenn Sie es nicht für sich selbst tun – tun Sie es für Ihre Kinder, tun Sie es für Ihre Enkel. Tun Sie es, damit Gott Ihnen ein Haus bauen kann, das Bestand hat.

Entscheiden Sie sich dafür, Ihrer Familie ein Erbe zu hinterlassen, das von Gott gewirkt ist. Geben Sie Gutes an Ihre Angehörigen weiter. Vielleicht haben Sie selbst ein negatives, belastetes Erbe erhalten, aber – Gott sei Dank! – heute ist ein neuer Tag. Machen Sie einen Strich unter Ihre Vergangenheit und erklären Sie: „Ich bin fertig mit den schlechten Erfahrungen meiner Vorfahren. Meine Familie und ich wollen die Segnungen Gottes erleben und weitergeben."

> Tun Sie es, damit Gott Ihnen ein Haus bauen kann, das Bestand hat.

Werden Sie jeden Tag aktiv und geben Sie Ihr Bestes. Wenn Sie das tun, werden Sie sich nicht nur selbst weiterentwickeln und Schritte zur Verwirklichung Ihrer Bestimmung gehen. Gott hat auch versprochen, dass Ihre Nachkommen bis zur tausendsten Generation seinen Segen und seine Gunst genießen werden – und all dies wegen des Lebens, das *Sie* geführt haben.

Kapitel 6

Entdecken Sie
Ihre Bestimmung

Bevor Sie geboren wurden, hat Gott Sie bereits gesehen, und er hat Sie mit ganz individuellen Gaben und Fähigkeiten ausgestattet. Er hat Sie mit Ideen und Kreativität beschenkt und bestimmt, in welchen Bereichen Sie Hervorragendes leisten können.

Warum fühlen sich dann heute so viele Menschen unerfüllt? Warum beschränken sie sich darauf, irgendeiner Beschäftigung nachzugehen, die ihnen keine Freude macht und einzig und allein dazu dient, ihren Lebensunterhalt zu sichern? Die Antwort ist einfach: Sie verfolgen nicht die Träume und Sehnsüchte, die Gott ihnen ins Herz gelegt hat.

Wenn wir uns nicht auf unsere von Gott geschenkte Bestimmung zubewegen, werden wir immer unbefriedigt sein. Dieses Gefühl wird nicht mit der Zeit verschwinden; es wird bleiben, solange wir leben. Ich kann mir nichts Tragischeres vorstellen, als am Ende des Lebens feststellen zu müssen, dass man nicht wirklich „gelebt" habt – dass man nicht das geworden ist, was Gott im Sinn hatte, als er uns schuf. Dass man nur ein gewöhnliches, mittelmäßiges Leben hinter sich gebracht hat. Dass man ohne Leidenschaft und Begeisterung gelebt und das Potenzial, das in uns steckte, nicht ausgeschöpft hat.

Jemand sagte mal, der Ort auf Erden, an dem die meisten Schätze angehäuft seien, sei nicht Fort Knox[16]. Und auch nicht die Ölfelder des Nahen Ostens oder die Gold- und Diamantenminen in Südafrika. Nein, die Orte auf Erden, an denen die meisten Schätze angesammelt sind, sind die Friedhöfe, denn in diesen Gräbern liegen Träume und Sehnsüchte begraben, die niemals in Erfüllung gegangen sind. Unter der Erde liegen Bücher, die nie geschrieben, Unternehmen, die nie gegründet wurden, und Beziehungen, die nie entstanden. In diesen Gräbern liegt eine unglaubliche Fülle von Potenzial.

Viele Menschen sind unglücklich, weil sie ihre Bestimmung nicht erfüllen. Machen Sie sich bewusst: Gott hat eine Gabe, einen Schatz in Sie hineingelegt, aber Sie müssen Ihren Beitrag leisten und ihn zutage fördern.

Wie können Sie das tun? Ganz einfach: Richten Sie von heute an Ihre Aufmerksamkeit auf die Bestimmung, die Gott für Ihr Leben hat, und unternehmen Sie erste Schritte, um die Träume und Sehnsüchte, die Gott Ihnen ins Herz gelegt hat, zu verwirklichen. Unser Ziel sollte sein, unser Leben mit so viel Hingabe, Intensität und Begeisterung zu leben, wie nur irgend möglich, unseren Leidenschaften und Träumen zu folgen und so viel Potenzial zu nutzen, wie wir nur können. Dann werden wir unsere Schätze nicht mit ins Grab nehmen, sondern sie zu unseren Lebzeiten sinnvoll einsetzen.

Und wie entdecken Sie Ihre Bestimmung? Auch das ist einfach. Ihre Bestimmung hängt mit dem zusammen, was Sie begeistert. Was weckt Ihre Leidenschaft? Was macht Sie wirklich glücklich? Ihre Bestimmung lässt sich aus Ihren Träumen und Sehnsüchten erschließen. Sie ist ein Teil Ihres Wesens. Weil Gott Sie erschaffen hat und weil er selbst derjenige ist, der diese Sehnsüchte in Sie hineingelegt hat, sollte es Sie nicht überraschen, dass Ihre Bestimmung etwas mit dem zu tun hat, was Sie gern tun. Wenn Sie zum Beispiel Kinder lieben, dann hat Ihre Bestimmung sehr wahrscheinlich etwas mit Kindern zu tun – sie zu unterrichten, zu trainieren, für sie zu sorgen, sie zu fördern.

Oder vielleicht finden Sie es toll, wenn etwas gebaut oder renoviert wird. Höchstwahrscheinlich liegt dann Ihre Bestimmung im Bereich von Konstruktion, Design oder Architektur. Ich kenne Menschen, die extrem hilfsbereit sind, voller Mitgefühl und Fürsorge. Zweifellos wird ihre Bestimmung sie in irgendeinen Bereich führen, in dem sie anderen helfen können – vielleicht als Sozialarbeiter, Arzt, Krankenschwester, Pastor oder Seelsorger. Ihre Bestimmung ist normalerweise mit dem Traum verknüpft, der Ihre größte Leidenschaft weckt.

Schon seit ich zehn oder elf Jahre alt war, war ich fasziniert von allem, was mit Fernsehproduktion zu tun hatte. Ich liebte die Kameras, das Schneiden und die Produktion von Fernsehshows und Filmen. Jeder Teil dieses Prozesses begeisterte mich.

Einige Jahre darauf verbrachte ich die meisten Wochenenden in der *Lakewood*-Gemeinde, die mein Vater als Hauptpastor leitete. Damals besaß die Gemeinde ein paar kleine Profi-Kameras, und ich verbrachte den ganzen Samstag damit, mit den technischen Geräten zu spielen. Ich wusste nicht wirklich, wie man sie bediente, aber sie faszinierten mich. Ich stellte die Kameras an und aus, zog die Stecker aus der Steckdose und steckte sie wieder hinein, ich rollte die Kabel auf und machte die Geräte für die Aufnahmen am Sonntag bereit. Ich war total begeistert von all dem – es war etwas, das einfach in mir steckte.

Als ich alt genug war, vielleicht 13 oder 14, durfte ich während der Gottesdienste mithelfen, die Kameras zu bedienen, und ich stellte mich dabei ziemlich geschickt an. Bald wurde ich einer der besten Kameramänner der Gemeinde. Es fiel mir nicht schwer; im Gegenteil, ich liebte alles, was damit verbunden war. Für mich war die Arbeit hinter der Kamera beinahe so etwas wie ein Hobby.

Wenn ich heute zurückblicke, erkenne ich, dass meine Liebe zur Fernsehproduktion ein Teil der Bestimmung war, die Gott für mein Leben hatte. Schon bevor er die Welt erschaffen hatte, hatte er das in mich hineingelegt.

Ich ging aufs College und studierte ein Jahr lang Radio- und Fernsehtechnik. Dann kam ich zurück und begann, in *Lakewood* eine richtige Fernseharbeit aufzubauen. Heute stehe ich nicht mehr hinter den Kameras, sondern davor, und ich kann sehen, wie Gott meine Schritte gelenkt und mich darauf vorbereitet hat, meine Bestimmung zu erfüllen.

Vielleicht hassen Sie den Beruf, den Sie ausüben. Es graut Ihnen jeden Morgen davor, zur Arbeit zu gehen. Was Sie machen, bedeutet Ihnen nichts und hat nichts mit Ihrem Glauben zu tun.

Wenn Ihnen das bekannt vorkommt, dann ist es vielleicht Zeit, dass Sie sich einmal ehrlich fragen, ob Sie so weitermachen wollen. Gott hat Sie nicht dazu erschaffen, ein unerfülltes Leben zu führen. Versuchen Sie, in einem Bereich tätig zu sein, der etwas mit Ihrer Bestimmung zu tun hat. Verbringen Sie keine 25 Jahre damit, eine bedeutungslose Existenz zu führen, etwas zu tun, das Ihnen widerstrebt, und nur deswegen zu bleiben, weil es bequem ist und weil Sie sich wünschen, dass Ihr Leben in geregelten Bahnen verläuft. Nein, finden Sie in Ihre göttliche Bestimmung hinein!

Wir sollten das, was wir tun, lieben. Wir sollten jeden Tag voller Begeisterung zur Arbeit gehen und uns mit Leidenschaft in unsere Aufgaben einbringen. Ich sage nicht, dass wir nicht hart arbeiten müssten, dass wir nicht manchmal frustriert sind oder dass wir nie gelegentlich mit schwierigen Zeitgenossen zu tun haben. Das gehört alles zum Leben dazu. Aber letztlich sollten wir unsere Arbeit genießen. Wenn Sie am Abend nach Hause gehen, sollten Sie das Gefühl haben, dass Sie etwas erreicht haben, dass Sie dazu beigetragen haben, diese Welt ein bisschen besser zu machen. Ich glaube, wenn Sie Ihre Bestimmung entdecken und in einem Bereich zu arbeiten beginnen, der einen Bezug dazu hat, werden Sie innerlich aufblühen, und Gott wird Ihnen Freude und Erfolg schenken.

> Wir sollten das, was wir tun, lieben.

Ich bin davon überzeugt, wenn wir in unsere Bestimmung hineinfinden und wissen, dass wir das tun, wozu wir berufen sind, dann werden wir auf ganz natürliche Weise Begeisterung ausstrahlen. Wir schlagen vielleicht nicht jeden Tag Purzelbäume, aber tief in unserem Inneren wissen wir: *Das ist das, wozu ich berufen bin. Dazu bin ich geboren. Das ist meine Bestimmung.*

Der Schöpfer des Universums hat Ihnen eine ureigene Bestimmung, eine von ihm geschenkte Lebensaufgabe mitgegeben. Sie ist ein Teil Ihres wahren Ichs, Ihres innersten Wesens.

Ich sehe es gern folgendermaßen: Gott hat alle möglichen Lebewesen erschaffen und er hat jedes von ihnen mit einzigartigen Merkmalen und Wesenszügen ausgestattet. Die Eule zum Beispiel ist ein Nachttier – sie ist gern nachts unterwegs. Gott hat der Eule Augen geschenkt, die im Dunkeln so gut sehen können. Aber wenn diese Eule beschlösse, dass sie in Zukunft nachts schlafen und lieber tagsüber jagen wollte, dann würde sie entgegen ihrer göttlichen Bestimmung leben, und sie würde eine Menge Probleme bekommen. Sie würde zum Beispiel Schwierigkeiten haben, Futter zu finden. Sie würde sich den ganzen Tag abmühen und ihr Leben nicht genießen, weil sie nicht das täte, wozu Gott sie erschaffen hat. Sie würde außerhalb ihrer göttlichen Bestimmung leben.

Auf der anderen Seite gilt: Wenn Sie wirklich im Einklang mit Ihrer Bestimmung leben, wird Ihnen vieles ganz leicht fallen. Um noch mal auf mein Beispiel zurückzukommen: Niemand muss der Eule sagen, dass sie nachts aufbleiben soll. Gott hat sie als Nachttier erschaffen, und so ist es für eine Eule die natürlichste Sache der Welt, im Dunkeln zu jagen. Sie ist mit allem ausgerüstet, was sie dazu benötigt.

In ähnlicher Weise hat Gott jedem Einzelnen von uns bestimmte Fähigkeiten mitgegeben. Wenn wir unsere Bestimmung entdecken und das tun können, worin wir von Natur aus gut sind, werden wir unser Leben viel mehr genießen.

Wenn Sie schon einmal große Sänger oder Sängerinnen gehört haben, werden Sie festgestellt haben, dass es scheint, als bereite ihnen das Singen nicht die geringste Mühe. Wie kommt das? Weil sie etwas tun, worin sie von Natur aus gut sind.

Wenn Sie andererseits etwas tun, das Ihrer Natur widerspricht, dann ist es ein ständiger Kampf. Wenn Sie sich um etwas bemühen, es trainieren, einüben, wirklich Ihr Bestes geben und es Ihnen dennoch nicht gelingen will, dann sollten Sie sich bewusst machen, dass diese Sache vielleicht nicht Ihrer Bestimmung entspricht.

Natürlich müssen wir manchmal Durchhaltevermögen beweisen, auch wenn der Erfolg sich nicht sofort oder leicht einstellt. Manchmal muss man sich durchbeißen und Widerstände überwinden und solche Lektionen sind oft sehr segensreich. Aber grundsätzlich sollte unser Leben kein ständiger Kampf sein. Wenn Sie ein Leben führen, das Ihrer Bestimmung entspricht, wird Ihnen das, was Sie tun, leicht fallen. Es wird für Sie sozusagen das Natürlichste der Welt sein. Lernen Sie, die Fähigkeiten und Gaben, die Sie von Natur aus besitzen, wertzuschätzen und zu gebrauchen!

Zwei meiner Freunde gingen zusammen auf die Bibelschule; beide wollten Pastor werden. Nach dem Examen gründete Craig eine Gemeinde und bat seinen Freund Ron, sich ihm anzuschließen und ihm zu helfen. Ron hatte vorgehabt, selbst eine Gemeinde zu gründen, aber da sich ihm keine Gelegenheit dazu geboten hatte, beschloss er, Craig eine Zeitlang zu unterstützen. Ron war ein phänomenaler Musiker – ein hervorragender Klavierspieler, Songwriter und Sänger.

Craig übertrug Ron also die Lobpreisleitung der Gemeinde und mehrere Jahre lang leistete dieser auf diesem Gebiet Hervorragendes. Die Gemeinde war in der ganzen Gegend für ihre hervorragende Musik bekannt. Immer mehr Menschen kamen zu den Gottesdiensten und die Gemeinde blühte und gedieh.

Dennoch sagte Ron sich immer wieder: *Ich muss endlich meine eigene Gemeinde gründen.*

Sowohl Craig als auch Rons Frau waren sich bewusst, welch segensreichen Einfluss dessen Musik auf die Menschen hatte, aber Ron wollte nichts davon wissen. Musik fiel ihm einfach zu. Es war etwas, das er immer gemacht hatte und in dem er von Natur aus gut war. Ron war sich sicher, dass er etwas versuchen musste, das schwieriger war – eine größere Herausforderung, etwas Neues.

Eines Tages wurde ihm jedoch klar: Alles, was er seinen Mitmenschen zu geben hoffte, schenkte er ihnen durch seine Musik. Er begann, seinen Dienst mit anderen Augen zu sehen – er entwickelte ein Bewusstsein dafür, dass das, was er tat, seiner eigentlichen Bestimmung entsprach. Und wenn er sich ernsthaft mit dem Gedanken befasste, ein Pastor zu werden, musste er zugeben, dass viele Aspekte dieses Berufes ihm gar nicht lagen.

Ron beschloss, genau dort zu bleiben, wo er war, und die Begabungen und Fähigkeiten, die Gott ihm geschenkt hatte, weiterhin zu nutzen. Er selbst und seine Familie sind dadurch sehr gesegnet worden und seine Musik hat viele Menschen ermutigt und inspiriert. Aber beinahe hätte er seine göttliche Bestimmung verpasst, weil er ihr zu nahe war. Sie schien ihm zu „gewöhnlich".

Auch Ihnen hat Gott bestimmte Talente, Gaben oder Fähigkeiten mitgegeben. Es gibt Dinge, in denen Sie gut sind, Bereiche, auf denen Sie Hervorragendes leisten. Nehmen Sie das nicht als selbstverständlich hin. Vielleicht liegen Ihre Gaben im Bereich Verkauf oder Kommunikationstechnik, im Coaching, Sport oder

Marketing. Was auch immer es ist: Schätzen Sie es nicht gering, nur weil es Ihnen leicht fällt. Vielleicht ist das genau die Gabe, die Gott in Sie hineingelegt hat. Sie könnte ein wichtiger Bestandteil Ihrer Bestimmung sein. Investieren Sie all Ihre Kraft, um sich in diesem Bereich zu vervollkommnen, und denken Sie daran: Was dem einem langweilig erscheinen mag, kann einen anderen total begeistern, weil es Teil seiner Bestimmung ist.

Mein Schwager Kevin ist Verwaltungsleiter der *Lakewood*-Gemeinde und er ist eine enorme Hilfe für alle unsere Mitarbeiter. Kevin ist ein Mensch mit einer großen Liebe zum Detail, extrem organisiert und effizient. Er plant alles sehr genau und nutzt seine Zeit gut. Es ist nicht einfach etwas, das er bei einem Managementseminar gelernt hat, es ist eine Gabe, die Gott ihm geschenkt hat. (Meiner Ansicht nach ist es nicht normal, so organisiert zu sein – aber ich bin froh, dass Kevin es ist!)

Als wir die Renovierungsarbeiten beaufsichtigten, die das *Compaq Center* in die *Lakewood*-Gemeinde verwandelten, kannte Kevin jedes Detail des Bauprojektes. Er wusste, wo jeder Cent ausgegeben wurde, und er konnte erklären, warum er ausgegeben wurde. Darüber hinaus konnte er Ihnen drei andere Möglichkeiten nennen, die wir ausprobiert hatten, um mit weniger Geld dasselbe zu erreichen. Kevin ist eben ein Mensch mit einem Auge fürs Detail.

Wenn Victoria, die Kinder und ich mit der Familie von Kevin und Lisa Urlaub machen, schickt Kevin mir im Voraus einen Reiseplan. Er schickt mir meine Flugtickets und einen Wetterbericht. Er schickt mir Informationen über Mietwagen und Hinweise zu Verkehrsregeln im Urlaubsland. Er erinnert mich daran, meinen Führerschein mitzunehmen. Am Morgen unseres Abflugs ruft er mich an, um mir mitzuteilen, in welchen Abschnitten der Autobahn sich der Verkehr gerade staut.

Einmal musste ich auf dem Flughafen feststellen, dass ich meinen Führerschein vergessen hatte. Darum schickt Kevin mir jetzt schriftliche Anweisungen zu Dingen, an die ich nie im Leben dächte. Er hat die Gabe, auf Details zu achten.

Kevin bewegt sich in dem Bereich seiner Fähigkeiten. Als unser

Verwaltungsleiter leistet er Hervorragendes. Er könnte insgeheim denken: *Ja, wenn ich da oben stehen und predigen würde, dann könnte ich wirklich etwas bewirken.* Aber nein. Wenn Kevin da oben stehen und predigen würde, bräuchten wir vielleicht kein *Compaq Center*! Er kann nicht predigen und ich kann nicht verwalten. Er tut das, worin er von Natur aus gut ist. Er hat mir oft gesagt: „Joel, das ist einfach mein Traumjob!" Kevin kommt jeden Tag voller Begeisterung in sein Büro. Er tut seine Arbeit leidenschaftlich gern. Es ist das, worin er gut ist. Es ist ein Teil seiner Bestimmung.

Sie müssen sich Ihrer natürlichen Stärken bewusst sein und diese zu Ihrem eigenen Besten und dem Ihrer Mitmenschen einsetzen. In Römer 12, Vers 6 steht: „Wir haben ganz verschiedene Gaben, so wie Gott sie uns in seiner Gnade zugeteilt hat." Sie können nicht alles gut machen, aber Sie können *etwas* richtig gut machen. Konzentrieren Sie sich auf Ihre Stärken, und achten Sie darauf, dass Sie nicht an Ihrer Bestimmung vorbeileben, weil Sie sich immer wieder auf Dinge einlassen, die nicht Ihrer natürlichen Begabung entsprechen. Wenn Sie sich wirklich in dem Bereich Ihrer Bestimmung bewegen, ist Ihr Leben kein ständiger Kampf. Es fühlt sich einfach „richtig" an.

Ihre Bestimmung passt zu Ihnen

Mein Vater reiste unheimlich gerne nach Indien und zwei- oder dreimal im Jahr begleiteten Victoria und ich ihn dabei. Nach unserer Ankunft fuhren wir oft vier oder fünf Stunden tief ins Landesinnere hinein, in eines der kleinen Dörfer. Natürlich gab es dort keine hübschen Hotels – oft gab es sogar überhaupt keine. Es gab auch nicht das Essen, das wir gern gegessen hätten. Außerdem war es dort meist heiß und stickig und schon Minuten nach unserer Ankunft fühlten wir uns unwohl und schmutzig. Aber mein Vater empfand eine große Liebe zu den Bewohnern dieses Landes, also flogen wir Jahr für Jahr hin.

Manchmal übernachteten wir in einer alten, verwahrlosten indischen Kaserne. Es waren nur vier Betonwände, und es gab kein

Badezimmer, keine Klimaanlage, keine Laken auf den Betten – und eigentlich waren es auch keine richtigen Betten, nur schmuddelige, enge, unbequeme Pritschen. In der Nacht suchten uns alle möglichen Arten von Wanzen und anderen Insekten heim. Victoria und ich beschwerten uns nie über diese Zustände, aber wir konnten es nicht erwarten, wieder nach Hause zu kommen.

Auf einer von Victorias ersten Reisen nach Indien, kurz nach unserer Heirat, übernachteten wir ebenfalls in dieser Kaserne. Eines Morgens saßen mein Vater und ich schon in aller Frühe draußen auf dem Rasen und frühstückten. Plötzlich hörten wir Victoria aus vollem Halse schreien. Nie zuvor hatte ich eine Frau so schreien gehört.

Daddy und ich ließen unsere Frühstücksteller fallen und stürzten zum Gebäude. Als wir näher kamen, sahen wir, wie Victoria aus dem Haus und die Treppen herunterrannte. Ihr blondes Haar flog in alle Himmelsrichtungen. Nun erkannten wir das Problem: Eine große, leguanartige Eidechse hing in Victorias Haar. Und ich, der ritterliche, frischgebackene Ehemann, konnte nichts anderes denken als: *Schüttle bloß weiter, Kleine. Wenn du erwartest, dass ich dich von dem Ding befreie, bist du auf dem Holzweg!*

Schließlich gelang es meiner liebreizenden Victoria zu meiner großen Erleichterung, diese Echse aus ihren Haaren zu schütteln. Sie war so außer sich, dass ich schon dachte, ich müsste sie wiederbeleben.

Aber mein Vater schien all diese Unannehmlichkeiten gar nicht wahrzunehmen. Er benahm sich, als wohnten wir in einem feinen Hotel. Er roch die Gerüche nicht. Er spürte die Hitze nicht. Er sah die Wanzen nicht. Er war so glücklich wie ein Fisch im Wasser. Ich habe meinen Vater nie glücklicher gesehen als in diesen indischen Dörfern.

Einmal sagte er zu mir: „Joel, wenn ich nicht wüsste, dass es mein Auftrag ist, Pastor der ‚Lakewood'-Gemeinde zu sein, dann würde ich hier leben."

Warum war das so? Warum spürte er all die Unannehmlichkeiten nicht? Weil Indien Teil seiner Bestimmung war. Er liebte es leidenschaftlich. So wie Gott die Freude an der Fernseharbeit in mich hineingelegt hatte, hatte er die Begeisterung für den Missionsdienst in Daddy hineingelegt.

In Sprüche 18, Vers 16 steht, dass Ihre Gabe Ihnen Türen öffnen kann. Ich bin sicher, wenn Sie Ihrer Bestimmung auf die Spur kommen, dann werden Sie keine Schwierigkeiten haben, eine Anstellung zu finden oder wirklich zufrieden zu werden – ungeachtet, in welcher Situation Sie sich befinden und ungeachtet der schwierigen Situation auf dem Arbeitsmarkt. Sie werden mühelos Arbeit, Freunde und offene Türen finden. Ja, wenn Sie sich auf Ihre Stärken konzentrieren und das tun, was Ihrer Begabung entspricht, dann werden sich Ihnen so viele Möglichkeiten bieten, dass Sie gar nicht alle wahrnehmen können.

Wenn Sie das Gefühl haben, dass Ihnen irgendwas fehlt, liegt das vielleicht daran, dass Sie nicht Ihrer Bestimmung folgen. Streben Sie danach, die Träume zu verwirklichen, die Gott Ihnen ins Herz gelegt hat. Zapfen Sie das Potenzial an, das in Ihrem Inneren schlummert? Haben Sie herausgefunden, worin Sie am besten sind, was Ihnen von Natur aus leichtfällt? Leisten Sie auf diesem Gebiet Hervorragendes?

Wenn Sie dazu berufen sind, Hausfrau und Mutter zu sein, dann erfüllen Sie diese Aufgabe, so gut Sie es vermögen. Lassen Sie sich nicht von der Gesellschaft in eine Karriere hineindrängen, nur weil Ihre Freundinnen berufstätig sind. Entdecken Sie Ihren Auftrag und erfüllen Sie ihn.

Wenn Sie ein begabter Verkäufer sind, dann sitzen Sie nicht den ganzen Tag lang allein in einem Raum. Begeben Sie sich in den Bereich hinein, in dem Ihre Begabung liegt, und tun Sie, was in Ihren Kräften steht. Wenn Sie Ihre Bestimmung erfüllen wollen, müssen Sie das tun, was Gott in Sie hineingelegt hat und was Sie begeistert.

Einer meiner Lieblingsfilme ist „Die Stunde des Siegers". In diesem Film geht es um Eric Liddell, einen hochtalentierten Läufer. Er träumt davon, an den Olympischen Spielen teilzunehmen, aber er fühlt sich ebenfalls dazu berufen, als Missionar nach China zu gehen. Gleichzeitig weiß er, dass Gott ihm das Talent geschenkt hat zu laufen. Wenn er läuft, hat er das Gefühl, sich Gott völlig hinzugeben. Ein Satz dieses Films hat sich mir besonders eingeprägt: „Wenn ich laufe, spüre ich, dass Gott sich über mich freut." Er meint damit: „Wenn ich das tue, wozu ich berufen bin, wenn ich meine Gaben und Talente einsetze, wenn ich meiner Bestimmung folge, kann ich spüren, wie Gott mir zulächelt."

In einem anderen Lieblingsausspruch sagt Liddell: „Gewinnen bedeutet, Gott zu ehren." Ich glaube, wir sollten nach derselben Philosophie leben: Wir sollten uns bemühen, unser Bestes zu geben und unserer Bestimmung näher zu kommen. Wenn wir das tun, ehren wir Gott. Wenn Sie zum Geschäftsmann berufen sind, seien Sie ein hervorragender Geschäftsmann, und machen Sie Gott damit Ehre. Wenn Sie dazu berufen sind, Kinder zu unterrichten, seien Sie eine hervorragende Lehrerin, und machen Sie Gott damit Ehre. Wozu Sie auch immer berufen sind, wenn Sie es so gut tun, wie Sie nur können, dann machen Sie Gott damit Ehre.

Vielleicht haben Sie noch nicht herausgefunden, für was Gott Sie erschaffen hat. Sie tun immer noch viele Dinge, für die Sie keine rechte Begeisterung empfinden. Dann ist es Zeit, ein neues Kapitel in Ihrem Leben aufzuschlagen!

Natürlich können Sie nicht einfach mit den Fingern schnippen und den Beruf wechseln, aber nehmen Sie zumindest einmal gründlich Ihr Leben unter die Lupe, und machen Sie sich bewusst, wie Sie Ihre Zeit verbringen. Tun Sie die Dinge, die Sie wirklich gerne tun? Tun Sie das, was Ihrer natürlichen Begabung entspricht? Wenn nicht, warum ändern Sie nicht ein paar Dinge? Das Leben ist einfach zu kurz, um es mit Dingen zu füllen, die wir nicht wirklich mit Leidenschaft machen. Finden Sie eine Sache, die Sie völlig begeistert, dann wird Gott Sie Schritt für Schritt weiterführen.

Ich habe an anderer Stelle erwähnt, dass Gott mir im Teenageralter den Wunsch ins Herz gelegt hat, bei Fernsehproduktionen mitzuwirken. Und genau das tat ich auch. Als mein Vater dann starb, verspürte ich den Wunsch, seine Nachfolge anzutreten und die Gemeinde zu leiten. Ich folgte auch diesem göttlichen Schubs und ich kann ehrlich sagen: Ich glaube, dass ich damit den Zielen Gottes für mein Leben folge. Ich weiß, das ist der Platz, den Gott für mich reserviert hat. Das ist der Grund, warum ich geboren wurde.

Ich wünsche mir, dass auch Sie die Bestimmung entdecken, die Gott für Ihr Leben hat, und dass Sie ihr unermüdlich folgen. Entscheiden Sie sich heute dafür, weiterzumachen, weiterzuglauben und alles daranzusetzen, dass Ihre Träume in Erfüllung gehen. Dann werden Sie eines Tages zurückblicken und voller Gewissheit sagen: „Das ist der Grund, warum Gott mich auf diese Erde gebracht hat."

Praktische Schritte

Teil 1: Streben Sie stets danach voranzukommen

1. Heute werde ich mich mit Gedanken befassen wie:

   - „Ich habe alles, was ich brauche, um meine Bestimmung zu erfüllen."
   - „Gott nimmt mich so an, wie ich bin. Ich weiß, dass Gott Gutes für mich bereithält."
   - „Ich bin wertvoll. Ich meinen Adern fließt königliches Blut. Mich erwartet eine tolle Zukunft!"
   - „Meine besten Tage liegen noch vor mir."

2. Ich werde mir diese Woche Zeit nehmen, um mich gründlich mit meinem Leben zu beschäftigen. Ich werde herausfinden, welche negativen Verhaltensmuster in der Geschichte meiner Familie praktiziert wurden. Ich habe beschlossen, dass ich derjenige sein werde, der neue Maßstäbe setzt. Ich werde negative Denkmuster ablegen und damit beginnen, unter dem Segen Gottes zu leben statt unter dem Fluch.

3. Mit Gottes Hilfe werde ich alle Hindernisse überwinden, die mir im Wege stehen könnten, wenn ich weitere Schritte auf meinem Weg gehen und mich weiterentwickeln möchte.

4. Ich will mir immer wieder bewusst machen, dass die Entscheidungen, die ich heute treffe, sich auch auf zukünftige Generationen auswirken, nicht nur auf mein eigenes Leben. Ich will sorgfältiger darauf achten, kluge Entscheidungen zu treffen. Ich werde beten, gewissenhaft die Bibel studieren und mich an dem orientieren, was ich dort lese. Ich werde gläu-

bige Menschen um Rat bitten und mir vor einer wichtigen Entscheidung Zeit nehmen, um in Ruhe nachzudenken. Ich werde mich in allen Entscheidungen von meinem Wunsch leiten lassen, dass es meiner Familie nach meinem Leben besser geht als zuvor.

Teil 2

Haben Sie eine positive Einstellung zu sich selbst

Kapitel 7

Hören Sie nicht länger auf kritische Stimmen

Wenn Sie wirklich weiterkommen wollen, dann ist es ganz wichtig, dass Sie lernen, mit sich selbst zufrieden zu sein. Allzu viele Menschen leben ständig mit dem Gefühl, dass ihnen jemand Vorhaltungen macht und dass sie nicht gut genug sind. Sie hören permanent auf die falschen Stimmen. Die Bibel bezeichnet Satan als den „Ankläger der Brüder" (Offenbarung 12,10), der nichts lieber will, als dass wir unser Leben lang das Gefühl haben, schuldig oder verdammt zu sein. Er präsentiert ständig irgendwelche Anklagen und zeigt uns, was wir nicht getan haben oder was wir hätten tun sollen. Er erinnert uns an alles, was wir in unserem Leben falsch gemacht oder versäumt haben.

„Du hattest vergangene Woche einen Wutanfall."

„Du hättest mehr Zeit mit deiner Familie verbringen sollen."

„Du bist zwar zum Gottesdienst gegangen, aber du bist zu spät gekommen."

„Du hast Geld gespendet, aber es war nicht genug."

Viele Menschen schlucken diese Anklagen, ohne sich ernsthaft dagegen zu wehren. Dadurch leiden sie ständig unter Schuldgefühlen und sind äußerst unzufrieden mit sich. Sie gehen ihr Leben recht freudlos und ohne Zuversicht an, erwarten das Schlimmste und bekommen es oft auch.

Wir sind uns sicher einig, dass kein Mensch vollkommen ist. Wir haben alle schon gesündigt, versagt und Fehler gemacht. Aber viele Menschen wissen nicht, wie Sie Gottes Gnade und Vergebung in Anspruch nehmen können. Stattdessen lassen sie zu, dass sie innerlich fertiggemacht werden. Sie geben dieser Stimme recht, die ihnen vorhält: „Du hast versagt. Du hast alles kaputtgemacht." Sie sind zu streng mit sich selbst. Statt daran zu glauben, dass sie sich weiterentwickeln und lernen, es besser zu machen, schenken sie dieser Stimme Glauben, die ihnen sagt: „Du kannst überhaupt nichts richtig machen. Du wirst diese Gewohnheit nie überwinden. Du bist einfach ein Versager." Wenn sie morgens aufwachen, teilt ihnen eine Stimme mit, was sie am Vortag falsch gemacht haben und dass sie heute wahrscheinlich wieder etwas falsch machen werden. Das führt dazu, dass sie sich selbst gegenüber extrem kritisch sind, und diese Haltung übertragen sie dann meist auch auf andere Menschen.

Wenn wir im Frieden mit uns selbst leben wollen, müssen wir diesen Stimmen Einhalt gebieten und sagen: „Ich bin vielleicht nicht vollkommen, aber ich weiß, dass ich Fortschritte mache. Ich habe vielleicht Fehler, aber ich weiß, dass ich Vergebung bekommen habe. Gott hat mir seine Gnade geschenkt."

Wir haben alle den Wunsch, bessere Menschen zu werden, aber wir brauchen uns wegen unserer Fehler nicht selbst fertigzumachen. Die Leistung, die ich erbringe, ist vielleicht nicht vollkommen, aber ich weiß, dass ich die Sache in der richtigen Herzenshaltung angehe. Andere Menschen sind vielleicht nicht immer zufrieden mit mir, aber ich bin zuversichtlich, dass Gott es ist.

Wenn Sie Ihr Bestes geben und sich bemühen, das zu tun, was mit den Maßstäben der Bibel übereinstimmt, dürfen Sie gewiss sein, dass Gott sich über Sie freut. Sicher, er möchte, dass Sie Fortschritte machen, aber er weiß, dass wir alle Schwächen haben. Wir alle tun Dinge, von denen wir eigentlich wissen, dass wir sie nicht tun sollten. Wenn unsere menschlichen Schwächen und Unvollkommenheiten unsere Idealvorstellungen zunichte machen, ist es ganz logisch, dass wir deprimiert sind. *Ich habe es nicht verdient, glücklich zu sein, denken wir. Ich muss beweisen, dass es mir wirklich leid tut.*

Aber darum geht es nicht. Wir sollten vielmehr lernen, Gottes Gnade und Vergebung in Anspruch zu nehmen. Lassen Sie nicht zu, dass diese anklagenden Stimmen wie eine Schallplatte mit Sprung in Ihrem Kopf widerhallen. Das führt nur dazu, dass Sie sich selbst mit immer kritischeren Augen sehen. Und wenn Sie sich selbst gegenüber eine negative Einstellung haben, wird Sie das in jedem Bereich Ihres Lebens behindern.

Solche Anschuldigungen können unterschiedlichster Art sein: „Du bist nicht ‚fromm' genug", „Du hast vergangene Woche nicht hart genug gearbeitet" oder: „Bei dem, was du schon alles verbockt hast, kann Gott dich gar nicht segnen."

Doch das ist gelogen. Begehen Sie nicht den Fehler, sich auch nur einen Moment lang auf diesen Unsinn einzulassen. Wenn ich vom Podium hinabsteige, nachdem ich zur Gemeinde und mit Hilfe der Fernsehkameras zu Millionen weiterer Menschen gesprochen habe, schießt mir gelegentlich durch den Kopf: *Das war einfach nicht die richtige Botschaft, Joel. Die hat niemandem etwas gebracht. Du warst so langweilig, dass die Leute vermutlich eingeschlafen sind.*

Ich habe gelernt, diese Gedanken abzuschütteln. Stattdessen sage ich mir: „Nein, ich glaube, es war gut! Ich habe mein Bestes gegeben. Ich weiß, dass zumindest eine Person wirklich etwas davon hatte: ich. Ich fand es gut."

Solange wir unser Bestes geben, brauchen wir uns nicht schuldig zu fühlen, auch wenn wir Fehler machen oder versagen. Manchmal ist es durchaus angebracht, Reue und Bedauern zu empfinden, aber dann kommt eine Zeit, in der es angebracht ist, die Sache *ad acta* zu legen und vorwärts zu gehen. Laufen Sie nicht ständig mit Schuldgefühlen herum. Sagen Sie nicht fortwährend: „Ich hätte dieses oder jenes tun sollen. Ich hätte doch weiterstudieren sollen." Oder: „Ich hätte mehr Zeit mit meiner Familie verbringen müssen." Oder: „Ich hätte besser auf meine Gesundheit achten sollen."

Nein, hören Sie auf damit, sich selbst zu verurteilen. Vielleicht haben Sie recht, aber es nützt Ihnen überhaupt nichts, wenn Sie sich selbst fertigmachen. Lassen Sie die Vergangenheit Vergangenheit sein. Sie können sie nicht ändern, und wenn Sie den Fehler machen, sich *heute* Vorwürfe wegen einer Sache zu machen, die *gestern* geschehen ist, dann haben Sie nicht die Kraft, den heutigen Tag erfolgreich zu bewältigen.

Der Apostel Paulus hat einmal gesagt: „Ich will immer wieder Gutes tun und tue doch das Schlechte; ich verabscheue das Böse, aber ich tue es dennoch" (Römer 7,19; Hfa). Sogar dieser geistliche Riese, der einen großen Teil des Neuen Testaments verfasst hat, hatte in dieser Hinsicht zu kämpfen. Das sagt mir, dass Gott mich nicht abschreibt, nur weil ich nicht tagein, tagaus eine hundertprozentige Leistung bringe. Ich wünschte, ich täte es, und bemühe mich ständig, mich zu bessern. Ich tue nicht absichtlich etwas Schlechtes, aber ich habe Schwächen wie alle anderen Menschen auch. Manchmal mache ich Fehler oder treffe falsche Entscheidungen, aber ich habe gelernt, mich selbst wegen dieser Dinge nicht fertigzumachen. Ich lasse keine unnötigen Schuldgefühle zu; ich weigere mich, der anklagenden Stimme zuzuhören. Ich weiß, dass Gott an mir arbeitet, dass ich wachse, lerne und mich weiterentwickle. Ich habe mich dazu entschlossen, mich während dieses Prozesses nicht von negativen Gefühlen quälen zu lassen.

Die anklagende Stimme wird sich melden und Ihnen sagen: „Als du vergangene Woche im Stau standest, bist du ausgerastet."

Ihre Haltung sollte sein: „Nun gut, das ist eben passiert. Ich werde Fortschritte machen und mich in Zukunft anders verhalten."

„Du hast gestern ein paar Dinge gesagt, die du nicht hättest sagen sollen."

„Ja, das stimmt. Ich wünschte, ich hätte es nicht gesagt, aber ich habe es bereut. Nun kann ich sicher sein, dass Gott mir vergeben hat. Nächstes Mal werde ich es besser machen."

„Und wie ist es damit, dass vor zwei Jahren diese Beziehung gescheitert ist und dass dein Geschäft bankrott gegangen ist?"

„Das ist Vergangenheit. Ich habe die Gnade und Vergebung Gottes empfangen. Heute ist ein neuer Tag. Ich blicke nicht zurück, ich blicke nach vorn."

Wenn wir diese Einstellung an den Tag legen, nehmen wir dem Ankläger seine tödliche Macht. Er kann keine Kontrolle über uns ausüben, wenn wir seinen Lügen nicht Glauben schenken.

Vielleicht müssen Sie dieses alte Schuldgefühl abschütteln. Sie dürfen der Stimme, die Ihnen sagt: „Gott ist mit dir nicht zufrieden. Du hast zu viele Schwächen. Du hast zu viele Fehler gemacht", nicht länger Ihr Ohr schenken.

Wenn Sie Gott gebeten haben, Ihnen zu vergeben, und sich nach besten Kräften in die Richtung bewegen, in die Sie sich nach seinem Willen bewegen sollen, dürfen Sie gewiss sein, dass Gott mit Ihnen zufrieden ist. Wenn die anklagende Stimme spottet: „Du hast versagt … Du hast keine Zukunft … Du bist so undiszipliniert …", dann dürfen Sie sich nicht zurücklehnen und denken: *Ja, das stimmt.* Nein, Sie müssen beginnen, dem Ankläger zu widersprechen. Sie müssen in der Autorität, die Sie als Kind Gottes besitzen, aufstehen und sagen: „Moment mal. Durch das, was Jesus Christus getan hat, bin ich mit Gott im Reinen. Ich bin ihm unendlich wichtig. Ich habe vielleicht Fehler gemacht, aber ich weiß, ich habe Vergebung bekommen. Ich weiß, ich bin Gottes Augapfel. Ich weiß, dass Gott Großes für mich bereithält."

In der Bibel steht, dass die Gerechtigkeit unser „Brustpanzer" (Epheser 6,14; Hfa) sein soll. Der Brustpanzer ist einer der wichtigsten Teile unserer Rüstung. Denken Sie einmal darüber nach, was ein Brustpanzer bedeckt. Er bedeckt Ihr Herz, den Kern Ihres Wesens, also auch das, was Sie tief in Ihrem Inneren über sich selbst denken und empfinden. Wenn Sie mit einem nagenden Gefühl des Zweifels durchs Leben gehen und denken: *Ich habe keine Zukunft mehr. Ich habe zu oft versagt. Gott kann nicht zufrieden mit mir sein,* dann kann ich Ihnen eines sagen: Sie hören auf die falsche Stimme.

Stehen Sie stattdessen jeden Morgen auf und sagen Sie sich voller Zuversicht: „Gott freut sich über mich. Er nimmt mich so an, wie ich bin."

Machen Sie sich klar, dass Ihr Versagen und Ihre Schwächen Gott nicht überraschen. Gott kratzt sich nicht am Kopf und sagt: „Was habe ich mir da bloß aufgehalst. Ich hätte mir nie träumen lassen, dass er dieses Problem hat. Ich hätte mir nie träumen lassen, dass sie so viele Schwächen hat."

Gott hat uns erschaffen. Er weiß alles über Sie und er ist trotzdem zufrieden mit Ihnen. Er freut sich über Sie. Sie haben vielleicht Fehler, aber Sie sind trotzdem Gottes Augapfel. Sie sind vielleicht noch nicht da, wo Sie sein sollten, aber immerhin sind Sie nicht mehr da, wo Sie einmal waren.

Im Brief an die Philipper heißt es: „Gott wird das gute Werk, das er bei euch angefangen hat, auch vollenden" (Philipper 1,6). Gott ist immer noch an der Arbeit und verändert uns.

Setzen Sie sich also nicht so unter Druck. Gestehen Sie sich das Recht zu, ein paar Schwächen zu haben und nicht tagein, tagaus hundertprozentige Leistung zu erbringen. Wenn Sie einen Fehler begangen haben, dann plagen Sie sich nicht zwei oder drei Wochen lang mit Schuldgefühlen herum. Gehen Sie sofort zu Gott und sagen Sie: „Es tut mir leid, Vater. Ich bereue, was ich getan habe. Hilf mir, es nächstes Mal besser zu machen."

Und dann müssen Sie Gottes Vergebung und Gnade annehmen. Das ist der Schlüssel!

Sam bittet Gott jeden Tag, ihm etwas zu vergeben, das er vor drei Jahren getan hatte. Er hat mehr als 500-mal um Vergebung für dieselbe Sache gebeten. Sam kann nicht begreifen, dass Gott ihm schon vergeben hat, als er ihn das erste Mal darum bat. Das Problem ist, Sam hat die Vergebung und die Gnade nicht angenommen. Er hat weiterhin auf die Stimmen gehört, die ihm Vorhaltungen machen: „Du hast versagt. Gott kann dich nicht segnen. Du weißt doch selbst, was du vor ein paar Jahren getan hast."

Sam sollte stattdessen jeden Morgen aufstehen und so etwas sagen wie: „Vater, ich danke dir, dass deine Gnade ewig währt. Ich habe vielleicht in der Vergangenheit Fehler gemacht, aber ich weiß: Deine Gnade ist groß genug, um all das zu vergeben, was ich getan habe. Ich habe vielleicht *gestern* Fehler gemacht. Aber ich weiß, deine Gnade ist jeden Morgen neu. Darum nehme ich sie heute im Glauben in Anspruch."

Wenn Sie dies ebenfalls tun, wird das die Fesseln zerreißen, die Sie jahrelang gebunden haben. Hören Sie den anklagenden Stimmen nicht länger zu. Laufen Sie nicht länger mit dem Gefühl herum, irgendwie „verkehrt" und ein schlechter Mensch zu sein. Wenn Sie tagtäglich mit dem Gefühl leben, dass Sie es sich ein für alle Mal mit Gott verscherzt haben, lässt das darauf schließen, dass Sie Gottes Gnade noch nicht wirklich für sich in Anspruch genommen haben. Manchmal denken Sie vielleicht: *Ich habe das Gefühl, dass ich das einfach nicht verdiene. Dass ich nicht würdig bin.*

Aber das ist ja gerade das Besondere an der Gnade. Keiner von uns hat sie verdient. Sie ist ein Geschenk. Die gute Nachricht lautet: Gott ist der Ansicht, dass wir durchaus würdig sind. Sie sind kein Versager, Sie sind ein Kind des allmächtigen Gottes. Weigern Sie sich, den anklagenden Stimmen noch länger zuzuhören!

„Ach Joel, ich muss noch so vieles in meinem Leben verändern."

Nun, wer muss das nicht? Jeder hat Bereiche, an denen er arbeiten muss. Aber Gott konzentriert sich nicht auf das, was bei Ihnen noch nicht in Ordnung ist. Er konzentriert sich auf das, was richtig ist. Er schaut nicht auf all Ihre Fehler und Schwächen. Er blickt darauf, wie weit Sie gekommen sind und wie sehr Sie sich weiterentwickeln. Sagen Sie sich entschlossen: „Ich werde nicht länger mit dem Gefühl leben, dass ich ein Versager bin. Ich werde mich nicht länger schuldig und wertlos fühlen. Kein Fehler, den ich gemacht habe, ist zu schrecklich, als dass Gott ihn mir nicht vergeben könnte. Ich habe meine Fehler bereut und um Vergebung gebeten. Jetzt werde ich einen Schritt weitergehen und Gottes Gnade empfangen."

Als Vater konzentriere ich mich nicht auf das, was meine Kinder falsch machen. Unser Sohn kann tausend Mal beim Baseball danebenschlagen, aber mit dem einen Treffer, den er macht, werden wir das ganze Jahr prahlen. Heute, da ich diese Zeilen schreibe, ist mein Sohn Jonathan zwölf Jahre alt. Wenn mich jemand nach ihm fragt, denke ich sofort an all die Dinge, die ich an ihm liebe. Ich sage, dass er klug, begabt und lustig ist. Er hat eine schnelle Auffassungsgabe und viel Sinn für Humor.

Ich habe einmal in einer Predigt erwähnt, dass die meisten Menschen nur zehn Prozent ihres Gehirns nutzen. Jonathan lehnte sich zu Victoria hinüber und sagte: „Mom, ich bin überdurchschnittlich. Ich benutze elf Prozent."

Jonathan ist sicher nicht vollkommen. Er macht Fehler, und es ist mir eine Freude, ihm etwas beizubringen, mit ihm zu üben und ihm zu helfen, sich weiterzuentwickeln. Genauso geht es Gott mit uns. Er liebt uns bedingungslos.

Stellen Sie sich einmal vor, Jonathan würde eines Tages zu mir sagen: „Daddy, ich habe das Gefühl, dass ich all das Gute, das du für mich tust, nicht mehr verdiene. Ich bin es nicht wert, dass du mich liebst. Weißt du, damals, als ich drei Jahre alt war, habe ich doch gelogen. Und als ich vier war, habe ich meine kleine Schwester geschlagen."

Wenn er etwas Derartiges sagen würde, würde ich das Fieberthermometer holen und seine Temperatur messen. Jonathan hat kein Problem damit, etwas anzunehmen. Er weiß, dass er geliebt wird. Er weiß, dass Victoria und ich es lieben, ihm Gutes zu tun.

Vor ein paar Jahren kauften wir ihm eine Gitarre, und er konnte es kaum erwarten, dass wir nach Hause kamen und den Verstärker anschlossen. Ein paar Minuten später kam er zu mir und umarmte mich fest. Dann sagte er: „Vielen, vielen Dank für die neue Gitarre, Daddy. Und wann, meinst du, können wir mein neues Keyboard kaufen?" Also, mein Sohn ist alles andere als schüchtern!

Von dieser Kühnheit könnten wir uns alle eine Scheibe abschneiden. In der Bibel werden wir aufgefordert: „Darum lasst uns hinzutreten mit Zuversicht zu dem Thron der Gnade" (Hebräer 4,16; LÜ). Und warum? „Damit wir Barmherzigkeit empfangen und Gnade finden zu der Zeit, wenn wir Hilfe nötig haben."

Beten Sie nicht: „O Gott, ich habe schon wieder alles falsch gemacht. Als Mutter bin ich eine elende Versagerin. Ich bin ausgerastet. Ich habe meine Kinder angeschrien. Ich weiß, ich habe es nicht verdient, dass mir in meinem Leben irgendetwas Gutes passiert."

Nein, wenn Sie etwas Gutes von Gott bekommen wollen, dann kommen Sie in demütiger, ehrfürchtiger Haltung, aber voller Zuversicht zu ihm. „Gott, ich habe Fehler gemacht, aber ich weiß, du liebst mich, und ich bitte dich um Vergebung. Ich empfange jetzt deine Gnade." Dann dürfen Sie damit rechnen, dass Gott Sie segnet und Ihnen seine Gnade erweist.

Ich bin kühn genug zu glauben, dass ich ein Freund des allmächtigen Gottes bin. Gerade jetzt lächelt er auf mich herab. Ich habe die Tatsache akzeptiert, dass ich nicht immer alles richtig mache, aber ich weiß, ich habe die richtige Herzenshaltung. Ich bemühe mich, so gut ich irgend kann, das zu tun, was ihm gefällt. Das bedeutet, dass ich den Anklägern nicht zuzuhören brauche. Ich brauche nicht mit dem Gefühl zu leben, dass ich ein für alle Mal ein Versager bin. Wenn ich Fehler mache, muss ich nur zu Gott gehen, um Vergebung bitten, seine Gnade empfangen und mein Leben wieder neu in Angriff nehmen.

Vielleicht sind Sie niedergeschlagen, weil Sie negative Erfahrungen gemacht haben. Vielleicht war es noch nicht einmal Ihr Fehler; jemand hat Sie schlecht behandelt oder zurückgewiesen.

Der Feind liebt es, die Tatsachen auf den Kopf zu stellen und ihnen einzureden, dass mit Ihnen irgendetwas nicht stimmt. Ich habe das bei Menschen erlebt, die in ihrer Kindheit misshandelt wurden. Sie waren damals so klein, dass sie gar nicht begriffen, was geschah, aber der Feind verhöhnt sie: „Das hast du dir selbst eingebrockt. Es war dein Fehler." Vor allem, wenn es in einer zwischenmenschlichen Beziehung Schwierigkeiten gibt, hören Sie vielleicht diese Stimme, die Ihnen sagt: „Du bist schuld. Du bist nicht gut genug. Du bist nicht attraktiv genug. Du hast dich nicht genug angestrengt."

Haben Sie jemals daran gedacht, dass vielleicht die andere Person irgendwelche Probleme hat? Hören Sie auf, all diese Anschuldigungen hinzunehmen. Lassen Sie nicht länger zu, dass die anklagenden Stimmen sich bei Ihnen einnisten und all das Gute, das Gott in Ihrem Leben tut, verdrängen. Manche Menschen sind regelrecht süchtig nach Schuld. Sie wissen nicht, wie es ist, mit sich selbst im Reinen zu sein, zu glauben, dass sie geliebt werden, dass ihnen vergeben wurde und dass sie eine großartige Zukunft haben.

„Du hast ja keine Ahnung, was ich früher getan habe, Joel", sagte Regan, eine Bekannte, zu mir. „Du weißt nicht, was ich durchgemacht habe."

„Vielleicht nicht", antwortete ich, „aber es ist nicht nötig, dass du an all dieser Schuld, dieser Scham und diesen Selbstvorwürfen festhältst. Du musst eines begreifen: Als du zu Jesus gekommen bist und seine Vergebung empfangen hast, hat Gott all die verborgenen Winkel deiner Seele gereinigt. Er hat sich entschieden, deine Fehler, deine Schuld und dein Versagen zu vergessen. Warum tust du das nicht auch? Warum hörst du noch auf die Stimme des Anklägers?"

Ich liebe die Geschichte vom verlorenen Sohn, die Jesus einmal erzählte. Dieser junge Mann machte eine Menge Fehler: Er verlangte von seinem Vater, ihm sein Erbteil auszuzahlen. Als der Vater ihm sein Geld gab, verließ der Junge sein Elternhaus, zog in die Welt hinaus und lebte in Saus und Braus. Schließlich holten ihn die Folgen seiner falschen Entscheidungen ein. Als sein Geld aufgebraucht war, wandten seine Freunde sich von ihm ab. Er hatte nichts mehr zu essen und keinen Schlafplatz, und es kam sogar so weit, dass er als Schweinehüter arbeiten musste. Es ging ihm so erbärmlich und er hatte solchen Hunger, dass er schließlich mit dem Schweinefutter zufrieden gewesen wäre, wenn er denn welches bekommen hätte.

Als er eines Tages in diesem Schmutz und Elend dasaß, sagte er zu sich selbst: „Ich will mich aufmachen und zu meinem Vater gehen" (Lukas 15,18; LÜ). Das war die beste Entscheidung seines Lebens. Wenn Sie Fehler begehen, wenn Sie versagt haben oder eine Enttäuschung erleben, dann bleiben Sie nicht voller Selbstmitleid am Boden liegen. Verschwenden Sie nicht einen Monat nach dem anderen damit, sich selbst zu verurteilen und abzulehnen. Wenn Sie diese Sache überwinden wollen, dann besteht der erste Schritt darin, aufzustehen, zu Ihrem himmlischen Vater zurückzugehen und sich in seine liebenden Arme zu werfen.

Der junge Mann machte sich ebenfalls auf den Heimweg, und ich bin sicher, er dachte so bei sich: *Ich verschwende bloß meine Zeit. Mein Vater wird mich niemals wieder annehmen. Er hat bestimmt ein für alle Mal genug von mir. Ich habe so viele schreckliche Dinge getan.* Ich könnte mir vorstellen, dass er unterwegs drei oder vier Mal versucht hat, sich selbst von dem Vorhaben abzubringen. Bestimmt hat er sich gesagt: „Ich bin ein solcher Versager. Mein Vater wird mir niemals vergeben."

Doch die Bibel berichtet etwas ganz anderes: „Er war noch ein gutes Stück vom Haus entfernt, da sah ihn schon sein Vater kommen" (Lukas 15,20). Das verrät mir, dass der Vater nach ihm Ausschau gehalten haben muss. Er ist vermutlich jeden Morgen aufgestanden und hat sich gesagt: „Vielleicht ist das heute der Tag, an dem mein Sohn nach Hause kommt." Jeden Morgen, Mittag und Abend stand er da und wartete. Als er seinen Sohn endlich sah, rannte er ihm entgegen. Er konnte es nicht abwarten, ihn wiederzusehen. Was dieses Gleichnis uns zu sagen hat, ist offensichtlich, denn der Vater in dieser Geschichte ist Gott, unser himmlischer Vater.

Das fasziniert mich, denn das ist das einzige Bild in der Bibel, das zeigt, dass Gott läuft. Und zu wem läuft Gott? Zu einem der Jünger? Einem der Apostel? Einem berühmten religiösen Führer? Nein, der Vater läuft zu einem jungen Mann, der Gnade braucht. Er rennt zu jemandem, der schlimme Fehler begangen hat, zu einem Menschen, der schrecklich versagt hat.

Als der Vater ihn erreicht, fällt er seinem Sohn um den Hals und überhäuft ihn mit Küssen. Er ist so glücklich, ihn zu sehen, aber der Sohn lässt nur beschämt den Kopf hängen und sagt: „Vater, ich habe total versagt. Ich habe ein paar schreckliche Fehler begangen. Ich weiß, dass ich das nicht verdiene, aber vielleicht könntest du mich ja als Knecht einstellen. Ich kann für dich auf dem Feld arbeiten."

Aber der Vater will nichts davon hören. Er entgegnet: „Was redest du denn da? Du bist mein Sohn. Ich will ein Fest feiern, weil du wieder da bist."

Vielleicht denken Sie, dass Gott Ihnen niemals vergeben könnte. Sie haben zu viele Fehler gemacht, Sie haben zu oft versagt. Aber ich versichere Ihnen, nichts, was Sie getan haben, ist so schlimm, dass die Gnade Gottes es nicht vergeben könnte. Ihr himmlischer Vater will Sie gar nicht verurteilen oder herunterputzen. Er steht mit weit offenen Armen vor Ihnen. Wenn Sie noch längst nicht da sind, wo Sie sein sollten, dann dürfen Sie wissen, dass Gott auf Sie wartet. In dem Augenblick, in dem Sie einen Schritt auf ihn zu machen, wird Ihr Vater Ihnen auch schon entgegenlaufen.

> Nichts, was Sie getan haben, ist so schlimm, dass die Gnade Gottes es nicht vergeben könnte.

Vielleicht waren Sie lange Zeit fort, haben voller Schuldgefühle gelebt und gedacht, dass Gott niemals etwas aus Ihrem Leben machen könnte.

Heute kann der Tag sein, an dem Sie einen Neuanfang wagen.

Gottes Gnade reicht aus für jeden Fehler, den Sie jemals begangen haben.

Nach der Begrüßung wendet sich der Vater an seine Diener: „Holt das schönste Gewand im Haus und gebt es meinem Sohn." (Lukas 15,22; Hfa).

Vielleicht haben auch Sie dumme Fehler begangen und einige schlimme Niederlagen erlebt. Aber Gott will Sie nicht nur wieder annehmen und Ihr Leben in Ordnung bringen. Er will Ihnen nicht nur einen Neuanfang schenken. Er will Ihnen das schönste Gewand im Haus anziehen. So ist unser Gott einfach. Mit anderen Worten: Auch wenn wir Fehler gemacht haben, auch wenn wir uns selbst in Schwierigkeiten gebracht haben, ist Gott so gut zu uns, dass er uns keine Vorwürfe macht, wenn wir zu ihm zurückkehren. Er wird uns wieder aufnehmen und etwas Großartiges aus unserem Leben machen.

Das wird aber nur dann geschehen, wenn wir es auch wirklich wollen. Wir können uns nicht weiterhin mit den Schweinen im Dreck wälzen und erwarten, Gutes von Gott zu bekommen. Sie sind vielleicht noch nicht da, wo Sie sein sollten, aber bleiben Sie nicht voller Selbstmitleid am Boden liegen. Machen Sie es wie dieser verlorene Sohn, sagen Sie: „Ich will mich aufmachen und zu meinem Vater gehen." Mit anderen Worten: „Ich habe lange genug ein Leben geführt, das von Schuld, Scham und Verdammnisgefühlen geprägt ist. Ich werde diesen Schlamassel hinter mir lassen und damit beginnen, Gottes Gnade zu empfangen."

Sicher, das wird Glauben erfordern, denn alles in Ihnen wird einwenden: „Du weißt doch selbst, was du getan hast. Du kennst die Fehler, die du gemacht hast. Meinst du wirklich, dass Gott dich noch segnen wird?"

Genau an diesem Punkt müssen Sie der Stimme entschlossen entgegnen: „Ich meine das nicht nur, ich weiß es. Ich weiß, Gott ist ein guter Gott. Ich weiß, seine Gnade ist größer als jeder Fehler, den ich gemacht habe. Darum werde ich jetzt seine Gnade in Anspruch nehmen und erwarten, dass er aus meinem Leben noch etwas Gutes macht."

Viele Menschen denken, dass Gott wütend auf sie ist, dass er

Buch führt über alles, was sie jemals falsch gemacht haben, und dass sie so oft versagt haben, dass es kein Zurück mehr gibt. Wenn sie falsche Entscheidungen treffen, würden sie es nicht wagen, zu Gott zu gehen und ihn um Vergebung und Hilfe zu bitten. Sie nehmen an, dass sie den Preis für ihre Fehler zahlen müssen. Leider führt das oft dazu, dass Menschen ihre Träume und Ziele aufgeben. Sie fühlen sich ständig unwürdig, deprimiert und niedergeschlagen und denken, sie könnten ihre Fehler dadurch wieder gutmachen, dass sie sich mit viel weniger zufriedengeben, als Gott ihnen eigentlich geben möchte.

Aber die gute Nachricht ist: Die Schuld ist bereits bezahlt worden. Warum nehmen Sie Gottes Gnade nicht einfach an? Warum glauben Sie nicht einfach, dass Gott immer noch Großes für Sie bereithält? Ja, Sie haben vielleicht Fehler gemacht, aber nichts, was Sie getan haben, übersteigt die Gnade Gottes.

Stellen Sie sich die folgende Situation vor: Mein Sohn Jonathan ruft mit lauter Stimme nach mir: „Daddy! Komm und hilf mir!"

Ich schaue aus dem Fenster und sehe, dass er hoch über dem Boden an einem Ast hängt. Es sieht aus, als würde er jeden Moment herunterfallen. Ich erkenne sofort, dass er sich ernsthaft verletzen würde, wenn er aus dieser Höhe fiele.

Wie, denken Sie, würde ich reagieren?

Würde ich sagen: „Hmmm, lass mich mal überlegen. Wie brav ist er denn in der letzten Zeit gewesen?"

Würde ich fragen: „Hat Jonathan seine Pflichten im Haushalt erfüllt, Victoria? Ich will mal in sein Zimmer gehen und nachschauen, ob alles so sauber und ordentlich ist, wie wir erwarten."

Während all dieser Zeit würde Jonathan sich mit letzter Kraft festhalten und schreien: „Daddy, bitte! Hilf mir, ich bin in Not!"

Würde ich ihm zurufen: „Bleib noch ein bisschen hängen, Jonathan. Ich will mich eben noch mal vergewissern, wie deine letzten Klassenarbeiten ausgefallen sind."

Nein, natürlich würde ich so etwas nicht sagen oder tun. Jonathan ist mein Sohn und ich liebe ihn (ebenso wie unsere Tochter Alexandra). Wenn eines unserer Kinder mich braucht, werde ich tun, was in meiner Macht steht, um ihm zu helfen.

Genauso reagiert auch Gott. Er schaut nicht darauf, was Sie falsch gemacht und wo Sie versagt haben. Er hat nicht den Wunsch, Ihnen Ihr Leben zu vermiesen oder zu prüfen, wie viel Frust Sie ertragen können. Er hat Sie erschaffen, damit Sie das Leben in seiner ganzen Fülle genießen können.

Sie brauchen nicht mit dem bohrenden Gefühl herumzulaufen: *Gott ist nicht mit mir zufrieden. Es wäre unverschämt, wenn ich ihn nach all den Fehlern, die ich begangen habe, noch um Hilfe bitten würde.*

Das Gegenteil ist der Fall: Sie sind Gottes Augapfel. Sie bedeuten ihm unheimlich viel. Nichts, was Sie jemals getan haben oder jemals tun werden, wird Gott daran hindern, Sie zu lieben und Ihnen Gutes zu tun.

Haben Sie den Mut, das zu glauben. Schütteln Sie die Gefühle von Schuld und Wertlosigkeit ab. Es macht Gott keine Freude, wenn wir uns mit dem Gefühl durchs Leben schleppen, elende Versager zu sein, und ihm dadurch zu zeigen versuchen, wie leid uns unsere Fehler tun. Machen Sie sich stattdessen bewusst, dass Sie sein Kind sind, dass er Sie liebt und dass er nahezu alles tun würde, um Ihnen zu helfen. Klopfen Sie sich den Staub von der Kleidung, richten Sie sich auf, und vertrauen Sie fest darauf, dass er Ihnen vergeben hat. Sprechen Sie es laut aus: „Ich habe vielleicht einige Fehler gemacht. Ich habe vielleicht schrecklich versagt, aber ich weiß, dass Gott voller Barmherzigkeit ist und immer noch einen guten Plan für mein Leben hat."

Üben Sie diese neue Haltung ein – frei zu sein von Schuld, von dem Gefühl, ein Verlierer zu sein, und von der Stimme, die Sie anklagt. Gleichgültig, wie lange sie Sie belogen und Ihnen eingeredet hat, dass Sie keine Zukunft mehr haben, dass Sie zu viel falsch gemacht haben – Gott hat immer noch einen tollen Plan für Ihr Leben. Vielleicht haben Sie Plan A verpasst, aber die gute Nachricht ist: Gott hat einen Plan B, einen Plan C und einen Plan D. Sie können sich ihm zuwenden in der Gewissheit, dass er Ihnen bereits zugewandt ist.

Meine Eltern haben oft eine bewegende Geschichte erzählt, die sie mit meinem ältesten Bruder Paul erlebt haben, als dieser noch ein kleiner Junge war, lange bevor wir anderen Geschwister geboren wurden. Mutter und Dad brachten Paul abends ins Bett und legten sich dann selbst schlafen. Ihr Schlafzimmer war bloß ein paar Meter weiter den Flur hinunter und jeden Abend riefen meine Eltern laut: „Gute Nacht, Paul."

Paul antwortete dann: „Gute Nacht, Mutter. Gute Nacht, Daddy." Eines Abends hatte Paul aus irgendeinem Grund Angst. Ein paar Minuten, nachdem sie sich gegenseitig gute Nacht gewünscht hatten, fragte Paul: „Daddy, bist du noch da?"

Mein Vater entgegnete: „Ja, Paul, ich bin noch da."

Daraufhin fragte Paul: „Daddy, guckt dein Gesicht zu mir?"

Irgendwie vermittelte die Bestätigung, dass Daddy in seine Richtung blickte, Paul ein Gefühl der Geborgenheit. Wenn er sicher war, dass das Gesicht meines Vaters ihm zugewandt war, konnte er friedlich einschlafen.

„Ja, Paul, mein Gesicht guckt zu dir", bestätigte mein Vater.

Wenige Augenblicke später schlief Paul ein. Er wusste, dass unser Vater über ihm wachte und ihn beschützte.

Darf ich Ihnen etwas sagen? Das Gesicht Ihres himmlischen Vaters ist Ihnen zugewandt. Und die gute Nachricht ist: Es wird Ihnen immer zugewandt sein, ganz egal, was Sie getan haben, wo Sie gewesen sind oder wie viele Fehler Sie gemacht haben. Er liebt Sie und blickt in Ihre Richtung. Er hält nach Ihnen Ausschau!

> Das Gesicht Ihres himmlischen Vaters wird Ihnen immer zugewandt sein.

Vielleicht haben Sie Ihr Leben einmal voller Begeisterung gelebt, aber im Laufe der Zeit haben Sie Misserfolge, Enttäuschungen und Rückschläge hinnehmen müssen. Vielleicht haben diese anklagenden Stimmen auf Ihnen herumgehackt und dafür gesorgt, dass Sie den Mut verloren haben und sich schuldig fühlen und denken, Gott hätte sich von Ihnen abgewandt. Sie dürfen heute wissen: Gott läuft auf Sie zu. Sein Gesicht blickt in Ihre Richtung. Er ist kein zorniger, verurteilender Gott. Er ist ein barmherziger Gott, der es liebt, Ihnen seine Vergebung zu schenken. Er ist Ihr himmlischer Vater und er hat immer noch einen großartigen Plan für Ihr Leben.

Und darüber hinaus kann Gott alles ersetzen, was Ihnen genommen worden ist. Sie haben vielleicht tausend Mal versagt und alles verloren, was Ihnen einmal lieb und teuer war. Aber Gottes Gnade ist jeden Morgen neu. Sie können sie heute empfangen. Es fängt alles damit an, dass Sie Ihre Haltung ändern. Denken Sie nicht länger negativ über sich selbst. Hören Sie den Anklagen nicht länger zu – beginnen Sie damit, Gottes Gnade anzunehmen. Beschäftigen Sie sich nicht mehr mit der Vergangenheit, und ignorieren Sie die Stimmen, die Sie verurteilen wollen. Machen Sie sich immer wieder bewusst, dass Gott Sie annimmt, dass er zufrieden mit Ihnen ist, dass er Ihnen vergeben hat und eine strahlende Zukunft für Sie bereithält. Wenn Sie das tun, werden Sie die Macht des Anklägers brechen und ein ganz neues Gefühl der Freiheit verspüren. Sie können sogar lernen, sich selbst zu mögen und sich gut zu fühlen, so, wie Sie sind. In den nächsten Kapiteln werde ich Ihnen zeigen, wie.

Kapitel 8

Lernen Sie, sich selbst zu mögen

Jeder von uns hat Bereiche in seinem Leben, in denen er sich verbessern muss, aber solange wir vorwärtsgehen und uns Tag für Tag bemühen, unser Bestes zu geben, können wir sicher sein, dass Gott sich über uns freut. Er freut sich vielleicht nicht über jede Entscheidung, die wir treffen, aber er freut sich über uns. Ich weiß, dass manche Menschen sich das nur schwer vorstellen können, aber Gott wünscht sich, dass wir uns selbst mögen und annehmen. Er möchte, dass wir uns sicher fühlen und ein gesundes Selbstbild haben, aber viele Menschen richten ihr Augenmerk stattdessen ständig auf ihre Fehler und Schwächen. Wenn sie etwas falsch gemacht haben, kommen sie kaum darüber hinweg. Sie leben mit ständigen Selbstvorwürfen: „Du bist nicht so, wie du sein solltest. Du kannst nicht mithalten. Du hast einfach zu oft versagt."

Soll ich Ihnen mal etwas sagen? Gott wusste, dass Sie nicht vollkommen sein würden. Er wusste, dass Sie Schwächen und Fehler haben und sich die falschen Dinge wünschen würden. Er wusste all das schon, bevor Sie geboren wurden, und er liebt Sie trotzdem!

Zu den schlimmsten Dingen, die Sie tun können, gehört, sich selbst abzulehnen. Dieses Problem ist heute weit verbreitet. Im Inneren vieler Menschen tobt ein Kampf. Sie können sich selbst nicht wirklich leiden: „Ich bin dumm, ich bin undiszipliniert, ich bin hässlich, ich bin zu dick und bin nicht so geschickt wie andere." Sie richten ihr Augenmerk auf ihre Schwächen und begreifen nicht, dass diese negative Sichtweise die Wurzel für viele ihrer Probleme ist. Sie kommen mit ihren Mitmenschen nicht zurecht, sind unsicher und können ihr Leben nicht genießen, und all dies liegt hauptsächlich daran, dass sie mit sich selbst nicht im Reinen sind.

Jesus hat gesagt: „Liebe deinen Mitmenschen wie dich selbst" (Matthäus 22,39). Beachten Sie: Die Voraussetzung dafür, andere zu lieben, ist, dass Sie sich selbst lieben. Wenn Sie keine gesunde Selbstachtung besitzen und wenn Sie nicht lernen, sich selbst anzunehmen, so wie Sie nun einmal sind, werden Sie nie imstande sein, andere Menschen wirklich zu lieben. Selbsthass ist meines Erachtens einer der Gründe dafür, warum heute viele Beziehungen scheitern.

Ich habe viele Menschen getroffen, die denken, ihr Partner sei der Grund dafür, warum ihre Ehe nicht funktioniere. Oder sie sind sicher, dass es die Schuld ihres Kollegen sei, dass sie am Arbeitsplatz Probleme haben. Die wirkliche Ursache ist jedoch, dass in ihrem Inneren ein Kampf wütet. Sie mögen ihr Äußeres nicht, sie sind unzufrieden mit dem Platz, an dem sie stehen, sie sind unglücklich darüber, dass sie eine schlechte Angewohnheit einfach nicht ablegen können, und all dieser Müll vergiftet ihre Beziehungen zu ihren Mitmenschen.

Machen Sie sich bitte bewusst: Sie können nichts weitergeben, das Sie nicht haben. Wenn Sie sich selbst nicht lieben, werden Sie nicht imstande sein, andere zu lieben. Wenn Sie mit sich selbst in Unfrieden leben, wenn Sie wütend auf sich sind oder wenn Sie sich unsicher, hässlich, schuldig oder abgelehnt fühlen, dann ist das alles, was Sie weitergeben können. Wenn Sie jedoch begreifen, dass Gott an Ihnen arbeitet und Sie trotz Ihrer Fehler und Schwächen liebt, können Sie lernen, sich selbst anzunehmen. Dann können Sie diese Liebe weitergeben und gesunde Beziehungen pflegen.

Dieses Grundprinzip könnte Ihre Ehe retten; es könnte Ihre Beziehungen zu Ihren Mitmenschen verändern. Sie denken vielleicht, alle anderen seien das Problem, aber bevor Sie im Leben irgendwelche echten Fortschritte machen können, müssen Sie mit sich selbst Frieden schließen. Bitte machen Sie sich bewusst: Wenn Sie sich selbst nicht mögen, dann wirkt sich das nicht nur auf Sie selbst aus. Es beeinflusst Ihre Beziehungen zu Ihren Mitmenschen und es wirkt sich auf Ihre Beziehung zu Gott aus.

Darum ist es so wichtig, dass Sie sich selbst leiden können. Sie haben vielleicht ein paar Fehler. Sie haben vielleicht ein paar Eigenheiten, die Sie gern ändern würden. Willkommen im Club! Das geht uns allen so. Aber entspannen Sie sich und seien Sie nicht so streng zu sich selbst. Ist es nicht interessant, dass wir vermutlich niemals einen anderen kritisieren oder zu ihm sagen würden: „Du bist echt blöd. Du bist hässlich und du bist total undiszipliniert. Ich kann dich nicht leiden." Und doch haben wir kein Problem damit, dies zu uns selbst zu sagen. Aber machen Sie sich eines bewusst: Wenn Sie sich selbst kritisieren, kritisieren Sie ein Meisterwerk, das Gott geschaffen hat.

„Ich bemühe mich so, mich richtig zu verhalten", gestand mir mein Freund Pete, „aber ich bin so ungeduldig, Joel. Ich kann meine Wut kaum im Zaum halten und bin so schnell auf hundertachtzig."

„Natürlich bringen Wutausbrüche nichts, Pete", erwiderte ich. „Da hast du schon recht. Aber denk daran: Gott ist noch nicht mit dir fertig. Er ist immer noch am Werk. Und du darfst dich selbst mögen, auch wenn Gott dich noch verändert. Ich kenne niemanden, der schon vollkommen wäre und sich nicht noch in dem einen oder anderen Bereich seines Lebens ändern müsste. Aber solange du dir selbst gegenüber negativ und überkritisch eingestellt bist, verzögerst du diesen Prozess nur. Du machst die Sache nur schlimmer!"

Ich meine damit nicht, dass es egal ist, wie Sie Ihr Leben führen, oder dass Sie Sünden und Fehler auf die leichte Schulter nehmen sollten. Die Tatsache, dass Sie dieses Buch lesen, zeigt, dass Sie bereit sind, sich zu verändern, und dass Sie es sich von Herzen wünschen, Gott Freude zu machen und ein Leben zu führen, das ihn ehrt. Wenn das wirklich so ist, dann müssen Sie sich nicht von einem Berg von Schuldgefühlen erdrücken lassen, nur weil Sie in bestimmten Bereichen noch so Ihre Probleme haben. Wenn Sie Fehler machen, dürfen Sie damit zu Gott gehen und sagen: „Es tut mir leid, Vater. Ich bereue es. Hilf mir, es nächstes Mal besser zu machen." Und dann dürfen Sie dieses Problem hinter sich lassen. Machen Sie sich selbst deswegen nicht zwei Wochen, zwei Monate oder zwei Jahre lang fertig. Schütteln Sie dieses Erlebnis von sich ab und gehen Sie weiter vorwärts.

Viele Menschen sind ihr eigener schlimmster Feind. „Ach, ich bin so furchtbar dick. Ich hab meine Diät schon wieder nicht durchgehalten. Ich verbringe nicht genug Zeit mit meinen Kindern. Ich bin so undiszipliniert, ich habe letzte Woche noch nicht mal meine Wohnung geputzt. Gott ist ganz bestimmt nicht mit mir zufrieden."

Tappen Sie nicht in diese Falle. In der Bibel steht, dass Gott Sie bereits angenommen hat. Dort steht nicht, dass Gott Sie annimmt, wenn Sie ein vollkommenes Leben leben. Nein, dort steht, dass Gott Sie bedingungslos annimmt, genauso, wie Sie sind. Und das hat nichts mit dem zu tun, was Sie getan oder nicht getan haben. Gott liebt Sie, weil Sie sind, wer Sie sind, und weil er ist, wer er ist. Gott *ist* Liebe. Sie sind ein Kind des höchsten Gottes. Wenn Gott Sie annimmt, warum fangen Sie dann nicht an, sich auch selbst anzunehmen? Schütteln Sie Schuld, Verdammnis und das Gefühl, einfach nicht genug zu tun, ab und beginnen Sie damit, sich selbst zu mögen.

> Wenn Gott Sie annimmt, warum fangen Sie dann nicht an, sich auch selbst anzunehmen?

„Ach, Joel, ich weiß nicht, ob ich das glauben kann", gestand mir ein Bekannter. „Wir sind doch nur arme Sünder."

Nein, wir waren einmal „arme Sünder", aber als wir uns für ein Leben mit Christus entschieden, hat er unsere Sünden abgewaschen. Er hat uns zu neuen Menschen gemacht. Jetzt sind wir keine armen Sünder mehr, wir sind Söhne und Töchter des höchsten Gottes. Statt in dieser „Ach-ich-Ärmster"-Haltung herumzulaufen, dürfen Sie sich an den Tisch setzen. Gott hat ein unglaubliches Festessen für Sie vorbereitet. Er hält Leben im Überfluss für Sie bereit. Gleichgültig, wie viele Fehler Sie in der Vergangenheit gemacht haben oder mit welchen Schwierigkeiten Sie gerade jetzt zu kämpfen haben, Sie sind dazu bestimmt, das Leben eines Menschen zu führen, der all diese Schwierigkeiten bereits besiegt hat. Sie sind vielleicht noch nicht ganz so, wie Sie sein möchten, aber zumindest können Sie zurückschauen und sagen: „Danke, Gott – ich bin nicht mehr so, wie ich einmal war."

Der Feind will jedoch nicht, dass Sie begreifen, dass dies bereits geschehen ist. Es ist ihm viel lieber, wenn Sie von dem Bewusstsein

Ihrer eigenen Schuld durchdrungen sind – aber Gott will, dass Sie von dem Bewusstsein Ihrer eigenen *Gerechtigkeit* durchdrungen sind! Beginnen Sie, sich mit der Tatsache zu beschäftigen, dass Sie im Himmel auserwählt, angenommen und geliebt sind und dass Sie auf Erden gerecht gemacht sind.

Wir sollten jeden Morgen, wenn wir aufstehen – ganz egal, wie wir uns fühlen –, mutig sagen: „Vater, danke, dass du mich angenommen hast. Danke, dass du Gefallen an mir hast. Danke, dass du mir vergeben hast. Ich weiß, dass ich dein(e) Freund(in) bin."

Legen Sie jeden Morgen – ebenso wie Sie Ihre Kleidung anziehen – ganz bewusst den Brustpanzer der Gerechtigkeit an. Stellen Sie sich den ganzen Tag lang vor, dass in großen Buchstaben quer über Ihrer Brust geschrieben steht: *Angenommen vom allmächtigen Gott*. Und wenn dann diese kritischen Stimmen versuchen, Ihr Selbstbewusstsein mit Kommentaren wie „Du bist nicht dies, du bist nicht das, dort hast du schon wieder versagt" zu untergraben, dann schauen Sie einfach in den Spiegel und blicken Sie auf die Worte: *Angenommen vom allmächtigen Gott*.

Ich bin mir durchaus bewusst, dass meine Kinder nicht vollkommen sind. Sie haben Fehler und Schwächen und sie machen manchmal etwas falsch. Aber ich weiß auch, dass sie sich noch weiterentwickeln. Sie lernen. Stellen Sie sich vor, Sie würden mich fragen: „Freust du dich über deine Kinder, Joel?"

Was würde ich wohl antworten?

Ich würde sicher nicht all ihre Fehler aufzählen. Ich würde nicht darüber nachdenken, was sie im Laufe ihres jungen Lebens falsch gemacht haben, und auch nicht darüber, wann sie in der vergangenen Woche ungehorsam gewesen sind. Nein, ich würde Ihnen ohne zu zögern sagen: „Ja, ich freue mich über sie. Es sind tolle Kinder." Dann würde ich Ihnen all das aufzählen, was ich an ihnen mag. Ich würde Ihnen sagen, dass sie liebevoll, einfühlsam, hübsch und begabt sind.

Eben ganz wie ihr Vater!

Aber mal im Ernst: Genau so sieht Gott auch Sie. Er richtet sein Augenmerk nicht auf Ihre Fehler. Er führt nicht Buch über Ihre Mängel. Gott schaut nicht auf all das, was Sie im Laufe Ihres Lebens falsch gemacht haben, und auch nicht auf die Situation, in der Sie vorige Woche ungehorsam waren. Er schaut auf das, was Sie richtig machen. Er schaut darauf, dass Sie sich bewusst dafür entschieden haben, sich weiterzuentwickeln, so zu leben, wie es ihm gefällt, und ihm zu vertrauen. Er freut sich darüber, dass Sie freundlich und höflich zu anderen sind. Er schaut darauf, dass Sie sich danach sehnen, ihn besser kennenzulernen.

Es ist Zeit, dass Sie sich mit Gottes Augen sehen und damit beginnen, sich selbst zu mögen. Sicher, es gibt vielleicht einige Bereiche in Ihrem Leben, in denen Sie sich noch verbessern müssen, und das werden Sie auch, weil Sie sich noch weiterentwickeln. Sie machen Fortschritte. Sie dürfen frei von der Bürde leben, die Sie in der Vergangenheit niedergedrückt hat.

> Sehen Sie sich mit Gottes Augen, und fangen Sie an, sich selbst zu mögen.

Denken Sie daran: Der Feind hält Ihnen immer wieder vor: „Du arbeitest nicht hart genug. Du bist kein guter Ehemann. Du bist keine gute Mutter. Gestern hast du dich einigermaßen an deine Diät gehalten, aber du hättest vor dem Schlafengehen nicht noch dieses Stück Schokolade essen sollen."

Lassen Sie sich diesen Blödsinn nicht bieten. Sie haben jeder schlechten Eigenschaft eine Fülle von guten entgegenzusetzen.

„Aber ich bin so ungeduldig, Joel."

Das mag vielleicht sein, aber haben Sie jemals darüber nachgedacht, dass Sie immer pünktlich sind? Sie sind unermüdlich. Sie sind zielstrebig.

„Ich glaube, ich bin keine so gute Mutter, wie ich eigentlich sein sollte."

Vielleicht nicht, aber haben Sie bemerkt, dass Ihre Kinder in der Schule prima mitkommen? Sie bekommen dreimal am Tag etwas zu essen. Sie sind gesund, haben nette Freunde, treiben gern Sport und engagieren sich in der Gemeinde.

„Ich bin kein besonders guter Ehemann."

Gut, vielleicht arbeiten Sie zu viel, aber Sie haben pünktlich alle Raten für Ihr Haus bezahlt. Sie sorgen dafür, dass es Ihrer Familie an nichts fehlt.

„Aber ich habe im Leben eine Menge Fehler gemacht."

Ja, aber Sie haben dieses Buch in die Hand genommen und angefangen zu lesen. Sie möchten dazulernen und sich weiterentwickeln. Das ist eine tolle Entscheidung. Geben Sie sich selbst eine Chance. Ziehen Sie diese Lumpen der Selbstverdammnis aus und legen Sie Ihre besten Kleider an. Gürten Sie sich mit dem Brustpanzer der Gerechtigkeit.

Sie dürfen, nein, Sie *sollen* sich selbst mögen. Wenn Sie sich selbst positiv sehen, stellen Sie sich damit auf die Seite Gottes.

„Was ist mit dieser Sache, die ich vergangene Woche verbockt habe? Und diese Situation letztes Jahr, in der ich versagt habe?"

In dem Moment, als Sie die Sache bereut haben, hat Gott Ihnen nicht nur vergeben, er hat sie auch vergessen. Er hat sich entschieden, nicht mehr daran zu denken. Kramen Sie das, was Gott längst vergessen hat, nicht länger hervor. Lassen Sie es hinter sich, und fangen Sie an, sich selbst anzunehmen. Wir denken oft, dass Gott über all unsere Fehler Buch führt. In Gedanken sehen wir vor uns, wie er im Himmel sagt: „Ups. Da haben sie versagt, das muss ich gleich notieren." Und: „O weh, diesen bissigen Kommentar habe ich gehört. Das musst du unbedingt festhalten, Gabriel."

Gott ist ganz anders. Er ist *für* Sie; er ist auf Ihrer Seite. Er ist der beste Freund, den Sie jemals haben können. Gott schaut nicht auf das, was Sie falsch gemacht haben. Er schaut auf das, was Sie richtig gemacht haben. Er richtet sein Augenmerk nicht auf das, was Sie sind. Er richtet sein Augenmerk auf das, was Sie werden können.

Sie dürfen gewiss sein: Gott freut sich über Sie. Er ist in Ihnen am Werk und verändert Sie. Darum kann ich jeden Morgen aufstehen und auch, wenn ich Fehler mache, mutig sagen: „Gott, ich weiß, dass du auf meiner Seite stehst und mich annimmst, und darum kann ich mich selbst leiden."

„Du machst es den Leuten zu einfach, Joel", warf mir ein älterer Herr vor. „Du gibst ihnen doch die Lizenz zum Sündigen."

Nein, dafür brauchen sie keine Lizenz. Wenn sie sündigen wollen, können sie sündigen. Ich kann soviel sündigen, wie ich will. Die gute Nachricht ist: Ich will nicht. Ich will ein Leben leben, das

Gott gefällt. Ich will jederzeit mein Bestes geben und mich so korrekt wie möglich verhalten.

Hören Sie auf damit, sich mit all dem zu beschäftigen, was an Ihnen verkehrt ist, und sich ständig bewusst zu machen, was Sie alles nicht sind. Im Hebräerbrief steht: „[Wir wollen] nicht nach links oder rechts schauen, sondern allein auf Jesus" (Hebräer 12,2; Hfa). Wenn Sie sich selbst ständig durch ein Vergrößerungsglas betrachten, werden Sie unausweichlich früher oder später deprimiert und niedergeschlagen sein. Wenden Sie den Blick von Ihren Fehlern ab. Machen Sie sich bewusst, dass Sie sich verändern, dass Sie Fortschritte machen. Akzeptieren Sie die Wahrheit, dass geistliches Wachstum ein Prozess ist und nichts, das sich von heute auf morgen ergibt. Auch Paulus weist schon darauf hin, dass Gott uns ganz allmählich verwandelt.[17]

„Aber ich habe doch all diese Schwächen, Joel", höre ich Sie einwenden. „Wenn Sie nur wüssten ..."

Darf ich Ihnen etwas Schönes sagen? Gottes Kraft zeigt sich am stärksten in unseren Schwächen. Wenn wir schwach sind, ist er stark. Sie können lernen, sich auf Gott zu stützen. Hören Sie auf damit, sich selbst zu kritisieren und zu verurteilen, und sagen Sie stattdessen: „Vater, ich stütze mich auf dich. Ich bitte dich, hilf mir, diese schlechte Gewohnheit abzulegen. Ich weiß, dass ich auf diesem Gebiet schwach bin, Gott, aber ich glaube, dass du in mir und durch mich stark bist. Bitte hilf mir, eine bessere Einstellung zu mir selbst zu haben."

Machen Sie sich wegen Ihrer Schwächen, worin diese auch immer bestehen mögen, nicht selbst fertig, sondern bitten Sie Gott, Ihnen zu helfen. Dann wird er seine Macht so deutlich zeigen, wie Sie es nie zuvor erlebt haben.

Ich glaube, Gott lässt zu, dass wir ein paar Schwächen haben, damit wir immer wieder auf ihn vertrauen müssen. Wenn Sie erst dann anfangen wollen, sich selbst zu mögen, wenn Sie alles im Griff haben, womit Sie zurzeit kämpfen, und sich selbst vollkommen fühlen, dann werden Sie Ihr Leben lang warten.

„Ja, Joel, wenn ich zehn Kilo abnehmen würde, dann könnte ich mich selbst leiden. Wenn ich ein bisschen geduldiger und verständnisvoller wäre, ja, dann würde ich mich bestimmt selbst mögen."

Nein, Sie können sofort damit beginnen, sich selbst zu mögen. Sie sind nicht vollkommen, aber Sie versuchen, sich zu verändern, und Gott schaut in Ihr Herz. Er sieht Ihre innere Haltung und verändert Sie Stück für Stück.

Wir befinden uns alle in unterschiedlichen Stadien unserer geistlichen Entwicklung. Darum dürfen wir alle sagen: „Gott, ich weiß, dass es bei mir diese Bereiche gibt, in denen ich mich verbessern muss, aber ich tue, was ich kann. Ich weiß auch, dass du mich bereits angenommen hast, und darum werde ich anfangen, mich selbst anzunehmen. Ich entscheide mich dafür, mein Leben heute mit der Einstellung anzugehen, dass ich mich selbst mag und dass ich in Ordnung bin so, wie ich bin."

Mir erzählte mal jemand die Geschichte von einem Mann und seinem kleinen Sohn, die gemeinsam einen Berg bestiegen. Plötzlich rutschte der Junge aus. Er glitt etwa zehn Meter den Berg hinab und blieb dann in einem Gebüsch hängen. Er war unverletzt und rief: „Hilfe, Hilfe!"

Eine Stimme erwiderte: „Hilfe, Hilfe!"

Der Junge war überrascht und verwirrt. Er sagte: „Wer bist du?"

Die Stimme rief zurück: „Wer bist du?"

Der Junge begann, wütend zu werden. „Du bist ein Feigling!", schrie er.

Die Stimme antwortete: „Du bist ein Feigling!"

Der Junge konterte: „Du bist ein Blödmann."

Die Stimme wiederholte: „Du bist ein Blödmann."

In diesem Augenblick kam der Vater bei dem Jungen an und befreite diesen aus dem Gebüsch. Der Junge sah auf und fragte: „Wer spricht denn hier mit mir, Dad?"

Der Vater schmunzelte und sagte: „Das bezeichnet man als Echo, mein Sohn. Aber man nennt es auch das Leben. Ich will dir was zeigen." Er rief: „Du bist ein Gewinnertyp!"

Die Stimme rief zurück: „Du bist ein Gewinnertyp!"

Der Vater brüllte: „Du hast das Zeug dazu!"

Die Stimme brüllte zurück: „Du hast das Zeug dazu!"

Der Vater schrie: „Du kannst es schaffen."

Die Stimme schrie zurück: „Du kannst es schaffen."

„Genauso ist es im Leben, mein Junge", erklärte der Vater. „Was immer du aussendest, kommt zu dir zurück."

Ich frage Sie: Welche Botschaften senden Sie über sich aus?

„Ich bin eine Versagerin. Ich bin hässlich. Ich bin undiszipliniert. Ich bin schrecklich jähzornig. Niemand will mit mir zusammen sein."

Beginnen Sie stattdessen, neue Botschaften auszusenden: „Ich bin angenommen. Ich bin durch Jesus gerecht gemacht. Ich bin kreativ. Ich bin begabt. Ich kann meine Probleme mit Gottes Hilfe überwinden."

> Welche Botschaft auch immer Sie über sich aussenden, kommt zu Ihnen zurück.

Nachdem Jesus getauft worden war, sprach eine Stimme aus dem Himmel herab: „Das ist mein geliebter Sohn, an ihm habe ich große Freude" (Matthäus 3,17; NL). Sicher, Jesus war auf eine ganz besondere, einzigartige Weise Gottes Sohn, aber ich glaube, dass Gott das auch zu Ihnen sagt: Er hat große Freude an Ihnen.

„Ach, das kann Gott gar nicht zu mir sagen. Sie können sich nicht vorstellen, was für ein Leben ich hinter mir habe. Sie wissen nicht, womit ich im Moment zu kämpfen habe."

Irrtum. Lassen Sie die Worte tief in Ihr Herz, Ihren Verstand und Ihre Seele eindringen: Gott freut sich über Sie. Er hat Sie angenommen und findet Sie so toll, wie Sie sind. Er freut sich vielleicht nicht über jede Entscheidung, die Sie treffen, aber wenn Sie ihm Ihr Leben anvertraut haben, hat Gott große Freude an Ihnen.

Es wäre doch eine echte Tragödie, wenn Sie sich selbst Ihr ganzes Leben lang ablehnen würden, vor allem, wenn es dafür gar keinen vernünftigen Grund gibt. Sie müssen verstehen: Gott hat nicht *irgendwann einmal* Freude an Ihnen, wenn Sie es endlich hinkriegen und Ihrem eigenen Idealbild entsprechen. Nein, Gott hat *gerade jetzt* Freude an Ihnen. Der Kampf in Ihrem Inneren ist vorüber; Gott hat gewonnen!

Kapitel 9

Lassen Sie Ihre Worte Ihrem Leben Richtung geben

Gott hat uns nicht dazu erschaffen, durchschnittlich zu sein. Er hat uns nicht gemacht, damit wir uns „gerade so durchwursteln". Wir wurden erschaffen, um Großartiges zu leisten. In der Bibel steht, dass Gott uns, bevor er die Welt erschuf, nicht nur erwählt, sondern auch mit allem ausgestattet hat, was wir brauchen, um das Leben im Überfluss zu erfahren, das er uns schenken möchte.[18] Sie tragen die Samen für großartige Dinge in sich, aber es ist Ihre Aufgabe, daran zu glauben und demgemäß zu handeln.

Viel zu viele Menschen haben heute eine geringe Selbstachtung und leiden unter Minderwertigkeitskomplexen, als hätten sie nicht das Zeug dazu, ein glückliches, erfolgreiches Leben zu führen. Solange wir ein solch negatives Selbstbild haben, werden wir das Gute, das Gott für uns bereithält, nicht erleben. Sie werden nie über das Bild hinauskommen, das Sie von sich selbst haben. Darum ist es so wichtig, dass wir uns selbst so sehen, wie Gott uns sieht.

Sie müssen in Ihrem Inneren das Bild eines Champions haben. Sie sind vielleicht noch nicht so weit; Sie müssen vielleicht noch ein paar Hindernisse überwinden, aber Sie müssen tief in Ihrem Inneren davon überzeugt sein, dass Sie ein Gewinner und kein Opfer sind.

Wenn wir unser Selbstbild verbessern wollen, sind vor allem unsere Worte sehr wichtig. Worte sind wie Samen. Sie besitzen Schöpferkraft.

In Sprüche 13, Vers 2 steht: „Gute Menschen freuen sich an dem Guten, das ihre Worte bewirken" (NL). Das ist eine ganz erstaunliche Wahrheit: Man kann immer wieder beobachten, dass unsere Worte die Kraft haben, etwas zu erschaffen.

Wir sollten jeden Tag Gutes über unser Leben aussprechen. Wir sollten Dinge sagen wie: „Ich bin gesegnet. Ich bin reich beschenkt.

Ich bin gesund. Ich bin begabt. Ich bin kreativ. Ich bin klug." Wenn wir das tun, bauen wir ein gutes Selbstbild auf. Je mehr diese Worte Ihr Herz und Ihre Gedanken durchdringen – und vor allem Ihr Unterbewusstsein –, desto mehr werden sie das Bild verändern, das Sie von sich selbst haben.

In der Bibel steht, dass wir mit unseren Worten Segen oder Fluch aussprechen können.[19] Manche Menschen prägen ihre eigene Zukunft negativ, indem sie Dinge sagen wie: „Ich habe nicht das Zeug dazu. Ich bin so ungeschickt und ich kriege nichts hin. Ich habe einfach keine Disziplin. Ich werde wahrscheinlich nie abnehmen."

Wir müssen peinlich genau darauf achten, was über unsere Lippen kommt. Unsere Worte geben die Richtung an, die unser Leben nimmt.

In welche Richtung gehen Sie? Sprechen Sie gute Dinge aus? Segnen Sie Ihr Leben, indem Sie Worte des Glaubens über Ihrer Zukunft und der Zukunft Ihrer Kinder aussprechen? Oder neigen Sie dazu, negative Dinge zu sagen? „Mir passiert nie irgendetwas Gutes. Ich werde vermutlich nie aus meinen Schulden herauskommen. Ich werde diese Sucht nie überwinden."

Wenn Sie so reden, setzen Sie sich selbst und Ihren Entwicklungsmöglichkeiten Grenzen.

Wenn Menschen ein negatives Selbstbild haben, ist das oft auf die

> Unsere Worte geben die Richtung an, die unser Leben nimmt.

Dinge zurückzuführen, die sie über sich selbst sagen. Sie haben sich jahrelang selbst niedergemacht, und nun haben sie diese falschen Denkmuster entwickelt, die sie daran hindern, sich persönlich oder beruflich weiterzuentwickeln.

„Ich habe so viele Fehler gemacht, und ich kann mir nicht vorstellen, wie Gott mich segnen soll", sagte Catherine unter Tränen zu mir. „Ich habe einfach nicht das Gefühl, dass ich das verdiene."

„Nein, da hast du recht: Wir verdienen Gottes Segnungen nicht", erwiderte ich. „Aber sie sind ein Bestandteil der Errettung, die er uns anbietet. Das Beste, was du tun kannst, ist, dass du sein Angebot annimmst und damit beginnst, dir den ganzen Tag über immer wieder zu sagen: ‚Ich bin eine neue Schöpfung. Gott hat mir vergeben. Ich bin wertvoll für ihn. Er hat mich würdig geachtet.' Wenn du dir das lange genug sagst, wirst du es schließlich glauben. Und du wirst anfangen, Gutes zu erwarten."

Vielleicht sind Sie tatsächlich einsam – aber Sie sollten nicht die ganze Zeit darüber reden. „Ach, ich bin so einsam. Ich habe keinen Mut mehr. Niemand will mit mir zusammen sein. Ich werde wahrscheinlich nie heiraten."

Sagen Sie stattdessen jeden Tag schon beim Aufstehen: „Ich bin ein Mensch, mit dem man gern zusammen ist. Ich bin anziehend und freundlich. Ich habe eine sympathische Persönlichkeit. Ich habe ein einnehmendes Wesen. Die Leute fühlen sich von mir angezogen." Wenn Sie Tag für Tag solche positiven Dinge aussprechen, werden Sie bald feststellen, dass Ihr Selbstbild sich verbessert. Sie werden sich selbst besser leiden können, und Sie werden nicht nur mehr Selbstvertrauen haben, Sie werden auch freundlicher werden und andere Menschen anziehen.

Vielleicht haben sich andere Menschen negativ über Sie geäußert. Vielleicht hat ein Elternteil, ein Lehrer oder ein Vorgesetzter immer wieder gesagt: „Du hast nicht das Zeug dazu. Du wirst nie Erfolg haben. Du kannst nicht an diese Uni gehen. Du bist dazu zu dumm." Nun haben sich diese Worte in Ihrem Inneren eingenistet und setzen Ihrer Entwicklung Grenzen. Leider haben Sie diese Kommentare schon so oft gehört, dass sie Teil Ihres Selbstbildes geworden sind. Sie können die Macht dieser Worte brechen, indem Sie zum Gegenangriff übergehen und damit beginnen, Worte des Glaubens über Ihr Leben auszusprechen. Und darüber hinaus ist das Wort Gottes das beste Radiergummi, das Sie finden können. Beginnen Sie damit, dass Sie mit Ihrem eigenen Mund aussprechen, was Gott über Sie sagt: „Ich bin gesalbt ... Ich bin angenommen ... Ich bin mit allem ausgerüstet ... Ich bin auserwählt ... Ich gehöre zu Gott ... Ich bin dazu berufen, ein Leben in Fülle zu führen und mit Gottes Hilfe Probleme zu überwinden."

Wenn Sie solche Dinge aussprechen, nehmen Sie Gottes Versprechen für sich in Anspruch. Und zudem wird sich Ihr Selbstbild verbessern.

Ihre Worte haben die Kraft, etwas zu erschaffen – sowohl im positiven als auch im negativen Sinn –, denn Sie glauben erfahrungsgemäß Ihren eigenen Worten mehr als denen jedes anderen Menschen. Denken Sie einmal darüber nach: Ihre Worte kommen aus Ihrem Mund heraus und kehren gleich darauf in Ihre eigenen Ohren zurück. Wenn Sie solche Aussagen nur lange genug hören, werden sie in Ihren Geist einsickern, und Ihre Worte werden genau das bewirken, was Sie aussprechen.

Darum ist es so wichtig, dass wir uns angewöhnen, jeden Tag Gutes über uns zu sagen. Wenn Sie morgens aufstehen und in den Spiegel schauen, sagen Sie nicht länger: „Ich kann nicht glauben, dass ich so aussehe. Ich bin richtig alt geworden und habe lauter Falten." Lächeln Sie Ihrem Spiegelbild stattdessen zu und sagen Sie: „Guten Morgen, du bist wirklich eine hübsche Frau!" Gleichgültig, wie Sie sich fühlen – schauen Sie in den Spiegel und sagen Sie: „Ich bin stark. Ich bin gesund. Gott gibt mir immer wieder neue Kraft, mir wachsen Flügel wie dem Adler. Und ich freue mich auf den Tag, der vor mir liegt."

Rein äußerlich betrachtet sieht es vielleicht so aus, als seien diese Aussagen nicht wahr. Vielleicht fühlen Sie sich an diesem Tag gar nicht besonders gut. Oder Sie sind mit riesigen Hindernissen konfrontiert. In der Bibel steht jedoch, dass wir dem glauben schenken dürfen, der „das Nichtseiende ins Dasein ruft"[20].

Mit anderen Worten: Reden Sie nicht darüber, wie Sie sind; reden Sie darüber, wie Sie sein wollen. Genau darum geht es beim Glauben. Wir Menschen neigen dazu, nur die Dinge zu glauben, die wir sehen können, aber Gott sagt, dass wir zuerst glauben müssen, und dann werden wir sehen.

Vielleicht sind Sie auf einem bestimmten Gebiet undiszipliniert, aber statt sich darüber zu beschweren und schlecht über sich selbst zu reden, sollten Sie das „ins Dasein rufen", was Sie brauchen. Ändern Sie die Art und Weise, wie Sie über sich selbst reden, und Sie werden Ihr Leben verändern.

Beginnen Sie also jeden Tag damit, dass Sie Dinge sagen wie: „Ich bin diszipliniert. Ich habe Selbstdisziplin. Ich treffe gute Entscheidungen. Ich bin jemand, der seine Probleme mit Gottes

Hilfe in den Griff bekommt." Sagen Sie während des Tages immer wieder – wenn Sie zur Arbeit fahren, wenn Sie duschen oder wenn Sie das Abendessen kochen – laut oder im Stillen positive Dinge über sich selbst, die mit den Aussagen der Bibel übereinstimmen:

„Ich bin mehr als ein Überwinder. Ich kann tun, was erforderlich ist. Ich bin ein Kind des höchsten Gottes."

> Ändern Sie die Art und Weise, wie Sie über sich selbst reden, und Sie werden Ihr Leben verändern.

Wenn Sie solche positiven Dinge über sich selbst sagen, werden Sie zu Ihrem Erstaunen feststellen, dass Sie in emotionaler und geistlicher Hinsicht stärker werden und dass Ihr Selbstbild sich positiv verändert.

Jacqueline ist ein intelligentes junges Mädchen, aber sie war fest davon überzeugt, dass sie alles andere als eine Einser-Kandidatin war. „Ich bin bloß eine mittelmäßige Schülerin", jammerte sie. „Eine Drei ist das Beste, was ich je bekommen habe. Ich kapiere Mathe einfach nicht. Mein Lehrer ist der strengste an der ganzen Schule."

Glücklicherweise hat Jacqueline gelernt, sich nicht länger durch ihre eigenen Worte Grenzen zu setzen. Jetzt sagt sie sich jeden Tag auf dem Schulweg: „Ich kann gute Leistungen bringen. Ich habe eine rasche Auffassungsgabe. Ich habe die richtigen Lernmethoden. Ich bin eine gute Schülerin, Gott will mir seine Weisheit schenken."

Vielleicht gehören Sie zu dem Typ Mensch, der andere leidenschaftlich gerne kritisiert und verurteilt. Finden Sie sich nicht einfach damit ab, sagen Sie nicht: „So bin ich eben."

Schauen Sie stattdessen in den Spiegel und sagen Sie: „Ich bin ein mitfühlender und freundlicher Mensch. Ich bin verständnisvoll und einfühlsam. Ich nehme an jedem die guten Seiten wahr." Wenn Sie sich dies immer wieder sagen und versuchen, entsprechend zu handeln, wird Ihnen die neue Einstellung immer mehr in Fleisch und Blut übergehen. Und Ihre Beziehungen zu anderen werden sich verbessern.

Als Gott Abraham und Sara mitteilte, dass sie ein Kind bekommen würden, hatten beide das fortpflanzungsfähige Alter weit hinter sich gelassen. Kein Wunder, dass Sara lachte. Sie hat vermutlich zu Abraham gesagt: „Wovon redest du denn da? Ich? Ein Kind bekommen? Ich bin eine alte Frau. Ich glaube kaum, dass das noch passieren wird."

Gott musste also das Bild verändern, das Abraham und Sara von sich selbst hatten. Wie machte Gott das? Er änderte ihre Namen; er änderte die Worte, die sie hörten. Er gab Sarai, wie sie ursprünglich geheißen hatte, den Namen Sara, was „Fürstin" bedeutet. Und er machte aus Abram Abraham, das heißt „Vater vieler Völker". Denken Sie einmal kurz darüber nach: Bevor Abraham ein einziges Kind hatte, nannte Gott ihn schon den Vater vieler Völker. Jedes Mal, wenn jemand sagte: „Hallo, Abraham, wie geht's?", sagte er im Grunde: „Hallo, Vater vieler Völker!" Abraham hörte das so oft, dass es sich schließlich in seinem Inneren festsetzte.

Sara war eine alte Frau, die noch nie ein Kind bekommen hatte. Sie fühlte sich wahrscheinlich nicht wie eine Fürstin, aber jedes Mal, wenn jemand sie mit „Hallo, Sara" begrüßte, sagte er im Grunde: „Hallo, Fürstin!" Mit der Zeit veränderte das auch ihr Selbstbild. Nun war sie selbst in ihren Augen nicht länger eine alte, unfruchtbare Frau; sie begann, sich selbst als Fürstin zu sehen. Schließlich brachte sie ein Kind zur Welt, dem sie und ihr Mann den Namen Isaak gaben, wie Gott ihnen befohlen hatte.

Vielleicht hat Gott Ihnen etwas zugeflüstert, das völlig unmöglich scheint. Es scheint Ihnen vielleicht unmöglich, dass Sie jemals wieder gesund werden oder dass Sie Ihre Schulden abbauen, heiraten, abnehmen oder sich selbstständig machen. Rein oberflächlich betrachtet spricht alles gegen Sie; Sie können sich nicht vorstellen, wie das geschehen soll. Aber wenn Sie erleben wollen, dass diese Träume Wirklichkeit werden, müssen Sie Ihren Mund dazu bringen, die richtigen Dinge zu sagen: Sie müssen sich mit Hilfe Ihrer Worte und derer von Gott ein neues Selbstbild schaffen. Wie unmöglich etwas auch aussehen mag und unabhängig davon, wie Sie sich fühlen – beginnen Sie mutig auszusprechen: „Ich bin stark, weil ich zu Jesus gehöre. Durch Jesus bin ich allem gewachsen. Ich bin sehr wohl fähig, seine Träume für mein Leben Wirklichkeit werden zu lassen." Rufen Sie ins Dasein, was Gott Ihnen verheißen hat. In der Bibel steht: „Der Schwache spreche: Ich bin stark!" (Joel 4,10). Vielleicht fühlen Sie sich heute irgendwie schlapp, aber erzählen Sie nicht jedem, der Ihnen über den Weg läuft: „Ich glaube nicht, dass ich diese Krankheit jemals besiegen werde."

Erklären Sie stattdessen mutig: „Gott stellt meine Gesundheit wieder her. Es geht mir jeden Tag besser."

Oder vielleicht sieht Ihre finanzielle Lage nicht besonders rosig aus. Beginnen Sie, mutig auszusprechen: „Ich bin gesegnet. Ich habe, was ich zum Leben brauche. Ich habe meine Finanzen im Griff, und ich werde vielen leihen, aber von niemandem borgen."[21]

Gebrauchen Sie Ihre Worte nicht einfach nur dazu, Ihre Situation zu beschreiben. Gebrauchen Sie sie dazu, Ihre Situation zu verändern.

Freunde von meiner Frau Victoria und mir wünschten sich sehnlichst ein zweites Kind. Sie hatten bereits eine Tochter und wünschten sich nun noch einen Sohn. Aber leider erlitt die Frau jedes Mal, wenn sie schwanger wurde, eine Fehlgeburt. Fünfmal im Laufe von neun Jahren. Mit der Zeit wurden die beiden immer mutloser und frustrierter.

Der Name des Ehemannes war Joe und er war auch sein ganzes Leben lang so genannt worden. Aber eines Tages erfuhr er, dass sein voller Name – Joseph – „Gott wird hinzufügen" bedeutete. Als Joe das hörte, machte irgendetwas in seinem Inneren *klick*. Er wusste, dass Gott zu ihm sprach, und er beschloss, von da an seinen vollen Namen zu benutzen.

Er sagte seinen Freunden, Angehörigen und Kollegen: „Bitte nennt mich nicht länger Joe. Sagt ab sofort Joseph zu mir." Sie wussten nicht, was das sollte, und einige meinten, sein Wunsch, Joseph genannt zu werden, weise auf eine Art Midlifecrisis hin. Aber das war Joseph egal. Er wusste, jedes Mal, wenn jemand „Hallo, Joseph!" zu ihm sagte, dann sagte er im Grunde: „Gott wird hinzufügen." Auf diese Weise sprachen die Betreffenden Glauben in sein Leben hinein. Für ihn bedeutete dies: „Gott wird unserer Familie einen Sohn hinzufügen."

Einige Monate, nachdem Joseph begonnen hatte, seinem

richtigen Namen Glauben zu schenken, wurde seine Frau erneut schwanger. Und zum ersten Mal seit zehn Jahren konnte sie das Kind austragen und brachte schließlich einen gesunden Jungen zur Welt.

Um zu bezeugen, was Gott für sie getan hatte, gaben sie auch ihrem Baby den Namen Joseph – „Gott wird hinzufügen".

Mit unseren Worten können wir unsere eigene Zukunft beschreiben. Unglücklicherweise prophezeien viele Menschen sich dadurch selbst Niederlagen, Versagen, Mangel und Mittelmäßigkeit. Vermeiden Sie solche Aussagen, und benutzen Sie Ihre Worte, um Gutes auszusprechen.

Wenn Sie mit Depressionen kämpfen, dann benutzen Sie Ihre Worte, um Ihre Situation zu verändern. Vielleicht haben Sie schon eine Menge Enttäuschungen erfahren. Vielleicht haben Sie in der Vergangenheit einige Rückschläge erlebt. In Ihrem Fall ist es ganz besonders wichtig, dass Sie jeden Morgen aufstehen und mutig erklären: „Das wird ein toller Tag. Ich habe vielleicht in der Vergangenheit so manche Niederlagen erlebt, aber heute ist ein neuer Tag. Gott steht auf meiner Seite. Die Dinge verändern sich zu meinen Gunsten."

Wenn Ihnen Gedanken durch den Kopf schießen, die Sie eher entmutigen, dann sagen Sie wieder und wieder: „Heute wird mir etwas Gutes passieren. Ich bin jemand, der Hürden überwindet, und kein Opfer." Es reicht nicht aus, wenn Sie nur positiv denken – Sie müssen positiv über sich selbst sprechen. Sie müssen es wieder und wieder hören. „Gutes und Schönes erwartet mich. Gott kämpft für mich. Er eröffnet mir neue Möglichkeiten."

Wenn Sie solche ermutigenden, bestätigenden Sätze aussprechen, werden Sie ein neues Selbstbild entwickeln, und die Dinge werden sich zu Ihren Gunsten verändern.

Wenn Sie sich jeden Tag fünf Minuten Zeit nehmen und einfach gute Dinge über Ihr Leben aussprechen, werden Sie über die Resultate staunen. Bevor Sie Ihren anstrengenden Tag beginnen, bevor Sie das Haus verlassen, zur Arbeit fahren oder die Kinder zur Schule bringen: Nehmen Sie sich ein paar Minuten Zeit, um Segnungen in Ihr Leben hineinzusprechen. Vielleicht möchten Sie diese Segnungen auch aufschreiben, damit Sie sie jederzeit nachlesen können. Im Buch Habakuk fordert Gott den Propheten auf, seine Vision aufzuschreiben (Habakuk 2,2). Erstellen Sie eine Liste Ihrer Träume, Ziele und Sehnsüchte. Schreiben Sie auch auf, in welchen Bereichen Sie sich verbessern möchten und welche Dinge sich in Ihrem Leben ändern sollen. Achten Sie dabei immer darauf, dass diese Punkte sich mit dem Wort Gottes decken. Nehmen Sie sich dann jeden Tag ein paar Minuten Zeit, um mit Gott allein zu sein, und sprechen Sie Gutes über Ihr Leben aus. Denken Sie daran: Es reicht nicht, wenn Sie Ihre Liste nur lesen oder darüber nachdenken. Erst wenn wir die Dinge laut aussprechen, beginnen übernatürliche Kräfte zu wirken. So hauchen wir unserem Glauben Leben ein.

Vielleicht haben Sie Sorgen. Sie regen sich immer über irgendetwas auf und neigen dazu, wegen unbedeutender, geringfügiger Probleme aus dem Gleichgewicht zu geraten. Beginnen Sie auszusprechen: „Ich habe den Frieden Gottes. Ich bin ganz ruhig. Ich bin gelassen." Sprechen Sie es im Glauben aus, und gebrauchen Sie Ihre Worte, um diese Situation zu verändern.

Betty hatte seit Jahren versucht, das Rauchen aufzugeben. Sie wollte es wirklich und tat ihr Bestes, aber sie schien einfach nicht imstande zu sein, diese Gewohnheit abzulegen. Sie sagte immer: „Ich bin einfach nicht diszipliniert genug. Das ist zu schwer für mich. Ich werde diese Sucht nie überwinden." Sie sagte sogar zu ihren Freunden: „Wenn ich es tatsächlich jemals schaffen sollte, mit dem Rauchen aufzuhören, werde ich bestimmt schrecklich zunehmen, das weiß ich schon jetzt." Sie sprach fortwährend negativ über ihr Leben, und das viele Jahre lang.

Eines Tages ermutigte jemand Betty, andere Dinge zu sagen und „das Nichtseiende zu rufen, als wäre es da". Sie wusste nicht genau, wie das aussehen sollte, und befolgte diesen Rat einfach wortwörtlich: „Ich will nicht rauchen. Ich kann den Geschmack von Nikotin nicht ertragen. Und wenn ich eines Tages aufhöre zu rauchen, werde ich kein Gramm zunehmen." Sie sagte es Tag für Tag, Monat für Monat.

Später erzählte sie mir: „Ich saß da, rauchte eine Zigarette und genoss sie, und trotzdem sprach mein Mund die Worte aus: ‚Ich finde es widerlich zu rauchen. Ich finde dieses Nikotin widerlich.'" Sie redete nicht darüber, wie es tatsächlich war; sie redete darüber, wie es sein sollte. Und dann, eines Tages, als sie sich nach dem Aufwachen eine Zigarette angezündet hatte, schmeckte diese ein bisschen anders – ein bisschen bitter. Innerhalb kurzer Zeit wurde der Geschmack immer unangenehmer. Schließlich fand sie die Zigaretten so eklig, dass sie den Geschmack nicht mehr ertragen konnte. Sie legte die Packung weg und nahm sie nie mehr zur Hand.

Erstaunlicherweise nahm Betty kein Gramm zu, nachdem sie mit dem Rauchen aufgehört hatte. Heute ist sie völlig frei vom Nikotin. Betty hat diese Sucht zumindest teilweise durch die Macht ihrer Worte besiegt. Sie „prophezeite" sich ihre eigene Zukunft.

Vielleicht haben Sie ebenso wie Betty viele Jahre lang negative Dinge über sich selbst gesagt. „Ich kann diese Sucht nicht besiegen. Ich kann nicht abnehmen. Ich werde nie aus den Schulden herauskommen. Ich werde nie heiraten."

Machen Sie sich bewusst, dass diese Worte eine Festung in Ihrem Herzen und Ihrem Kopf errichtet haben. Sie haben in Ihrem Inneren ein falsches Bild von sich selbst gemalt. Sie müssen beginnen, dieses Bild zu verändern, und sich selbst als jemanden sehen, der diesen „Berg" bezwingen kann, sonst werden Sie Ihr Leben lang daran gebunden bleiben und keinen Schritt weiterkommen.

Beschließen Sie heute, nur noch positive Aussagen über sich selbst zu machen. Selbst wenn Sie tausend schlechte Angewohnheiten haben: Lassen Sie kein negatives Wort über sich selbst mehr über Ihre Lippen kommen. Sprechen Sie stattdessen Segen in Ihr Leben hinein. Malen Sie sich aus, wie Ihr Leben nach Gottes Willen aussehen sollte. Das Bild, das Sie von Ihrem Leben haben, muss sich zunächst in Ihrem Inneren verändern, bevor es sich äußerlich verändern kann.

> Das Bild, das Sie von Ihrem Leben haben, muss sich zunächst in Ihrem Inneren verändern, bevor es sich äußerlich verändern kann.

Beginnen Sie, von nun an täglich zu sich zu sagen: „Ich mache meinen Job richtig gut. Gott ist auf meiner Seite und möchte mich segnen. Ich treffe gute Entscheidungen. Ich arbeite hart und ich werde in jeder Hinsicht enorme Fortschritte machen." Wenn Sie das lange genug hören, werden Sie dadurch ein ganz neues Bild von sich selbst bekommen, das Bild eines Menschen, der sein Leben erfolgreich angeht.

Auch ich mache das jeden Tag: „Gott hat mich gesegnet. Es gelingt mir immer besser, die Gaben und Talente, die er in mich hineingelegt hat, zu entdecken und einzusetzen. Meine Predigten werden besser. Die Menschen fühlen sich davon angesprochen. Sie hören mir gern zu."

Manchmal bekomme ich Briefe von Leuten, die schreiben: „Ich gucke mir nie Fernsehprediger an, Joel. Ich kann sie einfach nicht leiden. Aber wenn ich beim Zappen Ihre Sendung erwische, bleibe ich hängen."

Ein Mann schrieb mir einmal, dass seine Frau ihn seit Jahren dazu bewegen wollte, sich meine Sendung anzuschauen, aber er weigerte sich immer. Er stand dem christlichen Glauben ziemlich ablehnend gegenüber und wurde bissig, wenn die Sprache darauf kam. Eines Tages zappte er jedoch durch die Kanäle und landete bei unserer Sendung. Wie üblich drückte er sofort die Taste, um einen anderen Sender einzustellen, aber aus irgendeinem Grund funktionierte die Fernbedienung nicht mehr. Frustriert und wütend probierte er alle Tasten seiner Fernbedienung aus, aber nichts half. Er wechselte sogar die Batterien, aber die Fernbedienung funktionierte immer noch nicht, und er musste sich unsere Sendung ansehen.

In seinem Brief gab er zu: „Ich tat zwar so, als würde ich nicht zuhören, Joel, aber was Sie gesagt haben, traf genau auf mich zu." Er fuhr fort: „Und das Komische ist, in dem Augenblick, in dem die Sendung vorüber war, funktionierte meine Fernbedienung wieder."

Als ich seinen Brief las, dachte ich: *Gott hat wirklich einen unglaublichen Sinn für Humor.* Heute verpasst dieser Mann keinen Gottesdienst mehr.

Lernen Sie, Gutes über Ihrem Leben auszusprechen. Wenn Sie sich selbst gegenüber ablehnend und kritisch eingestellt sind, dann können Ihre eigenen Worte verhindern, dass Gottes vollkommener Plan in Ihrem Leben Wirklichkeit wird.

Genau das wäre auch beinahe dem alttestamentlichen Propheten Jeremia passiert. Gott offenbarte diesem: „Noch bevor ich dich im Leib deiner Mutter entstehen ließ, hatte ich schon meinen Plan mit dir [...]. Denn zum Propheten für die Völker habe ich dich bestimmt" (Jeremia 1,5).

Jeremia war noch jung und besaß nicht viel Selbstvertrauen. Als er Gottes Verheißung hörte, fühlte er sich dadurch nicht gesegnet, sondern bekam es mit der Angst zu tun. Er entgegnete sinngemäß: „Ich kann das nicht tun, Gott. Ich kann den Völkern nicht predigen. Ich bin zu jung. Ich wüsste doch gar nicht, was ich sagen sollte."

Gott entgegnete: „Sage nicht: Ich bin zu jung" (Jeremia 1,7). Beachten Sie bitte, dass Gott Jeremias kritischen Worten sofort einen Riegel vorgeschoben hat. Warum? Gott wusste, wenn Jeremia herumlaufen und ständig zu sich sagen würde: „Ich kann das nicht. Ich habe nicht das Zeug dazu. Ich bin zu jung", dann würden diese pessimistischen Aussagen verhindern, dass Gottes Pläne für Jeremias Leben Wirklichkeit wurden. Gott erwiderte einfach: „Lass das, Jeremia. Sprich diese Worte nicht mehr aus, sie sind wie ein Fluch, den du über deiner Zukunft aussprichst." Jeremia änderte daraufhin die Art und Weise, wie er über sich selbst sprach, und wurde ein mutiger Prophet für eine Generation, die sich mit weniger als Gottes vollkommenem Plan zufrieden gegeben hatte.

Gott hat auch Sie dazu berufen, große Dinge zu vollbringen. Er hat Ihnen Träume und Sehnsüchte ins Herz gelegt. Sicher, es gibt Bereiche, in denen Sie sich verbessern wollen, Dinge, die Sie erreichen möchten. Achten Sie daher darauf, dass Sie sich nicht herausreden: „Ich kann das nicht, Gott. Ich habe zu viele Fehler gemacht. Ich bin zu jung. Ich bin zu alt. Ich komme aus zu einfachen Verhältnissen."

Nein, Gott sagt zu uns dasselbe, was er zu Jeremia gesagt hat: „Lass das! Diese negativen Worte können dich daran hindern, in meinen vollkommenen Plan hineinzuwachsen."

Fällen Sie jetzt den Entschluss, dass dieser Tag ein Wendepunkt in Ihrem Leben sein wird. Vielleicht haben Sie bis jetzt nur selten etwas Gutes über sich selbst gesagt. Gehen Sie also ab heute in die Offensive, und fangen Sie an, positive Dinge über Ihr eigenes Leben zu sagen. Sprechen Sie jeden Tag Sätze aus wie: „Ich bin von Gott gesegnet. Ich bin gesund und habe mehr, als ich zum Leben brauche. Ich bin tüchtig. Ich bin berufen. Ich bin kreativ. Ich bin talentiert. Ich bin sehr wohl fähig, meine Bestimmung zu erfüllen."

> Fangen Sie an, positive Dinge über Ihr eigenes Leben zu sagen.

Wenn Sie wissen wollen, wo Sie in fünf Jahren stehen werden, dann hören Sie Ihren eigenen Worten zu. Sie prophezeien sich Ihre eigene Zukunft. Wenn Sie stärker, gesünder und glücklicher sein oder wenn Sie Süchte besiegen wollen, dann beginnen Sie noch heute damit, das auch in Worte zu fassen. Denken Sie daran: Sie werden die Frucht Ihrer eigenen Worte essen, also segnen Sie Ihre Zukunft. Machen Sie sich eins mit Gott, und lernen Sie, Worte des Glaubens und des Sieges über Ihrem Leben auszusprechen. Sie werden nicht nur ein besseres Selbstbild entwickeln, Sie werden richtig durchstarten und in jeder Hinsicht enorme Fortschritte machen!

Kapitel 10

Trauen Sie sich etwas zu

Wir alle befinden uns fortwährend in einem inneren Dialog – tatsächlich reden wir mehr mit uns selbst als mit irgendjemand anderem. Die Frage ist: Was sagen Sie zu sich selbst? Worüber sinnen Sie nach? Sind es positive Dinge? Schenken Ihre Gedanken Ihnen Mut und Kraft? Oder denken Sie pessimistische, destruktive Dinge wie: „Ich bin ja so hässlich. Ich habe kein Talent. Ich habe viele Fehler gemacht. Ich bin sicher, dass ich Gott zutiefst missfalle." Solche negativen Selbstgespräche halten unzählige Menschen davon ab, sich weiterzuentwickeln.

Unsere Selbstgespräche finden normalerweise in unserem Unterbewusstsein statt; wir denken gar nicht weiter darüber nach. Aber diese wiederkehrenden Gedanken sind wie eine Hintergrundmusik, die uns unablässig begleitet. Und bei den meisten Menschen sind diese Gedanken negativ: „Ich bin ungeschickt. Es wird mir nie gelingen, meine Vergangenheit hinter mir zu lassen. Ich habe nicht das Zeug dazu, ein erfolgreiches Leben zu führen."

Auf diese Weise lassen sie den ganzen Tag lang zu, dass negative Botschaften ihre Gedanken durchdringen. Sie sehen jemanden, der erfolgreich ist, jemanden, der etwas erreicht hat, und diese Stimme in ihrem Inneren sagt: „Das wirst du nie schaffen. Du bist nicht so klug wie er. Du hast nicht so tolle Begabungen wie sie." Oder sie sehen jemanden, der körperlich in einer guten Verfassung ist und gesund, fit und anziehend aussieht. Sofort denken sie: „Dir fehlt einfach die nötige Disziplin. So eine tolle Figur wirst du *nie* haben."

Die negative Stimme in ihrem Inneren sagt ihnen fortwährend, dass mit ihnen irgendetwas nicht stimmt: „Du bist keine gute Mutter ... Du hast vergangene Woche nicht hart genug gearbeitet ... Du bist ein Schwächling."

Wenn wir den Fehler machen und diesen negativen Selbstgesprächen in uns Raum geben, dann zieht uns das nicht nur runter, es behindert auch unsere Entwicklung. Viele Menschen leben ein mittelmäßiges Leben, weil sie sich Tag für Tag diese negative Schallplatte anhören, die ohne Unterlass in ihrem Inneren abläuft.

Ich habe festgestellt, dass diese Denkmuster oft noch aus der Kindheit stammen. Die Menschen, die uns hätten den Rücken stärken und uns sagen sollen, dass aus uns was werden kann, taten genau das Gegenteil. Ich kenne Menschen, denen es nicht gelingt, sich von einem bestimmten Verhaltensmuster zu befreien, weil sie in ihrer Kindheit von jemandem misshandelt oder zurückgewiesen wurden. Ein Elternteil, ein Lehrer oder ein Schulkamerad hat negative Worte in das Leben des Betreffenden hineingesprochen. Der andere hat es vielleicht nicht böse gemeint, aber diese Worte haben Wurzeln geschlagen, und nun hindern jene falschen Denkmuster den Betreffenden daran, sich so zu entwickeln, wie Gott es für ihn geplant hat.

Daher sollten wir unser Denken jeden Morgen neu „programmieren". Bitte grübeln Sie nicht schon beim Aufwachen über all das nach, was mit Ihnen nicht in Ordnung ist. Führen Sie sich nicht all Ihre Fehler vor Augen – das, was Sie nicht können und was Ihnen fehlt. Es kommt nicht darauf an, wie viele Male Sie etwas versucht haben und gescheitert sind. Sie müssen diese negativen Botschaften und Erfahrungen ausblenden und eine neue Schallplatte auflegen. Erinnern Sie sich immer wieder daran: „Ich bin ein Kind des allmächtigen Gottes. Er hat gute Pläne für mein Leben. Gott freut sich über mich. Er hat mir bestimmte Gaben geschenkt. Ich bin kreativ. Ich kann ein glückliches, erfolgreiches Leben führen. Ich werde die Ziele, die Gott für mein Leben hat, zu erreichen versuchen." So sollten wir mit uns selbst reden – nicht in einer arroganten Art, sondern auf eine ruhige, zuversichtliche Weise.

Unser innerer Dialog sollte immer optimistisch und hoffnungsvoll sein. Wir sollten uns selbst Gedanken zusprechen, die uns bestätigen und Kraft geben. Wir müssen die Gewohnheit ablegen, negative Dinge über uns selbst zu denken. Sagen Sie niemals: „Ich bin so dumm. Ich bin nicht attraktiv. Es wird mir nie gelingen, meine Vergangenheit hinter mir zu lassen." Nein, streichen Sie solche Sätze aus Ihrem Wortschatz. Wenn Sie den Fehler machen, sich mit solchem Müll abzugeben, setzen Sie Ihrem Leben damit Grenzen. Vielleicht haben Sie in der Vergangenheit furchtbare Schmerzen erlitten. Vielleicht sind Ihnen einige unfaire Dinge zugestoßen, aber Sie dürfen sich nicht dadurch runterziehen lassen, dass Sie ständig diese negativen Erinnerungen wie einen Film vor Ihrem inneren Auge ablaufen lassen. Sie schenken dem, was Sie selbst über sich sagen, mehr Glauben als dem, was irgendein anderer Mensch sagt. Andere können Ihnen immer wieder versichern, dass Gott einen tollen Plan für Ihr Leben hat und eine strahlende Zukunft für Sie bereithält. Aber solange Sie das nicht in Ihr Inneres hineinlassen und es sich selbst immer wieder „vorspielen", nützt Ihnen das überhaupt nichts.

Wenn Sie in der richtigen Art und Weise mit sich selbst reden, werden Sie nicht nur Ihr Leben mehr genießen, Sie werden auch eine ganz neue Zuversicht, eine ganz neue Kühnheit bekommen. Ich habe einmal von einer Untersuchung gelesen, bei der Wissenschaftler einer Gruppe von Studenten besondere Brillen gaben, durch die man alles so sah, als stünde es auf dem Kopf. Während der ersten Tage des Experimentes waren die Studenten sehr verwirrt. Sie stolperten über die Möbel, sie konnten nicht lesen oder schreiben, sie mussten in den Hörsaal geführt werden, und es gelang ihnen nur mit Mühe, ihren Alltag zu bewältigen. Aber allmählich begannen sie, sich anzupassen. Am Ende der ersten Woche konnten sie allein in den Hörsaal gehen. Sie brauchten keine Hilfe, um sich fortzubewegen. Die Wissenschaftler waren fasziniert und beschlossen, das Experiment fortzusetzen. Nach einem Monat hatte die Studenten sich vollständig angepasst. Ihr Gehirn hatte die Tatsache, dass ihre Welt auf dem Kopf stand, verarbeitet, und sie konnten ohne Probleme lesen. Sie konnten schreiben, ihre Hausarbeiten erledigen, die Computertastatur bedienen – alles verkehrt herum.

Etwas Ähnliches kann auch uns passieren: Wenn wir nur lange genug die falschen Gedanken wälzen und uns einreden: „Ich bin keine gute Mutter. Ich habe zu viele Fehler gemacht. Mir passiert nie irgendetwas Gutes", dann wird unser Gehirn sich schließlich daran gewöhnen, und unser Leben wird sich dem anpassen, obwohl das die Realität völlig auf den Kopf stellt und das Gegenteil von dem ist, was Gott für uns geplant hat.

Vielleicht steht Ihre Welt bereits auf dem Kopf. Vielleicht schöpfen Sie Ihr Potenzial nicht aus, sind unzufrieden mit sich selbst, trauen sich nichts zu und baden in Selbstmitleid. Haben Sie einmal darüber nachgedacht, dass das an dem liegen könnte, was Sie tagein, tagaus zu sich selbst sagen? Ihr innerer Dialog ist negativ. Das müssen Sie ändern, damit sich andere Dinge ändern können.

Ich sah mal im Fernsehen eine Reportage über eine Frau, die 80 Kilo abgenommen hatte. Sie unterzog sich anschließend einer Operation, um die nun viel zu lockere Haut straffen zu lassen, und alles war bestens. Es wurden „Vorher-nachher-Bilder" gezeigt und die Frau sah nun wirklich fantastisch aus. Aber einige Monate später wurde sie erneut interviewt – sie war furchtbar deprimiert und aß fast nichts.

Die Reporter erkundigten sich: „Hey, was ist denn los? Sie sehen doch toll aus, einfach fantastisch!"

Sie entgegnete: „Ja, das sagen alle zu mir. Aber ich schätze, in meinem Kopf werde ich immer eine fette, hässliche Frau sein."

Als ich das hörte, dachte ich: *Du hast den Nagel auf den Kopf getroffen. Das Bild, das du von dir selbst hast, hat sich auch nach deiner äußerlichen Umwandlung nicht verändert.* Innerlich war sie immer noch dieselbe. Sie spielte immer noch dieselbe alte Schallplatte ab: „Ich bin dick. Ich bin hässlich. Ich werde nie glücklich werden." Sie hätte 40 Kilo wiegen können und wäre immer noch nicht glücklich gewesen.

Hören Sie also nicht auf Stimmen, die Sie herunterziehen wollen. Vielleicht sehen Sie nicht so aus, als seien Sie einer Modezeitschrift entsprungen, aber ich kann Ihnen eines sagen: Sie wurden nach dem Bild des allmächtigen Gottes erschaffen. Sie werden staunen, wie viel mehr Sie Ihr Leben genießen und wie viel besser Sie sich fühlen werden, wenn Sie lernen, eine positive Sicht Ihrer Selbst zu bekommen.

Ich habe mit Leuten Sport getrieben, die sich bei Fehlern immer wieder selbst beschimpft und fertiggemacht haben: „Du Idiot!" – „Du blöder Trottel! Du kannst keinen Schuss platzieren." – „Was bist du bloß für ein Loser!" Ich kenne andere Menschen, die viel Schweres erlebt haben – Enttäuschungen, beruflichen Misserfolg, Bankrott oder Scheidung. Sie sind furchtbar niedergeschlagen und können ihren Blick nicht von dem abwenden, was schiefgegangen ist. Sie lassen zu, dass diese negative Schallplatte ihnen ständig vorspielt: „Du hast versagt. Du hast deine Chance gehabt und hast es vermasselt. Du hast dein Leben ruiniert."

Lernen Sie, eine neue Schallplatte aufzulegen. Sagen Sie sich selbst: „Mir ist vergeben worden. Gott hat mich wiederhergestellt. Er hat einen guten Plan. Mein Vater hält Gutes für mich bereit."

Ich will Ihnen damit nicht sagen, dass Sie Ihre Vergangenheit verdrängen oder schönreden sollen. Ich sage Ihnen nur, dass es Ihnen nicht hilft, wenn Sie sich ständig wegen etwas, das Sie getan haben, verurteilen und denken, dass Sie nun nie wieder glücklich sein oder Erfolg haben können. Ich kenne Leute, die ständig mit einer dunklen Wolke über dem Kopf herumlaufen. Es ist nur ein vages Gefühl, das sie nicht richtig definieren können, aber irgendetwas sagt ihnen permanent: „Du wirst nie glücklich werden. Vergiss es, du brauchst dir keine Hoffnungen zu machen."

Nehmen Sie solche Behauptungen nicht widerspruchslos hin. Sprechen Sie anders mit sich. Ich hatte das Glück, dass meine Eltern mir diese Art von Zuversicht und Selbstachtung eingeflößt haben. Während meiner Kindheit sagten sie oft zu mir, dass ich große Dinge erreichen könnte, wenn ich nur fleißig genug war. Sie erinnerten mich ständig daran, dass sie stolz auf mich waren. Es ist äußerst wichtig, dass wir Menschen in unserem Leben haben, die uns den Rücken stärken – vor allem, wenn wir jung sind.

Wenn Sie Kinder haben, möchte ich Sie ermutigen, Ihre Kinder auf diese Weise zu unterstützen. Sie brauchen Ihre Liebe, Ihre Ermutigung, Ihr Lob und Ihre Bestätigung. Machen Sie Ihre Kinder nie runter. Sagen Sie niemals Dinge wie: „Warum bekommst du keine guten Noten wie dein Bruder?" oder: „Du bist einfach nicht intelligent genug, um zu studieren" oder: „Wenn du so weitermachst, wirst du es nie zu etwas bringen."

Worte sind wie Samenkörner. Sie können Wurzeln schlagen und sich jahrelang in den Gedanken eines Menschen festsetzen. Natürlich müssen wir unsere Kinder korrigieren, wenn sie klein sind, aber begehen Sie nicht den Fehler, Dinge zu sagen wie: „Du bist so ein böser Junge" oder: „Was bist du für ein böses Mädchen." Nein, er oder sie ist kein schlechter Mensch. Sie haben vielleicht etwas falsch gemacht, aber es sind gute Kinder. Sie sind nach dem Bild des allmächtigen Gottes erschaffen. Gott hat keinen Fehler gemacht. Wir Eltern tragen die Verantwortung, unseren Kindern Zuversicht, Selbstachtung und Geborgenheit einzuflößen.

Ich frage mich manchmal, wie viele Erwachsene heute mit Problemen ringen, weil sie von ihren Eltern oder Erziehern nicht die Ermutigung bekommen haben, die sie gebraucht hätten. Vielleicht haben die Eltern ihr Kind nur korrigiert, ohne es jemals zu loben. Wenn Sie Kinder haben, vermeiden Sie bitte diesen traurigen Fehler.

Mein Bruder Paul und seine Frau Jennifer haben einen süßen kleinen Sohn namens Jackson. Er ist immer gut gelaunt, und es macht viel Spaß, Zeit mit ihm zu verbringen. Jeden Abend, wenn Jennifer ihn ins Bett bringt, erzählt sie ihm eine Geschichte und betet mit ihm. Bevor sie ihm dann gute Nacht sagt, erklärt sie ihm noch: „Und jetzt will ich dich daran erinnern, wer du bist, Jackson." Dann geht sie eine lange Liste von „Helden" durch: „Jackson, du bist mein Superman. Du bist mein Power Ranger. Du bist mein Buzz Lightyear. Du bist mein Superstar. Du bist mein Spider Man. Du bist mein Cowboy. Du bist mein Fußballstar." Der kleine Bursche liegt einfach nur mit einem breiten Grinsen auf dem Gesicht da und genießt diese Worte.

Was tut Jennifer? Sie gibt Jackson Nahrung für seinen inneren Dialog. Obwohl er erst drei Jahre alt ist, sagt Jennifer zu ihm: „Jackson, du bist etwas Besonderes. Du bist wertvoll. Du wirst im Leben etwas Tolles erreichen."

Vor Kurzem passierte etwas Interessantes: Paul und Jennifer kamen spät nach Hause, und so war Jennifer etwas in Eile, als sie Jackson zu Bett brachte. Sie nahm sich nicht die Zeit, die lange Liste der Superhelden durchzugehen. Ein paar Minuten später hörte sie sein Stimmchen von oben herunterrufen: „Mama, Mama!" Jennifer rannte zum Treppenhaus und rief: „Was ist denn, Jackson?" Er sagte: „Mama, du hast vergessen, mir zu sagen, wer ich bin."

Dieser einfache Satz enthält eine tiefe Wahrheit. Ich habe gelernt, wenn wir unseren Kindern nicht sagen, wer sie sind, wird ein anderer es tun. Daher habe ich mir vorgenommen, meinen Kindern zu sagen: „Du schaffst es. Es gibt nichts, das du nicht tun kannst. Mama und Papa stehen hinter dir. Wir sind stolz auf dich. Wir glauben an dich. Du bist dazu bestimmt, Großes zu tun."

Sprechen Sie Segensworte in das Leben Ihrer Kinder hinein. Sie brauchen Ihre Ermutigung. Sie brauchen Ihr Lob. Helfen Sie ihnen, eine große Vision für ihr Leben zu entwickeln.

> Wenn wir unseren Kindern nicht sagen, wer sie sind, wird ein anderer es tun.

Schon bevor Mose geboren wurde, hatte der ägyptische Pharao ein Dekret erlassen, dass alle neugeborenen Jungen getötet werden mussten (um das Volk der Israeliten zu dezimieren). Statt sich diesem Befehl zu fügen, verbarg Moses Mutter ihren kleinen Sohn. Schließlich legte sie ihn in ein Körbchen und ließ ihn den Nil hinuntertreiben. Eine Tochter des Pharaos fand ihn und zog ihn auf. Da Mose nicht unter der Obhut eines frommen Vaters aufwuchs, hatte er sehr wahrscheinlich keine entsprechende Bezugsperson, die Segensworte in sein Leben hineinsprach.

Viele Jahre später begegnete Gott Mose[22] und sagte: „Mose, ich habe dich dazu auserwählt, das Volk Israel zu befreien." Es ist nicht verwunderlich, dass die ersten Worte, die aus Moses Mund kamen, „Ich? Wer bin ich denn?" lauteten.

Wenn wir unseren Kindern nicht sagen, wer sie sind, und ihnen keine Zuversicht und Selbstachtung vermitteln, führt das unter Umständen dazu, dass sie nicht wissen, wer sie sind und was sie zu erreichen vermögen.

Gott ging auf Moses Frage nach seiner Identität ein: „Sag nicht: ‚Wer bin ich?' Du bist derjenige, den ich auserwählt habe."

Dann stellte Mose eine weitere Frage: „Aber wer wird auf mich hören, Gott? Du weißt doch, dass ich kein guter Redner bin. Du weißt, dass ich stottere." Beachten Sie seinen Mangel an Selbstvertrauen. Auch er spielte in Gedanken die falsche Schallplatte ab. Vielleicht war sein Selbstvertrauen dadurch untergraben worden, dass er keinen Vater hatte, der regelmäßig gute Dinge in sein Leben hineinsprach. Mit Gottes Hilfe gelang es Mose jedoch, dieses Defizit zu überwinden.

Vielleicht haben auch Sie als Kind nicht viel Ermutigung erfahren. Aber das braucht Ihre Entwicklung nicht zu behindern. Ihr irdischer Vater hat Ihnen vielleicht nicht gesagt, wer Sie sind, aber Ihr himmlischer schon: Sie sind ein Kind des höchsten Gottes. Er hat Ihnen Macht und Würde verliehen (Psalm 8,6). Weil Sie zu Jesus Christus gehören, sind Sie allem gewachsen (Philipper 4,13). Sie haben unglaublich viel Potenzial. Sie bersten geradezu vor Kreativität. Es gibt nichts, das Sie nicht erreichen könnten. Sie sind fähig, mutig und stark. Gott möchte Sie mit seinem Segen überschütten. Alles, was Sie in Angriff nehmen, wird gelingen. Sie leben unter dem Segen Gottes und nichts kann Sie davon trennen. Das ist Ihre wahre Identität. Also straffen Sie die Schultern und sagen Sie sich selbstbewusst: „Ich kann es schaffen. Ich habe das Zeug dazu. Gott selbst hat mich dazu befähigt, Großes zu erreichen."

Wenn Sie wirklich durchstarten wollen, müssen Sie dafür sorgen, dass das, was Sie über sich selbst denken, sich in die richtige Richtung bewegt. Und wenn Sie wieder in die alten, negativen Denkmuster zurückfallen, dann nehmen Sie das zum Anlass, umgehend eine neue Schallplatte aufzulegen. Sagen Sie sofort einige positive Dinge über sich selbst und über Gott: „Ich bin gesegnet. Ich bin fähig. Gott hält Gutes für mich bereit!"

Vor einiger Zeit sprach ich einmal in der Eingangshalle der *Lakewood*-Gemeinde mit einer jungen Frau. Sie war sehr hübsch, und äußerlich betrachtet schien sie überglücklich zu sein und prima mit ihrem Leben zurechtzukommen. Aber in ihrem Inneren tobte ein Krieg. Sie mochte sich selbst nicht. Sie fand sich hässlich. Sie fand sich zu dick. Sie hatte eine lange Liste von Dingen, die an ihr ihrer Ansicht nach nicht stimmten.

Als ich mich mit ihr unterhielt, fand ich heraus, dass ihr Vater sie immer wieder niedergemacht hatte. Er hatte ihr ständig gesagt, was verkehrt an ihr war, was sie alles nicht konnte und was sie nie sein würde. Das Traurige ist, dass diese junge Frau mit Ende 20 schon zwei gescheiterte Ehen hinter sich hatte und gerade dabei war, ihre dritte Ehe zu beenden.

Ich erklärte ihr: „Sie spielen auf Ihrem inneren CD-Player die falsche CD ab. Sie sagen ständig zu sich selbst: ‚Ich bin dick. Ich bin hässlich. Ich habe nichts zu geben. Ich bin nicht liebenswert.' Solange Sie diesen Lügen Raum geben, wird in Ihrem Inneren Krieg herrschen. Sie wurden nicht dazu geschaffen, so zu leben. Gott hat Sie dazu erschaffen, glücklich mit sich selbst zu sein. Er hat Sie dazu geschaffen, dass Sie sich selbst mögen, dass Sie Selbstvertrauen und Sicherheit besitzen und nicht ständig mit sich selbst im Clinch liegen. Wenn Sie mit sich selbst nicht zurechtkommen, werden Sie auch nie dazu imstande sein, mit anderen zurechtzukommen. Es wird sich auf alle Ihre Beziehungen auswirken."

Vielleicht gibt es bei Ihnen zu Hause keinen Frieden – und das liegt unter Umständen nicht an Ihrem Gegenüber. Sie müssen mit sich selbst Frieden schließen. Lassen Sie nicht länger zu, dass die negative Stimme in Ihrem Kopf Ihr Leben regiert.

Vielleicht wissen Sie aber gar nicht, wie Sie diese negative Schallplatte abstellen können. Mit diesem Problem stehen Sie nicht alleine da. Sie denken vielleicht, es wäre normal, dass Sie mit sich selbst so unglücklich und unzufrieden sind. Sie haben vielleicht nicht alles bekommen, was Ihre Eltern oder die Menschen, die Sie großgezogen haben, Ihnen hätten geben sollen. Aber denken Sie immer daran: Es kommt im Leben nicht darauf an, dass Sie einen guten Start hinlegen, sondern dass Sie das Rennen erfolgreich beenden.

Machen Sie sich auch klar, dass die negativen Stimmen immer am lautesten schreien. Wenn es in Ihrem Leben 20 Personen gibt, die Sie ermutigen, und einen Menschen, der Ihnen etwas Negatives sagt, dann neigen Sie dazu, gerade das im Gedächtnis zu behalten. Dieser negative Aspekt wird Ihnen wieder und wieder durch den Kopf gehen. Sie können hundert Dinge richtig machen, aber wenn Sie nur einen Fehler begehen, werden Sie sich schämen und schuldig fühlen. Die negativen Stimmen werden Ihnen immer am lautesten in den Ohren gellen, aber Sie müssen lernen, sie zu ignorieren. Solange Sie Ihr Augenmerk auf das Negative richten, werden Sie mit sich selbst im Unfrieden leben. Sie werden mit sich selbst nicht glücklich werden. Die einzige Möglichkeit, das zu ändern, besteht darin, Ihren inneren Dialog in die richtige Richtung zu lenken. Ersetzen Sie die negative Schallplatte durch neue, aufbauende Botschaften. Beginnen Sie, die richtigen Gedanken über sich selbst zu denken.

Gott sagte zu den Israeliten: „Heute habe ich die Schande von euch genommen, dass ihr in Ägypten Sklaven gewesen seid" (Josua 5,9). Ich denke, die Israeliten waren mit sich selbst nicht glücklich gewesen. Sie waren verletzt und misshandelt worden. Sie hatten keinen Mut mehr, auch nicht, nachdem sie aus der Sklaverei befreit worden waren. Gott kam schließlich zu ihnen und sagte: „Hört auf damit. Ich nehme die Schande von euch." Ich glaube, dass die Schande weggenommen werden musste, bevor sie das Gelobte Land einnehmen konnten.

Mit uns ist es genauso. Sie versuchen vielleicht, Ihr Leben zu meistern, erfolgreich zu sein und eine glückliche Ehe zu führen. Aber Sie haben eine negative Einstellung zu sich selbst. Sie sind nicht mit sich im Reinen. Sie beschäftigen sich ständig mit den Schmerzen und Verletzungen der Vergangenheit. Solange Sie nicht bereit sind, diese Kränkungen hinter sich zu lassen und sich stattdessen auf Ihre neuen Möglichkeiten zu konzentrieren, werden die Probleme Sie fesseln und Ihre Entwicklung beeinträchtigen. Wenn Sie die falsche Einstellung zu sich selbst haben, können Sie nicht erwarten, dass Gott tolle Dinge in Ihrem Leben tut. Schauen Sie nicht länger auf das, was Sie falsch gemacht haben. Gott hat Ihre Schande schon längst weggenommen – die Scham- und Schuldgefühle, Ihre Niederlagen und Ihr Versagen. Gott hat seinen Teil getan. Nun müssen Sie Ihren Teil tun. Lassen auch Sie diese Dinge los, damit Sie das verheißene Land betreten können.

Paulus schrieb an Philemon: „[...] dass der Glaube, der uns miteinander verbindet, in dir weiter wächst und du immer mehr erkennst, wie reich uns Jesus Christus beschenkt hat" (Philemon 6; Hfa). Denken Sie einmal darüber nach: Unser Glaube an Gott wächst nicht, wenn wir uns mit all unseren Schmerzen und Verletzungen beschäftigen. Er wächst nicht, wenn wir den Blick auf unsere Fehler und Schwächen richten. Unser Glaube wächst dann, wenn wir das Gute erkennen, mit dem Gott uns beschenkt hat.

Wenn wir an Jesus Christus, den Sohn Gottes, und an das glauben, was er in uns hineingelegt hat, dann wird unser Glaube lebendig. Wenn wir glauben, dass wir das Zeug dazu haben, ein erfülltes, erfolgreiches Leben zu führen, dann haben wir unsere Möglichkeiten im Blick – und nicht unser Scheitern.

Ich bin vielleicht naiv, aber ich erwarte, dass die Leute mich mögen. Ich erwarte, dass sie freundlich zu mir sind. Ich erwarte, dass sie mir helfen wollen. Ich habe eine positive Einstellung zu mir selbst, weil ich weiß, wer ich bin – ich bin ein Kind des allmächtigen Gottes.

Und Sie haben allen Grund, auch so selbstbewusst zu sein: Wenn Sie ein Zimmer betreten, dann seien Sie nicht schüchtern und unsicher und denken Sie nicht: *Hier wird mich niemand mögen. Guck sie dir doch an, sie reden wahrscheinlich schon über mich. Ich weiß, ich hätte diesen Anzug lieber nicht anziehen sollen. Ich wäre besser zu Hause geblieben.*

Nein, geben Sie Ihrem inneren Dialog eine neue Richtung. Üben Sie sich darin, positive Gefühle für sich zu entwickeln und eine gute Meinung von sich zu haben. „Ach, Joel, ich bin bloß eine Hausfrau ... Ich bin bloß ein kleiner Außendienstmitarbeiter ... Ich bin bloß eine Lehrerin."

Nein, Sie sind nicht „bloß" irgendetwas. Sie sind ein Kind des höchsten Gottes. Sie erfüllen Ihre Bestimmung. Gott lenkt Ihre Schritte. Seine Güte und Liebe umgeben Sie an jedem neuen Tag. Sie haben eine Berufung. Wenn Sie sich dessen bewusst sind – nicht nur rein verstandesmäßig, sondern tief in Ihrem Herzen –, kann das Ihr Selbstvertrauen unendlich aufbauen.

Wenn Sie sich angewöhnen, in einer positiven, ermutigenden Weise mit sich selbst zu sprechen, werden Sie nicht nur mehr Selbstvertrauen bekommen; Sie werden ganz neue Stufen erklimmen und Gottes Gunst und seine Segnungen in viel stärkerem Ausmaß erleben als zuvor.

Praktische Schritte

Teil 2: Haben Sie eine positive Einstellung zu sich selbst

1. Ich werde nicht länger mit Schuldgefühlen leben, weil ich in der Vergangenheit Fehler gemacht habe. Ich weiß, dass Gott mir vergeben hat, darum werde ich neue Aufgaben zuversichtlich und selbstbewusst in Angriff nehmen. Ich beschließe heute, einen Neuanfang zu wagen.

2. Heute treffe ich die Entscheidung, mein Selbstbild zu verändern, indem ich positive Dinge und die Verheißungen Gottes in mein Leben hineinspreche, z. B.:

   * „Gott hat mich gesegnet. Ich bin reich beschenkt. Ich bin gesund. Ich eigne mir immer mehr Wissen an."
   * „Ich mache einen tollen Job. Gott hilft mir, meine Aufgaben erfolgreich anzugehen."
   * „Ich habe eine positive Einstellung zu mir selbst, denn ich weiß nicht nur, wer ich bin, ich weiß auch, zu wem ich gehöre – ich gehöre zu dem allmächtigen Gott."

3. Ich achte darauf, dass mein innerer Dialog über mich selbst positiv bleibt. Ich werde jeden negativen Gedanken über mich selbst und andere Menschen zurückweisen und mich mit Gedanken beschäftigen wie: „Ich bin wertvoll. Ich bin sehr wohl imstande, das zu tun, wozu Gott mich berufen hat."

Teil 3

Pflegen Sie bessere Beziehungen

Kapitel 11

Bringen Sie das Beste in anderen zum Vorschein

Als ich in der Mittelstufe war, gehörte ich zu den kleineren Spielern in unserer Basketballmannschaft. Beim ersten Spiel der Saison sollten wir auf ein richtig gutes Team treffen, das aus einem Haufen riesiger Kerle bestand. Natürlich wäre es angesichts meiner Körpergröße naheliegend gewesen, wenn ich von unseren Gegnern eingeschüchtert gewesen wäre.

Am Tag des Spiels – ich ging gerade in der Schule einen Flur entlang – rief mich unser Basketballtrainer zu sich; ein paar meiner Freunde standen bereits bei ihm. Er war ein großer, kräftiger Mann und in seiner üblichen raubeinigen Art sagte er: „Du bist zwar nicht besonders groß, Joel, aber ich will dir was sagen: Es kommt nicht auf die Größe an. Was zählt, ist, was du hier drin hast." Er tippte mit dem Finger auf seine Brust und fuhr fort: „Du bist mutig und entschlossen, Joel, und du wirst dieses Jahr eine tolle Saison spielen."

Als ich die Worte des Trainers hörte, die er im Beisein meiner Freunde ausgesprochen hatte, richtete ich mich zu meiner ganzen Länge auf und lächelte noch breiter als sonst! Man hätte glauben können, ich wäre Michael Jordan. Ich dachte: *Der Trainer glaubt an mich!* Mein Selbstvertrauen schnellte auf eine nie gekannte Höhe empor, und in jenem Jahr spielte ich besser, als ich je zuvor gespielt hatte. Es ist erstaunlich, was wir erreichen können, wenn wir wissen, dass jemand wirklich an uns glaubt.

Die Augenblicke, die sich dieser Trainer für mich nahm, veränderten mein Leben. Er nahm sich Zeit, um mir Selbstvertrauen einzuflößen. Wenn wir das Beste in anderen Menschen zum Vorschein bringen wollen, müssen wir Samen der Ermutigung in sie säen.

„Mich ermutigt auch niemand", wenden Sie jetzt vielleicht ein. „Warum sollte ich da jemand anderen ermutigen?"

Wenn Sie möchten, dass Ihr Leben sich positiv verändert, dann müssen Sie dazu beitragen, dass das Leben eines anderen sich positiv verändert. Wenn Sie einem anderen helfen, erfolgreich zu sein, wird Gott *Ihnen* Erfolg schenken.

Gott bringt uns mit anderen Menschen zusammen, damit wir ihnen helfen, voranzukommen und sich so zu entwickeln, wie Gott es für sie geplant hat. Die meisten Menschen werden ihr volles Potenzial nur dann erreichen, wenn jemand an sie glaubt. Das bedeutet, Sie und ich haben einen Auftrag. Überall, wo wir hinkommen, sollten wir unsere Mitmenschen ermutigen und sie dazu herausfordern, sich weiterzuentwickeln. Wenn andere mit uns zusammentreffen, sollte es ihnen nach dieser Begegnung besser gehen als davor. Statt mutlos oder niedergedrückt zu sein, sollten unsere Mitmenschen sich jedes Mal, wenn sie etwas Zeit mit uns verbracht haben, ermutigt und inspiriert fühlen.

In der Bibel steht, dass die Liebe gütig ist (1. Korinther 13,4). In einer englischen Übersetzung heißt es sogar: „Die Liebe sucht nach einem konstruktiven Weg." Mit anderen Worten: Die Liebe sucht nach Möglichkeiten, wie sie das Leben eines anderen verbessern kann.

Nehmen Sie sich die Zeit, das Leben eines anderen zu verändern. Denken Sie nicht immer nur daran, wie Sie Ihr eigenes Leben voranbringen können; denken Sie auch daran, wie Sie das Leben eines anderen verbessern können. Sie sollten sich immer wieder die Frage stellen: „Wen kann ich heute ermutigen? Wen kann ich aufbauen? Wie kann ich das Leben eines anderen Menschen bereichern?"

Sie haben etwas zu geben, das kein anderer geben kann. Jemand braucht Ihre Ermutigung. Jemand muss wissen, dass Sie an ihn glauben, dass Sie hinter ihm stehen, dass Sie denken, er hat das Zeug zum Erfolg. Wenn Sie auf Ihr eigenes Leben zurückblicken, werden Sie wahrscheinlich entdecken, dass es

> Sie haben etwas zu geben, das kein anderer geben kann.

da jemanden gab, der entscheidend dazu beigetragen hat, dass Sie dahin gekommen sind, wo Sie heute stehen. Vielleicht haben Ihre

Eltern oder eine Lehrerin Ihnen etwas zugetraut und Ihnen geholfen, an sich selbst zu glauben. Vielleicht war es ein Vorgesetzter, der Ihnen eine herausforderndere Stelle gegeben hat, obwohl Sie damals das Gefühl hatten, dass Sie nicht qualifiziert genug seien. Oder vielleicht war es ein Tutor, der Ihnen gesagt hat: „Sie haben das Zeug dazu, auf diese Uni zu gehen. Sie können es in diesem Beruf zu etwas bringen."

Vielleicht hat derjenige etwas in Ihnen gesehen, das Sie selbst nicht sehen konnten, und er hat Ihnen geholfen, die nächste Stufe zu erklimmen. Nun sind Sie an der Reihe, etwas Ähnliches für einen anderen zu tun. An wen glauben Sie? Wen feuern Sie an? Wem helfen Sie, sich weiterzuentwickeln? Glauben Sie mir, es gibt keine bessere Investition, als in das Leben anderer zu investieren. Unsere Beziehungen sind wichtiger als das, was wir im Leben leisten und erreichen.

Ich glaube, dass Gott uns zur Verantwortung ziehen wird für unseren Umgang mit den Menschen, die er in unser Leben gestellt hat. Er zählt darauf, dass wir das Beste aus unserem Ehepartner, unseren Kindern, unseren Freunden und unseren Kollegen herausholen. Fragen Sie sich selbst: „Verbessere ich das Leben irgendeines Menschen, gebe ich irgendjemandem Selbstvertrauen, oder kreise ich tagein, tagaus nur um mich selbst und kümmere mich nur um das, was mich interessiert?"

Genau das liebe ich übrigens an meiner Frau Victoria so: Sie hat immer an mich geglaubt; sie ist mein größter Fan. Victoria denkt, dass ich der tollste Mensch sei, der auf dieser Erde lebt. Ich weiß ja, dass das nicht stimmt, aber ich finde es klasse, dass sie mich toll findet. Victoria glaubt, dass ich *alles* kann. Sie bringt immer das Beste in mir zum Vorschein.

Vor einigen Jahren trafen wir Vorbereitungen zum Bau eines neuen Hauses. Wir hatten unser altes Haus verkauft und ein Grundstück erworben, auf dem wir bauen wollten. Ich nahm das Telefon zur Hand, um einen befreundeten Bauunternehmer anzurufen, damit er für uns alles regelte und organisierte, was erforderlich war, um mit dem Bau zu beginnen. Aber Victoria hinderte mich daran. Sie sagte: „Was tust du da, Joel? Wir brauchen keinen Bauunternehmer. Du kannst das Haus bauen!"

Ich antwortete: „Ich habe keinen blassen Schimmer, wie man ein Haus baut, Victoria. Ich weiß überhaupt nicht, was man da alles beachten muss."

„Doch, Joel, das weißt du", erwiderte sie mit vor Aufregung glänzenden Augen. „Du warst fast jeden Tag dabei, als unser altes Haus gebaut wurde. Du hast gesehen, wie sie es gemacht haben. Du kannst genauso gut mit diesen Subunternehmern verhandeln wie jeder andere auch."

Selbstverständlich gelang es ihr, mich zu überreden, und ich baute unser Haus. Es ist ziemlich gut gelungen, wenn man außer acht lässt, dass ich sämtliche Rohrleitungen vergessen habe!

Eines weiß ich ganz sicher: Victoria glaubt an mich. Ich glaubte nicht, dass ich jede Woche auf dem Podium stehen und predigen würde, wenn Victoria mir nicht vor Jahren gesagt hätte, dass ich eines Tages Pastor der *Lakewood*-Gemeinde werden würde. Und das zu einer Zeit, als ich noch kein einziges Mal in der Öffentlichkeit gepredigt hatte, geschweige denn im Fernsehen. Und darüber hinaus verspürte ich damals nicht den geringsten Wunsch dazu. Und doch sagte Victoria oft zu mir, wenn wir im Gottesdienst saßen und den Predigten meines Vaters lauschten: „Eines Tages wirst du da oben stehen, Joel. Du hast so viel zu geben. Eines Tages wirst du vielen Menschen helfen."

Ich glaubte nicht daran, dass ich das tun könnte; ich mochte es nicht, vor andere Menschen zu treten und zu reden. Ich war nie auf einer Bibelschule. Ich hatte keine Ausbildung absolviert, die mich dazu qualifiziert hätte, Pastor zu werden. Ich flüsterte ihr zu: „Victoria, ich wünschte, du würdest aufhören, das zu sagen. Das passt einfach nicht zu mir. Ich bin kein Prediger."

„Doch, Joel", antwortete sie. „Ich kann sehen, dass das in dir steckt. Du hast das Zeug dazu." Victoria sah Dinge in mir, die ich selbst nicht sah, und so säte sie diese Samen der Ermutigung immer weiter.

Als mein Vater starb und ich damit begann, in der *Lakewood*-Gemeinde zu predigen, war ich schrecklich aufgeregt, aber zwei Faktoren halfen mir dabei, meinen Ängsten entgegenzutreten: zum einen all die Samen der Ermutigung, die Victoria gesät hatte, und zum anderen die Unterstützung der Gemeinde. Jedes Mal, wenn ich aufstand, um zu sprechen, feuerten mich viele Gottesdienstbesucher an. Sie klatschten schon, bevor ich überhaupt mit der Predigt begann. Ich hätte ein lausiger Redner sein können, aber sie spornten mich die ganze Zeit an und gaben mir das Selbstvertrauen, das ich brauchte.

Nach ein paar Monaten begriff ich, dass sie wirklich an mich glaubten. Ich dachte: *Diese Leute glauben, dass ich es schaffe.* Es tat sich etwas in meinem Inneren, als Victoria, all meine anderen Angehörigen und die *Lakewood*-Gemeinde auf diese Weise dazu beitrugen, das Beste in mir zum Vorschein zu bringen.

Nun bin ich meinerseits fest entschlossen, das Beste in ihnen zum Vorschein zu bringen – und in *Ihnen.* Sie besitzen Gaben und Talente, von denen Sie noch gar nichts ahnen. Sie können weiterkommen und mehr erreichen. Finden Sie sich nicht mit dem Status quo ab. Sie sind mit Gottes Hilfe jeder Herausforderung gewachsen, mit der Sie konfrontiert werden. Sie können jede Sucht überwinden. Sie sind an die Kraftquelle des höchsten Gottes angeschlossen. Beginnen Sie, an sich selbst zu glauben und so zu handeln, als wäre das wahr.

Paulus schreibt in seinem 1. Brief an die Korinther: „Nur Liebe baut die Gemeinde auf" (8,1). Wenn Sie daran glauben, dass Gott jedem Menschen individuelle Gaben, Talente, Interessen mitgegeben hat, dann werden Sie sich auch darum bemühen, das Beste in Ihren Mitmenschen zum Vorschein zu bringen.

Susan Lowell hatte eine beeindruckende Karriere gemacht, und alles in ihrem Leben lief großartig, aber sie war einfach nicht zufrieden. Tief in ihrem Inneren verspürte sie den Wunsch, Teenagern in Not zu helfen. Eines Tages gab sie ihre gut bezahlte Stelle auf und begann, als Lehrerin an einer der härtesten Schulen Kaliforniens zu arbeiten, an der Drogen, Gangs und andere schlimme Dinge etwas ganz Alltägliches waren. Es war also nicht verwunderlich, dass der Anteil der Schüler, die die Ausbildung vorzeitig abbrachen, dort im Vergleich zum Landesdurchschnitt unverhältnismäßig hoch war. Auch die Lehrer blieben nicht lange, weil die Schüler so undiszipliniert und rebellisch waren. Aus diesem

Grund glaubte niemand, dass die neue Lehrerin lange durchhalten würde.

Aber Miss Lowell ging die Sache anders an. Am ersten Schultag bat sie ihre Schüler, ihre Namen und Adressen und etwas Interessantes über sich selbst aufzuschreiben. Während sie schrieben, ging sie durch die Reihen und prägte sich insgeheim die Namen der einzelnen Schüler ein. Als sie fertig waren, kündigte sie an, dass die Klasse jetzt ihr erster Test erwarten würde. Die Schüler jammerten und stöhnten. Da fügte sie hinzu: „Nein, in diesem Test werdet nicht ihr geprüft – in diesem Test werde *ich* geprüft. Wenn ich jeden von euch mit seinem Namen ansprechen kann, habe ich bestanden. Aber wenn ich auch nur einen eurer Namen nicht weiß, dann bekommt jeder von euch automatisch eine Eins in unserem ersten richtigen Test."

Die Schüler waren Feuer und Flamme. Miss Lowell ging langsam durch die Reihen und sprach einen nach dem anderen mit seinem Namen an. Sie waren unheimlich beeindruckt, und Miss Lowell hatte ihre volle Aufmerksamkeit, als sie freundlich und ruhig zu ihnen sagte: „Wisst ihr, ich wollte euch damit zeigen, dass ihr mir wichtig seid. Mir liegt etwas an euch. Das ist der Grund, warum ich hier bin."

Die Schüler begriffen, dass diese Lehrerin anders war. Sie arbeitete nicht nur fürs Geld. Sie versuchte nicht, mit so wenig Einsatz wie möglich so viel wie möglich zu verdienen. Sie erkannten: *Diese Frau glaubt an uns. Diese Frau denkt, dass etwas aus uns werden kann.*

Eines Tages erfuhr Miss Lowell, dass Armando, einer der rebellischsten Typen in der Klasse, einer Straßengang hundert Dollar schuldete. Das war äußerst gefährlich, vor allem, weil Armando das Geld nicht hatte. Miss Lowell bat ihren Schüler, nach dem Unterricht dazubleiben. „Armando, ich habe von deinem Problem gehört, und ich will dir das Geld leihen, das du brauchst, um deine Schulden zu bezahlen. Aber ich tue das nur unter einer Bedingung."

„Und die wäre?", erkundigte Armando sich.

Sie erwiderte: „Ich gebe dir das Geld, wenn du mir versprichst, dass du es mir an dem Tag zurückgibst, an dem du deinen Highschoolabschluss machst." Zu diesem Zeitpunkt war Armando noch in der Mittelstufe, aber es war bereits abzusehen, dass die Wahrscheinlichkeit nicht sehr groß war, dass er es schaffen würde. Seine älteren Brüder und Schwestern hatten die Schule alle vorzeitig verlassen; seine Eltern hatten nur einen Hauptschulabschluss.

Miss Lowells freundliche Geste bewegte Armando. Niemand war ihm je so liebevoll begegnet. Niemand hatte ihm je zugetraut, dass er tatsächlich den Highschoolabschluss schaffen könnte.

Miss Lowell hielt ihre Schüler auch dazu an, Tagebuch zu führen. In der Woche zuvor hatte sie sie gebeten, das Netteste aufzuschreiben, das je jemand für sie getan hatte. An diesem Nachmittag gestand Armando ihr: „Miss Lowell, vergangene Woche musste ich etwas erfinden, weil ich mich an niemanden erinnern konnte, der jemals etwas Nettes für mich getan hat. Aber was Sie heute für mich getan haben, werde ich nie vergessen." Er fuhr fort: „Ich werde Sie nicht enttäuschen, Miss Lowell. Ich werde meinen Highschoolabschluss machen, denn wenn *Sie* mir das zutrauen, dann weiß ich, dass ich es kann."

Diese Lehrerin glaubte so sehr an ihre Schüler, dass diese an sich selbst zu glauben begannen. Und tatsächlich: Armando war der Erste in seiner Familie, der den Highschoolabschluss schaffte.

Viele Menschen brauchen einfach jemanden, der ihnen einen Funken Hoffnung gibt, jemanden, der ihnen sagt: „Ja, du kannst es schaffen. Du hast das Zeug dazu!"

Trauen Sie Ihren eigenen Kindern wirklich etwas zu? Flößen Sie ihnen das nötige Selbstvertrauen ein, und sagen Sie ihnen, dass sie in ihrem Leben etwas Wunderbares erreichen werden? Trauen Sie den Menschen, die Sie lieben, Großes zu? Vielleicht ist der eine oder andere von ihnen vom Weg abgekommen. Geben Sie ihn nicht auf; schreiben Sie sie nicht ab. Zeigen Sie ihnen, dass sie Ihnen wichtig sind. Lassen Sie sie wissen, dass Sie wirklich an sie glauben.

> Wenn Sie an das Potenzial der Menschen glauben, dann bringen Sie das Beste in Ihnen zum Vorschein.

Dabei ist es wichtig, dass Sie nicht auf das schauen, was sie im Moment sind. Schauen Sie auf das, was sie werden können. Richten Sie Ihr Augenmerk auf das Potenzial, das sie in sich tragen. Sie haben vielleicht ein paar schlechte Angewohnheiten, oder vielleicht tun sie Dinge, die Sie nicht gutheißen, aber verurteilen Sie sie deswegen nicht. Kritisieren Sie sie nicht und sehen Sie nicht auf sie herab. Finden Sie Möglichkeiten, wie Sie sie ermutigen können, sich weiterzuentwickeln. Sagen Sie ihnen: „Ich bete für dich. Ich glaube, dass du diese Sucht überwinden wirst. Ich glaube, dass in deinem Leben tolle Dinge geschehen werden."

Sie werden angenehm überrascht sein, wie Menschen reagieren, wenn sie merken, dass Ihnen wirklich etwas an ihnen liegt. Jesus sah überall, wo er war, in seinen Mitmenschen Potenzial, das ihnen selbst nicht bewusst war. Er richtete den Blick nicht auf ihre Fehler und Schwächen. Er sah sie so, wie sie werden konnten.

Petrus zum Beispiel hatte viele Ecken und Kanten. Er war hitzig, laut, überheblich und impulsiv, aber das schreckte Jesus nicht ab. Jesus sagte nicht: „Vergiss es, Petrus. Ich werde jemanden finden, der ein bisschen zivilisierter ist als du." Nein, er half Petrus dabei, das Beste aus sich herauszuholen. Es war da. Er musste es nur entdecken und einsetzen.

Sie können davon ausgehen, dass Sie niemals das Beste in anderen Menschen zum Vorschein bringen, wenn Sie sie verurteilen, kritisieren oder niedermachen. Es wird Ihnen nur gelingen, wenn Sie sie lieben und ihnen zeigen, dass Ihnen etwas an ihnen liegt. Ihre Freunde, Ihre Angehörigen oder Ihre Kollegen tun vielleicht manches, das Sie nicht gutheißen oder das Sie stört. Sie haben vielleicht ein paar schlechte Angewohnheiten, aber richten Sie Ihr Augenmerk nicht auf ihre Schwächen. Finden Sie etwas, das sie richtig machen, und äußern Sie sich positiv darüber.

Ich sage nicht, dass Sie alles Negative einfach unter den Teppich kehren sollen, aber warten Sie auf den richtigen Zeitpunkt und die richtige Gelegenheit, um diese Dinge anzusprechen. Als Erstes müssen Sie eine Beziehung aufbauen und den Respekt und das Vertrauen der betreffenden Person gewinnen. Versuchen Sie ehrlich, das Gute in anderen zu entdecken, sie zu ermutigen und anzuspornen, sich weiterzuentwickeln. Dann wird sich später erfahrungsgemäß auch einmal die Gelegenheit ergeben, negative Aspekte anzusprechen. Ich habe erkannt, dass andere Menschen viel offener sind, wenn ich mich ihnen gegenüber so verhalte, wie ich es mir von ihnen wünschen würde.

Nehmen wir einmal an, Ihr Mann behandelt Sie nicht so respektvoll, wie er dies tun sollte. In dieser Situation wäre es ein Fehler, ihn ebenfalls respektlos zu behandeln. Nein, säen Sie Ihre Saat. Behandeln Sie ihn trotzdem respektvoll, und beobachten Sie, wie dieser Mann sich verändert. Wenn er faul ist, behandeln Sie ihn, als würde er hart arbeiten. Vielleicht tut er tausend Dinge, die Sie nicht gutheißen – finden Sie dann die eine Sache heraus, die er gut macht, und sagen Sie ihm, wie toll Sie das finden.

Es ist leicht, an jemandem herumzunörgeln und Fehler zu finden, aber unser Ziel besteht darin, das Beste in unseren Mitmenschen zum Vorschein zu bringen. Wir haben die Aufgabe, andere zu ermutigen und dazu anzuspornen, sich weiterzuentwickeln.

Ich hörte einmal von einem Mann, der wie jeden Morgen seine Zeitung holen ging. Als er die Haustür öffnete, kam der kleine Hund seiner Nachbarn auf ihn zugelaufen und brachte ihm seine Zeitung. Der Mann schmunzelte, eilte zurück ins Haus und holte dem Hund eine Belohnung. Der kleine Hund lief fröhlich wedelnd davon.

Am nächsten Morgen, als der Mann die Haustür öffnete, um seine Zeitung zu holen, saß derselbe kleine Hund bereits dort. Neben ihm lagen acht Zeitungen von Leuten aus der Nachbarschaft!

Wir Menschen reagieren auf Belohnungen ähnlich – vor allem, wenn wir mit Lob, Bewunderung und Wertschätzung belohnt werden. Ehepartner sollten die Personen sein, die sich gegenseitig am meisten anfeuern. Nehmen Sie sich Zeit, Ihre Frau zu loben. Nehmen Sie sich Zeit, Ihrem Mann ein Kompliment zu machen. Seien Sie in dieser Hinsicht nicht nachlässig. Lernen Sie, einander nicht als selbstverständlich hinzunehmen.

Als Victoria kürzlich an mir vorbeiging, fiel mir auf, dass sie besonders hübsch aussah. Sie war elegant angezogen und hatte die Haare toll frisiert. *Wow, sie sieht heute klasse aus,* dachte ich.

Aber ich steckte gerade bis zum Hals in Arbeit und wollte nicht gestört werden, darum sagte ich nichts. *Außerdem, dachte ich, sie weiß doch, dass ich sie schön finde. Ich habe es ihr schon tausendmal gesagt.*

Ich habe die Gelegenheit verpasst, ein Kompliment zu säen. Später wurde mir klar, dass ich einfach nur faul war. Sicher, Victoria mag wissen, dass ich sie liebe und wertschätze. Sie mag wissen, dass ich sie körperlich anziehend finde. Aber als ihr Ehemann liegt es in meiner Verantwortung, jede Chance zu nutzen, um sie zu ermutigen.

Jemand hat mal gesagt: „Komplimente sind der Klebstoff, der Beziehungen zusammenhält." Bei all den Angriffen, denen Beziehungen heutzutage ausgesetzt sind, ist es erstaunlich, was ein nettes Wort hier und da ausrichten kann.

> Komplimente sind der Klebstoff, der Beziehungen zusammenhält.

„Du siehst heute toll aus, Liebling. Danke, dass du so ein leckeres Essen gekocht hast!" oder: „Sie haben Ihr Projekt vergangene Woche wirklich prima erledigt." Kurze, ehrliche, natürliche Komplimente können dazu beitragen, dass unsere Beziehungen tragfähig bleiben.

Fast jedes Mal, wenn ich eine Predigt gehalten habe und vom Podium herunterkomme, sagt Victoria mir: „Das war richtig toll, Joel."

In Wirklichkeit war es vielleicht die schlechteste Predigt, die ich je gehalten habe, aber das macht Victoria nichts aus. Sie ermutigt mich trotzdem.

Als wir neulich vom Podium stiegen, sagte Victoria: „Das war einfach spektakulär, Joel!"

Das ging mir runter wie Öl. Am darauffolgenden Sonntag sagte sie jedoch wieder: „Das war heute toll, Joel."

„Wie meinst du das, toll?", fragte ich mit gespielter Ungläubigkeit. „Wie wäre es mit ‚einfach spektakulär'?"

Victoria lachte nur und verdrehte die Augen. Sie weiß, dass sie mich verwöhnt hat!

Seien Sie großzügig mit Komplimenten, und zögern Sie nicht,

sie auszusprechen. Denken Sie daran, Ihre *Gedanken* segnen niemanden als Sie selbst. Sie können den ganzen Tag lang Gutes über jemanden denken, aber es wird der betreffenden Person nicht das Geringste nützen. Sie müssen diese Gedanken in Worte fassen! Versuchen Sie, jeden Tag jemanden zu finden, dem Sie ein Kompliment machen, den Sie aufbauen können. Wenn ein Kellner in einem Restaurant Sie gut bedient, dann registrieren Sie das nicht nur im Stillen. Sagen Sie es ihm: „Sie sind wirklich ein klasse Kellner. Danke, dass Sie so gut für uns sorgen." Vielleicht machen gerade diese anerkennenden Worte diesen Tag für ihn zu einem richtig guten Tag.

Brent, ein Mitglied der *Lakewood*-Gemeinde, stand einmal in einer Warteschlange vor der Supermarktkasse. Die Kassiererin hatte augenscheinlich einen schlechten Tag. Die Leute in der Schlange verloren allmählich die Geduld und ließen sie das auch spüren.

Als Brent an der Reihe war, beschloss er, dass er das Problem nicht dadurch vergrößern wollte, dass er so reagierte wie die anderen. Er lächelte und sagte: „Ich möchte Ihnen einfach mal sagen, dass Sie Ihre Sache prima machen. Ich finde es klasse, wie Sie das hinkriegen."

Das Gesicht der jungen Frau hellte sich sofort auf. Es war, als hätte Brent eine zentnerschwere Last von ihren Schultern genommen. „Ich arbeite schon seit drei Monaten hier", sagte sie, „und Sie sind der erste Mensch, der mir das sagt. Vielen, vielen Dank."

Unsere Gesellschaft ist voller Kritiker und Nörgler. Viele Menschen können es gar nicht abwarten, Sie darauf hinzuweisen, was Sie falsch machen. Aber nur wenige nehmen sich die Zeit, irgendetwas anzusprechen, das Sie gut machen. Ich möchte nicht so leben. Ich möchte jemand sein, der gibt, und nicht jemand, der nur nimmt. Ich möchte Menschen aufbauen und nicht niedermachen. Ich werde mein Bestes tun, damit sie sich nach der Begegnung mit mir besser fühlen als davor.

> Seien Sie jemand, der gibt, und nicht jemand, der nur nimmt.

Neulich dachte ich einmal über all das nach, wodurch Menschen uns auch nach ihrem Tod noch in Erinnerung bleiben. Während ich darüber nachdachte, welches Erbe ich hinterlassen würde, beschloss ich: Ich möchte in 100 Jahren dafür bekannt sein, dass ich das Beste in meinen Mitmenschen zum Vorschein gebracht habe und dass die Welt nach meinem Dienst ein bisschen besser ist als davor. Materielle Errungenschaften werden schnell vergessen sein. Das Einzige, was bleibt, ist das, was wir in das Leben anderer Menschen säen.

Ich möchte das Beste in meiner Frau und meinen Kindern zum Vorschein bringen. Ich möchte meine Freunde dazu inspirieren, ihr Bestes zu geben. Ich möchte, dass die Leute sagen: „Ich bin gern mit Joel Osteen zusammen. Er ermutigt mich dazu, mich weiterzuentwickeln, mehr vom Leben zu erwarten und meinen Horizont zu erweitern. Sein Verhalten, seine Einstellung und die Art und Weise, wie er seine Mitmenschen behandelt, wecken in mir den Wunsch, ein besserer Mensch zu werden."

Außerdem möchte ich den größten Teil der Zeit, über die ich frei verfügen kann, mit Menschen verbringen, die sich bemühen, das Beste in mir zum Vorschein zu bringen. In der Bibel steht: „Eisen wird mit Eisen geschärft" (Sprüche 27,17). Die Art und Weise, wie wir miteinander umgehen, sollte uns dazu ermutigen, uns weiterzuentwickeln.

Stellen Sie sich doch einmal ehrlich die folgende Frage: „Geht es den Menschen, mit denen ich Kontakt habe, besser oder schlechter, weil ich ihren Weg gekreuzt habe? Ermutige ich sie in unseren Gesprächen und bringe ich das Beste in ihnen zum Vorschein, oder ziehe ich sie runter? Glaube ich an sie? Flöße ich ihnen die Zuversicht ein, dass sie ihr Leben verbessern können? Oder bin ich nur auf mich selbst fixiert?"

Im Laufe der vergangenen Jahre habe ich eine Reihe ermutigender Briefe von berühmten Persönlichkeiten bekommen – Filmstars, Politiker, Sportler und andere Promis. Ich fühle mich durch dieses positive Feedback geschmeichelt und geehrt. Aber das größte Kompliment, das ich je bekommen habe, war, als Victoria sich vor unsere Gemeinde stellte und sagte: „Nach all den Jahren, die ich nun schon mit Joel verheiratet bin, kann ich euch sagen, dass ich ein besserer Mensch geworden bin. Ich habe mehr Selbstvertrauen. Ich bin freundlicher. Ich habe eine positivere Einstellung. Ich habe mich weiterentwickelt. Ich wurde ermutigt und angespornt."

Natürlich kann ich dasselbe über den positiven Einfluss sagen, den sie auf mich ausgeübt hat. Sie ist ein *People Builder*[23], und wir sind beide fest entschlossen, dass unsere Mitmenschen sich nach der Begegnung mit uns besser fühlen als vor unserem Zusammentreffen.

Sie können überall, wo Sie sind, ein *People Builder* sein. Der Kassierer an der Tankstelle – füllen Sie nicht nur Benzin in Ihren Wagen, füllen Sie etwas Gutes in sein Leben. Die Kollegin im Büro, die immer schlecht gelaunt ist – statt sich über sie zu beklagen, sollten Sie sich die Zeit nehmen, ihr ein Kompliment zu machen. Bauen Sie Ihre Freunde, Ihre Kollegen und Ihren Chef auf. Füllen Sie überall, wo Sie sind, die „emotionalen Konten" Ihrer Mitmenschen – zahlen Sie etwas ein, statt etwas abzuheben.

Denken Sie morgens nach dem Aufstehen nicht darüber nach, wie Sie gesegnet werden können – finden Sie Möglichkeiten, andere Menschen zu segnen. Wenn Sie einem anderen den Tag versüßen, wird Gott *Ihren* Tag versüßen.

Ich bin in meinem Leben mit so vielen Menschen gesegnet worden, die an mich geglaubt haben – meine Eltern, meine Frau, meine Verwandten. Jetzt bin ich dran. An wen glaube ich? Wen sporne ich an? Wem helfe ich dabei, erfolgreich zu sein?

> Wenn Sie einem anderen den Tag versüßen, wird Gott Ihren Tag versüßen.

Entscheiden Sie sich dafür, das Beste in den Menschen zum Vorschein zu bringen, die Gott in Ihr Leben gestellt hat. Sie sind Gott nie ähnlicher als dann, wenn Sie geben, und seinem Herzen nie näher als dann, wenn Sie anderen helfen. Wenn Sie ein *People Builder* sind und sich darauf konzentrieren, das Beste in Ihren Mitmenschen zum Vorschein zu bringen, kann ich Ihnen eines versprechen: Gott wird das Beste in *Ihnen* zum Vorschein bringen.

Kapitel 12

Bemühen Sie sich um die Vermeidung von Konflikten

Beziehungen sind das, was im Leben wirklich zählt – unsere Beziehung zu Gott, zu unserem Ehepartner, unseren Kindern, unseren Verwandten, unseren Freunden und den Menschen aus unserem weiteren sozialen Umfeld. Aber allzu oft passiert es, dass diese Beziehungen auf unserer Prioritätenliste viel weiter unten stehen, als sie es eigentlich sein sollten. Wenn wir nicht aufpassen, kann es leicht passieren, dass irgendetwas oder irgendjemand einen Keil zwischen uns und die Menschen treibt, die uns am meisten bedeuten.

Wenn wir unsere Beziehungen pflegen wollen, müssen wir lernen, Konflikte zu vermeiden. Gott hat uns als einzigartige Individuen erschaffen. Wir haben unterschiedliche Persönlichkeiten und Temperamente. Wir gehen Aufgaben auf unterschiedliche Weise an, und so sollten wir nicht überrascht sein, wenn wir gelegentlich aneinandergeraten. Aber allzu oft, wenn jemand anderer Meinung ist oder irgendetwas anders sieht als wir, sind wir sauer und öffnen Konflikten Tür und Tor. Ich habe mittlerweile gelernt: Wenn jemand nicht genauso ist wie ich oder etwas nicht genauso macht wie ich, bedeutet das nicht automatisch, dass ich recht habe und er nicht. Wir sind einfach verschieden und unsere Unterschiedlichkeit kann zu Reibungen führen.

Es erfordert eine gewisse Reife, mit jemandem auszukommen, der anders ist als Sie. Es erfordert Geduld, wegen Kleinigkeiten keinen Streit vom Zaun zu brechen oder schnell beleidigt zu sein. Wenn wir unser Leben frei von Konflikten halten wollen, müssen wir lernen, unseren Mitmenschen wohlwollend zu begegnen und grundsätzlich das Beste von ihnen anzunehmen.

Wir werden auch über ein paar Dinge hinwegsehen müssen. Jeder Mensch hat Fehler; wir alle haben Schwächen. Wir sollten nicht erwarten, dass die Menschen, mit denen wir in Kontakt kommen, vollkommen sind. Wie wunderbar ein Mensch auch sein mag, wie sehr Sie ihn oder sie auch lieben – wenn Sie lange genug mit dieser Person zusammen sind, werden sich Ihnen Gelegenheiten bieten, „aus gutem Grund" verletzt zu sein. Es gibt keinen perfekten Ehepartner, keinen perfekten Chef und noch nicht mal einen perfekten Pastor – obwohl ich dem natürlich sehr nahe komme! (Keine Sorge, das war nur ein Scherz.)

Wenn wir unseren Mitmenschen mit unrealistischen Erwartungen begegnen und von ihnen verlangen, dass sie vollkommen sind, dann ist das erstens ihnen gegenüber nicht fair und zweitens für uns eine Quelle der Frustration. Wir werden zwangsläufig enttäuscht werden.

Manche Menschen leben mit der Haltung: „Ich liebe dich, solange du mich nie verletzt oder solange du keinen Fehler machst." Oder: „Ich werde dein Freund sein, solange du mich richtig behandelst." Oder: „Solange du alles so machst, wie ich es will, werde ich dich akzeptieren und zufrieden sein."

Aber das ist äußerst unfair und setzt Ihr Gegenüber unangemessen unter Druck. In der Bibel steht, dass wir über die Schwächen unserer Mitmenschen hinwegsehen sollen: „… denn die Liebe deckt viele Sünden zu" (1. Petrus 4,8; NL). Mit anderen Worten: Wir müssen über manches hinwegsehen, damit das zwischenmenschliche Miteinander funktioniert. Erwarten Sie nicht, dass Ihr Ehepartner, Ihre Kinder oder andere Menschen, mit denen Sie in Beziehung stehen, vollkommen sind – legen Sie ein bisschen Nachsicht an den Tag.

Ich hätte keine bessere Frau finden können als Victoria. Sie ist ein sehr liebevoller, fürsorglicher, großzügiger Mensch, und doch gibt es ein paar Dinge, über die ich hinwegsehen muss. Das bedeutet nicht, dass mit ihr irgendetwas nicht stimmt; sie ist einfach ein Mensch. Wenn ich ein kritischer Nörgler wäre und ihr alles ankreiden würde, was sie falsch macht, würde unsere Beziehung darunter leiden. Über kurz oder lang lägen wir im Clinch miteinander und würden uns nur noch streiten.

Aber wir sehen gegenseitig über unsere Schwächen hinweg. Wir haben gelernt, nicht überempfindlich zu sein oder schnell einzuschnappen.

Es gibt kaum etwas Schlimmeres, als mit einem empfindlichen Menschen zusammenzuleben, der schnell eingeschnappt ist. Wir alle müssen lernen, es in Gedanken abzuhaken und zur Tagesordnung überzugehen, wenn jemand uns kränkt oder uns Unrecht zufügt. Darauf wies schon Paulus hin: „Liebe ist immer bereit zu verzeihen, stets vertraut sie, sie verliert nie die Hoffnung und hält durch bis zum Ende" (1. Korinther 13,7; Hfa).

„Mein Mann hat heute Morgen fast kein Wort mit mir gesprochen. Und er hat sich noch nicht mal bedankt, dass ich neulich Abend gekocht habe."

Denken Sie daran: Die Liebe deckt Fehler zu. Gehen Sie nicht gekränkt und sauer durch den Tag – ziehen Sie in Betracht, dass Ihr Gegenüber sich vielleicht schlecht gefühlt hat. Vielleicht steht er an seinem Arbeitsplatz unter Stress oder ist wegen irgendetwas anderem unter Druck. Statt ihn zu kritisieren und zu verurteilen, sollten Sie ein Auge zudrücken und davon ausgehen, dass er es nicht böse gemeint hat.

Mein Vater sagte immer: „Jeder hat das Recht, ab und zu einen schlechten Tag zu haben." Wenn jemand etwas tut, das Ihnen nicht gefällt, wenn er Sie unabsichtlich verletzt oder verärgert, dann überwinden Sie Ihren Stolz, sagen Sie: „Ich beschließe, über diese Kränkung hinwegzusehen", und gehen Sie zur Tagesordnung über.

Es würde Ihre Lebensqualität enorm verbessern, wenn Sie sich angewöhnen würden, negativen Gedanken und Gefühlen keinen Raum zu geben, sondern stattdessen die Dinge positiv zu sehen und das Beste von Ihren Mitmenschen anzunehmen.

In der Bibel steht, die Liebe „trägt das Böse nicht nach" (1. Korinther 13,5). Vielleicht würden Sie ja erleben, dass Ihre Beziehung zu einer bestimmten Person sich unglaublich zum Positiven wandelt, wenn Sie nur aufhören würden, über ihre Vergehen Buch zu führen. Ich kenne Menschen, die eine mentale Liste von all dem im Kopf haben, was ihnen in den vergangenen 20 Jahren von irgendjemandem zugefügt wurde. Sie führen akribisch Buch darüber, wann ihr Partner sie verletzt hat, ihr Chef gedankenlos oder unhöflich war und ihre Eltern nicht zum Fußballspiel der Enkel gekommen sind. Führen Sie nicht Buch – werfen Sie solche Erinnerungen in den mentalen Mülleimer und halten Sie nach dem Guten in Ihren Mitmenschen Ausschau.

Mein Bekannter Steve sagte einmal zu mir: „Joel, meine Frau hält mir bei jeder noch so kleinen Meinungsverschiedenheit alle Fehler vor, die ich in den letzten zehn Jahren gemacht habe. ‚Letztes Jahr hast du das und das gemacht. Weißt du nicht mehr, dass du 2005 das getan hast? Vergangenen Monat hast du mich so verletzt.' Sie wärmt immer wieder alte Geschichten auf."

Solange Sie die Verletzungen der Vergangenheit immer wieder hervorkramen, werden Sie in der Gegenwart Konflikte pflegen.

„Aber ich bin doch im Recht!", höre ich Sie jammern.

Das mag ja vielleicht sein, aber wollen Sie im Recht sein, oder wollen Sie in Frieden mit Ihren Mitmenschen leben? Wollen Sie Ihren Willen durchsetzen oder wollen Sie gesunde Beziehungen pflegen? Oft können wir nicht beides haben. Für all unsere Beziehungen, besonders für unsere Ehe, gilt, dass wir nicht darüber Buch führen dürfen, wenn wir verletzt werden.

Als Christine über eine Kreuzung fuhr, bog sie versehentlich zu scharf ab und streifte ein anderes Auto. Zu allem Unglück war ihr Wagen niegelnagelneu; ihr Mann Eric hatte ihn ihr zur Hochzeit geschenkt. Christine fuhr auf den Randstreifen, und der Fahrer des anderen Fahrzeugs, ein älterer Herr, stieg aus seinem Auto und betrachtete seine lädierte Stoßstange. Dann ging er zu Christine hinüber, die in ihrem Wagen saß und weinte.

„Ist alles in Ordnung, junge Dame?", fragte er freundlich.

„Mit mir ist alles okay", schluchzte Christine, „aber ich habe gerade geheiratet und mein Mann hat mir dieses Auto zur Hochzeit geschenkt. Er wird so wütend sein, wenn er das sieht. Ich weiß gar nicht, was ich machen soll."

„Ach, das wird schon nicht so schlimm werden", versuchte der ältere Herr sie zu beruhigen. „Ihr Mann versteht das schon."

Sie sprachen noch ein paar Minuten miteinander und dann sagte er: „Könnte ich vielleicht noch Ihre Versicherungsdaten bekommen? Ich notiere sie mir nur schnell und dann können Sie weiterfahren."

„Ich weiß gar nicht, ob ich eine Versicherungskarte habe", entgegnete Christine unter Tränen.

„Die liegt normalerweise im Handschuhfach", meinte der Mann. „Schauen Sie doch einmal dort nach."

Christine öffnete das Handschuhfach und fand dort den Fahrzeugschein und die Versicherungsunterlagen. An den Umschlag, in dem beides steckte, war ein Zettel geheftet, auf dem stand: „Wenn du jemals einen Unfall hast, Liebling, dann denk bitte daran, dass ich dich liebe und nicht das Auto."

Ein solcher Mensch möchte ich sein – ein Mensch, der nachsichtig ist, sogar schon im Voraus, noch ehe der andere einen Fehler begangen hat. Verzichten Sie darauf, hervorzuheben, was jemand anderes falsch macht. Lernen Sie stattdessen, über ein paar der Schwächen der Menschen, die Ihnen nahestehen, hinwegzusehen.

Entscheiden Sie sich dafür, ein Friedensstifter zu sein

„Aber mein Mann und ich passen einfach nicht zusammen, Joel. Wir kommen einfach nicht miteinander klar. Wir sind so unterschiedlich."

Nein, Gott hat Sie vielleicht absichtlich mit jemandem zusammengebracht, der anders ist als Sie. Das war kein Irrtum. Sie haben vielleicht ganz andere Stärken und Schwächen als Ihr Ehepartner, aber im Idealfall können Ihre Stärken die Schwächen Ihres Partners ausgleichen, und umgekehrt. Sie ergänzen einander. Und das sollten Sie auch tun: sich ergänzen, statt sich zu bekämpfen. Sie beide sind gemeinsam viel stärker als jeder von Ihnen allein auf sich gestellt.

Aber Sie müssen sich mit Ihrem Gegenüber befassen und herausfinden, was Ihr Partner mag und was nicht. Finden Sie heraus, wo seine Schwachpunkte liegen, und lassen Sie nicht zu, dass diese in Ihrer Beziehung Konflikte verursachen.

Vielleicht sind Sie ein ordentlicher Mensch mit einer Schwäche für die Hausarbeit. Sie finden es toll, wenn alles an seinem Platz liegt, aber Ihr Mann ist eher schlampig. Er neigt dazu, seine Sachen überall herumliegen zu lassen. Sie haben ihm schon tausendmal gesagt, dass er seine Schuhe nicht vor dem Fernseher stehen lassen soll. Und dann kommen Sie eines Abends ins Wohnzimmer und, natürlich, da stehen wieder mal seine Schuhe. Sie suchen ihn und halten ihm vor: „Wann wirst du endlich deine Schuhe wegräumen? Ich habe es so satt, den ganzen Tag hinter dir herzuräumen!"

Nein, seien Sie lieber die Friedensstifterin in Ihrer Familie. Räumen Sie einfach stillschweigend seine Schuhe weg, und gehen Sie wieder zur Tagesordnung über, damit Sie den Rest des Abends genießen können. Mit anderen Worten: Machen Sie kein großes Tamtam um etwas, das im Grunde nur eine Kleinigkeit ist. Die Sache ist es nicht wert, dass es deswegen Konflikte gibt.

„Ich habe meine Frau immer wieder gebeten, das Licht auszumachen, wenn sie ein Zimmer verlässt", schnaubte David. „Aber sie vergisst es immer, und dann muss ich zurückgehen und es selber machen."

„Hacken Sie doch nicht auf Ihrer Frau herum", wandte ich ein. „Sehen Sie über ihre Schwächen hinweg, so wie sie es umgekehrt bei Ihnen vermutlich auch macht. Es tut Ihnen doch nicht weh, zurückzugehen und das Licht auszumachen. So haben Sie immerhin ein bisschen Bewegung."

„Aber wann wird sie es endlich lernen?", protestierte David.

Wahrscheinlich könnten Sie Davids Frage beantworten: Wenn er aufhört, an ihr herumzunörgeln, und mit einer anderen Einstellung an diese Sache herangeht – *dann* wird sie sich ändern.

Das sind natürlich relativ unwichtige Dinge, aber dasselbe Prinzip gilt auch, wenn es um ernsthaftere Probleme geht. Wenn Sie über die Schwächen einer Person hinwegsehen und „die zweite Meile mit ihm gehen", um Konflikte zu vermeiden, dann säen Sie eine Saat dafür, dass Gott an Ihrem Gegenüber arbeiten kann. Denken Sie daran: Sie können niemanden verändern – das kann nur Gott. Sie können den ganzen Tag an jemandem herumnörgeln, aber Ihre Kritik wird nur dazu führen, die Sache zu verschlimmern. Und dadurch gibt es dann noch mehr Konflikte und Zwietracht. Nichts wird den Frieden schneller aus Ihrem Haus vertreiben als permanente Kritik. Und auch die Atmosphäre an Ihrem Arbeitsplatz können Sie dadurch zerstören, dass Sie pausenlos herummeckern und Ihren Kollegen ständig ihre Fehler unter die Nase reiben.

In der Bibel steht: „Seid alle miteinander auf Einigkeit bedacht" (Römer 12,16). In der „Hoffnung für alle"-Übersetzung heißt es weiter: „Hütet euch vor Selbstüberschätzung und Besserwisserei." Dort steht nicht, dass die anderen dankbar sein sollen, dass wir den Durchblick haben. Nein, wenn wir in Frieden mit anderen leben wollen, dann müssen *wir* bereit sein, auch manchmal unseren Mund zu halten, wenn wir meinen, es besser zu wissen.

Sie können nicht mit der Einstellung leben: „Wenn meine Frau anfinge, das zu tun, worum ich sie bitte, dann hätten wir überhaupt keine Probleme." – „Wenn mein Mann endlich anfinge, seine Sachen aufzuräumen, kämen wir prima miteinander aus." – „Wenn mein Chef anfinge, mich anständig zu behandeln, würde ich aufhören, so unhöflich zu ihm zu sein."

Nein, *wir* müssen uns verändern, wenn wir in Frieden mit anderen leben wollen. Sie müssen eben manchmal Ihren Stolz hinunterschlucken. Vielleicht räumen Sie einfach seine Schuhe weg – und zwar, ohne ihn hinterher darauf hinzuweisen: „Also, ich wollte dir nur sagen, dass ich deine Schuhe weggeräumt habe. Auch heute wieder – so wie jeden Tag."

Nein, stellen Sie sie weg und erwähnen Sie es gar nicht. Vielleicht ist es Ihnen nicht bewusst, aber wenn Sie tun, was in Ihrer Macht steht, um Konflikte zu vermeiden, ehren Sie Gott damit. Und wenn Sie Gott ehren, dann wird er *Sie* ehren. Wenn Sie Samen der Freundlichkeit und Barmherzigkeit säen, werden Sie erleben, dass Ihre Beziehungen blühen und gedeihen.

Der Schlüssel besteht darin, dass wir lernen, uns anzupassen. Wir müssen bereit sein, uns auf andere einzustellen. Warten Sie nicht länger darauf, dass jemand anderes etwas tut. Seien *Sie* der Friedensstifter in Ihrer Familie oder an Ihrem Arbeitsplatz.

Manchmal lassen wir zu, dass wegen der lächerlichsten Kleinigkeiten Konflikte zu schwelen beginnen. Wir streiten über Dinge, die völlig unwichtig sind. Einmal fuhren wir aus unserem Wohnviertel heraus und blieben vor einem Haus stehen, das sich gerade im Bau befand. Ich sagte nur: „Ich frage mich, warum der Bauherr die Garage dorthin gebaut hat, auf diese Seite des Hauses. Ich hätte das nicht gemacht."

Victoria betrachtete das Haus und meinte: „Ich glaube, das hat er gemacht, damit er mehr Platz auf dem Grundstück hat."

Ich studierte das Gelände und die Lage des Hauses und kam zu dem Ergebnis: „Nein, dadurch gewinnt er überhaupt keinen Platz."

„Aber natürlich, Joel", antwortete Victoria. „Dadurch hat er viel mehr Platz."

Eine Viertelstunde später debattierten wir immer noch darüber, warum der Bauherr die Garage dorthin gebaut hatte, wo sie stand. Unsere Stimmen wurden lauter und unser Ton wurde schärfer. Schließlich dämmerte mir: *Warum streiten wir uns eigentlich darüber, wo der Mann seine Garage hingebaut hat? Wir kennen den Typ noch nicht mal!* Die Sache war es nicht wert, dass wir darüber unsere Freude und unseren Frieden verloren, und so beschlossen Victoria und ich einfach, das Ganze auf sich beruhen zu lassen.

Denken Sie nach, bevor Sie einen Streit vom Zaun brechen – lohnt sich der Ärger wirklich? Machen Sie kein Tamtam um Dinge, die nicht wichtig sind. Es gibt im Leben genügend echte Probleme, die wir lösen müssen.

Einmal kamen Victoria und ich von einem Baseballspiel der *Houston Astros* und fuhren aus dem Parkhaus im Stadtzentrum. Das Stadium war damals noch relativ neu, und ich wusste nicht genau, wie man am besten zurückfuhr. Als wir den Parkplatz verließen, fragte ich: „Muss ich nach rechts oder links fahren, Victoria?"

„Ich glaube, wir müssen nach rechts fahren", antwortete sie.

Ich schaute die Straße hinunter und sah auf der rechten Seite nichts, das mir bekannt vorkam. „Nein", meinte ich, „ich glaube, wir müssen nach links."

Sie sah sich nach allen Seiten um und wiederholte dann: „Nein, Joel, ich bin sicher, dass wir nach rechts müssen."

„Aber unser Haus liegt da drüben", insistierte ich und zeigte nach links. „Ich weiß, dass wir in diese Richtung fahren müssen." Ich fuhr vom Parkplatz und bog nach links ab.

Sie kommentierte: „In Ordnung, aber das ist der falsche Weg."

Wir hatten gerade ein richtig schönes Spiel verfolgt und viel Spaß gehabt. Jetzt war die Atmosphäre in unserem Auto völlig verändert. Wir waren angespannt und gereizt. Wegen dieser Kleinigkeit sprachen wir sogar kaum noch miteinander. Wenn ich einfach meinen Stolz überwunden hätte und so gefahren wäre, wie sie vorschlug, hätte das überhaupt nichts geschadet. Selbst wenn es der falsche Weg gewesen wäre, was hätten zehn Minuten schon ausgemacht? Aber nein, ich musste zeigen, dass ich recht hatte. Ich musste mich beweisen.

Ich fuhr ... und fuhr ... und durchquerte die gesamte Innenstadt. Ich bemühte mich nach Kräften, so zu tun, als wüsste ich, wo ich hinfuhr, aber ich hätte genauso gut in Japan sein können. Ich hatte keine Ahnung, wo wir waren. Ich sah die Autobahn, aber ich konnte nicht herausfinden, wie wir dort hinkommen konnten. (Jeder, der schon mal durch Houston gefahren ist, weiß vermutlich, wovon ich spreche.)

Jedes Mal, wenn ich zu Victoria hinübersah, lächelte sie nur und sagte. „Du hättest eben auf mich hören sollen. Vielleicht sind wir ja morgen um diese Zeit zu Hause." Je mehr sie mir das unter die Nase rieb, desto wütender wurde ich.

Nachdem wir eine halbe Stunde im Stadtzentrum herumgegondelt waren, meinte ich: „Gut, in Ordnung. Wir fahren zurück zum Stadion, dann werden wir ja sehen, ob du uns nach Hause bringen kannst."

„Das wird aber auch Zeit", entgegnete sie.

Wir fuhren zurück zum Stadion und sie sagte ruhig: „In Ordnung, jetzt biegst du rechts ab und dann nimmst du die erste Straße links."

Während wir durch einen Stadtteil fuhren, den ich noch nie gesehen hatte, hoffte ich von ganzem Herzen, dass wir uns verirrt hatten. Es war mir ganz egal, ob wir jemals nach Hause kommen würden. Ich wollte einfach nicht, dass Victoria recht hatte.

Wir fuhren durch verschiedene Nebenstraßen und schließlich sagte sie: „Okay, jetzt müssen wir nach rechts."

Und ob Sie es glauben oder nicht: Dann waren wir auf der Autobahn, die zu uns nach Hause führte. Ich konnte nicht glauben, dass sie das geschafft hatte, und meinte: „Woher hast du das gewusst, Victoria?"

Sie antwortete: „Ach, hier in der Nähe gibt es ein kleines Stoffgeschäft, in dem ich früher oft gewesen bin."

Machen Sie nicht denselben Fehler wie ich. Seien Sie nicht so stolz, dass Sie immer auf Ihrem Standpunkt beharren müssen. Überwinden Sie Ihren Stolz, und hören Sie auf das, was jemand anders sagt. Sie denken vielleicht, dass Sie recht haben, aber es besteht auch die Möglichkeit, dass Sie sich irren.

Ich kenne Leute, die sich wegen ähnlich dummer oder völlig unbedeutender Dinge haben scheiden lassen. Sie haben zugelassen, dass die Wunde sich entzündete und zu eitern begann, und in null Komma nichts hatten sie eine ungeheure Wut aufeinander. Tief im Inneren liebten sie sich vielleicht wirklich, aber sie hatten zugelassen, dass die Konflikte im Laufe der Zeit einen Keil zwischen sie getrieben hatten.

Jesus hat schon darauf hingewiesen: „Keine Stadt oder Familie, in der die Leute miteinander im Streit liegen, kann bestehen" (Matthäus 12,25). Bitte beachten Sie: Wenn Sie zulassen, dass es in Ihrer Beziehung ständig Konflikte gibt, dann wird sie in die Brüche gehen. Das geschieht vielleicht nicht über Nacht; es geschieht vielleicht nicht in ein paar Monaten und vielleicht auch nicht in ein paar Jahren. Aber wenn Sie zulassen, dass die Zwietracht wächst, indem Sie Groll gegeneinander hegen, bissige Bemerkungen machen und andere destruktive Dinge tun, dann wird diese Beziehung früher oder später daran zerbrechen. Die Konflikte zerfressen das Fundament, auf dem Sie stehen, und wenn Sie nicht bald beschließen, etwas dagegen zu unternehmen, könnte Ihr Lebenshaus irgendwann in sich zusammenstürzen. Es könnte durchaus passieren, dass Sie eines Tages aufwachen und denken: *Was habe ich getan? Ich habe diese Beziehung zerstört. Wie konnte ich nur so dumm sein?*

Seien Sie nicht stur und dickköpfig. Vielleicht liegen Sie seit Monaten mit jemandem im Clinch, reden nicht mit ihm und zeigen ihm die kalte Schulter. Das Leben ist zu kurz für so etwas. Wenn irgend möglich, gehen Sie zu dieser Person und bringen Sie das in Ordnung – solange Sie noch die Gelegenheit dazu haben.

> Das Leben ist zu kurz, um an Konflikten festzuhalten.

Ich unterhielt mich kürzlich mit einem Mann, der völlig verzweifelt und am Ende war. Als ich ihn fragte, was ihn bedrückte, erzählte er mir, dass er sich mit seinem Vater wegen einer geschäftlichen Entscheidung überworfen hatte. Sie hatten über zwei Jahre lang nicht miteinander gesprochen. Er sagte: „Joel, ich wusste tief in meinem Inneren, dass ich das in Ordnung bringen musste, aber ich habe es immer wieder hinausgeschoben. Und nun habe ich Anfang dieser Woche einen Anruf bekommen, dass mein Vater einen Herzinfarkt erlitten hat und gestorben ist." Stellen Sie sich einmal vor, mit welchem Schmerz dieser Mann leben muss.

Warten Sie nicht, bis es zu spät ist, um sich mit jemandem auszusöhnen, von dem Sie sich distanziert haben. Tun Sie es heute noch. Überwinden Sie Ihren Stolz und entschuldigen Sie sich, selbst wenn es nicht Ihr Fehler war. Wahren Sie den Frieden. Machen Sie sich klar, dass es nicht darum geht, recht zu haben. Es geht darum, unnötige Konflikte zu vermeiden. Sie können jede Auseinandersetzung gewinnen, aber wenn das die Tür zu Chaos und Unfrieden öffnet, Zwistigkeiten hervorruft und Sie innerlich zerreißt, dann haben Sie am Ende überhaupt nichts gewonnen – und vielleicht sogar viel verloren.

Ich glaube, dass Gott uns immer eine Warnung zukommen lässt, um uns wachzurütteln. Er sagt vielleicht einfach: „Sei nicht so streitsüchtig. Hör auf, ständig nach Fehlern zu suchen. Führe nicht länger Buch über all das, was andere falsch machen. Sei ein Friedensstifter." Wenn wir seine Stimme hören, müssen wir darauf eingehen.

„Nun, ich werde anfangen, eine Friedensstifterin zu sein, sobald mein Mann sich verändert", höre ich jemanden sagen. „Ich werde es tun, sobald mein Chef anfängt, mich besser zu behandeln."

Nein, wenn Sie darauf warten wollen, dass jemand anderes in Ihrem Leben für Frieden sorgt, müssen Sie vielleicht Ihr Leben lang warten. Der Friede beginnt mit Ihnen; Sie müssen den ersten Schritt tun.

„Aber ich habe mich schon letztes Mal als Erste entschuldigt. Das ist nicht fair. Jetzt ist er an der Reihe."

Es ist vielleicht nicht fair, aber es kann Ihnen helfen, zusammenzubleiben. Überwinden Sie Ihren Stolz. Seien Sie der Klügere und geben Sie nach. Wenn Sie das tun, säen Sie eine Saat, und Gott wird Sie entschädigen.

Der alttestamentliche Patriarch Abraham zog mit seinem Neffen Lot in ein neues Land. Es war aber nicht groß genug, um beide zu ernähren. In 1. Mose 13, Vers 7 wird sogar davon berichtet, dass Lots Hirten mit Abrahams Hirten Streit anfingen.

Abraham kümmerte sich sofort um das Problem. Er wusste, wenn er zuließe, dass die Streitigkeiten weitergingen, würden nicht nur die Hirten darunter leiden, es würde auch seiner Beziehung zu Lot schaden. Dieser Konflikt würde am Ende die ganze Familie in Unfrieden stürzen. Darum tat Abraham das Richtige und ließ Lot die Wahl. Er konnte zuerst festlegen, welches Land er in Besitz nehmen wollte. Das ist interessant, nicht wahr? Um Konflikten aus dem Weg zu gehen, ließ Abraham bereitwillig zu, dass Lot ihn übers Ohr haute. Er ließ Lot seinen Willen, obwohl er selbst der Ältere war und eigentlich das Recht gehabt hätte, das bessere Gebiet für sich zu beanspruchen. Manchmal müssen Sie vielleicht, auch wenn es wehtut, der anderen Person ihren Willen lassen, um unnötige Konflikte zu vermeiden. Sie wissen vielleicht ganz genau, dass das nicht fair ist und dass Sie im Recht sind und der andere im Unrecht, aber das ist egal. Vertrauen Sie darauf, dass Gott Sie entschädigen wird.

Die Bibel macht deutlich: Weil Abraham den Frieden wahrte und es nicht auf eine Auseinandersetzung ankommen ließ, ehrte Gott ihn dadurch, dass er ihm das ganze Land schenkte. Wenn Sie sich entscheiden, den Frieden zu bewahren, auch wenn jemand Ihnen Unrecht tut, wird Gott Sie überreichlich segnen. Er wird dafür sorgen, dass Sie hinterher sogar besser dastehen als zuvor.

In der Bibel steht auch nicht, dass es in Ordnung sei, mit jemandem zu streiten, solange es nicht Ihre Schuld ist. Nein, wenn wir mit jemandem Streit haben, sind Chaos und Zerstörung die Folge, gleichgültig, wessen Schuld es ist. Und vielleicht bittet Gott ja *Sie,* sich zu verändern, um den Frieden zu wahren.

Bill und Mary hatten riesige Eheprobleme. Sie führten keine richtige Beziehung; sie lebten nebeneinander her, mehr nicht. Bill war extrem egoistisch und streitsüchtig. Er war einfach ein kritischer, negativer Mensch, mit dem schwer auszukommen war.

Mary jedoch liebte Gott von ganzem Herzen. Sie ging jeden Sonntag zum Gottesdienst und bemühte sich nach Kräften, so zu leben, wie es Gott gefiel. Bill war stolz darauf, das krasse Gegenteil zu sein. Er wollte mit Gott nichts zu tun haben und sprach oft voller Verachtung über geistliche Dinge. Mary betete beinahe jeden Tag dafür, dass Gott ihren Mann veränderte. Jahr für Jahr verging, ohne dass sich viel verbesserte.

Eines Tages stellte Mary Gott im Gebet die Frage: „Warum muss ich unter so schrecklichen Umständen leben? Wann wirst du meinen Mann endlich verändern?"

Gott sprach tief in ihr Herz und ihre Gedanken hinein. Er sagte: „Mary, ich werde deinen Mann verändern, sobald *du* dich veränderst."

„Was soll das heißen, Gott?", schluchzte Mary. „*Er* ist doch das Problem. Bill ist derjenige, der gemein und streitsüchtig ist. Ich gehe schließlich jeden Sonntag zur Kirche."

Gott entgegnete: „Nein, du tust nicht alles, was in deiner Macht steht, um den Frieden zu erhalten. Du bist dieser Situation gegenüber gleichgültig geworden." Dann fügte er noch hinzu: „Ich werde dich dafür zur Verantwortung ziehen, denn du kennst die Wahrheit. Du weißt, was richtig ist, und wenn du anfängst, dementsprechend zu handeln, werde ich Bill verändern."

Mary nahm Gott beim Wort und strengte sich besonders an, um den häuslichen Frieden zu wahren. In weniger als einem Jahr begann Bill, sich zu verändern, zuerst ganz allmählich und dann immer deutlicher. Heute sind beide engagierte Christen und lieben sich, als hätten sie gerade erst geheiratet.

In der Bibel steht: „Wer das Gute kennt und es nicht tut, der macht sich schuldig" (Jakobus 4,17; NL). So oft warten wir darauf, dass der andere sich verändert. Wir wissen, dass *er* im Unrecht ist; wir wissen, dass es *ihre* Schuld ist. Wir müssen uns klarmachen: Gott erwartet von uns, dass *wir* das tun, was wir als richtig erkannt haben. Wenn wir zulassen, dass es in unseren Beziehungen Konflikte gibt, öffnen wir allen möglichen Problemen Tür und Tor.

Vor ein paar Jahren machten Victoria und ich mit unseren Kindern eine Radtour im Park. Der Tag war für mich nicht besonders gut gelaufen, und ich war wegen etwas, das Victoria gemacht hatte, ausgesprochen gereizt. Ich war der Meinung, dass sie es nicht hätte tun sollen, und ich ärgerte mich darüber. Statt die Sache auf sich beruhen zu lassen, entschloss ich mich, daran festzuhalten. Ich hätte darüber hinwegsehen können; es war keine große Angelegenheit. Ich hätte es abhaken und den Tag mit meiner Familie genießen können, aber ich beschloss, an meiner schlechten Laune festzuhalten.

Ich setzte unsere Tochter Alexandra hinter mich in den Kindersitz und radelte Victoria und Jonathan davon. Der Radweg war ziemlich schmal, nur etwa 1,20 Meter breit, und Jonathan hatte erst vor ein paar Monaten Radfahren gelernt. Er war immer noch ein bisschen unsicher und deshalb musste er langsam fahren.

Ich befand mich etwa hundert Meter vor Jonathan und Victoria, als sich aus der entgegengesetzten Richtung ein Radfahrer näherte und mit hoher Geschwindigkeit an mir vorbeifuhr. Mein erster Gedanke war: *Ich hoffe, Jonathan passt auf. Dieser Typ hat ein Wahnsinnstempo drauf!*

Es kam, wie es kommen musste: Als der Mann auf Jonathan zukam, wurde dieser unsicher und lenkte sein Rad genau in den Weg des entgegenkommenden Radfahrers. Sie stießen frontal zusammen und das metallene Klirren, das den Zusammenstoß begleitete, ging mir durch Mark und Bein. Ich war davon überzeugt, dass Jonathan sich einen Arm oder ein Bein gebrochen hatte.

Ich machte eine Vollbremsung, stellte mein Rad ab und rannte zu Jonathan zurück, so schnell ich konnte. Ich hob ihn hoch und wunderte mich darüber, dass er keine schwere Verletzung davongetragen hatte. Er hatte sich die Arme und die Beine aufgeschürft, aber er hatte sich nichts gebrochen. Sein Fahrrad war allerdings ein einziger Blechklumpen und ließ sich keinen Meter mehr fahren.

Dem anderen Fahrer war zum Glück auch nichts passiert. Als sich alles beruhigt hatte, sagte eine Stimme in meinem Inneren: „Das hast du dir selbst zuzuschreiben, Joel. Du hattest die Möglichkeit, die Sache in Ordnung zu bringen. Du hattest die Möglichkeit, den Konflikt zu bereinigen, aber du hast dich entschieden, es nicht zu tun."

Obwohl ich es besser wusste, hatte ich an meinem Ärger festgehalten. Ich behandelte Victoria nicht richtig und der Unfall war zumindest teilweise darauf zurückzuführen. In der Bibel steht, dass wir dem Feind keinen Raum geben sollen, keinen Raum für Konflikte, Streit und Unversöhnlichkeit. Natürlich wird nicht jeder Unfall durch einen Streit verursacht, aber ich wusste, dass ich *diesen* verschuldet hatte, und ich entschuldigte mich bei meiner Familie.

Wenn wir dickköpfig an einem Konflikt festhalten, dann entscheiden wir uns dafür, uns aus dem Schutz Gottes hinauszubegeben. Wir verzichten auf seine Gunst und seine Segnungen. Sicher, es gibt Situationen, in denen wir dazu aufgerufen sind, Probleme offen anzugehen, aber es gibt auch Situationen, in denen wir die Möglichkeit haben, Konflikte dadurch zu vermeiden, dass wir nicht auf unserem Recht beharren. Bemühen Sie sich bewusst darum, Konflikte zu vermeiden. Seien Sie nicht kleinlich und gehen Sie Zwist und Unstimmigkeiten aus dem Weg. Entscheiden Sie sich dafür, sich anzupassen und nachzugeben, um in Frieden mit Ihren Mitmenschen zu leben.

Glauben Sie mir: Wenn Sie Ihren Stolz überwinden und tun, was immer erforderlich ist, um Konflikte zu vermeiden, säen Sie Samen dafür aus, dass Gott Sie segnen kann. Sie werden sich weiterentwickeln. Ihre Beziehungen werden aufzublühen beginnen. Jesus hat gesagt: „Gott segnet die, die sich um Frieden bemühen" (Matthäus 5,9; NL). Wenn Sie Ihr Leben mit dieser Haltung angehen, werden Ihre Beziehungen zu anderen immer besser werden.

Kapitel 13

Kämpfen Sie für Ihre Familie

Eine der größten Bedrohungen, mit denen wir im 21. Jahrhundert konfrontiert sind, ist nicht ein terroristischer Angriff oder eine ökologische Katastrophe, sondern der Angriff auf unsere Familien. Der Feind würde nichts lieber tun, als Ihre Beziehung zu Ihrem Mann oder Ihrer Frau, Ihren Eltern oder Ihren Kindern zu zerstören. Zu viele Familien werden heute durch Konflikte, mangelnde Loyalität, falsche Prioritäten und schlechte Einstellungen zerstört. Wenn wir starke, gesunde Beziehungen pflegen möchten, müssen wir uns auf die Hinterbeine stellen und für unsere Familien eintreten.

Im Alten Testament wird davon berichtet, dass Nehemia die Mauern Jerusalems wieder aufbaute. Diese waren in den vergangenen Jahren zerstört worden, und feindliche Völker rüsteten sich zum Angriff auf die Israeliten, ihre Häuser, ihre Frauen und Kinder, während die Männer mit der Wiedererrichtung der Mauern beschäftigt waren. Es wurde schließlich so schlimm, dass Nehemia seine Männer anwies, mit einem Hammer in der einen und einem Schwert in der anderen Hand zu arbeiten. Er ermutigte sie: „Kämpft für eure Brüder, für eure Söhne und Töchter, für eure Frauen und für euren Besitz!" (Nehemia 4,8). Und er versicherte ihnen (Vers 14): „Unser Gott wird für euch kämpfen!"

Ich glaube, dass Gott heute etwas Ähnliches zu uns sagt. Wenn wir unseren Beitrag leisten und wirklich für unsere Familien Stellung beziehen, wird Gott seinen Teil dazu beitragen: Er wird uns helfen, glückliche Ehen zu führen und harmonische Beziehungen zu unseren Eltern und Kindern zu pflegen.

Sicher, nicht alle Menschen heiraten, aber wenn ein Mann und eine Frau sich entscheiden, es zu tun, dann müssen zunächst zwei Dinge geklärt werden. Erstens: „Wir wollen als Ehepaar Gott dienen. Wir werden ein Leben führen, das ihm Ehre macht. Wir wollen jederzeit unser Bestes geben und uns stets korrekt verhalten." Und der zweite Punkt ist: „Wir gehören zusammen und stehen auf derselben Seite, was auch immer geschieht. Wir sind vielleicht manchmal unterschiedlicher Meinung und sagen Dinge, die wir nicht sagen sollten. Wir schmollen vielleicht manchmal oder werden sogar richtig wütend aufeinander. Aber letztendlich werden wir darüber hinwegkommen, wir werden einander vergeben und zur Tagesordnung übergehen. Trennung kommt nicht infrage. Wir halten in guten und schlechten Zeiten zusammen."

Wenn Sie sich die Möglichkeit offenhalten, eine Beziehung gegebenenfalls doch zu beenden, werden Sie immer irgendeinen Grund finden, es auch zu tun: „Ach, Joel, wir kommen einfach nicht miteinander aus. Wir passen nicht zusammen. Wir haben es versucht, aber wir lieben uns einfach nicht mehr."

Die Wahrheit ist, dass es keine zwei Menschen gibt, die hundertprozentig zusammenpassen. Wir müssen lernen, „mit Leib und Seele eins" zu werden (1. Mose 2,24). Das bedeutet, dass wir vielleicht Opfer bringen müssen; unter Umständen müssen wir über ein paar Dinge hinwegsehen. Wir müssen bereit sein, um der Beziehung willen Kompromisse zu schließen.

Den perfekten Ehemann oder die perfekte Ehefrau gibt es nicht. Victoria sagt den Leuten manchmal: „Oh, mein Mann Joel ist der perfekte Ehemann."

Glauben Sie das keine Sekunde.

Bleiben Sie bei Ihrem Ehepartner, und setzen Sie alles daran, dass diese Beziehung funktioniert. So, wie eine Frau mal scherzhaft gesagt hat: „Wir gehören zusammen – in guten wie in schlechten Zeiten. Mir könnte es bei ihm nicht besser gehen und ihm bei mir nicht schlechter."

Wenn Sie unterschiedlicher Meinung sind, dann lernen Sie, nur vom Hals an aufwärts unterschiedlicher Meinung zu sein. Lassen Sie die Meinungsverschiedenheiten nicht in Ihr Herz eindringen. Victoria und ich sind uns auch nicht immer einig, aber wir haben gelernt, konstruktiv mit solchen Meinungsverschiedenheiten umzugehen.

Wenn Sie Ihre Ansicht äußern, dann tun Sie es nicht in der Absicht, dass der andere seine Einstellung ändert. Gestehen Sie Ihrem Partner das Recht zu, seine eigene Meinung zu haben. Wenn Sie erst dann glücklich sind, wenn der andere Ihnen zustimmt, dann versuchen Sie in Wirklichkeit, Ihren Partner zu manipulieren. Sie versuchen, dieser Person Ihre Meinung aufzuzwingen. Besser wäre es jedoch, wenn Sie Ihre Sichtweise erläutern, schildern, was Sie empfinden, und dann finden Sie sich mit der Situation ab, und erlauben Sie Gott, diese Person oder diese Situation zu verändern.

Solange wir streitsüchtig sind und unsere Meinung durchsetzen wollen, wird es in unseren Familien Konflikte geben. Und es gibt nichts Schlimmeres, als in einer Familie zu leben, in der Spannungen herrschen. Alle sind reizbar und nervös. Man hat das Gefühl, dass jederzeit irgendwas explodieren könnte.

Aber Ihr Familienleben muss nicht so aussehen. Tun Sie alles in Ihrer Macht Stehende, um in Ihrem Heim eine Atmosphäre des Friedens und der Einheit zu schaffen. Wenn Sie kurz davor stehen, in die Luft zu gehen und verletzende, krittelnde, kontraproduktive Dinge zu sagen, von denen Sie wissen, dass sie nicht gut sind, dann tun Sie sich selbst einen Gefallen: Holen Sie tief Luft, warten Sie etwa zehn Sekunden, und denken Sie dann, bevor Sie loslegen, darüber nach, was Sie sagen wollen. Worte können andere verletzen, als seien sie Messerstiche. Es dauert vielleicht nur ein paar Sekunden, um sie auszusprechen, aber der Mensch, zu dem Sie sie gesagt haben, fühlt vielleicht noch drei Monate später den Schmerz.

Drohen Sie Ihrem Partner nie mit Scheidung. Ich habe schon Personen sagen hören: „Wenn du das noch mal machst, hast du mich das letzte Mal hier gesehen." – „Wenn du das nicht tust, verlasse ich dich."

Nein, sprechen Sie solche Worte niemals aus. Ihre Worte können dazu führen, dass Dinge Wirklichkeit werden, und wenn Sie so etwas sagen, öffnen Sie damit dem Feind die Tür, es auch geschehen zu lassen. Außerdem rät uns schon Paulus in der Bibel: „Versündigt euch nicht, wenn ihr in Zorn geratet!" (Epheser 4,26). Sicher, wir werden so manches Mal wütend werden. Zorn ist ein Gefühl, das Gott in uns hineingelegt hat. Aber wir müssen nicht explodieren und verletzende Dinge sagen, die unseren Beziehungen schaden. Lernen Sie, einen Schritt zurückzutreten, Ihre Gedanken zu sammeln und sich zu überlegen, was Sie sagen wollen.

Ich kann mich noch an ein Mal erinnern, als meine Eltern miteinander stritten. Mein Vater war völlig aufgebracht und beschloss, meine Mutter mit Verachtung zu strafen. Wenn sie etwas zu ihm sagte, antwortete Daddy ihr so kurzangebunden und unfreundlich, wie es nur möglich war. Das ging eine oder zwei Stunden lang so, und er tat sein Bestes, um meine Mutter zu ignorieren.

Meine Mutter ist ziemlich gewitzt und beschloss, das nicht einfach so hinzunehmen. Sie versteckte sich hinter einer Tür und blieb dort so still stehen, wie sie nur konnte. Bald merkte mein Vater, dass sie nicht mehr da war, und begann, nach ihr zu suchen. Er durchkämmte das gesamte Haus nach ihr, aber er konnte sie nirgends finden. Je mehr er suchte, desto frustrierter wurde er. Das ging etwa eine Viertelstunde lang so.

Schließlich begann mein Vater, sich Sorgen zu machen. Zu diesem Zeitpunkt ging er an der Tür vorbei, hinter der meine Mutter sich versteckt hielt. Schnell wie ein Wiesel sprang sie auf seinen Rücken, schlang Arme und Beine um ihn und sagte: „John, ich gehe hier erst wieder herunter, wenn du wieder fröhlich bist." Beide mussten so lachen, dass mein Vater vergaß, worüber er wütend war.

Versuchen Sie, in Ihrem Zuhause eine fröhliche Atmosphäre zu schaffen. Jeder Mensch gerät hin und wieder unter Druck; wir alle sind manchmal gestresst. Wir alle haben manchmal Konflikte, aber wir sollten nicht zulassen, dass sie längere Zeit andauern. Allzu oft werden wir dann irgendwann gleichgültig: „Ich weiß, dass ich das nicht sagen sollte, aber ich bin wütend. Ich sage es trotzdem." Oder: „Ich weiß, dass ich ihm vergeben sollte, aber ich habe einfach keine Lust dazu." Auf diese Weise verschlechtern sich unsere Beziehungen allmählich. Spielen Sie diese Spielchen nicht. Tun Sie, was immer erforderlich ist, um den Frieden zu erhalten.

Victoria und ich sind seit über 20 Jahren verheiratet, und wir sind nicht in jedem einzelnen Punkt einer Meinung, aber wir stehen zueinander. Wir stehen zu unseren Kindern und unseren Verwandten. Wir haben uns von vornherein dafür entschieden, dass wir alle Schwierigkeiten gemeinsam angehen werden.

Manche Menschen sind einander treu, solange sie umeinander werben oder während der ersten Ehejahre. Sie stehen zueinander, solange der Himmel voller Geigen hängt, aber was ist, wenn es keine Schmetterlinge im Bauch mehr gibt? Jetzt erleben Sie keine stürmische Romanze mehr – Sie heben seine schmutzigen Socken auf oder waschen seine durchgeschwitzte Sportkleidung. Dafür braucht es mehr als romantische Gefühle. Als Sie um Ihre Liebste geworben haben, sah sie immer blendend aus und war super angezogen. Ihr Haar war stets perfekt gestylt und sie war sorgfältig geschminkt. Jetzt wachen Sie morgens auf und fragen sich: „Wer ist diese Frau da neben mir?"

Aber eine Ehe ist eine gegenseitige Verpflichtung, kein Gefühl.

Es gibt ein Buch, in dem die wahre Geschichte von Robertson McQuilkin, dem Präsidenten einer renommierten Universität, erzählt wird („Wenn Liebe hält, was sie verspricht"). Er war schon älter und eine angesehene wissenschaftliche Kapazität, als seine Frau an Alzheimer erkrankte. Ihr Zustand verschlechterte sich rapide. Im Laufe einiger Jahre hatte die Krankheit ihren Verstand so umnebelt, dass sie ihren Mann nicht mehr erkannte. Die beiden waren recht wohlhabend, und so stellte ihr Mann Schwestern ein, die ihm bei der Pflege seiner Frau behilflich waren.

Eines Tages teilte er der Universitätsleitung mit, dass er von seinem Amt zurücktreten werde, um für seine Frau sorgen zu können. Die Mitglieder des Leitungsgremiums versuchten, ihm dies auszureden, und hielten ihm vor Augen, wie sehr er gebraucht werde. Ein Mitglied ergriff schließlich das Wort und wandte ein: „Bei allem Respekt, aber warum wollen Sie das tun? Ihre Frau weiß doch nicht einmal mehr, wer Sie sind."

Der Präsident sah dem Mann in die Augen und entgegnete: „Ich bin dieser Frau gegenüber vor mehr als 50 Jahren eine Verpflichtung eingegangen. Sie weiß vielleicht nicht, wer ich bin, aber ich weiß, wer sie ist."

Das ist die Art von Verpflichtung, die auch wir in unseren Beziehungen eingehen müssen.

Interessanterweise überträgt Gott dem Ehemann und Vater die Verantwortung dafür, die Familie zusammenzuhalten. Das englische Wort *husband* (Ehemann) bedeutet seiner etymologischen Herkunft nach „Band des Hauses". Stellen Sie sich ein Gummiband vor, das um etwas gewickelt ist und es zusammenhält. Das ist ein Bild dafür, was ein guter Ehemann für seine Frau und seine Familie sein sollte.

Salomo war der weiseste Mann, der je gelebt hat. In seinem Buch der Sprüche berichtet er von König Lemuel, der zu seiner Frau sagte: „Es gibt viele tüchtige Frauen, aber du bist die allerbeste!" (Sprüche 31,29).

Wie gut muss es seiner Frau getan haben, diese Worte zu hören! Ihr Männer, könnt ihr euch vorstellen, wie sehr sich unsere Ehen verbessern würden, wenn wir unseren Frauen auch solche Komplimente machten? Manche Frauen haben seit Jahren kein Kompliment bekommen – nicht, weil sie es nicht verdient hätten, sondern weil sie nicht wertgeschätzt werden. Alles, was sie zu hören bekommen, ist unter Umständen, was sie falsch machen. Dass das Essen nicht geschmeckt hat. Dass die Kinder zu laut sind.

Achten Sie sorgfältig auf Ihre Worte und Ihren Tonfall, wenn Sie mit Ihrer Frau sprechen. Beschweren Sie sich die ganze Zeit, und sagen Sie ihr ständig, was sie falsch macht? Oder machen Sie es wie König Lemuel: Segnen Sie sie, ermutigen Sie sie und stärken Sie ihr den Rücken?

Ein Rat der Weisen

Das Hohelied ist eine biblische Liebesgeschichte. In acht kurzen Kapiteln lobt Salomo seine Geliebte 40-mal. Er beschreibt, wie stark, wie schön und wie klug sie ist.

„Ach, Joel, du kennst meine Frau nicht", sagte Chuck. „*Sie* ist das Problem. Sie ist streitsüchtig. Es ist so schwierig, mit ihr auszukommen."

„Das mag ja stimmen", antwortete ich, „aber wenn du anfängst, deine Frau zu loben, wenn du ihr sagst, wie schön sie ist und wie froh du bist, dass du sie hast, wenn du über all das Gute in ihr sprichst, dann wirst du auch das Gute in ihr zum Vorschein bringen. Wenn du über das Negative sprichst, wirst du das Negative zum Vorschein bringen. Es liegt ganz bei dir."

> Wenn Sie das Gute hervorheben, werden Sie auch das Gute zum Vorschein bringen.

Lernen Sie, Ihre Frau mit Ihren Worten zu segnen – dann werden Sie sehen, dass sie sich auf erstaunliche Weise verändert. Sie wird auf Ihr Lob und Ihre Ermutigung reagieren. Ihre Worte brauchen nicht poetisch, gestelzt oder tiefsinnig zu klingen. Sagen Sie ihr einfach: „Du bist unseren Kindern eine wunderbare Mutter. Und du bist eine tolle Ehefrau. Ich bin so froh, dass ich immer auf dich zählen kann."

„Ach, Joel, ich bin einfach kein romantischer Typ", sagen Sie vielleicht. „Ich sage solche schmalzigen, sentimentalen Dinge nicht."

Bitte machen Sie sich bewusst, dass Sie nicht die Wahl haben, ob Sie das tun möchten oder nicht. Es ist schlicht und einfach erforderlich, wenn Sie eine gesunde Ehe führen wollen. Machen Sie es sich wie König Lemuel zur Gewohnheit, Ihre Frau anzusehen und zu sagen: „Du bist schön. Ich bin froh, dass ich dich habe. Es gibt viele tüchtige Frauen, aber du bist die allerbeste."

In der Bibel steht: „In der Frau spiegelt sich die Herrlichkeit des Mannes" (1. Korinther 11,7).

Wenn Victoria mit niedergeschlagener Miene, ungekämmten Haaren und schmutziger, zerknitterter Kleidung herumlaufen würde, dann würden ihr Erscheinungsbild und ihr Verhalten ein schlechtes Licht auf mich werfen. Ich müsste mein Leben unter die Lupe nehmen und mich fragen: „Behandle ich sie gut? Fühlt sie sich geborgen? Weiß sie, dass ich stolz auf sie bin?"

Schauen Sie Ihre Frau an, und fragen Sie sich, ob sie „Ihre Herrlichkeit widerspiegelt". Ihre Frau sollte stark, zuversichtlich, selbstbewusst, schön, sprühend und gesund sein. Sie sollten es an ihrem Lächeln ablesen können. Sie sollten es an ihrer Haltung sehen.

Ich spielte früher mit jemandem Basketball, der keine Achtung für seine Frau besaß. Nach dem Spiel sagte er Dinge wie: „So, jetzt gehe ich heim zu meiner Alten."

Ich dachte oft: *Wenn du so von deiner Frau sprichst, dann muss es mit deiner Selbstachtung nicht weit her sein.* Ich lächelte dann immer und sagte: "Nun, ich gehe jetzt nach Hause zu meiner *Queen Victoria.*" Genauso ist es – Victoria ist die Königin unseres Hauses.

Da König Lemuel seine Frau lobte, folgten auch ihre Kinder seinem Beispiel und sagten dasselbe (Vers 28). Keine Frage – wenn ein Mann seine Frau lobt und segnet, werden ihre Kinder seinem Beispiel folgen. Wie ein Mann seine Frau behandelt, wird einen starken Einfluss darauf haben, in welchem Ausmaß seine Kinder ihre Mutter ehren und respektieren. Ihre Kinder nehmen Ihren Ton, Ihre Körpersprache und Ihre innere Haltung unbewusst wahr.

Wenn Sie Vater sind, dann sollten Sie bedenken, dass Ihre Tochter höchstwahrscheinlich jemanden heiraten wird, der Ihnen ziemlich ähnlich ist. Wenn Sie dickköpfig und respektlos sind und unhöfliche, verletzende Dinge zu Ihrer Frau sagen, dann brauchen Sie sich nicht zu wundern, wenn Ihre Tochter sich von jemandem angezogen fühlt, der sich ebenso verhält. Mir ist bewusst, dass ich meine Frau so behandeln muss, wie ich mir wünsche, dass meine Tochter von anderen behandelt wird.

Wenn Sie Mutter sind, dann behandeln Sie Ihren Mann so, wie Sie sich wünschen, dass Ihre Söhne von anderen behandelt werden.

Wenn Sie Ehemann sind, dann halten Sie Ihrer Frau die Autotür auf. Bringen Sie ihr Kaffee ans Bett. Scheuen Sie keine Mühen, um ihr Liebe, Ehre und Respekt zu erweisen. Ich habe mal jemanden sagen hören: "Wenn ein Mann seiner Frau die Autotür aufhält, hat er entweder ein neues Auto oder eine neue Frau." Vielleicht muss sich unsere Gesellschaft wieder dahingehend verändern, dass die Männer ermutigt werden, Frauen zu ehren und zu respektieren.

Wenn ich mich so verhalte, halten meine Freunde mich doch für einen Schwächling und machen sich über mich lustig, mag jemand denken.

Wenn das tatsächlich der Fall ist, sollten Sie sich vielleicht ein paar neue Freunde suchen. Ein echter Mann büßt dadurch, dass er seiner Frau die Autotür aufhält, nichts von seiner Männlichkeit ein. Dass Sie männlichen Geschlechts sind, macht Sie nicht automatisch auch zu einem richtigen Mann. Wenn Sie Ihren Mitmenschen mit Achtung und Respekt begegnen – das macht Sie zu einem richtigen Mann. Wenn Sie für Ihre Frau und Ihre Familie sorgen, macht Sie das zu einem richtigen Mann. Wenn Sie Verantwortung für Ihre Kinder übernehmen, macht Sie das zu einem richtigen Mann. Wenn Sie Segensworte in das Leben Ihrer Frau und Ihrer Kinder hineinsprechen – das macht Sie zu einem richtigen Mann.

Vielleicht sind Sie selbst nicht in einem so liebevollen Umfeld aufgewachsen, aber Sie können einen neuen Maßstab setzen. Sie können die Messlatte höher ansetzen.

Beim Zeugungsprozess ist der Vater derjenige, der das Geschlecht des Kindes bestimmt. Von weiblicher Seite wird auf jeden Fall ein X-Chromosom beigesteuert und von männlicher Seite ein X- oder ein Y-Chromosom. Wenn vom Vater ein X-Chromosom kommt, wird das Baby ein Mädchen; kommt ein Y-Chromosom, wird das Baby ein Junge. Die Mutter bestimmt das Geschlecht des Kindes nicht. Es empfängt seine Identität von seinem Vater.

Wenn Sie Vater sind, dann tun Sie alles in Ihrer Macht Stehende, um Ihren Kindern den Rücken zu stärken und sie zu ermutigen. Sie haben einen immensen Einfluss auf sie. Segnen Sie nicht nur Ihre Frau, sondern auch Ihre Kinder täglich. Schauen Sie jedem von ihnen in die Augen und sagen Sie ihm: „Ich bin so stolz auf dich. Ich finde dich toll. Wenn du willst und dich anstrengst, kannst du alles erreichen." Ihre Kinder brauchen Ihr Lob und Ihre Bestätigung. Beides hilft ihnen dabei, ihre Identität zu entwickeln. Wenn wir als Väter zu beschäftigt sind, wenn wir nie präsent sind oder wenn wir unsere Kinder immer nur korrigieren und ihnen keine Bestätigung geben, dann werden sie nicht so selbstbewusst und sicher sein, wie sie es sein sollten.

Sicher, es gibt Zeiten, in denen ein Vater nicht für seine Kinder da sein kann, weil er andere Verpflichtungen hat. Geben Sie trotzdem Ihr Bestes und setzen Sie die richtigen Prioritäten. Kein noch so großer beruflicher Erfolg kann ein Scheitern im Privatleben wettmachen. Ich habe Männer getroffen, die im Geschäftsleben

Großartiges erreicht haben – aber auf Kosten ihrer Kinder. Ihre Kinder sind wie Halbwaisen aufgewachsen.

Wenn Sie Vater sind, *nehmen* Sie Ihre Kinder *mit* in die Gemeinde; *schicken* Sie sie nicht *hin*. Gehen Sie zu ihren Fußballspielen, sooft Sie können. Lernen Sie ihre Freunde kennen. Hören Sie sich ihre Musik an. Kinder suchen nach Führung und Leitung. Wenn der junge Mann kommt, der mit Ihrer Tochter ausgehen will, dann öffnen Sie ihm die Tür. Lassen Sie ihn wissen, dass es einen Mann im Haus gibt, der auf diese junge Dame aufpasst.

Wir müssen einfach für unsere Kinder einstehen! Wenn wir für sie kämpfen, wird Gott uns beistehen.

Vor Jahren kam es im größten Nationalpark Südafrikas zu einer Überpopulation von Elefanten. Die Wildhüter beschlossen, dreihundert junge Elefantenbullen von ihren Eltern und anderen erwachsenen Elefanten zu trennen. Die „Waisenkinder" wurden in einen anderen Nationalpark gebracht, wo das weiße Nashorn als ungekrönter König regiert. Das Nashorn hat keine natürlichen Feinde. Niemand (außer dem Menschen) macht Jagd auf es, noch nicht einmal Löwe, Tiger oder Bär. Es ist einfach zu stark. Daher dachten die Wildhüter, es würde kein Problem sein, die verwaisten Elefanten mit den Rhinozerossen zusammenzubringen. Im Laufe der Zeit begannen sie jedoch, tote Nashörner im Unterholz zu finden. Sie begriffen nicht, was vor sich ging, und installierten Beobachtungskameras. Zu ihrer Überraschung fanden sie heraus, dass diese jungen Elefanten, die keine Vater- oder Mutterfigur mehr hatten, Banden gebildet hatten und die Nashörner angriffen. Elefanten tun dies eigentlich nicht, aber durch das Fehlen des elterlichen Einflusses entwickelte sich dieses eigenartige, zerstörerische Verhalten.

Ich glaube, unseren Kindern droht etwas Ähnliches. Wenn Kinder in Schwierigkeiten geraten, ist das oft darauf zurückzuführen, dass es in ihrem Leben keine positiven Rollenvorbilder gibt. Sie haben niemanden, der Segensworte in ihr Leben hineinspricht und für sie betet. Sie haben keine richtigen Vaterfiguren, und viele von ihnen haben auch keine gesunde, positive Mutterfigur. Das bedeutet nicht, dass diese Kinder keine Chance hätten. Es ist jedoch eine einfache Tatsache, dass Kinder, die sich selbst überlassen sind, manchmal Dinge tun, die sie nicht täten, wenn Mutter oder Vater bei ihnen wären.

Wir tragen auch Verantwortung für Kinder, die keine solche Vater- oder Mutterfigur besitzen. Sie könnten ja beispielsweise eine „Patenschaft" für einen jungen Mann oder eine junge Frau übernehmen. Setzen Sie sich nicht nur für Ihre eigene Familie ein – kämpfen Sie auch für die Familie eines anderen Menschen. Unterstützen Sie die alleinerziehende Mutter oder den alleinerziehenden Vater in Ihrer Nachbarschaft. Wenn Sie mit Ihrem Sohn zum Fußballspielen fahren, dann machen Sie einen kleinen Umweg, und holen Sie den jungen Mann ab, der keinen Vater hat, der für ihn da ist. Reichen Sie ein paar anderen Kindern die Hand. Helfen Sie ihnen, sich selbst zu finden.

Mandy wuchs in einer zerrütteten Familie auf. Ihr Vater war nie da und ihre Mutter hatte selbst genug Probleme. Schließlich war es Mandy, die ihren jüngeren Bruder großzog. Alle Außenstehenden hatten den Eindruck, dass sie ziemlich gut mit der Situation zurechtkam, aber innerlich schrie sie um Hilfe.

Eines Tages erzählte ihr eine Schulfreundin, dass ihr Vater ein Fast-Food-Restaurant besaß und immer wieder Aushilfskräfte suchte. „Komm doch mal vorbei, Mandy. Vielleicht gibt mein Vater dir ja einen Job", schlug sie vor.

Mandy besuchte das Restaurant, und der Mann gab ihr nicht nur einen Job, er nahm sie auch unter seine Fittiche. Er begann, Verantwortung für sie zu übernehmen, kümmerte sich um Autoreparaturen, zeigte Interesse daran, wie sie in der Schule zurechtkam, und so weiter. Es war ihm gar nicht bewusst, aber er wurde zu der Vaterfigur, nach der Mandy sich all die Jahre gesehnt hatte. Jahre später, als Mandy heiraten wollte, war ihr leiblicher Vater nirgends aufzufinden. Können Sie erraten, wer Mandy bei ihrer Hochzeit zum Altar führte?

Richtig: Es war der Besitzer des Fast-Food-Restaurants. Er kümmerte sich nicht nur entschlossen um seine eigene Familie; er setzte sich auch für das Kind eines anderen ein. Heute ist Mandy ein rundum gesunder Mensch und glücklich verheiratet, und das hat sie in beträchtlichem Ausmaß auch dem Mann zu verdanken, der die Vaterrolle in ihrem Leben übernahm.

Kämpfen auch Sie für Ihre Familie. Und seien Sie „Familie" für einen anderen Menschen, der einen Vater, eine Mutter, eine Schwester oder einen Bruder braucht. Wenn Sie sich Zeit für andere nehmen, wird Gott dafür sorgen, dass es auch Ihnen an nichts mangelt.

Kapitel 14

Investieren Sie in Ihre Beziehungen

„Einen Moment, Jungs", sagte Terry, während er sein Auto zu dem Geldautomaten der *First National Bank* lenkte. „Ich muss noch ein bisschen Geld holen, dann fahren wir los. Ich freue mich, dass ihr meine Einladung zum Baseballspiel angenommen habt."

Terry hielt vor dem Automaten, zückte seine Bankkarte und tippte das Passwort ein. Dann gab er ein, dass er 200 Dollar abheben wollte, und drückte die Bestätigen-Taste. Der Automat brummte, ratterte und spuckte nach ein paar Sekunden einen Papierstreifen aus ... aber kein Geld. Terry zog den Papierstreifen heraus, las ihn und stopfte ihn rasch in seine Tasche.

„Blöder Automat!", sagte er. „Diese Dinger funktionieren nie, wenn man sie braucht. Hat irgendjemand Geld dabei?"

„Ja, klar, kein Problem", meinte einer der jungen Männer auf dem Rücksitz. „Ich hab genug dabei. Ich kann dir bis Montag was leihen."

Terrys Freunde warfen sich vielsagende Blicke zu. Ob Terry es zugeben wollte oder nicht: Sie alle wussten, dass es einen einfachen Grund dafür gab, warum er kein Geld abheben konnte: Er hatte sein Konto bereits weit überzogen. Terry tat, als sei er ein großzügiger „Geber", während er in Wirklichkeit ein selbstsüchtiger „Nehmer" war.

Wenn Sie gesunde, glückliche Beziehungen zu anderen Menschen pflegen möchten, dann müssen Sie in diese investieren, indem Sie ein „Geber" und kein „Nehmer" sind. Bemühen Sie sich, immer wieder „Einzahlungen" auf die emotionalen Konten Ihrer Mitmenschen vorzunehmen, indem Sie sie ermutigen und aufbauen und ihnen dabei helfen, sich selbst anzunehmen und zu mögen.

Ich gebe zu, dass das nicht immer einfach ist. Mit manchen Menschen kann man schwer auskommen, weil sie dazu neigen, uns Lebenskraft und Energie zu entziehen. Es sind keine schlechten Menschen, sie saugen einen einfach aus. Sie haben immer irgendein Problem oder stecken in einer größeren Krise, aus der man ihnen heraushelfen soll. Sie reden die ganze Zeit, sodass man selbst kaum zu Wort kommt. Wenn das Gespräch beendet ist, hat man das Gefühl, mit seinen emotionalen Kräften am Ende zu sein. Schwierige Menschen zahlen nichts auf die Konten anderer ein – sie sind ständig damit beschäftigt, Abhebungen zu tätigen.

Verstehen Sie mich nicht falsch: Jeder von uns ist ab und zu niedergeschlagen und entmutigt. Jeder hat das Recht, mal einen schlechten Tag zu haben. Aber wenn das bei Ihnen ständig der Fall ist, stellt das ein Problem dar. Sie können keine guten Beziehungen pflegen, wenn Sie Ihre Mitmenschen ständig emotional aussaugen.

Ich möchte Ihnen gerne etwas sagen, das Ihre Freunde vielleicht nicht offen äußern: Ihre Angehörigen, Freunde und Kollegen wollen nicht die ganze Zeit hören, welche Probleme Sie haben. Sie haben selbst genug Probleme. Sie tragen ohnehin schon eine schwere Last mit sich herum und sind nicht darauf erpicht, dass Sie sie noch zusätzlich mit Ihren Nöten belasten.

Wenn Sie ständig darüber reden, was in Ihrem Leben schiefläuft oder wie übel Ihre Mitmenschen oder das Schicksal Ihnen mitspielen, dann ist das extrem egoistisch. Versuchen Sie, den Blick von sich selbst abzuwenden und diese „Was-kannst-du-für-mich-tun?"-Haltung abzulegen. Ersetzen Sie sie durch Fragen wie: „Was kann ich tun, um einem anderen zu helfen? Wie kann ich dein Leben bereichern? Wie kann ich dich ermutigen?" Achten Sie darauf, dass Sie in andere investieren, statt sie emotional auszusaugen.

Ich stelle mir meine Beziehungen gern als „emotionale Bankkonten" vor. Ich habe ein Konto bei jedem Menschen, mit dem ich eine Beziehung pflege – bei all meinen Angehörigen, meinen Freunden, meinen Geschäftspartnern und sogar bei manchen Menschen, denen ich zufällig begegne. Ich habe ein emotionales Konto bei dem Sicherheitsbeamten am Arbeitsplatz, bei dem Mann an der Tankstelle und dem Kellner im Restaurant. Jedes Mal, wenn ich Kontakt mit ihnen habe, zahle ich entweder etwas auf dieses Konto ein, oder ich hebe etwas davon ab.

Wie nehmen Sie eine Einzahlung vor? Durch etwas so Einfaches wie, dass Sie sich die Zeit nehmen, zu jemandem hinüberzugehen und ihm die Hand zu schütteln. „Guten Morgen. Wie geht es Ihnen heute? Schön, Sie zu sehen."

Die bloße Tatsache, dass Sie einen kleinen Umweg gemacht haben, um ihm zu zeigen, dass er Ihnen wichtig ist, kann schon eine Einzahlung auf das entsprechende Konto sein. Ihre Freundlichkeit baut Vertrauen und Achtung auf. Sie können also eine Einzahlung vornehmen, indem Sie sich in ganz alltäglichen Situationen freundlich und rücksichtsvoll verhalten.

Wenn Sie jemandem ein Kompliment machen, zahlen Sie ebenfalls etwas auf sein emotionales Konto ein. Sagen Sie Ihrem Mitarbeiter: „Das war eine tolle Präsentation. Sie haben das wirklich prima gemacht." Sagen Sie Ihrem Mann: „Ich bin so dankbar für all das, was du für unsere Familie tust." Sagen Sie Ihrer Frau: „Es ist einfach schön, mit dir zusammenzuleben. Du schaffst uns ein gemütliches Zuhause."

Wenn Sie so handeln, machen Sie nicht einfach nur ein Kompliment; Sie zahlen etwas auf das Konto ein, dass Sie bei dieser Person haben.

Zu Hause können Sie Einzahlungen auf Ihre Konten vornehmen, indem Sie Ihre Frau in die Arme nehmen, ihr einen Kuss geben und ihr sagen, dass Sie sie lieben. Sie können Einzahlungen vornehmen, indem Sie Zeit mit Ihren Kindern verbringen, Ihrer Tochter beim Klavierspielen zuhören und mit Ihrem Sohn in den Park gehen, um ihm beim Skateboardfahren zuzusehen.

Ein einfaches und doch erstaunlich wirksames Mittel, eine Einzahlung vorzunehmen, besteht darin, einen Fehler zu übersehen. Vielleicht ist ein Kollege unhöflich zu Ihnen und beschimpft Sie wegen irgendeiner Kleinigkeit. Zahlen Sie es ihm nicht mit gleicher Münze heim, sondern sehen Sie darüber hinweg. Wenn er sich am nächsten Tag entschuldigt, sagen Sie zu ihm: „Mach dir keine Sorgen. Ich hab's schon vergessen."

Wenn Sie das tun, nehmen Sie eine enorme Einzahlung auf das Konto vor, das Sie bei dieser Person haben. Ihr Guthaben erhöht sich beträchtlich. Wenn Sie selbst einmal ein bisschen gestresst und gereizt sind und ihn nicht so freundlich behandeln wie sonst, haben Sie genug auf Ihrem Konto, um das abzudecken.

Und wie heben wir Beträge von unseren Beziehungskonten ab? Vor allem dadurch, dass wir uns egoistisch verhalten. Wenn wir nur daran denken, was *wir* wollen und was *wir* brauchen, heben wir unvermeidlich etwas von unserem Guthaben ab. Dasselbe geschieht, wenn wir uns keine Zeit für andere nehmen. Sie gehen ins Büro und rauschen an der Empfangsdame vorbei. Sie lächeln ihr nicht zu und bemerken sie noch nicht einmal. Ob Sie mit den Gedanken woanders oder einfach nur unhöflich waren, macht keinen Unterschied. Sie haben etwas von dem Konto abgehoben, das Sie bei dieser Person haben; Sie haben dafür gesorgt, dass sie nun ein schlechteres Bild von Ihnen hat als zuvor.

Und dann nehmen wir ebenfalls Abhebungen vor, wenn wir unseren Verpflichtungen nicht nachkommen, wenn wir jemandem nicht die Wertschätzung entgegenbringen, die er verdient hätte. Vielleicht hat die betreffende Person einiges auf sich genommen, um Ihnen einen Gefallen zu tun, aber Sie betrachten es als selbstverständlich. Sie bedanken sich nicht. Sie sind zu beschäftigt, oder, noch schlimmer, Sie halten sich für zu wichtig, um etwas zu sagen wie: „Ich weiß es sehr zu schätzen, dass Sie das für mich getan haben." Wenn Sie anderen nicht für ihre Freundlichkeit danken, bedeutet das immer, dass Sie etwas von den Konten abheben, die Sie bei diesen Menschen haben.

Das Problem bei vielen unserer Beziehungen besteht darin, dass unsere emotionalen Konten überzogen sind. Wenn wir einen Fehler machen und ein bisschen Verständnis und Großzügigkeit bräuchten, geht der Betreffende zu unserem Beziehungskonto und stellt fest, dass es bereits leer ist. Nun stehen wir ständig unter Druck. Kleinigkeiten werden zu riesigen Problemen. Wir müssen ungeheuer aufpassen, was wir sagen, denn es gibt kein Guthaben, von dem wir etwas abheben könnten. Wir haben die Ressourcen aufgebraucht. Und dann wird aus einer Mücke ein Elefant.

Vielleicht weisen Sie Ihren Teenager auf einen Fehler hin und wie aus heiterem Himmel schreit er los: „Was glaubst du eigentlich, wer du bist? Das muss ich mir von dir nicht sagen lassen!"

Durch eine solche Aussage macht er deutlich, dass das Beziehungskonto, das Sie bei ihm haben, leer ist. „Du hast kein Vertrauen aufgebaut. Du hast dich nicht für mich interessiert. Du hast mir nicht gezeigt, dass ich dir wichtig bin."

Er sagt im Grunde: „Du versuchst, etwas abzuheben, aber es ist nichts auf dem Konto, weil du in der letzten Zeit nichts eingezahlt hast."

Eine solche Situation entsteht nicht über Nacht. Der Junge wacht nicht eines Morgens auf und beschließt, seine Eltern nicht mehr zu achten und zu respektieren. Es ist eher so, dass er über längere Zeit nicht das bekommen hat, was er braucht.

Wenn Sie jemanden korrigieren oder positive Kritik äußern wollen, dann sollten Sie das nur tun, wenn Sie zuvor viele Einzahlungen auf das Konto vorgenommen haben, das Sie bei diesem Menschen haben. Stellen Sie sicher, dass Sie sich die Achtung dieser Person verdient haben.

Wenn Sie Ihre Kinder zurechtweisen wollen, dann fragen Sie sich: „Habe ich ihn schon mal ermutigt? Habe ich sie schon gelobt? Interessiere ich mich dafür, was *ihn* interessiert, oder habe ich immer nur Abhebungen vorgenommen?" Wenn alles, was Ihr Kind in den vergangenen Monaten zu hören bekommen hat, war: „Räum dein Zimmer auf, mach deine Hausaufgaben, bring den Müll raus, steck dein Hemd in die Hose, sei um zehn Uhr zu Hause ...", dann haben Sie nur abgehoben. Und seien wir ehrlich: Eltern müssen viele Abhebungen vornehmen, wenn ihre Kinder im Teenageralter sind. Aber wenn Sie wollen, dass Ihre Kinder sich etwas von Ihnen sagen lassen, müssen Sie zuvor viel eingezahlt haben. Sie müssen in diese Beziehung investieren, sie pflegen und Vertrauen aufbauen.

Ein Vater hatte große Probleme mit seinem Teenager. Sie kamen einfach nicht miteinander aus. Sie hatten kaum etwas gemeinsam und fanden keinen Draht zueinander. Der Sohn war ein toller Sportler, aber der Vater interessierte sich mehr für seine eigene Karriere. Er arbeitete ständig und hatte kaum jemals ein Spiel seines Sohnes angeschaut. Im Laufe der Jahre hatte sich ihre Beziehung immer mehr verschlechtert.

Eines Tages wurde dem Vater klar, dass er Veränderungen vornehmen musste. Er begriff: Wenn er sich die Achtung seines Sohnes verdienen und ihn positiv beeinflussen wollte, dann musste er beginnen, Einzahlungen auf das gemeinsame Beziehungskonto vorzunehmen.

Er wusste, dass sein Sohn ein großer Baseballfan war, und so beschloss er – obwohl ihm selbst an dieser Sportart überhaupt nichts lag –, einen Monat Urlaub zu nehmen und mit seinem Sohn jedes Spiel der obersten Baseballliga anzuschauen. Sie reisten kreuz und quer durch Amerika und das Ganze kostete einen Haufen Zeit und Geld. Aber diese gemeinsame Unternehmung stellte ihre Beziehung wieder her und füllte ihre emotionalen Konten auf. Sie war der Katalysator, der dazu führte, dass eine völlig neue Vater-Sohn-Beziehung entstand.

Als der Vater wieder nach Hause kam, erfuhr einer seiner Geschäftspartner, was er getan hatte. Er war schockiert, dass dieser Vater so enorme Mühen und Kosten auf sich genommen hatte, um mit seinem Sohn Baseballspiele anzuschauen, und erkundigte sich bei seinem Partner: „Bedeutet Ihnen Baseball wirklich so viel?"

Der Vater entgegnete: „Nein, das nicht – aber mein Sohn bedeutet mir so viel."

Fangen Sie an, in Ihre Kinder zu investieren. Vielleicht sind Sie nicht dazu in der Lage, das zu tun, was dieser Mann tat, aber auch Sie können sich Zeit für Ihren Sohn nehmen. Sie können Ihrer Tochter zeigen, dass Ihnen etwas an ihr liegt.

Sorgen Sie dafür, dass Ihre emotionalen Konten gut gefüllt sind.

Erst einzahlen, dann abheben

Es ist erstaunlich, wie Menschen reagieren, wenn sie wissen, dass Sie auf ihrer Seite sind, sie ermutigen und sich wünschen, dass sie erfolgreich sind. Oft werden sie bereit sein, sich zu verändern, wenn sie wissen, dass Sie nicht versuchen, sie zu verurteilen, sie niederzumachen oder ihnen das Gefühl zu geben, ein „Verlierer" zu sein. Echte, konstruktive Korrektur weckt in einem Menschen immer den Wunsch, es besser zu machen.

Oft sprechen Victoria und ich nach unseren Gottesdiensten in der *Lakewood*-Gemeinde oder nach Veranstaltungen, die wir an anderen Orten abhalten, ganz offen darüber, wie es gelaufen ist und was wir hätten besser machen können. Wenn ich glaube, dass ich eine gute Idee habe oder konstruktive Kritik anbringen könnte, platze ich nicht einfach heraus: „Also, Victoria, wenn du dieses oder jenes gesagt hättest, wäre es besser gewesen – wenn du es einfach so gemacht hättest wie ich." Nein, wenn ich etwas vorschlagen möchte, von dem ich glaube, dass es ihr helfen würde, beginne ich immer mit etwas Positivem. Ich sage ihr: „Du hast das da oben toll gemacht, Victoria. Du hast in das Leben der Menschen hineingesprochen. Dieser bestimmte Punkt war so gut. Und jener andere Gedanke war so klar und hilfreich. Aber vielleicht könntest du nächstes Mal noch diese eine Sache hinzufügen, dann wäre es noch wirkungsvoller. Dann könntest du sogar noch mehr erreichen." Wenn ich mit etwas Positivem beginne, fühlt sie sich nicht automatisch in die Defensive gedrängt, und sie ist bereit, über meinen Vorschlag nachzudenken. Sie macht es ähnlich, wenn ihr etwas auffällt, das ich hätte besser machen können. Statt einander zu verurteilen, haben wir uns entschieden, einander zu ermutigen.

> Die ersten Sekunden eines Gespräches entscheiden über den Verlauf der darauffolgenden Stunde.

Wenn Sie bei Ihren Beziehungen darauf achten, dass Ihr emotionales Konto gefüllt ist, werden Ihre Mitmenschen eher bereit sein, auf Ihre Vorschläge einzugehen oder sich von Ihnen korrigieren zu lassen. Ein Experte hat einmal darauf hingewiesen, dass die ersten 30 Sekunden eines Gesprächs über den Verlauf der darauffolgenden Stunde entscheiden. Wenn Sie also etwas Heikles besprechen möchten, etwas, das Konflikte oder Probleme verursachen könnte, dann sollten Sie immer mit etwas Positivem beginnen. Stellen Sie sicher, dass es der richtige Zeitpunkt ist, das Thema anzuschneiden. Denken Sie gut darüber nach, wie Sie das Gespräch beginnen, und achten Sie auf Ihren Tonfall und

Ihre Körpersprache. Machen Sie ein freundliches Gesicht und besprechen Sie das Thema in Liebe.

Wenn es Ihnen darum geht, eine Beziehung zu verbessern, und Ihre Worte oder Handlungen dazu führen, dass Ihr Gegenüber sich in die Defensive gedrängt fühlt, haben Sie Ihr Ziel verfehlt. Er wird nicht bereit sein, das, was Sie zu sagen haben, anzunehmen. Er wird verletzt reagieren oder Sie auf Ihre eigenen Fehler hinweisen. „Was glaubst du eigentlich, wer du bist?", bekommen Sie vielleicht zu hören. „Du bist auch nicht besser als ich. Glaubst du vielleicht, du bist perfekt?" Wenn Sie die Sache geschickter angehen, können Sie solche Reaktionen vermeiden.

Untersuchungen haben gezeigt, dass fünf positive Kommentare erforderlich sind, um einen negativen auszugleichen. Mit anderen Worten: Wenn Sie jemanden korrigieren, dann sorgen Sie dafür, dass Sie dem Betreffenden zuvor mindestens fünf positive Dinge gesagt haben. Leider ist das Verhältnis in unserer Gesellschaft heutzutage nahezu umgekehrt. Man teilt uns fünf Dinge mit, die wir falsch machen, ehe wir eine Sache zu hören bekommen, die wir richtig machen. Kein Wunder, dass unsere Beziehungen nicht so laufen, wie sie es sollten! Unsere Konten sind im Minus.

Wenn wir andere korrigieren, sollten wir sie nie heruntermachen oder ihnen das Gefühl vermitteln, dass sie nichts wert sind. Lassen Sie sich am Arbeitsplatz nicht zu Reaktionen hinreißen wie: „Wie sind Sie bloß auf diese dumme Idee gekommen? Wer hat denn diesen blöden Einfall gehabt?" Nein, bemühen Sie sich darum, das Gute in jedem Vorschlag zu finden, auch wenn Sie keinen Gebrauch davon machen können.

In unserer Gemeinde kommt es manchmal vor, dass jemand ein neues Projekt initiiert, dass dieses aber nicht funktioniert. Es bringt einfach nichts. Wir wissen, dass wir es einstellen müssen. Aber wenn so etwas geschieht, dann tue ich immer alles, um den Beteiligten zu versichern, dass auch ich viele Projekte in den Sand gesetzt habe. Aus irgendwelchen Gründen sind manche Dienste, von denen ich sicher war, dass sie riesigen Erfolg haben würden, völlig gefloppt. Ich will meinen Mitarbeitern klarmachen, dass ich sie völlig verstehe und hinter ihnen stehe. Wir sollten nie zulassen, dass andere sich elend fühlen, weil sie etwas versucht haben und gescheitert sind. Wir sollten andere nie verbal heruntermachen, weder unseren Ehepartner noch unsere Kollegen oder unsere Kinder. Behandeln Sie andere mit Respekt, auch wenn sie versagt haben.

> Man braucht fünf positive Kommentare, um einen negativen auszugleichen.

Denken Sie daran: Liebe sieht über Fehler hinweg. Sie gesteht anderen das Recht zu, etwas falsch zu machen. Wahre Liebe sieht das Beste in jedem Menschen. Wenn Sie eine riesige Einzahlung auf das emotionale Konto eines Menschen vornehmen möchten, dann machen Sie kein großes Aufhebens darum, wenn derjenige einen Fehler macht und ihm das bewusst ist. Beschämen Sie ein Kind nicht im Beisein anderer Familienmitglieder oder Freunde. Beschämen Sie einen Angestellten nicht im Beisein seiner Kollegen. Wenn Sie die betreffende Person wegen etwas zur Rede stellen müssen, dann tun Sie das, wenn irgend möglich, unter vier Augen, und setzen Sie alles daran, die Würde des Betreffenden zu wahren. Es hat nur negative Auswirkungen, wenn Sie einen Menschen blamieren oder vor anderen demütigen.

Manchmal sind Sie vielleicht versucht, sich für etwas zu rächen, das jemand Ihnen in der Vergangenheit angetan hat, aber wenn Sie dieser Versuchung nachgeben, werden Sie auf lange Sicht nur verlieren. Wenn Sie jemanden bloßstellen, den Sie leicht hätten decken können, dann räumen Sie dadurch das Konto ab, das Sie bei diesem Menschen haben, und vernichten jedes Gefühl von Vertrauen und Loyalität, das zwischen Ihnen beiden bestanden hat.

Vor einigen Jahren, als Colin Powell im Dienst von Präsident Ronald Reagan stand, hatte er mit einigen Kabinettsmitgliedern eine neue Strategie für die Lösung einer bestimmten Aufgabe besprochen. Sie waren von ihrem Einfall begeistert und vereinbarten ein Treffen mit dem Präsidenten, um ihm die Details zu erklären.

Powell war fest von dem Programm überzeugt, vor allem, weil es auch seine Idee gewesen war. Also unterbreitete er Präsident Reagan den Vorschlag so überzeugend wie nur möglich. Er erklärte ihm, wie hilfreich die neue Strategie sein würde, aber Reagan war nicht überzeugt. Er hielt daran einiges für sehr fraglich und problematisch und debattierte mit Powell ausführlich über diese Punkte. Schließlich beschloss er, General Powell zu vertrauen, obwohl er selbst anderer Meinung war, und akzeptierte die neue Strategie.

Leider erwies sich das als großer Fehler. Die Sache ging völlig daneben und verursachte ein einziges Chaos. Bei einer Pressekonferenz wurde Präsident Reagan gefragt, was schiefgegangen war. Nachdem die Journalisten den Präsidenten intensiv in die Mangel genommen hatten, stellte schließlich einer von ihnen die Frage, von der General Powell gehofft hatte, dass niemand sie stellen würde: „Herr Präsident, sagen Sie uns, war dieses neue Programm Ihre Idee?"

Ohne zu zögern, bestätigte Präsident Reagan: „Ich übernehme die volle Verantwortung dafür." General Powell war ebenfalls anwesend; er stand an einer Seite des Konferenzraumes. Als Präsident Reagan zu ihm hinüberschaute, sah er, dass der General Tränen in den Augen hatte. Reagan hatte gerade eine enorme Einzahlung auf das Konto vorgenommen, das er bei seinem Mitarbeiter hatte. Der Präsident hatte Powells Ruf geschützt und einen Fehler gedeckt.

Als Powell den Raum verließ, sagte er zu einem der anderen anwesenden Kabinettsmitglieder: „Ich würde für diesen Mann alles tun."

Wenn Sie lebenslange, treue Freundschaften aufbauen wollen und möchten, dass andere Ihnen vertrauen, dann lernen Sie, Ihre Angehörigen und Freunde auch dann zu schützen, wenn sie Fehler machen. Lernen Sie, barmherzig zu sein. Übernehmen Sie Verantwortung, auch wenn es nicht Ihr Fehler war. Tun Sie Ihr Bestes, um den Ruf eines anderen zu schützen. Stellen Sie einen anderen nicht bloß, wenn es in Ihrer Macht steht, dem Betreffenden den Rücken zu stärken.

Sicher, wir sollen Schlechtes nicht schönreden oder andere decken, wenn sie absichtlich etwas Böses getan haben. Aber wenn es nur darum geht, dass jemand, mit dem Sie in Beziehung stehen, einen Fehler gemacht oder versagt hat, dann tun Sie Ihr Bestes, um diese Beziehung zu erhalten und zu schützen.

Wir sollten überall, wo wir hingehen, Einzahlungen vornehmen – sei es im Supermarkt, im Stadion, in der Schule oder im Büro. Machen Sie es sich zur Gewohnheit, Gutes in das Leben anderer Menschen zu säen. Nehmen Sie sich vor, anderen dabei zu helfen, ein besseres Selbstbild zu entwickeln. Interessieren Sie sich ernsthaft für andere. Nehmen Sie sich die Zeit, jemanden spüren zu lassen, dass Ihnen etwas an ihm liegt. Scheuen Sie keine Mühe, um jemandem zu zeigen, dass er etwas Besonderes ist. Hetzen Sie nach Feierabend nicht einfach nach Hause – nehmen Sie sich einen Moment Zeit, um den Pförtner zu fragen: „Wie geht es Ihnen heute? Alles in Ordnung bei Ihnen? Ich bin so froh, dass Sie zu dieser Firma gehören." Ermutigen Sie ihn auf irgendeine Weise. Geben Sie ihm das Gefühl, dass er wichtig ist und dass jemandem etwas an ihm liegt.

Lernen Sie, anderen Wertschätzung entgegenzubringen. Lernen Sie, danke zu sagen. Dass jemand für Sie arbeitet bedeutet nicht automatisch, dass Sie von der Pflicht entbunden sind, ihm Achtung zu erweisen. „Ach, Joel, ich zahle ihr doch gutes Geld. Ich brauche sie wirklich nicht zu verhätscheln." Oder: „Ich zahle genug Steuern. Ich brauche mich bei diesem Polizisten oder dieser Lehrerin nicht zu bedanken. Sie sollte einfach ihre Arbeit tun." Nein, lernen Sie, im Leben Ihrer Mitmenschen „Einzahlungen" vorzunehmen.

Vor einiger Zeit arbeitete ich zu Hause in meinem Garten. Es war ein heißer, schwüler Morgen, und so beschloss ich, reinzugehen und mir eine Flasche Wasser zu holen. Auf dem Weg bemerkte ich, dass die Männer von der Müllabfuhr durch die Straße fuhren und die Mülleimer leerten. Ich dachte: *Ich werde ein paar extra Flaschen holen und ihnen welche mitgeben.* Als sie zu unserem Haus kamen, lief ich hinaus und gab ihnen das Wasser. Ihre Reaktion überstieg meine Erwartungen. Sie taten, als hätte ich jedem von ihnen einen Hundertdollarschein gegeben. Sie überschlugen sich geradezu vor Dankbarkeit. Zu dem Zeitpunkt machte ich mir keine besonderen Gedanken darüber; für mich war es keine große Sache. Aber ich hatte eine Einzahlung auf ihr Konto vorgenommen.

Einige Monate vergingen, und eines Morgens, als das Müllfahrzeug vorbeikam, stellten Victoria und ich erschrocken fest, dass wir vergessen hatten, unseren Mülleimer rechtzeitig rauszustellen. Da die Mülltonnen voll waren, wussten wir nicht, was wir bis zur nächsten Leerung tun sollten, aber es war zu spät.

Und dann geschah das Unerwartete: Einige Stunden später machten die Müllmänner auf dem Weg zur Mülldeponie noch einmal einen Abstecher zu unserem Haus, um nachzusehen, ob wir unseren Müll nun herausgebracht hatten. Diese Art unerwarteter Hilfe erlebt man oft, wenn man Einzahlungen in das Leben anderer Menschen vornimmt.

Machen Sie nicht den Fehler, durch Ihr Leben zu hetzen, ohne jemals Augen für andere zu haben, und tagein, tagaus nur um sich selbst zu kreisen. Nehmen Sie sich Zeit für andere Menschen. Bringen Sie ihnen Wertschätzung entgegen, und vermitteln Sie ihnen das Gefühl, etwas Besonderes zu sein. Wenn Sie sehen, wie Ihr Briefträger die Post in Ihren Briefkasten steckt, dann rufen Sie ihm doch mal zu: „Vielen Dank. Ich finde es toll, dass Sie immer so pünktlich kommen." Wenn Sie im Supermarkt einkaufen, ermutigen Sie doch einmal die Kassiererin. Seien Sie freundlich. Sagen Sie etwas Nettes zu dem Angestellten am Bankschalter, zu der Frau, die Ihnen die Haare schneidet, zu dem Mann an der Tankstelle. Säen Sie eine Saat aus, zahlen Sie etwas auf Ihre emotionalen Konten ein, wenn Sie ihren Weg kreuzen.

„Wozu der Aufwand?", wenden Sie vielleicht ein. „Wer weiß, ob ich sie jemals wiedersehe?!"

Vielleicht nicht, aber Sie sind ein Kind Gottes, und darum können und sollten Sie jedem Menschen, dem Sie begegnen, Freundlichkeit und Wertschätzung entgegenbringen. In der Bibel steht: „Ermutigt einander jeden Tag" (Hebräer 3,13; NL). Das heißt, Sie sollten jeden Tag die Augen offen halten, ob es nicht jemanden gibt, der Ermutigung benötigt. Halten Sie jeden Tag nach jemandem Ausschau, in dessen Leben Sie etwas einzahlen können, indem Sie ihm den Rücken stärken. Ein einfaches Kompliment kann für einen Menschen aus einem schlechten Tag einen richtig guten Tag machen. „Du siehst heute toll aus. Diese Farbe steht dir wirklich prima." Oder Sie könnten jemandem sagen: „Ich freue mich so, dass du meine Freundin bist. Das bedeutet mir so viel."

Wenn ich bei meinem Vater zu Besuch war, erlebte ich oft mit, wie er den Briefträger begrüßte. Er lächelte breit und sagte: „Sieh mal an, da kommt der beste Briefträger der Welt!" Das Gesicht dieses Postboten erhellte sich sofort – das einfache Kompliment meines Vaters verschönerte seinen Tag. Es kostete keine große Mühe; es kostete meinen Vater nicht viel Zeit. Er hatte es sich zur Gewohnheit gemacht, in andere Menschen zu investieren und ihr Selbstwertgefühl aufzubauen.

Ihre Worte haben die Macht, andere zu beflügeln, und können ihnen helfen, Niederlagen und Entmutigung zu überwinden. Eine ermutigende Investition, wie Daddy sie im Leben dieses Briefträgers vornahm, kostet nicht mehr als 10 oder 15 Sekunden. Und dennoch ist vielleicht eine solche 15-Sekunden-Investition genau das, was der Mensch, mit dem Sie Kontakt haben, gerade braucht.

Denn es gilt: Jeder Mensch braucht Ermutigung, wie erfolgreich er oder sie auch zu sein scheint. Oft sagt jemand zu mir: „Du hast mir wirklich geholfen, Joel." Oder: „Die Bekanntschaft mit dir hat mein Leben verändert." Jedes Mal, wenn jemand so etwas zu mir sagt, ermutigt mich das dazu, mich noch mehr in das Leben anderer zu investieren. Es gibt mir die innere Gewissheit, dass mein Leben eine Bedeutung hat und dass ich dieser Welt etwas zu geben habe. Jeder, den Sie kennen, braucht diese Art von Ermutigung.

Allen Ehemännern möchte ich sagen: Ihre Frau kann nicht oft genug von Ihnen hören: „Du bist schön. Ich finde dich super. Ich bin so froh, dass du meine Frau bist." Sorgen Sie dafür, dass Ihr emotionales Konto immer gut gefüllt ist.

Lernen Sie also, großzügig Komplimente auszuteilen. Lernen Sie, freundlich zu sein, und vermeiden Sie alles, was den Eindruck vermitteln könnte, dass Sie zu wichtig seien, um sich Zeit für jemanden zu nehmen, der nicht auf Ihrem „Niveau" ist. Nein, geben Sie allen Ihren Mitmenschen das Gefühl, wichtig zu sein. Lassen Sie jeden, mit dem Sie in Kontakt kommen, spüren, dass er etwas Besonderes ist.

Victoria und ich haben ein Lieblingsrestaurant. Das Essen dort ist toll, die Atmosphäre ist wunderbar, und es gibt einen bewachten Parkplatz. Ich habe jedoch festgestellt, dass viele Kunden vorfahren und den Parkplatzwächtern ihren Autoschlüssel zuwerfen, als seien es Dienstboten. Ich weigere mich, mich so zu verhalten. Ich gebe mir immer Mühe, besonders freundlich zu ihnen zu sein. Ich nehme mir etwa 15 Sekunden Zeit und frage: „Na, wie geht es Ihnen heute? Alles in Ordnung bei Ihnen?" Es ist erstaunlich, was für einen Unterschied ein kleines bisschen Zeit und Aufmerksamkeit im Leben dieser jungen Männer macht.

Wenn wir das Restaurant verlassen und fünf oder zehn Leute am Ausgang stehen und auf ihre Autos warten, dann wird unser Wagen seltsamerweise immer vor den anderen vorgefahren. Es ist mir schon fast peinlich. Ich habe die Parkplatzwächter nie gebeten, uns irgendwie zu bevorzugen, und wir erwarten das auch nicht. Aber sie tun es einfach.

Ich bin davon überzeugt, dass unsere Mitmenschen einfach das Bedürfnis verspüren, uns wohlwollend zu begegnen, wenn wir Gutes in ihr Leben hineingesät haben. Ich habe mit diesen jungen Männern sicher in meinem ganzen Leben höchstens fünf Minuten gesprochen, aber sie sind sich bewusst, dass ich etwas auf die emotionalen Konten eingezahlt habe, die ich bei ihnen habe.

Richten Sie also Ihr Augenmerk nicht darauf, was alle anderen für Sie tun können – beginnen Sie stattdessen, nach Dingen Ausschau zu halten, die Sie für andere tun können. Investieren Sie bei jeder Gelegenheit, die sich Ihnen bietet, in Ihre Beziehungskonten. Seien Sie ein Geber und kein Nehmer. Wenn Sie das sind, werden sich nicht nur Ihre Beziehungen verbessern. Sie werden auch Gottes Gunst und seine Segnungen in viel stärkerem Ausmaß erfahren als bisher.

Kapitel 15

Seien Sie gut zu anderen

Möchten Sie *mehr* vom Leben? Das wollen wir vermutlich alle, oder? Gut, versuchen Sie Folgendes: Beginnen Sie jeden Tag mit der Einstellung, dass Sie nicht versuchen wollen, gesegnet zu werden, sondern stattdessen alles in Ihrer Macht Stehende tun werden, um einem anderen zum Segen zu sein. Wenn Sie das sechs Wochen lang tun – wenn Sie versuchen, jeden Tag irgendeinem Menschen etwas Gutes zu tun –, dann wird Ihr Leben mit so vielen Segnungen überschüttet werden, dass Sie es kaum fassen können.

Ich habe entdeckt: Wenn ich mich um die Bedürfnisse anderer Menschen kümmere, kümmert Gott sich um meine. Wenn ich jemand anderen glücklich mache, sorgt Gott dafür, dass ich glücklich bin. Wir sollten jeden Tag nach Möglichkeiten Ausschau halten, einen kleinen Lichtblick in das Leben eines anderen zu bringen. Vielleicht können Sie jemandem das Mittagessen bezahlen, jemanden im Auto mitnehmen, für jemanden babysitten oder ein bisschen mehr Trinkgeld geben als erwartet wird. Gewöhnen Sie es sich an, jeden Tag irgendjemandem etwas Gutes zu tun. Begehen Sie nicht den Fehler, selbstsüchtig zu leben. Das ist eines der schlimmsten Gefängnisse, die es gibt. Sie wurden nicht dazu erschaffen, um sich selbst zu kreisen. Der allmächtige Gott hat Sie dazu erschaffen, jemand zu sein, der gibt. Und wenn man dies wirklich tun will, dann besteht der beste Weg darin, den Blick von sich selbst weg- und auf andere zu richten.

> Wenn ich mich um die Bedürfnisse anderer Menschen kümmere, kümmert Gott sich um meine.

Beginnen Sie Ihren Tag mit der Haltung: „Wem kann ich heute zum Segen werden? Wen kann ich ermutigen? Wo gibt es eine Not, die ich beheben kann?"

Ich glaube, dass wir heutzutage nicht genügend „gute Taten" sehen. Wir hören viel von Erfolg und von all dem Guten, das Gott für uns tun will, aber lassen Sie uns nicht vergessen, dass wir gesegnet werden, damit wir anderen zum Segen sind. Gott segnet uns, damit wir überall, wo wir hingehen, seine Güte ausstrahlen. Wenn Sie im Leben eines Menschen etwas bewirken wollen, müssen Sie dem Betreffenden nicht unbedingt eine Predigt halten; seien Sie einfach gut zu ihm. Ihre Taten sprechen viel lauter als Ihre Worte. Natürlich ist es wichtig, dass Sie sagen: „Mir liegt etwas an dir und ich habe dich lieb", aber wahre Liebe beweisen wir durch das, was wir tun.

Wenn ich jemanden liebe, bemühe ich mich, ihm zu helfen. Ich fahre ihn zur Arbeit oder zur Schule, auch wenn ich dann früher aufstehen muss als sonst. Ich werde auf seine Kinder aufpassen, wenn ich weiß, dass es ihm nicht gut geht. Echte Liebe setzt Worte und Gefühle in Taten um.

Lernen Sie, gut zu den Menschen zu sein, mit denen Sie tagtäglich Kontakt haben. Wenn Sie in die Kantine gehen, dann bringen Sie Ihrem Kollegen eine Tasse Kaffee mit. Vielleicht denken Sie: *Vergiss es! Er tut doch für mich auch nie irgendwas.*

Seien Sie doch nicht so kleinlich. Tun Sie es für Gott. Versäumen Sie keine Gelegenheit, jemandem etwas Gutes zu tun. Wenn sich auf der Autobahn der Verkehr staut, dann bremsen Sie kurz ab, damit der Fahrer neben Ihnen sich einfädeln kann. Wenn Sie im Supermarkt einen vollen Einkaufswagen haben und die Person hinter Ihnen hat nur ein paar Artikel, dann lassen Sie sie vor. Wenn Sie auf dem Parkplatz gleichzeitig mit einem anderen Wagen die letzte freie Parklücke erreichen, dann setzen Sie zurück und lassen Sie dem anderen den Vortritt. Achten Sie ihn höher als sich selbst. Seien Sie gut zu ihm.

Wenn Sie in einem Restaurant essen, dann geben Sie ein großzügiges Trinkgeld. Bitte speisen Sie die junge Bedienung nicht mit einem Euro ab, wenn Sie gerade 30 Euro für Ihr Essen ausgegeben haben.

„Aber ich habe ihr von meinem Glauben erzählt, Joel. Ich habe sie zum Gottesdienst eingeladen."

Nein, mit Ihrem schäbigen Trinkgeld haben Sie das, was Sie erzählt haben, zunichte gemacht.

Victoria und ich gingen einmal in ein Restaurant, in dem wir schon oft gegessen hatten. Wir kannten die Speisekarte praktisch auswendig und wussten genau, was wir wollten. Als wir uns hinsetzten, bestellten wir sofort. Ich war hungrig, aber es schien ewig zu dauern, bis die Köche unser Essen fertig hatten. Wir warteten und warteten. Es war noch nicht einmal viel los. Als die Kellnerin das Essen endlich brachte, bekam ich zu allem Übel etwas, das ich gar nicht bestellt hatte. Sie brachte meinen Teller zurück in die Küche und das Warten begann von Neuem. Schließlich hielt ich es nicht mehr aus und begann, von Victorias Teller zu essen. Wir waren in diesem Restaurant noch nie so schlecht bedient worden.

Als es darum ging, die Rechnung zu bezahlen und ein Trinkgeld zu geben, dachte ich: *Gott, du hast gesehen, was gerade passiert ist. Und ich weiß, du bist ein gerechter Gott. Du erwartest doch nicht von mir, dass ich ein gutes Trinkgeld gebe?*

Beinahe im selben Moment wusste ich, dass ich auf dem Holzweg war. Ich wandte ein: „Okay, Gott, wie wäre es mit fünf Prozent?"

Lassen Sie mich Ihnen ein Geheimnis verraten: Kommen Sie nie auf die Idee, mit Gott zu verhandeln, denn Sie werden immer den Kürzeren ziehen. Ich fuhr fort: „Na gut, Gott, wie wäre es mit zehn oder fünfzehn Prozent? Das ist das Übliche, Gott, das weißt du ja. Ich denke, das kann ich machen."

Aber ich hatte immer noch keinen Frieden über dieser Sache. Ich wusste, dass Gott etwas anderes von mir wollte: „Lass dir diese Gelegenheit, Gutes zu tun, nicht entgehen. Lass dir die Gelegenheit nicht entgehen, einem anderen Menschen zu zeigen, wie gnädig ich bin."

Es ist ziemlich einfach, gut zu anderen zu sein, wenn sie gut zu uns sind. Aber Gott will, dass wir auch dann gut zu anderen sind, wenn sie uns nicht so begegnen.

Schließlich ging ich noch mal in mich: *Ich werde diesem Mädchen nicht nur ein Trinkgeld geben, ich werde eine Saat in sein Leben säen. Ich werde die zweite Meile gehen und gut zu ihr sein.*

Wir gaben der Kellnerin schließlich 20 Dollar Trinkgeld für ein Essen, das 30 Dollar gekostet hatte. Aber wir taten es, um eine Saat zu säen.

Ein paar Wochen später erhielt ich einen Brief von dieser jungen Frau. Ich hatte keine Ahnung, dass sie Victoria und mich erkannt hatte. Sie hatte sich überhaupt nicht anmerken lassen, dass sie wusste, wer wir waren.

Ihr Brief begann etwa folgendermaßen: „Erinnern Sie sich an mich? Ich bin die Kellnerin, die Sie an dem wahrscheinlich schlimmsten Abend bedient hat, den Sie jemals in einem Restaurant erlebt haben."

Als ich das las, lächelte ich und dachte: *Oh ja, ich weiß genau, wer du bist.*

Sie erzählte, dass sie in einer christlichen Familie aufgewachsen war. Sie ging jeden Sonntag zur Kirche, aber als sie etwa 18 war, wurde ihre Familie von einem Ältesten der Gemeinde sehr verletzt. Dies führte dazu, dass die ganze Familie Gott den Rücken gekehrt und die Gemeinde verlassen hatte. Während der vergangenen ein, zwei Jahre hatten sie sich jedoch meine Fernsehgottesdienste angeschaut. Die Kellnerin berichtete: „Ich sagte zu meinen Eltern: Ich weiß, dass diese Leute echt sind. Eine innere Stimme sagt mir, dass sie ehrlich sind und dass wir wieder zum Gottesdienst gehen sollten.

Joel, als Sie und Ihre Frau in unser Restaurant kamen und wir Ihre Bestellung total durcheinander gebracht haben, hätten sich die meisten Menschen wirklich geärgert und wären wütend geworden, aber Sie beide waren so nett und freundlich. Und noch dazu haben Sie uns dieses großzügige Trinkgeld gegeben. Das hat mir bestätigt, was ich in meinem Herzen schon wusste. Ich ging nach Hause und erzählte meinen Eltern, was passiert war. Jetzt kommen wir jeden Sonntag in die ‚Lakewood'-Gemeinde zum Gottesdienst."

Lernen Sie, gut zu anderen zu sein. Das ist eines der besten Zeugnisse, die wir ihnen geben können. Wenn ich jetzt Trinkgeld gebe, sage ich zu Victoria: „Wir werden eine Saat in ihr Leben säen. Das ist jetzt eine Möglichkeit, etwas Gutes zu tun." Wenn wir gegangen sind, möchte ich, dass sie sagen können: „Das sind aber großzügige Menschen. Die sind wirklich nett."

> Wenn Sie anderen mit Liebe begegnen, zeigen Sie der Welt, wie Gott ist.

Die Menschen in unserer Gesellschaft haben schon viele Predigten zu hören bekommen. Was sie heute wirklich brauchen, ist, dass diese Predigten auch praktisch werden. Schenken Sie den Menschen Ihre Zeit, Ihr Geld, Ihre Ermutigung; beheben Sie eine Not. Wenn Sie anderen mit Liebe begegnen, zeigen Sie der Welt, wie Gott ist.

Machen Sie sich keine Sorgen darüber, ob Sie Anerkennung dafür ernten. Wenn diese junge Frau Victoria und mir nicht geschrieben hätte, wäre das auch in Ordnung gewesen. Ich wäre trotzdem davon überzeugt, dass wir das Richtige getan haben. Wenn Sie jemanden im Straßenverkehr die Vorfahrt lassen, dann sehen Sie diesen Menschen vielleicht nie wieder. Wenn Sie jemandem 20 Euro schenken, weil Sie Mitgefühl für ihn empfinden, hören Sie vielleicht nie wieder etwas von ihm. Das ist völlig in Ordnung; Gott entgehen diese Dinge nicht. Er registriert jede Freundlichkeit, die Sie einem anderen erweisen. Er sieht es jedes Mal, wenn Sie jemandem etwas Gutes tun. Er hört jedes ermutigende Wort, das Sie sagen. Gott hat all die Situationen festgehalten, in denen Sie es sich etwas kosten ließen, jemandem zu helfen, der sich nie bedankt hat. Ihre guten Werke entgehen dem allmächtigen Gott nicht.

Die Bibel lehrt uns sogar, dass Ihre Belohnung noch größer sein wird, wenn Sie Dinge im Verborgenen tun und keine Anerkennung dafür ernten wollen. Es ist eine Sache, ein großes Tamtam zu veranstalten und alle wissen zu lassen, wie großzügig Sie sind, aber wenn Sie wirklich gesegnet werden möchten, dann tun Sie jemandem etwas Gutes und erzählen Sie niemandem davon. Legen Sie einen unbeschrifteten Umschlag mit ein paar Geldscheinen auf den Schreibtisch des Kollegen, der in finanziellen Schwierigkeiten steckt. Bezahlen Sie im Restaurant jemandem das Abendessen, und sorgen Sie dafür, dass Sie anonym bleiben. Putzen Sie die Kaffeeküche im Büro, und sagen Sie niemandem, dass Sie das waren. Wenn Sie Dinge im Verborgenen tun, wenn Ihnen niemand dankt und Sie keine Anerkennung ernten, dann säen Sie eine Saat dafür, dass Gott große Dinge in Ihrem Leben tun kann.

Ich möchte ein Mensch sein, der anderen Gutes tut, ob sie es mir vergelten oder nicht, ob sie sich bedanken oder nicht. Ich möchte nicht deshalb etwas Nettes tun, damit man mich dabei beobachten kann. Ich möchte es nicht tun, damit die Leute sagen: „Guck mal, wie toll er ist." Nein, ich möchte es für Gott tun. Ich glaube, wenn wir diese Einstellung haben, werden wir Gottes Gunst in einem Ausmaß erleben wie nie zuvor.

An einer Mautstelle an einem stark befahrenen Abschnitt der Autobahn bezahlte ein Mann oft die Gebühr für die nächsten vier Autos mit. Wenn der nächste Wagen vorfuhr, teilte der Angestellte dem Fahrer mit: „Ihre Maut wurde schon von jemandem vor Ihnen bezahlt." Das geschah so oft, dass schließlich ein Reporter von dieser Großzügigkeit erfuhr und in seiner Zeitung davon berichtete.

Es ist erstaunlich, wie eine kleine freundliche Geste den ganzen Tag eines Menschen verschönern kann. Wer weiß, vielleicht war die Person, deren Maut bezahlt wurde, mutlos und deprimiert oder gestresst, aber dann sagte der Angestellte: „Ihre Maut wurde schon bezahlt." Vielleicht waren die Fahrer der vier Wagen, die dem „Geisterzahler" folgten, gereizt und angespannt, und auf einmal geschah etwas, das dazu führte, dass sie verändert nach Hause kamen – und all das nur, weil jemand eine Saat gesät und die Möglichkeit genutzt hatte, etwas Gutes zu tun.

Ich frage mich, wie unsere Welt aussehen würde, wenn jeder Mensch jeden Tag irgendeine Möglichkeit fände, etwas Gutes zu tun. Wie würden unsere Städte aussehen? Wie ginge es in unseren Büros zu? Welche Atmosphäre würde in unseren Schulen herrschen, wenn es zu unseren wichtigsten Prioritäten gehören würde, den Tag irgendeines anderen Menschen zu verschönern, irgendjemandem etwas Gutes zu tun?

In der Bibel steht: „Lasst uns jede Gelegenheit nutzen, allen Menschen Gutes zu tun" (Galater 6,10; NL). Das bedeutet, wir sollen die Initiative ergreifen und bewusst nach solchen Gelegenheiten Ausschau halten. Wem kann ich heute zum Segen werden? Wem kann ich einen Gefallen tun? Sie sollten sich nicht zurücklehnen und warten, dass eine Not an Sie herangetragen wird. Gehen Sie von sich aus auf andere zu.

Seien Sie sensibel; achten Sie auf die Menschen in Ihrem Umfeld. Wenn Sie sehen, dass eine Ihrer Freundinnen tagein, tagaus dasselbe Shirt trägt, dann sprechen Sie sie an und sagen Sie ihr: „Ich würde dir gern eine Bluse schenken. Einverstanden?" Oder: „Hier, ich möchte dir diesen Einkaufsgutschein schenken."

Vielleicht haben Sie ja mitbekommen, wie einer Ihrer Kollegen gesagt hat: „Nächste Woche muss ich mein Auto in die Werkstatt bringen. Ich weiß gar nicht, wie ich zur Arbeit kommen soll."

Bieten Sie ihm an: „Ich komme morgens bei dir vorbei und hole dich ab, okay?"

„Nein, das ist zu weit für dich. Ich wohne doch in einer ganz anderen Gegend."

„Aber nein, das ist überhaupt kein Problem. Ich mache das wirklich gern!"

Achten Sie auf das, was die Leute in Ihrem Umfeld sagen.

Natürlich haben wir nicht alle die finanziellen Mittel oder die Zeit, um so zu handeln. Aber die meisten von uns haben in dieser Hinsicht doch mehr Möglichkeiten, als wir zurzeit nutzen. In der Bibel steht, dass die Menschen uns an unseren Früchten erkennen werden.[24] Sie werden uns nicht daran erkennen, wie viele Bibelverse wir zitieren. Sie werden uns nicht daran erkennen, wie viele fromme Aufkleber an unserem Auto kleben. Sie werden erkennen, dass wir Christen sind, wenn wir ewas tun, um ihre Not zu lindern.

Vielleicht sind Sie finanziell gesegnet. Wenn das der Fall ist, warum bezahlen Sie der alleinerziehenden Mutter in Ihrem Bekanntenkreis, die sich so abstrampeln muss, nicht für ein, zwei Monate die Miete? Oder bieten Sie ihr an: „Lass mich die nächsten paar Monate die Raten für dein Auto bezahlen. Du hast es doch ohnehin schwer genug." Jesus hat gesagt: „Was ihr für einen meiner geringsten Brüder oder für eine meiner geringsten Schwestern getan habt, das habt ihr für mich getan" (Matthäus 25,40). Und in den Sprüchen steht: „Bedürftigen helfen heißt dem Herrn etwas leihen, der wird es voll zurückerstatten" (Kapitel 19,17). Vielleicht können Sie kein Geld geben, aber Sie können auf Kinder aufpassen. Warum verschaffen Sie einem jungen Ehepaar oder einer alleinerziehenden Mutter nicht mal einen freien Abend? Sagen Sie: „Tu dir heute mal etwas Gutes. Geh nett essen oder ins Kino. Tu, wozu immer du Lust hast – wir passen heute Abend auf deine Kinder auf."

Vielleicht können Sie ja eine „Patenschaft" für einen jungen Menschen übernehmen, der kein positives Vorbild in seinem Leben hat. Dazu braucht es nicht viel Geld. Dazu ist nur Zeit erforderlich, aufrichtiges Interesse an anderen Menschen und die Bereitschaft, sich in das Leben eines anderen einzubringen.

Ein Junge, der im Kinderchor unserer Gemeinde singt, stammt aus einer völlig zerrütteten Familie. Sein Vater sitzt im Gefängnis, seine Mutter ist schwer drogenabhängig, und er hat nicht die Fürsorge und Aufmerksamkeit bekommen, die er gebraucht hätte. Irgendwie wurde er von einer Familie „adoptiert", die zu unserer Gemeinde gehört, und diese Leute begannen, sich um ihn zu kümmern. Sie hatten selbst einen Sohn in seinem Alter und sie nahmen ihn mit zum Gottesdienst und behandelten ihn liebevoll. Als er von ihnen die Liebe und Aufmerksamkeit erhielt, nach der er sich immer gesehnt hatte, begriff er, was eine Familie eigentlich war. Er hatte nie zuvor eine Kirche besucht, aber er kam gern in die *Lakewood*-Gemeinde. Das war der Höhepunkt seiner Woche. Er konnte es gar nicht erwarten, bis endlich Sonntag war.

Schließlich schloss er sich unserem Kinderchor an und entdeckte, dass er unheimlich gern sang. Nun musste die Familie, die sich seiner angenommen hatte, ihn nicht nur sonntags zum Gottesdienst mitnehmen, sie musste ihn auch unter der Woche zur Chorprobe bringen. Es kostete sie zusätzliche Zeit und Mühe, aber sie beklagte sich nie. Sie tat es gern. Sie säte eine Saat in sein Leben.

Leider verlor dieser Junge seine Mutter bei einem tragischen Unfall. Sie starb vor seinen Augen. Natürlich war er völlig verzweifelt. Ein paar Tage nach der Beerdigung setzten sich seine Verwandten zusammen, um zu besprechen, wie es nun weitergehen sollte. Aber der Junge war nirgends zu entdecken. Schließlich gingen sie zu seinem Zimmer und fanden die Tür verschlossen. Als sie sie öffneten, stellten sie fest, dass er seine Chorkassetten anhörte, um sich auf den nächsten Auftritt vorzubereiten.

Als ich das hörte, fragte ich mich, was dieser Junge gemacht hätte, wenn sich niemand für ihn interessiert hätte. Wie wäre er in dieser Situation zurechtgekommen, wenn seine „Ersatzfamilie" sich nicht die Zeit genommen hätte, sich um ihn zu kümmern? Wenn sie zu beschäftigt gewesen wäre? Wenn sie die Einstellung gehabt hätte: „Wir nehmen dich mit zum Gottesdienst, aber wir bringen dich nicht zur Chorprobe. Das ist einfach zu viel verlangt."

Nein, sie waren bereit, Unannehmlichkeiten auf sich zu nehmen. Sie opferten ihre Zeit und ihre Mittel, um diesem Jungen zu helfen. Sie nahmen sich Zeit, um sich um ihn zu kümmern. Und genau darum geht es im Leben wirklich. Wir sind dem, was Gott am Herzen liegt, nie näher als dann, wenn wir Menschen helfen, die in Not sind. Wenn wir zu beschäftigt sind, um Zeit für unsere Freunde und Nachbarn und für diejenigen zu haben, mit denen das Schicksal es nicht so gut gemeint hat, dann sind wir wirklich zu beschäftigt. Unsere Prioritäten sind durcheinandergeraten.

Jesus warnte davor, in den letzten Tagen werde „die Liebe in vielen erkalten" (Matthäus 24,12; LÜ)[25]. Die Menschen werden dann so beschäftigt, so auf ihre eigenen Bedürfnisse bedacht und so von ihrem Streben nach Erfolg gefangen sein, dass sie sich nicht die Zeit nehmen, auch einmal etwas für andere zu tun.

Bitte lassen Sie nicht zu, dass das auch auf Sie zutrifft. Überall in Ihrem Umfeld gibt es leidende Menschen. Sie brauchen Ihre Liebe und Ihre Ermutigung. Verpassen Sie das Wunder nicht, das dieser Tag für Sie bereithält. Vielleicht gibt es gerade jetzt jemanden in Ihrem Leben, der Ihre Zeit und Ihre Kraft braucht. Haben Sie ein Auge dafür?

Vielleicht steht einer Ihrer Mitarbeiter kurz davor, das Handtuch zu werfen. Er bräuchte dringend Ihre Ermutigung. Oder Ihrer Kollegin täte es gut, wenn Sie sie zum Mittagessen einladen und ihr zeigen würden, dass Ihnen etwas an ihr liegt. Seien Sie nicht zu beschäftigt. Entwickeln Sie eine Antenne für die Bedürfnisse

Ihrer Mitmenschen. Gehen Sie darauf ein, auch wenn es Sie etwas kostet.

Wenn Sie sich mit dem Leben Jesu beschäftigen, werden Sie feststellen, dass er sich immer Zeit für andere nahm. Ja, er hatte viel zu tun. Er hatte bestimmte Pläne, wo er hingehen wollte, aber er war immer bereit, diese über den Haufen zu werfen, um jemandem etwas Gutes zu tun. Wenn er durch die Dörfer ging, riefen die Menschen ihm zu: „Bitte, Jesus, komm her und bete für uns." Dann blieb er stehen, wandte sich ihnen zu und heilte sie. Eines Tages kamen sie zu ihm und sagten: „Bitte komm in unser Dorf, unser Bruder ist so krank. Du musst kommen und ihn gesund machen." Jesus änderte seine Pläne und ging dorthin.

Als einige Eltern versuchten, ihre kleinen Kinder zu Jesus zu bringen, wandten seine Jünger ein: „Nein, lasst ihn in Ruhe. Er ist beschäftigt. Er ist zu wichtig für so etwas."

Aber Jesus entgegnete: „Nein, nein – lasst die Kinder zu mir kommen!"

Es geschieht so schnell, dass wir uns von unserer eigenen kleinen Welt gefangen nehmen lassen und nur um uns selbst kreisen. „Ich habe Pläne. Bring bloß meinen Terminkalender nicht durcheinander."

Leben Sie anders. Verpassen Sie keine Gelegenheit, Gutes zu tun. Bewegen Sie etwas im Leben eines Menschen. Es braucht nichts Großes zu sein. Oft können kleine Gesten der Liebe und Freundlichkeit viel bewegen. Eine Frauengruppe in unserer Gemeinde stellt Decken her. Dann sticken die Frauen Bibelverse hinein und bringen sie den Patienten auf der Krebsstation des örtlichen Krankenhauses. Diese selbstgemachten Decken erinnern die krebskranken Frauen und Männer daran, dass jemandem etwas an ihnen liegt. Dieses Zeichen der Liebe gibt ihnen einen zusätzlichen Hoffnungsschimmer. Diese Frauen gebrauchen also ihre Gaben und ihre Interessen, um anderen etwas Gutes zu tun.

Vielleicht haben Sie nicht viel Geld übrig, aber unter Umständen können Sie ein Kissen nähen oder einen Kuchen backen. Sie können eine „Patenschaft" für einen jungen Mann übernehmen. Sie können Besuche im Altenheim machen. Sie können sich in der

Gefangenenmission engagieren und die Inhaftierten ermutigen, ihr Leben Gott anzuvertrauen. Tun Sie irgendjemandem etwas Gutes.

Der legendäre Footballtrainer O. A. „Bum" Phillips schied vor ein paar Jahren aus dem Profisport aus, aber er trat nicht wirklich „in den Ruhestand". Sooft er kann, geht er in die Gefängnisse, ermutigt die Insassen und gibt ihnen Hoffnung. Darum geht es im Leben wirklich – anderen etwas Gutes zu tun. John Bunyan, der Verfasser des Klassikers „Die Pilgerreise", hat gesagt: „Du hast heute noch nicht gelebt, wenn du nicht jemandem etwas Gutes getan hast, der es dir nicht vergelten kann."

„Aber Joel, ich habe dieses Buch doch gekauft, um herauszufinden, wie *ich* gesegnet werden kann", sagen Sie vielleicht. „Ich wollte herausfinden, wie *ich* bekommen kann, was *ich* brauche."

Glauben Sie mir: Anderen Gutes zu tun ist da genau der richtige Weg. Wenn Sie einem anderen Menschen geben, was er braucht, wird Gott Ihnen geben, was Sie wirklich brauchen. Was Sie für andere tun, wird Gott für Sie tun. Wenn ich mich mutlos oder niedergeschlagen fühle oder den Eindruck habe, ich trüge die ganze Last der Welt auf meinen Schultern, gehe ich ins Krankenhaus und bete für die Patienten. Ich merke, wenn ich anderen Mut mache und Hoffnung schenke, werde ich schnell selbst wieder froh. Dieses Engagement ändert meinen Blickwinkel.

Vor einiger Zeit betete ich einmal in einem Krankenhaus für eine Familie. Als ich aus dem Zimmer trat, kamen vier oder fünf Personen auf mich zu und baten mich, in das Zimmer ihres Angehörigen zu gehen und für diesen zu beten.

„Ja, natürlich", sagte ich, „aber kommen Sie doch mit!"

„Ach nein, wir warten lieber draußen, wenn Sie nichts dagegen haben", antworteten sie. Ich ging hinein und sprach mit dem Mann. Ich behandelte ihn, als wäre er mein bester Freund, und betete inständig für ihn. Als ich aus dem Zimmer trat, waren seine Angehörigen völlig perplex. Einer von ihnen sagte: „Wir können nicht glauben, dass er Ihnen erlaubt hat, für ihn zu beten, Joel. Er macht sich immer über uns lustig, weil wir uns Ihre Fernsehgottesdienste anschauen."

Ich dachte: *Wenn ich das gewusst hätte, hätte ich vielleicht anders gebetet!* Aber ungeachtet dessen, was er von mir hielt, hatte es mich ermutigt, für ihn zu beten.

Es gibt zwei Arten von Menschen auf dieser Welt: Geber und Nehmer. Seien Sie jemand, der gibt, und niemand, der nur nimmt. Bewegen Sie etwas im Leben anderer Menschen.

Ich hörte einmal eine Geschichte von einem etwa achtjährigen Jungen, dessen Eltern bitterarm waren. An einem kalten Herbsttag streifte er im Stadtzentrum umher und erblickte im Schaufenster eines Geschäftes ein Paar Turnschuhe, die ihm sehr gefielen. Während er frierend und barfüßig dort stand und diese Schuhe bewunderte, kam eine Frau vorbei und fragte: „Was starrst du denn da so fasziniert an?"

> Sie sind Gott nie ähnlicher als dann, wenn Sie geben.

Schüchtern flüsterte der Junge: „Ich habe gerade gebetet und Gott gefragt, ob er mir nicht ein neues Paar Turnschuhe schenken könnte."

Ohne zu zögern, ging die Frau mit ihm in das Geschäft und wusch vorsichtig und liebevoll seine kalten, schmutzigen Füße. Dann zog sie ihm ein paar funkelnagelneue Socken an und forderte ihn auf, sich drei Paar neue Schuhe auszusuchen. Er konnte es gar nicht glauben, so aufgeregt war er. Er hatte noch nie ein Paar neue Schuhe besessen; er hatte immer nur gebrauchte bekommen.

Nachdem die Frau die Schuhe bezahlt hatte, ging sie mit dem Jungen hinaus. Als sie sich verabschieden wollte, sah er sie fassungslos an. Noch nie hatte jemand so etwas für ihn getan.

Mit Tränen in den Augen sagte er: „Darf ich Sie etwas fragen? Sind Sie die Frau von Gott?"

Sie sind Gott nie ähnlicher als dann, wenn Sie geben – wenn Sie sich Zeit für andere nehmen, wenn Sie jemandem etwas Gutes tun, der es Ihnen nie vergelten kann. Lassen Sie sich nicht von dem narzisstischen Denken dieser Welt anstecken – *ich, meiner, mir, mich!*

Sie werden nie glücklich werden, wenn Sie nur um Ihre eigenen Bedürfnisse kreisen. Echte Freude entsteht da, wo Sie von sich selbst absehen und anderen dienen.

Wollen Sie wirklich durchstarten und immer mehr von dem erleben, was Gott für Sie geplant hat? Treffen Sie gemeinsam mit mir die Entscheidung, dass Sie beginnen werden, gut zu anderen zu sein! Achten Sie auf die Menschen in Ihrem Umfeld – Ihre Freunde, Ihre Kollegen, Ihre Verwandten und auch die Unbekannten. Achten Sie aufmerksam auf das, was sie sagen. Seien Sie sensibel, und lassen Sie sich keine Gelegenheit entgehen, etwas Gutes zu tun. Denken Sie daran: Echte Liebe schreitet immer zur Tat.

Praktische Schritte

Teil 3: Pflegen Sie bessere Beziehungen

1. Ich werde die Bedürfnisse eines anderen erfüllen und darf darauf vertrauen, dass Gott die meinen erfüllen wird. In der folgenden Woche möchte ich mindestens drei Menschen ermutigen, aufbauen oder auf andere Weise dazu beitragen, dass ihr Leben besser wird.

2. Ich werde heute bewusst nach jemandem Ausschau halten, dem ich etwas Gutes tun kann. Ich werde versuchen, jemanden wirklich glücklich zu machen. Ich werde nach Möglichkeiten suchen, anderen zum Segen zu werden, besonders solchen Menschen, die sich nicht revanchieren können.

3. Ich werde alles tun, um Konflikte zu vermeiden. Ich werde mir immer wieder sagen:

   - Ich bin ein Friedensstifter, kein Unruhestifter.
   - Ich werde über Kleinigkeiten hinwegsehen und vergeben.
   - Ich werde den Entschluss fällen, nur das Gute in meinen Mitmenschen zu sehen.
   - Ich zeige meinem Partner, meinen Angehörigen, meinen Freunden und meinen Kollegen meine Wertschätzung.

4. Ich werde heute Einzahlungen auf den emotionalen Konten meiner Mitmenschen vornehmen. Ich werde großzügig Komplimente verteilen und jedem, dem ich begegne, das Gefühl geben, wichtig zu sein.

Teil 4

Entwickeln Sie bessere Gewohnheiten

Kapitel 16

Pflegen Sie Ihre guten Angewohnheiten

Eine alte Sage der Cherokee-Indianer erzählt von einem Großvater, der seinem Enkelsohn wichtige Lebensregeln beibrachte. Der weise alte Mann sagte: „Mein Junge, im Inneren eines jeden Menschen tobt ein Kampf zwischen zwei Wölfen. Der eine Wolf ist böse. Er ist wütend, eifersüchtig, rachsüchtig, stolz und faul. Der andere Wolf ist gut. Er ist voller Liebe, Freundlichkeit, Demut und Selbstbeherrschung. Diese beiden Wölfe kämpfen unablässig miteinander."

Der kleine Junge dachte nach und gab dann zurück: „Und welcher von beiden wird gewinnen, Großvater?"

Der Großvater lächelte und antwortete: „Der, den du fütterst."

Wenn man negative Charakterzüge wie Rachsucht, Ungeduld oder mangelnde Selbstachtung hegt und pflegt, werden sie dadurch immer stärker. Sie können ständig negativ über Ihren Chef sprechen und darüber, dass dieses Unternehmen Sie unfair behandelt und dass Sie es hassen, zur Arbeit zu gehen. Seltsamerweise verspüren wir ein Gefühl der Erleichterung, wenn wir uns beklagen. Es fühlt sich gut an, wenn wir diesen negativen Gedanken Nahrung geben. Aber der Wolf, den wir füttern, will immer mehr.

Wenn Sie das nächste Mal versucht sind, sich zu beklagen, dann fragen Sie sich doch einmal selbst: „Will ich diese schlechte Gewohnheit wirklich weiterhin pflegen? Will ich wirklich da stehen bleiben, wo ich bin? Oder will ich diesen ‚Klagegeist' aushungern und mich zum Positiven entwickeln?"

Wenn Sie anfangen, Frieden, Geduld, Güte, Freundlichkeit, Demut und Selbstbeherrschung zu nähren, werden Sie sehen, wie diese Charaktereigenschaften sich in Ihrem Leben mehr und mehr entwickeln. Treffen Sie die bessere Wahl – beschweren Sie sich nicht länger über Ihre Arbeit, sondern lernen Sie stattdessen zu sagen: „Vater, ich danke dir, dass ich einen Arbeitsplatz habe. Und diese Leute behandeln mich vielleicht nicht fair, aber ich arbeite nicht für Menschen – ich arbeite für dich." Wenn Sie das tun, nähren Sie die richtige Reaktionsweise und sorgen dafür, dass sie Ihnen immer mehr zur Gewohnheit wird.

Eine Gewohnheit ist ein erlerntes Verhalten, das wir praktizieren, ohne weiter darüber nachzudenken. Wir haben so oft auf diese Weise gehandelt, dass es uns beinahe zur zweiten Natur geworden ist. Wenn wir gute Gewohnheiten haben, ist das eine feine Sache. Aber manchmal haben wir Gewohnheiten, die uns daran hindern, uns all das anzueignen, was Gott für uns bereithält, und oft ist uns das noch nicht einmal bewusst.

Manche der Angewohnheiten, die wir entwickelt haben, lassen sich durch das Umfeld erklären, in dem wir aufgewachsen sind. Wenn Sie in einer Familie groß wurden, deren Mitglieder chaotisch und schlampig waren oder ständig zu spät kamen, haben Sie sich vielleicht auch einige dieser negativen Angewohnheiten angeeignet. Wenn Sie mit Menschen aufgewachsen sind, die barsch, sarkastisch oder unhöflich waren, haben Sie dieses Verhalten möglicherweise teilweise übernommen. Ihnen ist vielleicht gar nicht bewusst, dass solche Einstellungen und Verhaltensweisen verletzend sind, weil Sie selbst nie etwas anderes kennengelernt haben.

Andererseits gibt es auch Menschen, die in einem Umfeld aufgewachsen sind, das von Aufrichtigkeit, Gottvertrauen, Sauberkeit und Ordnung geprägt war. Viele Menschen haben in Bezug auf Ernährung und Bewegung gute Gewohnheiten entwickelt. Andere haben es sich angewöhnt, jeden Morgen zu einer bestimmten Zeit aufzustehen und abends rechtzeitig schlafen zu gehen, damit ihr Körper genügend Ruhe und Erholung bekommt. Dies sind erlernte positive Verhaltensmuster.

Ihre Gewohnheiten – ob nun die guten oder die schlechten – werden entscheidenden Einfluss auf Ihre Zukunft haben. Eine Untersuchung hat ergeben, dass unser Alltagsverhalten zu 90 Prozent von unseren Gewohnheiten geprägt ist. Lassen Sie das einen Moment lang auf sich wirken: 90 Prozent all dessen, was wir vom

Aufstehen bis zum Schlafengehen machen, tun wir einfach deshalb, weil wir es so gewöhnt sind. Das bedeutet: Wie wir andere behandeln, wie wir unser Geld ausgeben, was wir im Fernsehen anschauen oder im Radio hören, geschieht zu 90 Prozent automatisch. Wir tun, was wir immer getan haben. Darum versteht es sich von selbst, dass Sie, wenn Sie Ihr Leben verändern wollen, damit beginnen müssen, Ihre täglichen Gewohnheiten zu ändern. Sie können nicht tun, was Sie immer getan haben, und erwarten, dass Sie andere Ergebnisse erzielen.

Wenn Sie wirklich vorankommen wollen, müssen Sie sich Ihre Gewohnheiten anschauen. Neigen Sie zu negativen Denkmustern und sagen Sie oft negative Dinge? Kommen Sie regelmäßig zu spät zur Arbeit? Machen Sie sich ständig Sorgen? Essen Sie zu viel? Gibt es irgendwelche Süchte, denen Sie immer wieder nachgeben?

Verstehen Sie mich nicht falsch: Ihre Angewohnheit ist vielleicht nicht illegal oder in ethischer oder moralischer Hinsicht verwerflich. Es kann eine scheinbar harmlose Handlung oder Einstellung sein, irgendeine Kleinigkeit. Aber wenn Sie nichts dagegen unternehmen, kann sie Ihnen jahrelang viel Zeit und Kraft rauben und dazu führen, dass Ihr Leben unproduktiv und unfruchtbar ist. Das ist nicht Gottes Plan!

Die gute Nachricht ist, dass Sie sich verändern können. Sie können bessere Gewohnheiten entwickeln. Die meisten Studien zu diesem Thema lassen darauf schließen, dass eine Gewohnheit innerhalb von sechs Wochen gebrochen werden kann; einige kommen sogar zu dem Ergebnis, dass dafür schon drei Wochen ausreichen. Denken Sie einmal darüber nach: Wenn Sie sich etwa einen Monat lang zusammenreißen und bereit sind, ein paar unangenehme Begleiterscheinungen auf sich zu nehmen, können Sie sich von einem negativen Verhaltensmuster befreien, eine neue, gesunde Gewohnheit annehmen und eine neue Stufe persönlicher Freiheit erreichen.

Der Apostel Paulus schreibt: „Ihr sagt: ‚Mir ist alles erlaubt.' Mag sein, aber nicht alles ist gut für euch. Alles ist mir erlaubt, aber das darf nicht dazu führen, dass ich meine Freiheit an irgendetwas verliere" (1. Korinther 6,12). Im Grunde meint er: „Ich werde mich von allem befreien, was in meinem Leben nicht gut ist oder mich daran hindert, produktiv zu sein. Ich werde mich nicht von irgendwelchen schlechten Gewohnheiten beherrschen lassen."

Es ist eine Tatsache: Erfolgreiche Menschen sind Menschen, die bessere Gewohnheiten entwickeln. Darum üben sich selbst professionelle Golfspieler fast täglich darin, Golfbälle zu schlagen. Einige Profis schlagen bis zu 500 oder 1.000 Bälle am Tag, wenn sie nicht an einem Turnier teilnehmen. Sie verwenden Stunden darauf, ihre Schläge einzuüben, damit sie so viel Übung bekommen, dass sie überhaupt nicht mehr darüber nachdenken müssen. Wenn sie dann in einem Turnier spielen und unter Druck stehen, vollzieht ihr Körper den korrekten Schlag nahezu automatisch. Kein Wunder, dass diese Golfspieler erfolgreich sind! Sie haben nützliche, erfolgversprechende Gewohnheiten entwickelt.

Wenn Sie ständig zu spät zur Arbeit kommen, dann legen Sie diese Gewohnheit ab. Menschen, die es im Leben zu etwas bringen, sind normalerweise pünktlich. Stehen Sie eine Viertelstunde früher auf an Tagen, an denen Sie zur Arbeit, zur Schule oder zu einer Sitzung müssen. Planen Sie Ihre Fahrt dorthin so, dass Sie einige Minuten früher dort ankommen, als erforderlich ist. Entwickeln Sie eine neue Routine der Pünktlichkeit. Gestatten Sie es sich nicht, zu spät zu kommen, denn Pünktlichkeit ist eine so einfach zu erlernende Gewohnheit.

Oder wenn Sie dazu neigen, jeden Tag einen Haufen Junkfood in sich hineinzustopfen und literweise Cola oder Limonade zu trinken: Machen Sie es sich zur Aufgabe, Ihre Ernährungsgewohnheiten zu ändern. Machen Sie keine gewaltsame Hungerkur; ändern Sie immer nur eine kleine Sache auf einmal. Schon bald werden Sie feststellen, dass Sie mehr Energie haben und sich besser fühlen.

> Unsere Gewohnheiten prägen unseren Charakter.

Unsere Gewohnheiten prägen unseren Charakter. Wenn Sie es sich erlauben, ein chaotisches Leben zu führen und ständig zu spät zu kommen, wird das ein Teil Ihrer Persönlichkeit werden. Wenn Sie sich angewöhnt haben, sich jedes Mal aufzuregen und einen Wutanfall zu bekommen, wenn Sie

Ihren Kopf nicht durchsetzen können, wird sich dieses Verhalten zu einer festen Charaktereigenschaft entwickeln. Der erste Schritt zur Veränderung besteht darin, dass Sie herausfinden, was Sie an Ihrer Entwicklung hindert. Identifizieren Sie all Ihre schlechten Angewohnheiten, und fällen Sie den Entschluss, etwas dagegen zu unternehmen.

Wie ändert man eine Gewohnheit? Ganz einfach: Hören Sie auf, die schlechte Gewohnheit zu hegen und zu pflegen. Sie müssen lernen, Ihre schlechten Gewohnheiten auszuhungern und Ihre guten Gewohnheiten zu nähren.

Jemand hat mal zu mir gesagt: „Schlechte Gewohnheiten lassen sich leicht entwickeln, aber es lässt sich schwer mit ihnen leben." Mit anderen Worten: Es fällt leicht, auszurasten, alles zu sagen, was einem gerade in den Sinn kommt, und mit abfälligen, bissigen, sarkastischen Kommentaren um sich zu werfen. Das ist ganz einfach. Aber es ist schwer, in einer Atmosphäre zu leben, die von Streit und Anspannung geprägt ist.

Es ist leicht, Geld auszugeben, das wir nicht haben, und alles mit unseren Kreditkarten zu bezahlen. Aber es ist schwer, mit dem Druck zu leben, dass wir unsere Rechnungen nicht bezahlen können. Es ist leicht, einer Versuchung nachzugeben und alles zu tun, wonach uns zumute ist. Aber es ist schwer, unfrei und voller Schuldgefühle zu leben.

Stellen Sie sich jemanden vor, der drogenabhängig ist. Es ist leicht, abhängig zu werden. Zuerst ist es aufregend und macht Spaß. Aber bald wird der Betreffende von der Sucht beherrscht. Er ist ihr völlig ausgeliefert. Schlechte Gewohnheiten kann man leicht entwickeln, aber es ist schwer, mit ihnen zu leben.

Im Gegensatz dazu kostet es etwas Mühe, gute Gewohnheiten zu entwickeln. Man braucht dafür die Bereitschaft, sich anzustrengen und Opfer zu bringen und manchmal auch Schmerzen und Leid zu ertragen. Aber es ist leicht, mit guten Gewohnheiten zu leben. Es ist zum Beispiel anfänglich schwer, seine Zunge im Zaum zu halten und über eine Kränkung hinwegzusehen. Es ist anfänglich schwer zu vergeben. Aber es ist zweifellos leicht, in einem Umfeld zu leben, in dem Frieden und Harmonie herrschen.

Wenn Sie bereit sind, für eine kurze Zeit Unannehmlichkeiten in Kauf zu nehmen und die anfänglichen Schmerzen zu ertragen, die mit der Veränderung einhergehen, wird Ihr Leben viel besser werden. Die Schmerzen bleiben nicht für immer; oft verschwinden sie völlig, sobald Sie sich die neue Gewohnheit angeeignet haben.

Victoria weiß, dass ich nicht mit ihr streite. Wir lassen in unserer Familie keinen Streit und keine Konflikte zu. Es fällt mir leicht, über Dinge hinwegzusehen oder eine Kränkung zu verzeihen, weil ich es geübt habe, ein Friedensstifter zu sein. Ich habe es geübt, mich zu entschuldigen, selbst wenn ich im Recht bin – was natürlich jedes Mal der Fall ist, wenn wir verschiedener Meinung sind!

In den ersten Jahren unserer Ehe habe ich jedoch nicht so reagiert. Nein, ich brach oft einen ordentlichen Streit vom Zaun und ließ Victoria wissen, was ich dachte und wie die Dinge meiner Meinung nach laufen mussten. Eines Tages begriff ich: *Das ist nicht das Leben, das Gott für mich geplant hat. Er hat etwas Besseres mit mir vor.* Ich konnte die leise Stimme in meinem Inneren hören, die mir zuflüsterte: „Vergiss es, Joel. Das passt doch gar nicht zu dir. Du musst nicht auf diesem niedrigen Niveau leben."

Mir wurde bewusst, dass ich eine Entscheidung treffen musste. Wollte ich beweisen, dass ich im Recht war, oder wollte ich, dass in meiner Familie Frieden herrschte? Ich begann, mich zu verändern, und ich lernte allmählich, nicht immer stur auf meiner Meinung zu beharren. Und das war nicht immer einfach. Heute fällt es mir ganz leicht nachzugeben; es ist Teil meines Wesens geworden.

Wenn auch Sie die anfänglichen Unannehmlichkeiten in Kauf nehmen – ob sie nun eine Woche, einen Monat oder ein Jahr anhalten –, werden sie schließlich verschwinden, und Sie werden Ihr Leben nicht nur mehr genießen, Sie werden auch ein ganz neuer Mensch sein.

Verzögerte Reaktionen

Viele schlechte Gewohnheiten bergen auch die Gefahr, dass wir ihre Folgen erst viel später zu spüren bekommen. Wenn Sie Ihren Körper durch Tabak oder Alkohol schädigen, kann es Jahre dauern, ehe Sie Krebs, Leberzirrhose oder ein Lungenemphysem bekommen. Wenn Sie Ihren Körper misshandeln, indem Sie sich ungesund ernähren, ständig überarbeitet sind und sich keine Ruhe gönnen, dann können Sie sich das vielleicht eine Zeitlang leisten, aber eines Tages werden die Folgen dieser schlechten Gewohnheiten Sie einholen. Wenn Sie barsch und lieblos zu Ihren Angehörigen, Freunden und Kollegen sind, dann nehmen diese es vielleicht im Moment hin, aber irgendwann könnten Sie ein sehr einsamer Mensch sein. Ihre Mitmenschen ertragen Ihre Unhöflichkeit vielleicht eine Zeitlang, aber auf lange Sicht werden Ihre Beziehungen Schaden nehmen.

Wenn es um schlechte Gewohnheiten geht, denken wir oft an destruktive Verhaltensmuster wie Drogenabhängigkeit, Alkoholismus oder andere Süchte. Aber die Gewohnheiten, die darüber entscheiden, ob wir es zu etwas bringen oder nicht, sind meist viel banaler. Schauen Sie sich einmal Ihre täglichen Gewohnheiten an. Wenn Sie jeden Tag „Stunden" damit verschwenden, Dinge zu suchen, die Sie verlegt haben – Ihre Schlüssel, Ihr Handy, Ihre Brille, Ihren Terminkalender oder etwas Ähnliches –, dann haben Sie bis zum Jahresende wahre Ewigkeiten verschwendet. In der Bibel steht, dass wir unsere Zeit nutzen sollen. Wenn wir ein chaotisches, ungeordnetes Leben führen, sind wir aber keine guten Verwalter der Zeit, die Gott uns geschenkt hat.

Ich habe mal jemanden sagen hören: „Gewohnheiten sind wie Magneten; sie ziehen einen immer zu sich hin." Wenn Sie gute Gewohnheiten entwickeln, werden diese Ihr Leben leichter, erfolgreicher und produktiver machen. Sie werden nicht ständig darum ringen müssen, das Richtige zu tun. Wenn Sie gute Gewohnheiten praktizieren, wird Ihr Leben gute Frucht bringen. Sie werden glücklich sein und das Leben im Überfluss genießen, das Gott uns versprochen hat. Wenn Sie hingegen schlechte Gewohnheiten pflegen, werden diese Sie unweigerlich herunterziehen. Sie werden geradezu magisch von ihnen angezogen werden.

Sicher, wenn Sie schon 20 oder 30 Jahre lang denselben Verhaltensmustern folgen, können Sie die Gewohnheit, die Sie ändern möchten, vielleicht nicht innerhalb von drei Wochen ablegen. Aber wenn Sie es wirklich wollen und Gott um seine Hilfe bitten, werden Sie auch kein Jahr dafür benötigen. Treffen Sie die Entscheidung, dass Sie sich ändern wollen, und halten Sie sich daran. Sie werden staunen, wie schnell Sie sich an das neue Verhalten gewöhnen. Es wird Ihnen jeden Tag leichter fallen, bis Sie schließlich ganz automatisch das Richtige tun. Sie werden gar nicht mehr darüber nachdenken müssen.

Als Victoria und ich frisch verheiratet waren, haben wir oft unseren Autoschlüssel verlegt. Ich kam nach Hause und legte ihn auf den Tisch oder ich nahm ihn mit nach oben ins Schlafzimmer. Victoria ließ ihn vielleicht in ihrer Handtasche oder sie legte ihn in die Küche. Und fast jedes Mal, wenn wir irgendwo hinfahren wollten, mussten wir uns erst auf die Suche nach dem Autoschlüssel machen. Eines Tages erkannte ich, wie viel Zeit wir verschwendeten. Ich holte einen Hammer und einen kleinen Nagel und schlug ihn in einen Schrank ein, der an unserem Hintereingang stand, damit wir unseren Schlüssel dort hinhängen konnten. Die nächsten paar Male tat ich, wenn ich nach Hause kam, dasselbe, was ich immer getan hatte. Ohne einen Gedanken daran zu verschwenden, nahm ich den Schlüssel mit in unser Schlafzimmer oder ließ ihn in meiner Sporttasche. Ich musste mich selbst daran erinnern: *Geh zurück nach unten und häng den Schlüssel dahin, wo er hingehört, an den kleinen Nagel neben der Hintertür.* Das tat ich Tag für Tag.

Eine Gewohnheit zu ändern ist anfänglich nicht leicht, aber wenn Sie das neue Verhalten oft genug praktiziert haben, wird es für Sie ganz selbstverständlich. Heute denken Victoria und ich überhaupt nicht mehr darüber nach, wo wir unseren Autoschlüssel aufbewahren müssen. Wenn wir nach Hause kommen, gehen wir sofort zu dem Schrank und hängen ihn dort auf. Wenn wir immer wieder dasselbe tun, wird uns das irgendwann zur zweiten Natur.

Finden Sie sich also nicht mit einer schlechten Gewohnheit ab. Entscheiden Sie sich dafür, bessere Gewohnheiten zu entwickeln. Wenn Sie sich verändern wollen, müssen Sie am Ball bleiben. Sie müssen das neue Verhalten tagtäglich praktizieren. Lassen Sie keine Ausnahmen zu. Das bedeutet: Gleichgültig, wie Sie sich fühlen und wie sehr Sie sich auch wünschen, die alte Gewohnheit wieder aufzunehmen – halten Sie an Ihrem Entschluss fest.

Und noch etwas ist ganz wichtig: Sie müssen bereit sein, den Schmerz und die Gefühle von Unlust zu ertragen, die anfänglich mit der entsprechenden Verhaltensänderung einhergehen. Schließlich haben Sie Ihren Körper jahrelang auf ein bestimmtes Verhalten trainiert, an das er sich nun gewöhnt hat. Wundern Sie sich nicht, dass er dagegen rebelliert, wenn Sie ihm etwas Neues beibringen wollen. Aber wenn Sie diszipliniert sind und beharrlich an Ihrer Entscheidung festhalten, können Sie innerhalb weniger Monate neue Gewohnheiten annehmen, und Ihr Leben wird viel besser und erfüllter werden.

Wenn ein Läufer sich auf einen Wettbewerb vorbereitet, sind die ersten Trainingstage oft schrecklich. Er bekommt Seitenstechen und Muskelkater und hinter jeder Kurve lauert die Versuchung aufzugeben. Wenn er seinen Körper jedoch tagtäglich trainiert, wird er bald schneller und bekommt mehr Ausdauer. Es fällt ihm immer leichter, sein Pensum zu absolvieren, und er macht gute Fortschritte.

Wenn Sie die anfänglichen Gefühle von Unlust überwunden haben, wird es Ihnen immer leichter fallen, das neue, bessere Verhalten zu praktizieren. Denken Sie einmal an eine Rakete, die in den Weltraum katapultiert wird. Der Start erfordert enorme Schubkraft. Der größte Teil der Energie muss darauf verwendet werden, die Rakete aus dem Bereich der Erdanziehungskraft hinauszubefördern. Sobald sie sich im Weltraum befindet, kann sie sich viel leichter fortbewegen. Ebenso ist es, wenn es darum geht, mit Gewohnheiten zu brechen: Wenn Sie die ersten Wochen überstehen, wird es leichter, und eines Tages werden Sie völlig frei sein.

Denken Sie einmal an all die Personen in Ihrem Bekanntenkreis, die gern abnehmen möchten. Die Diätindustrie ist heute ein Milliardenmarkt. Auch wenn Diäten manchmal hilfreich sein können, besteht die Lösung langfristig nicht darin, eine „Wunderdiät" nach der anderen zu machen. Die meisten „Erfolge", die durch solche Diäten erzielt werden, sind nur von kurzer Dauer. Die meisten, die sie befolgen, wiegen aufgrund des sogenannten „Jojo-

Effektes" sogar hinterher bald wieder so viel wie zuvor – oft sogar noch mehr!

Wenn Sie Ihr Gewicht unter Kontrolle bekommen und halten wollen, sollten Sie lieber neue Gewohnheiten entwickeln. Beginnen Sie, Sport zu treiben und darauf zu achten, was Sie essen, wann Sie essen und wie viel Sie essen. Sicher, das ist nicht immer einfach; vor allem zu Anfang werden Sie viel Disziplin brauchen. Aber jedes Mal, wenn Sie einer Versuchung widerstehen, jedes Mal, wenn Sie eine bessere Entscheidung fällen, wird es leichter werden. Eines Tages werden Sie feststellen, dass Sie ein gesünderes, zufriedeneres Leben führen.

Halten Sie sich vor Augen, dass aller Anfang schwer ist, wenn Sie eine neue Gewohnheit entwickeln wollen. Sie werden versucht sein, aufzugeben und zu Ihren alten Verhaltensmustern zurückzukehren, aber Sie müssen nicht nachgeben.

Vielleicht wenden Sie jetzt ein: „Aber ich könnte ohne dieses Schüsselchen Eis einfach nicht leben, das ich jeden Abend esse, bevor ich ins Bett gehe."

Doch, Sie können ohne es leben und Sie werden wahrscheinlich besser und länger leben! Wenn Sie diese Gewohnheit überwinden wollen, dann besteht der erste Schritt darin, dass Sie spät am Abend nicht mehr in die Küche gehen. In der Bibel steht, dass wir vor der Versuchung fliehen sollen. Ob es um eine sexuelle oder um eine süße Versuchung geht, der Schlüssel zum Erfolg ist derselbe: Halten Sie sich davon fern!

Wenn Sie in den Supermarkt gehen, dann gehen Sie lieber gar nicht erst in den Gang, in dem sich all das leckere, kalorienreiche Eis versteckt und nur darauf wartet, Sie zu verführen. Finden Sie keine Vorwände wie: „Ich nehme diese Familienpackung Amarena-Kirsch nur mit, damit etwas im Haus ist, wenn wir mal Besuch bekommen." Nein, Sie wissen genau, dass Sie der einzige Gast sein werden, der dieses Eis isst. Halten Sie sich von dieser Versuchung fern. Laufen Sie vor ihr davon! Machen Sie es sich nicht schwerer, sich gesund zu ernähren, als es ohnehin schon ist. Nein, ganz im Ernst: Sie können nicht Ihren Körper misshandeln und gleichzeitig erwarten, dass er so funktioniert, wie Gott es geplant hat.

Es ist Zeit für einen Neuanfang!

So wie manche Personen Probleme haben, sich richtig zu ernähren, haben andere Schwierigkeiten damit, sich ihre Zeit richtig einzuteilen. Ihr Leben ist ausgesprochen chaotisch und sie sind ständig unter Druck oder erschöpft. Sie sind permanent überarbeitet, kommen selten zur Ruhe und bewegen sich viel zu wenig. Sie nehmen sich nie Zeit für sich selbst. Wenn sie nichts an dieser Situation ändern und ihr Leben nicht ein bisschen ausgewogener gestalten, wird sich das eines Tages rächen. Man kann sich selbst eine Zeitlang zu viel zumuten, vor allem, wenn man jung ist. Aber wundern Sie sich nicht, wenn Ihr Körper über kurz oder lang die Folgen zu spüren bekommt.

Es ist viel besser, wenn Sie schon jetzt gute Gewohnheiten entwickeln. Setzen Sie sich damit auseinander, wie Sie leben, und fragen Sie sich: „Warum verhalte ich mich so? Ist es etwas, das ich von meinen Eltern oder Großeltern übernommen habe? Ist es eine gute Angewohnheit? Hilft sie mir, ein besserer Mensch zu werden?" Wenn Sie bei Ihrer Analyse ein paar Gewohnheiten entdecken, die Sie ausbremsen oder schädlich sind, dann haben Sie den Mut, die nötigen Veränderungen vorzunehmen, um sie durch bessere zu ersetzen. Lassen Sie nicht zu, dass Sie von irgendetwas beherrscht werden oder abhängig sind außer von Gott.

Eine gute Bekannte von mir versuchte einmal, mit dem Rauchen aufzuhören, nachdem sie viele Jahre lang von Nikotin abhängig gewesen war. Sie war fest entschlossen, dass es „dieses Mal" gelingen würde. Und ein paar Wochen lang klappte es auch gut. Aber eines Tages hatte sie Streit mit ihrem Mann. Sie wurde wütend und verlor die Fassung, ging zum Supermarkt und kaufte sich eine Schachtel Zigaretten. Sie dachte: *Dem werd ich's zeigen. Ich rauche jetzt die ganze Schachtel!*

Aber als sie die erste Zigarette anzündete, sagte etwas in ihrem Inneren: „Wenn du das machst, war all das, was du durchgemacht hast, umsonst. Wenn du diese Zigarette rauchst, musst du noch mal ganz von vorn anfangen, und all das nur, weil du deine Gefühle nicht unter Kontrolle hast."

Als sie daran dachte, wie viel Mühe und Disziplin es sie gekostet hatte, diese Gewohnheit zu überwinden, traf sie eine Entscheidung: Sie legte die Zigaretten weg und beschloss, sie nie mehr anzurühren.

Ihnen werden immer jede Menge Vorwände und Ausreden einfallen, warum Sie sich nicht zu verändern brauchen. Sie werden zweifellos eine „gute" Rechtfertigung dafür finden, aufzugeben, sich umzudrehen und genauso weiterzuleben, wie Sie immer gelebt haben. Wundern Sie sich nicht, wenn Sie auf die Probe gestellt werden, genau das zu tun. Denken Sie einfach daran, dass in der Bibel steht: „Aber Gott ist treu und wird nicht zulassen, dass die Prüfung über eure Kraft geht. Wenn er euch auf die Probe stellt, sorgt er auch dafür, dass ihr sie bestehen könnt" (1. Korinther 10,13). Wie schwierig es auch sein mag, wie stark der Druck auch ist – Sie müssen wissen, dass Sie standhalten können. Gott wird Ihnen helfen. Er wird Ihnen einen Weg zeigen, aber Sie müssen ihn auch gehen.

Wenn Sie sich in einem Bereich Ihres Lebens nicht richtig verhalten, dann reden Sie sich nicht heraus. Übernehmen Sie Verantwortung und sagen Sie: „Ich sehe, was da vor sich geht, und ich will mich ändern. Ich werde bessere Gewohnheiten entwickeln."

> Es geht nicht so sehr darum, dass wir schlechte Gewohnheiten ablegen. Wir müssen sie durch gute ersetzen.

Es geht in Wirklichkeit nicht so sehr darum, dass wir schlechte Gewohnheiten *ablegen*. Wir müssen sie durch gute *ersetzen*. Mit anderen Worten: Wenn Sie sich beispielsweise ständig Sorgen machen und Ihre Gedanken unablässig darum kreisen, was aus Ihren Kindern werden wird, wie Sie Ihre Finanzen in den Griff bekommen und ob Sie auch gesund bleiben, dann müssen Sie sich klarmachen, dass dieses Sich-Sorgen eine schlechte Angewohnheit ist. Es ist schwierig, sich Sorgen zu machen und gleichzeitig Gott zu vertrauen. Gott will, dass Sie inneren Frieden haben. Sie dürfen in der Gewissheit ruhen, dass Gott Sie in seiner Hand hält. Wenn Sie sich jedoch schon seit langer Zeit sorgen, ist Ihnen das sozusagen in Fleisch und Blut übergegangen. Sie denken gar nicht darüber nach, sondern sorgen sich schon morgens beim Aufstehen, was der Tag Ihnen bringen mag.

In den meisten Fällen können Sie nicht einfach beschließen, sich nicht länger zu sorgen. Sie müssen die negativen Gedanken durch positive Gedanken ersetzen, die auf Ihrem Glauben an Gott gründen. Und dann lassen Sie sich jedes Mal, wenn Sie versucht sind, sich zu sorgen, von diesem Impuls daran erinnern, sich mit positiven Dingen zu beschäftigen. In der Bibel steht: „Richtet eure Gedanken auf das, was [...] als rechtschaffen, ehrbar und gerecht gilt, was rein, liebenswert und ansprechend ist, auf alles, was Tugend heißt und Lob verdient" (Philipper 4,8). Wenn Sie die sorgenvollen Gedanken durch hoffnungsvolle, mutige und zuversichtliche Gedanken ersetzen, programmieren Sie Ihr Denken neu. Wenn Sie das tagein, tagaus tun, dann haben Sie bald die neue Gewohnheit entwickelt, sich mit guten Dingen zu beschäftigen, und die alte Gewohnheit, sich Sorgen zu machen, abgelegt.

Der Schlüssel zum Erfolg besteht darin, dass Sie etwas finden, womit Sie die negative Gewohnheit ersetzen können. Wenn Sie gewöhnlich jedes Mal, wenn Sie unter Druck stehen, zum Kühlschrank gehen und etwas essen, dann finden Sie einen anderen Ort, wo Sie hingehen können, und etwas anderes, das Sie tun können. Gehen Sie nach draußen, wenn Sie angespannt sind, und machen Sie einen Spaziergang. Sie brauchen keine fünf Kilometer zu joggen. Gehen Sie einfach um den Block oder die Straße hinunter. Und wenn Sie zurückkommen, suchen Sie sich eine Beschäftigung und machen Sie einen Bogen um die Küche!

„Übung macht den Meister", heißt es in einem Sprichwort. Das mag stimmen, aber oft üben wir die falschen Dinge ein. Viele Personen haben mir gesagt: „Ich bin einfach ein sehr negativer Mensch, Joel. Meine Eltern waren etwas pessimistisch eingestellt, und meine Großeltern auch. So bin ich nun mal."

Bei allem Respekt – ich muss Ihnen widersprechen. So sind Sie nicht wirklich, Sie gestatten sich nur, so zu sein. Gott hat Sie nicht so erschaffen. Er hat Sie dazu erschaffen, frei zu sein. Er hat Sie nicht dazu erschaffen, an Süchte gebunden zu sein. Er hat Sie nicht dazu erschaffen, chaotisch, jähzornig, frustriert oder ein wandelnder Pessimist zu sein. Er hat Sie als einen tollen Menschen erschaffen. Er hat Sie dazu erschaffen, glücklich, heil und gesund zu sein. Aber allzu oft entwickeln wir falsche, destruktive Denkmuster. Wir reden uns ein: „Ich kann mich nicht ändern. Ich kann diese Gewohnheit nicht überwinden." Nein, das Problem ist, dass wir die falschen Dinge einüben.

Wir alle „praktizieren" irgendetwas, und die beste Methode, um gute Gewohnheiten zu entwickeln, besteht darin, die richtigen Dinge zu „praktizieren" bzw. „einzuüben". Vielleicht gelingt es Ihnen so gut, auszurasten, weil Sie es mehrmals in der Woche üben. Manche Menschen sind gut darin, ungeduldig zu sein, weil sie das jeden Morgen üben, wenn sie zur Arbeit fahren. Ich kenne Personen, denen es gut gelingt, mit einer dunklen Wolke über dem Kopf durchs Leben zu gehen, weil sie sich ständig darin üben, negative Gedanken zu hegen. Gewohnheiten entstehen durch Wiederholung und führen dazu, dass wir automatisch auf eine bestimmte Weise handeln. Darum müssen wir darauf achten, dass wir die richtigen Dinge einüben.

So sollte sich zum Beispiel jeder von uns darin üben zu vergeben. Wenn jemand Sie das nächste Mal beleidigt oder verletzt, dann zahlen Sie es ihm nicht mit gleicher Münze heim. Vergeben Sie demjenigen umgehend. Lassen Sie diese Erfahrung hinter sich, und beginnen Sie, Vergebung zu „üben".

Lassen Sie uns auch einüben, sorgfältig mit unserem Geld umzugehen und kluge finanzielle Entscheidungen zu treffen. Viele Menschen haben riesige Geldsorgen, weil sie schlechte Gewohnheiten entwickelt haben. Sie geben Geld aus, das sie nicht haben, und kaufen ständig mit ihrer Kreditkarte ein. Man muss kein Fachmann sein, um zu begreifen, dass es nicht gut ist, für solche ungedeckten Kreditkartenkäufe hohe Zinsen zu zahlen.

Manche sagen: „Ohne meine Kreditkarten wäre ich nur ein halber Mensch. Ich könnte nicht ohne sie leben." Doch, das können Sie, auch wenn es anfänglich nicht ganz leicht ist. Vielleicht müssen Sie während der Übergangszeit ein paar Unannehmlichkeiten in Kauf nehmen. Wie mein Vater oft sagte: „Lerne, auf einer Apfelsinenkiste zu sitzen, bis du dir einen Stuhl leisten kannst." Was er damit meinte, war: „Wenn du weise mit dem umgehst, was du hast, wird Gott dir mehr geben." Heute beten viele für ein Wunder, einen finanziellen Durchbruch. Aber bei allem Respekt – oft brauchen wir gar kein Wunder, wir müssen nur lernen, weniger Geld auszugeben und besser zu sparen. Ich kenne einige Personen, die, wenn Gott sie morgen mit einer Million Dollar segnen würde, in einem Jahr wieder in denselben Schwierigkeiten stecken würden wie heute. Sie hätten dieselben Probleme. Und warum? Weil sie nicht gelernt haben, richtig mit ihrem Geld umzugehen.

Wir sollten lange und intensiv nachdenken, bevor wir etwas anschaffen, das uns in Schulden stürzt. Brauchen Sie wirklich diesen tollen Wagen? Brauchen Sie wirklich dieses neue elektronische Spielzeug? Finanzberater sagen, wenn wir alles, was wir kaufen, bar bezahlen würden, würden wir im Jahr durchschnittlich 900 Dollar sparen. Warum? Wenn Sie das Geld aus Ihrem Portemonnaie holen, einen Schein nach dem anderen, fragen Sie sich automatisch: „Will ich mein hartverdientes Geld wirklich für diesen Gegenstand eintauschen?" Wenn wir bares Geld ausgeben, wird uns viel stärker bewusst, was wir tun, als dann, wenn wir einfach eine Karte durch einen Scanner ziehen.

Und noch etwas: Geldsorgen gehören heute zu den drei wichtigsten Scheidungsgründen. Wenn Sie möchten, dass Ihre Ehe Bestand hat, dann lernen Sie, weise mit Ihrem Geld umzugehen. Entwickeln Sie auf diesem Gebiet gute Gewohnheiten. Es ist nie zu spät, mit dem Richtigen zu beginnen. Wenn Sie Ihren Beitrag leisten, wird Gott seinen Teil tun. Er wird Sie voranbringen; er wird Sie finanziell segnen, aber zuerst müssen Sie lernen, das, was er Ihnen bereits anvertraut hat, gut zu verwalten.

Ein junges Ehepaar, das unsere Gemeinde besucht, hatte etwa 40.000 Dollar Konsumentenschulden. Sie waren völlig verzweifelt und schämten sich sehr. Sie konnten keinen Ausweg finden und nach menschlichem Ermessen schien es keine Lösung zu geben.

Eines Tages unternahmen sie jedoch einen Glaubensschritt. Sie überwanden ihren Stolz und vereinbarten einen Termin mit einem unserer Finanzberater. Dieser befasste sich gründlich mit ihrer Finanzlage und gab ihnen Tipps, wie sie Schritt für Schritt aus ihrer Misere herauskommen konnten. Die beiden fassten den festen Vorsatz, ihre Schulden loszuwerden. Drei Jahre lang verzichteten sie darauf, zum Essen auszugehen, in Urlaub zu fahren und sich Kleidung zu kaufen, die sie nicht unbedingt benötigten. Sie lebten völlig spartanisch. Es war unangenehm. Es war ein echtes Opfer.

Aber sie „löffelten aus", was sie sich durch jahrelange Fehlentscheidungen eingebrockt hatten, entwickelten bessere Gewohnheiten und legten ein Fundament für die Zukunft. Sie warfen ihre Kreditkarten weg. Sie lernten, zwischen dem zu unterscheiden, was sie wollten, und dem, was sie brauchten. Sie übten sich in Disziplin und Selbstkontrolle. Heute, nur drei Jahre später, ist dieses junge Paar völlig schuldenfrei, und Gott schenkt ihnen in jeder Hinsicht Wachstum und Gedeihen. Und all dies begann damit, dass sie beschlossen, bessere Gewohnheiten zu entwickeln. Sie zogen einen Schlussstrich unter ihre Vergangenheit und sagten: „Das war's. Wir werden nicht länger so weiterleben."

Wenn Sie eine Gewohnheit oder eine Sucht überwinden wollen, besteht der erste Schritt darin, dass Sie sich bewusst machen, was Sie bindet. Aber lassen Sie es nicht dabei bewenden. Treffen Sie auch die Entscheidung, etwas dagegen zu unternehmen. Gehen Sie weitere Schritte. Haben Sie den Mut, um Hilfe zu bitten. Manche Menschen sind alkohol- oder drogenabhängig, andere leiden unter Sexsucht oder anderen Bindungen. Wieder andere haben ein Problem mit Wutausbrüchen. Sie können sich einfach nicht beherrschen und rasten immer wieder aus. Was auch immer es sein mag – glauben Sie mir, Sie können sich ändern! Sie können frei werden. Schenken Sie der Lüge, dass Sie nie aus dieser Sache herauskommen werden, keinen Glauben. Gott hat Ihnen schon einen Weg in die Freiheit gebahnt!

Aber Sie müssen Ihren Teil tun und bereit sein, diesen Weg auch zu beschreiten. Wenn Sie das nächste Mal mit dieser Versuchung konfrontiert sind, sollte Ihre erste Reaktion darin bestehen, dass Sie beten. Beziehen Sie Gott in Ihre Situation ein. Wir können schlechte Gewohnheiten nicht aus eigener Kraft besiegen. Bitten Sie Gott, Ihnen zu helfen. Wenn Sie merken, dass Sie die Kontrolle über Ihre Gefühle verlieren und kurz davor stehen, jemanden abzukanzeln, dann beten Sie unverzüglich im Stillen: „Gott, ich bitte dich, mir zu helfen. Gib mir die Kraft, meinen Mund zu halten, und den Mut, wegzugehen."

Jesus lehrte seine Jünger: „Bleibt wach und betet, damit ihr der Versuchung widerstehen könnt" (Matthäus 26,41). Er sagte nicht: „Betet, dass ihr nicht auf die Probe gestellt werdet." Wir alle werden mit Versuchungen konfrontiert. Aber Gott lädt uns ein: „Wenn diese Versuchung kommt, dann bitte mich um Hilfe." In welchem Bereich Sie sich auch ändern möchten – auch in kleinen Dingen –, bitten Sie Gott um seine Unterstützung! „Gott, ich muss jetzt unbedingt in die Küche gehen – ich kann die Schokoladenplätzchen schon riechen. Darum bitte ich dich: Hilf mir, der Versuchung zu widerstehen und meine Diät nicht abzubrechen." – „Vater, alle meine Freunde gehen heute Abend aus, aber ich weiß, dass das nicht dein Plan für mich ist, weil mein Konto schon weit in den Miesen ist. Bitte, Herr, hilf mir, die richtige Entscheidung zu treffen. Hilf mir, deinem Willen treu zu bleiben."

„Aber es fällt mir so schwer, Joel. Es ist so schwer, nicht mit meinen Freunden auszugehen, schwer, nicht mit Kreditkarte einzukaufen, schwer, jemandem, der mich aufregt, nicht die Meinung zu sagen."

Ja, es ist schwer. Aber von etwas abhängig und unfrei zu sein ist schwerer. Und sich elend zu fühlen, weil man weiß, dass man nicht so lebt, wie man leben sollte, ist noch schwerer. Es gibt nichts Schlimmeres, als den ganzen Tag von irgendwelchen Kleinigkeiten behindert zu werden, von denen man genau weiß, dass man sie eigentlich überwinden könnte.

Vielleicht haben Sie mit irgendwelchen Süchten zu kämpfen oder Sie plagen sich mit Wutausbrüchen oder Ungeduld herum. Vielleicht leben Sie nur deshalb ein mittelmäßiges Leben, weil Sie zulassen, dass irgendwelche Kleinigkeiten Ihrer Entwicklung Grenzen setzen. Das muss nicht so sein. Sie sind ein Kind des allerhöchsten Gottes. Sein königliches Blut fließt durch Ihre Adern. Finden Sie sich nicht einfach damit ab. Kein Hindernis in Ihrem Leben – wie groß oder klein es auch sein mag – ist unüberwindlich. Ob es Kritiksucht oder Kokainabhängigkeit ist, Gottes Kraft in Ihnen ist größer als die Kraft, die Sie am Boden halten will. Kämpfen Sie den guten Kampf des Glaubens. Lassen Sie sich von nichts und niemandem auf dieser Erde beherrschen. Ihre Haltung sollte sein: „Das war's. Ich bleibe nicht da, wo ich bin. Ich werde weiterkommen. Ich habe Besseres verdient."

Zapfen Sie die Kraft Gottes an, die in Ihnen ist, und sagen Sie nicht länger: „Ich kann diese Gewohnheit nicht überwinden." Beginnen Sie stattdessen jeden Tag zu erklären: „Ich bin frei. Weil ich zu Christus gehöre, bin ich allem gewachsen. Keine Waffe kann etwas gegen mich ausrichten." Denken Sie an das, was Jesus gesagt hat: „Wenn der Sohn euch frei macht, dann seid ihr wirklich frei." Fangen Sie an, diese Wahrheit für Ihr eigenes Leben in Anspruch zu nehmen.

Paulus ermahnt uns in seinem Brief an die Philipper, dass wir „an uns selbst arbeiten" sollen (2,12). Das griechische Verb, das er hier benutzt, ist *katergazomai*; es stammt ursprünglich aus der Landwirtschaft und bedeutet „hervorbringen". Dahinter steht der Gedanke, dass wir all diese guten Dinge bereits in uns tragen, aber nun ist es an uns, sie in unserem Leben sichtbar werden zu lassen. Dadurch, dass Sie an Gott glauben und sein Kind geworden sind, haben Sie Anteil an seinem Wesen bekommen. Gott hat Selbstkontrolle, Disziplin, Freundlichkeit, Vergebungsbereitschaft, Geduld und manches andere in Sie hineingelegt. Aber wir besitzen diese Eigenschaften zunächst nur in Form von „Samenkörnern", und unsere Aufgabe besteht nun darin, sie „herauszuarbeiten". Das Gute kommt nicht automatisch zum Vorschein, sondern nur dann, wenn wir gute Entscheidungen treffen. Nicht nur ab und zu, sondern beständig, immer und immer wieder.

Ich bin zum Beispiel von Natur aus ein sehr zielstrebiger Mensch. Mein Leben ist klar strukturiert und perfekt durchorganisiert. Wenn ich Ihnen sage, dass ich um zwölf Uhr irgendwo sein werde, dann können Sie sicher sein: Ich komme nicht zehn Minuten später, ich komme eher zehn Minuten früher. Ich bin äußerst diszipliniert, wenn es darum geht, etwas zu erledigen.

Doch trotz all der guten Eigenschaften, die man hat, gibt es in unserem Leben immer auch Bereiche, in denen wir an uns arbeiten müssen. Ich bin zwar von Natur aus diszipliniert und zielstrebig, aber nicht von Natur aus geduldig. Ich warte nicht gern. Ich möchte irgendwo hingehen, die Sache erledigen und zum nächsten Tagesordnungspunkt übergehen. Es kann schnell passieren, dass ich die Geduld verliere. Aber mir ist bewusst, dass dies ein Bereich ist, an dem ich arbeiten muss. Ich kann mich nicht einfach zurücklehnen und sagen: „Ich bin eben kein geduldiger Mensch. So hat Gott mich einfach nicht gemacht." Nein, ich weiß, dass ich die Saat der Geduld in mir trage und dass meine Aufgabe nun darin besteht, sie „herauszuarbeiten".

Manchmal ist es aber schon witzig, wie Gott Menschen und Umstände gebraucht, um uns voranzubringen.

So hat mich das Straßennetz in und um Houston viel über Geduld gelehrt. Früher war ich jedes Mal nervös und gestresst, wenn der Verkehr ins Stocken geriet. Aber inzwischen habe ich gelernt, mich zu entspannen, die Sache locker anzugehen und Ruhe zu bewahren. Ich habe einen Teil der Geduld, die Gott in mich hineingelegt hat, herausgearbeitet. Dadurch haben sich meine Gedanken, mein Verhalten und meine Einstellung geändert.

Gott hat auch meine wunderschöne Frau Victoria gebraucht, um mich in dieser Hinsicht zu „bearbeiten". Als wir frisch verheiratet waren, sagte ich zu ihr, wenn wir irgendwo hinwollten: „Bist du fertig, Victoria?"

„Ja, ich bin fertig. Ich komme sofort", antwortete sie.

Also setzte ich mich ins Auto und wartete. „Ich bin fertig" bedeutete für mich, dass wir fahren konnten. Aber Victoria ist ein ganz anderer Typ Mensch als ich. Sie bleibt locker und gelassen und lässt sich durch nichts aus der Ruhe bringen. Sie ist der geduldigste Mensch der Welt. Wenn sie also „Ich bin fertig" sagt, sollte man das nicht falsch interpretieren. Sie meint nämlich damit: „Ich bin grundsätzlich darauf eingestellt, dass wir wegfahren, und du kannst damit rechnen, dass ich mich in den nächsten 10 oder 15 Minuten auf den Weg zur Tür mache."

Wenn dies zu Beginn unserer Ehe geschah, dann saß ich jedes Mal frustriert im Auto und fing an zu kochen. *Ich dachte, sie hätte gesagt, sie wäre fertig,* schnaubte ich innerlich. *Wann kommt sie denn endlich?*

Jetzt, nach über 20 Ehejahren, habe ich gelernt: Wenn Victoria sagt, dass sie fertig ist, dann ist das so ähnlich wie mit der Zeitanzeige beim American Football. Auf der Anzeige steht, dass noch zwei Minuten zu spielen sind, aber wenn Sie ein bisschen Ahnung von American Football haben, wissen Sie, dass das Spiel dann noch mindestens 10 oder 15 Minuten dauert. Wenn Victoria heute sagt, dass sie fertig ist, setze ich mich einfach hin, schaue ein paar Predigtnotizen durch, sehe fern oder entspanne mich ein paar Minuten lang. Ich bleibe ruhig und rege mich nicht länger auf. Gott hat Victoria gebraucht, um Geduld aus mir herauszuarbeiten!

Vielleicht haben Sie ja kein Problem mit Geduld; vielleicht sind Sie der geduldigste Mensch der Welt. Aber Sie verbringen Ihr halbes Leben damit, mutlos und deprimiert zu sein. Dann ist es Ihre Aufgabe, die Freude, die Gott in Sie hineingelegt hat, herauszuarbeiten. Sie müssen sich schon morgens beim Aufstehen sagen: „Diesen Tag hat der Herr zum Festtag gemacht. Heute will ich mich freuen und jubeln! Heute will ich glücklich sein."[26] Behalten Sie das im Blick, was gut ist, nicht das, was verkehrt läuft. Arbeiten Sie das Gute heraus. Hören Sie nicht länger auf die Lügen, denen Sie bislang Glauben geschenkt haben: „Ich kann meine Gefühle nicht kontrollieren. Ich bin einfach ein jähzorniger Mensch." Nein, Sie besitzen Selbstkontrolle; Gott hat sie in Sie hineingelegt. Das Problem ist nur, dass Sie sie noch nicht herausgearbeitet haben.

Und wie können Sie sie herausarbeiten? Indem Sie die „Muskeln" in diesem Bereich trainieren. Wenn Sie Freundlichkeit herausarbeiten wollen, dann beginnen Sie, andere zu ermutigen. Beginnen Sie, Komplimente zu machen. Sie können sich nicht einfach zurücklehnen und darauf warten, dass Gott Sie in einen netten, liebevollen Menschen verwandelt. Sie müssen diese Eigenschaften herausarbeiten, indem Sie die Gewohnheit entwickeln, freundlich zu anderen zu sein.

Und wir sollten uns immer neue Ziele setzen und ständig an uns arbeiten. Unsere Haltung sollte sein: „Ich werde üben, meine Angehörigen besser zu behandeln. Ich werde meiner Frau mehr

Achtung entgegenbringen. Ich werde liebevoller und großzügiger zu meinen Kindern sein." Arbeiten Sie nicht nur daran, schlechte Gewohnheiten abzulegen. Bemühen Sie sich auch darum, gute Gewohnheiten zu stärken und weiter zu verbessern.

Vielleicht gibt es Bereiche in Ihrem Leben, die Sie unter Kontrolle bekommen müssen. Gott möchte Ihnen sagen: „Schieb es nicht länger hinaus. Heute ist der Tag, an dem du damit beginnen solltest. Heute kannst du einen Neuanfang wagen." Wenn Sie sich das zu Herzen nehmen und bereit sind, die Opfer in Kauf zu nehmen, die anfänglich mit der Veränderung einhergehen, dann werden Sie in einem Jahr ein anderer Mensch sein. Sie werden frei sein von Süchten, frei von falschen Einstellungen, frei von den Bindungen, die Sie fesseln und an Ihrer Entwicklung hindern.

Achten Sie darauf, die richtigen Dinge zu üben. Hungern Sie alle schlechten Gewohnheiten aus und nähren Sie Ihre guten Gewohnheiten. Wenn Sie das tun, werden Sie vorwärtskommen, und Gott wird Sie mit seiner Gunst und seinen Segnungen überschütten. Lassen Sie nicht zu, dass Sie von irgendeiner Sache beherrscht werden! Entwickeln Sie bessere Gewohnheiten. Befreien Sie sich von allem, was keine gute Frucht in Ihrem Leben hervorbringt.

Denken Sie daran: Die Gewohnheiten, die Sie heute haben, entscheiden über Ihre Zukunft. Sehen Sie sich Ihr Leben an, überprüfen Sie Ihre Gewohnheiten, und wenn Sie etwas finden, das nicht in Ordnung ist, dann nehmen Sie es sofort in Angriff. Wenn Sie dies immer wieder praktizieren, wird es Ihnen zur zweiten Natur werden, und Ihr Leben wird immer mehr dem entsprechen, was Gott für Sie geplant hat.

Kapitel 17

Machen Sie Glücklichsein zu Ihrer Grundhaltung

Vielen Menschen ist gar nicht bewusst, in welchem Ausmaß unsere Einstellungen, unser Verhalten und die Art und Weise, wie wir unser Leben angehen, erlernte Verhaltensweisen sind. Es sind im Grunde Gewohnheiten, die sich im Laufe der Jahre durch ständige Wiederholung herausgebildet haben. Wenn wir Jahre damit zugebracht haben, eher auf die Dinge zu achten, die nicht gut laufen, als auf das, was gut ist, dann wird dieses negative Verhaltensmuster irgendwann dazu führen, dass wir unser Leben nicht genießen können.

Wir haben viele unserer Gewohnheiten von den Menschen abgeschaut, mit denen wir in unserer Kindheit und Jugend zusammengelebt haben. Untersuchungen zeigen, dass Eltern mit eher negativer Weltsicht auch Kinder mit eher negativer Weltsicht großziehen. Wenn Ihre Eltern den Blick hauptsächlich auf das gerichtet haben, was verkehrt war, und gestresst, nervös oder mutlos waren, dann ist es sehr wahrscheinlich, dass Sie selbst einige dieser negativen Verhaltensmuster übernommen haben.

Ich bekomme oft zu hören: „Ach, Joel, ich bin einfach ein Pessimist. Ich bin schnell gereizt, ich bin einfach kein so freundlicher Typ."

Nein, das sind Gewohnheiten, die Sie entwickelt haben. Und die gute Nachricht ist, Sie können Ihren inneren Computer neu programmieren. Sie können sich von dieser negativen Grundhaltung befreien und die Gewohnheit entwickeln, glücklich zu sein.

Das rät schon Paulus, wenn er an die Gemeinde in Philippi schreibt: „Freut euch immerzu [oder auch: jederzeit], mit der Freude, die vom Herrn kommt!" (Philipper 4,4). Das bedeutet: Mit was auch immer wir konfrontiert werden, wir müssen nicht Trübsal blasen. Wenn wir morgens aufstehen, dürfen wir uns auf den

Tag freuen, der vor uns liegt. Auch wenn wir mit schwierigen oder belastenden Situationen konfrontiert sind, sollten wir lernen, eine positive Grundeinstellung beizubehalten. Viele Menschen warten darauf, dass sich ihre Umstände ändern, bevor sie sich entscheiden, glücklich zu sein. „Ja, Joel, sobald ich eine bessere Stelle habe … sobald mein Kind mir keine Sorgen mehr macht … sobald es mir gesundheitlich wieder besser geht."

Nein, die Wahrheit ist: Wenn Sie jemals glücklich sein wollen, dann müssen Sie sich entscheiden, ab sofort glücklich zu sein.

Ob Sie glücklich sind, hängt nicht von Ihren Lebensumständen ab; es ist eine Willensentscheidung. Ich habe Menschen getroffen, die in wirklich schlimmen Situationen steckten, aber man hätte nie vermutet, dass sie ein Problem hatten. Sie hatten ein Lächeln im Gesicht und nie kam ein negatives Wort über ihre Lippen. Trotz ihres Dilemmas blieben sie fröhlich, positiv eingestellt und waren bereit, das Problem anzugehen.

> Ob Sie glücklich sind, hängt nicht von Ihren Lebensumständen ab; es ist eine Willensentscheidung.

Andere Menschen geraten in ähnlichen Situationen – und manchmal auch in viel weniger schwierigen Situationen – in Verzweiflung. Sie sind niedergeschlagen, deprimiert, mutlos und schlagen sich mit allen möglichen Sorgen herum. Wie kommt es, dass die Betreffenden so unterschiedlich reagieren?

Es ist meines Erachtens einzig und allein darauf zurückzuführen, wie sie ihre Gedanken und Gefühle „konditioniert" haben. Der eine hat die Gewohnheit entwickelt, glücklich zu sein. Er ist voller Hoffnung und Zuversicht und erwartet das Beste. Der andere hat sich darauf trainiert, nur das Negative zu sehen. Er ist besorgt und frustriert und beklagt sich ständig.

Wenn Sie die Gewohnheit entwickeln wollen, glücklich zu sein, müssen Sie lernen, sich zu entspannen und gelassen zu bleiben, statt frustriert zu sein. Sie müssen glauben, dass Gott die Kontrolle über alles hat, und das bedeutet, dass Sie nicht gestresst und besorgt zu sein brauchen. Und Sie sollten dankbar sein für das, was Sie haben, statt sich über das zu beklagen, was Ihnen fehlt. Ein

Mensch, der die Gewohnheit entwickelt hat, glücklich zu sein, ist im Wesentlichen jemand, der auf der positiven Seite des Lebens bleibt.

Jeder Tag steckt voller Überraschungen und Unannehmlichkeiten. Daher müssen Sie die Tatsache akzeptieren, dass nicht immer alles so läuft, wie Sie es sich wünschen. Ihre Vorhaben werden sich nicht immer so umsetzen lassen, wie Sie sich das vorgestellt haben. Wenn das passiert, sollten Sie die bewusste Entscheidung treffen, sich von den Umständen nicht aus dem Gleichgewicht bringen zu lassen. Lassen Sie nicht zu, dass äußerer oder innerer Druck Ihnen Ihre Freude raubt. Bleiben Sie gelassen, passen Sie sich der neuen Situation an, und versuchen Sie, das Beste daraus zu machen.

Eines der wichtigsten Dinge, die ich je gelernt habe, ist: Ich kann auch dann glücklich sein, wenn ich meinen Kopf nicht durchsetzen kann. Ich habe einfach den Entschluss gefasst, dass ich jeden Tag genießen werde, ob ich meine Pläne nun verwirklichen kann oder nicht.

Wir sollten alle eine positive Grundhaltung beibehalten: „Ich werde diesen Tag genießen, auch wenn ich auf dem Heimweg eine Reifenpanne habe. Ich werde jeden Tag genießen, auch wenn es so stark regnet, dass ich nicht zu meinem Fußballspiel gehen kann. Ich werde glücklich leben, auch wenn ich nicht die Beförderung erhalte, auf die ich gehofft hatte."

Wenn Sie diese Einstellung kultivieren, werden kleinere Unannehmlichkeiten oder Ärgernisse Sie nicht länger frustrieren. Sie brauchen sich nicht ständig unter Druck zu setzen. Machen Sie sich bewusst: Sie können Ihre Mitmenschen nicht kontrollieren und nicht verändern. Das kann nur Gott. Wenn jemand etwas tut, das Ihnen auf die Nerven geht, dann überlassen Sie das einfach Gott. Lassen Sie nicht zu, dass die Launen oder Marotten eines anderen Menschen Sie aus dem Gleichgewicht bringen.

Wenn Ihr Mann eine Viertelstunde zu spät von der Arbeit kommt und das Essen ein bisschen abkühlt, ruiniert das Ihren Abend. Quatsch, seien Sie nicht so festgefahren. Das Leben ist zu kurz, um es sich mit unnötigem Stress zu erschweren. Außerdem kann permanenter Stress Ihre Gesundheit schädigen. Ich möchte nicht einige Jahre früher sterben, nur weil ich mich jedes Mal aufgeregt habe, wenn ich in einen Verkehrsstau geraten bin. Ich möchte nicht jedes Mal Magenschmerzen bekommen, wenn jemand nicht tut, was ich von ihm erwarte, oder weil mir das Wetter einen Strich durch meine Wochenendplanung macht.

Das ist die Sache nicht wert. Sie können sich entscheiden, flexibler zu werden und eine gelassenere Einstellung an den Tag zu legen. Denken Sie mal darüber nach: In ein paar Jahren werden all die Dinge, über die Sie sich heute aufregen, gar keine Bedeutung mehr haben. Sie werden sich nicht mehr daran erinnern, dass Ihre Golfpartie vergangenen Dienstag ins Wasser gefallen ist. Und der Verkehrsstau, in den Sie vorige Woche geraten sind, wird Ihnen völlig gleichgültig sein.

Victoria und ich hatten einmal den perfekten Urlaub geplant. Wir wollten einmal etwas Zeit allein miteinander verbringen und ein paar Tage verschnaufen. Je näher der geplante Urlaub rückte, desto mehr stieg meine Aufregung. Ich hatte die Flugtickets gekauft und war bereit loszudüsen.

Meine Mutter hatte zu dieser Zeit ein Problem mit ihrer Hüfte. Als die medikamentöse Behandlung schließlich keine Linderung mehr brachte, beschlossen die behandelnden Ärzte, ihr ein künstliches Hüftgelenk einzusetzen, und legten einen Operationstermin fest. Aber in letzter Sekunde kam irgendetwas dazwischen, sodass der Eingriff verschoben werden musste. Der neue Operationstermin fiel genau auf den Tag unserer geplanten Abreise. Ich musste nun die schwere Entscheidung treffen, ob ich in Urlaub fahren oder zu Hause bleiben und mich um meine Mutter kümmern sollte. Wir beschlossen, zu Hause zu bleiben. Zunächst waren wir enttäuscht und frustriert, aber wir beschlossen, dass wir uns dadurch nicht unsere Freude rauben lassen würden.

Mutter wurde operiert und im Laufe dieser Woche habe ich während meiner Besuche im Krankenhaus bestimmt für 20 oder 30 weitere Patienten gebetet. Es kam sogar so weit, dass ich förmlich von Zimmer zu Zimmer ging, weil mich eine Familie nach der anderen bat, für ihren Angehörigen zu beten. Als die Woche vorüber war, war ich erfrischter und entspannter als nach einem Urlaub.

Victoria und ich hätten allen Grund gehabt, uns aufzuregen. Wir hätten klagen können: „Das ist nicht fair, Gott. Wir hatten den Urlaub schon lange geplant. Warum passiert uns so was?"

Aber wir blieben einfach gelassen und stellten uns auf die neue Situation ein. Wir ließen uns von den Worten im Römerbrief trösten: „Was auch geschieht, das eine wissen wir: Für die, die Gott lieben, muss alles zu ihrem Heil dienen" (Römer 8,28).

Ich weiß nicht, warum Mutters OP-Termin ausgerechnet auf den Tag fiel, an dem wir in Urlaub fahren wollten. Ich weiß nicht, welche Faktoren da zusammenspielten, aber ich weiß eines: Gott führte alles zum Guten. Und ich weiß auch: Selbst wenn meine Pläne durchkreuzt werden, selbst wenn etwas nicht so läuft, wie ich es mir vorgestellt hatte, wird Gott mich in irgendeiner Weise dafür entschädigen, wenn ich ihn ehre und darauf vertraue, dass er einen guten Plan hat.

Und er wird dasselbe auch für Sie tun. Versuchen Sie einfach, nicht wütend und missmutig zu reagieren, wenn Ihre Pläne von irgendetwas durchkreuzt werden. Beklagen Sie sich nicht: „Ich kann nicht glauben, dass mir das passiert, Gott. Ich kann mir diese Verspätung einfach nicht leisten." Vielleicht bewahrt Gott Sie auf diese Weise ja vor einem Unfall? Woher wissen Sie, dass Gott nicht absichtlich zugelassen hat, dass Sie aufgehalten werden? Vielleicht möchte er Ihnen ja die Begegnung mit jemandem schenken, den Sie unbedingt kennenlernen sollen! Lernen Sie, gelassen zu bleiben und sich an die neue Situation anzupassen. Regen Sie sich nicht auf und lassen Sie sich von kleinen Unterbrechungen nicht Ihre Freude rauben.

Manchmal liegen irgendwelche Hindernisse auf unserem Weg, weil Gott möchte, dass wir jemandem etwas Gutes tun oder weil er irgendeinen anderen Auftrag für uns hat. Oft merken wir gar nicht, wenn Gott „hinter den Kulissen" solche Dinge für uns arrangiert!

Vor Kurzem gingen mein Sohn Jonathan und ich in eines unserer Lieblingsrestaurants. Vor uns war eine große Gruppe eingetroffen, und die Wirtin teilte uns mit, dass wir uns eine Dreiviertelstunde gedulden müssten. So lange konnten wir nicht warten, und wir waren enttäuscht, weil wir uns wirklich darauf gefreut hatten, dort zu essen. Aber wir beschlossen, das Beste daraus zu machen. Ich sagte zu Jonathan: „Lass uns zu dem kleinen Hamburgerimbiss fahren und dort etwas essen." Ich war erst zweimal in meinem Leben dort gewesen, aber als wir das Lokal betraten, bemerkte ich einen elegant gekleideten Mann an einem der vorderen Tische; er saß dort ganz allein. Als Jonathan und ich an ihm vorbeigingen, schaute ich ihn an, nickte ihm zu und lächelte. Keine große Sache. Wir gingen weiter zum Tresen und bestellten unser Essen.

Ein paar Tage später erhielt ich einen Brief von diesem Mann. Er schrieb, dass er sich zum Zeitpunkt des kurzen Treffens gerade an einem besonderen Tiefpunkt befunden hatte. Er habe bis dahin nur äußerst selten gebetet, aber an jenem Morgen habe er es getan und gesagt: „Gott, wenn es dich wirklich gibt, dann gib mir irgendein Zeichen." Er fuhr fort: „Als unsere Blicke sich trafen, ist irgendetwas in mir passiert. Ich habe nie zuvor eine solche Liebe gespürt."

Das Erstaunliche dabei ist für mich, dass *ich* überhaupt nichts gespürt habe – abgesehen von meinem knurrenden Magen. Ich wollte einfach nur essen. Aber rückblickend erkenne ich, dass Gott absichtlich meine Pläne durchkreuzt hat. Er wollte, dass Jonathan und ich diesen Mann trafen und dadurch einen kleinen Beitrag dazu leisten konnten, dass dessen Gebet erhört wurde. Manchmal führt Gott Sie einen ganz anderen Weg, nur damit Sie jemandem zulächeln oder jemandem einen guten Tag wünschen können. Allein schon Ihr Gesichtsausdruck kann jemandem Hoffnung schenken. Gott kann bewirken, dass die Betreffenden Sie anschauen und seine Liebe und Barmherzigkeit in Ihnen sehen.

Ich glaube nicht, dass unsere Begegnung diese Wirkung gehabt hätte, wenn ich gestresst gewesen wäre. Ich bezweifle, dass ich dann dieselbe Ausstrahlung gehabt hätte. Ich wäre frustriert und gereizt gewesen, weil eines unserer Lieblingsrestaurants keinen Platz für uns hatte.

Wenn in Ihrem Alltag irgendetwas schiefgeht und die Dinge nicht so laufen, wie Sie sich das vorgestellt haben, dann versuchen Sie doch einmal, sich dadurch nicht aus der Fassung bringen zu lassen. Dann kann Gott Sie so gebrauchen, wie er gern möchte.

Manchmal geht alles schief, was nur schiefgehen kann. Wenn Sie einen von diesen Tagen haben, dann atmen Sie einmal tief durch, beschließen Sie, trotz allem gelassen zu bleiben, und halten Sie daran fest, dass Gott alles in seiner Hand hat. Als Victoria und ich kürzlich von einem Auslandsaufenthalt zurück nach Hause flogen, bot man uns ohne ersichtlichen Grund an, in die Erste Klasse aufzurücken. Wir verstanden dies einfach als die Gunst Gottes.

Wir reisen sehr viel, und darum habe ich gern alles im Griff, wenn ich wieder nach Hause komme. Wir sollten um die Mittagszeit in Houston landen und ich hatte den restlichen Tag schon komplett durchgeplant. Ich wollte in einem meiner Lieblingsrestaurants zu Mittag essen, mit unseren Kindern spielen, ein bisschen Sport treiben und noch ein paar andere Dinge erledigen. Da wir ja nun zu den Ersten gehören würden, die das Flugzeug verließen, ging ich davon aus, dass wir die Einreiseformalitäten rasch hinter uns bringen würden.

Das Flugzeug landete, und so, wie ich es mir vorgenommen hatte, verließen Victoria und ich das Flugzeug sofort. Offensichtlich waren aber gerade vor uns vier oder fünf andere internationale Flüge gelandet, denn der Abfertigungsbereich war so überfüllt, wie ich es noch nie zuvor erlebt hatte. Die Schlange reichte bis zu den Fluggastbrücken. Dort standen mindestens tausend Menschen. Ich sah sofort, dass wir eine oder zwei Stunden benötigen würden, bis wir den Abfertigungsschalter hinter uns gelassen hatten, und das würde meine Pläne völlig durcheinanderbringen.

Ich beschloss, dass ich mich nicht aufregen, sondern auf die Gunst Gottes vertrauen würde. Ich sagte scherzhaft zu Victoria: „Pass mal auf, Victoria, jetzt kommt gleich jemand und bringt uns ganz nach vorn." Ich betete: „Bitte schenk mir deine Gunst, Herr. Sorg dafür, dass jemand auf uns aufmerksam wird und uns hilft."

Die Schlange schien immer länger zu werden, aber ich ließ mich nicht entmutigen. Ich rechnete mit der Gunst Gottes und war ein paar Schritte zur Seite getreten, damit ich ungehindert nach vorn schauen konnte.

Da sah ich eine Frau auf mich zukommen. Sie trug eine Uniform mit einem Abzeichen und hatte ein Sprechfunkgerät bei sich.

Ich wandte mich an Victoria: „Da kommt unser Retter auch schon. Sie geht bestimmt in die ‚Lakewood'-Gemeinde." Ich war so aufgeregt. Ich wusste, sie würde uns mitnehmen und ganz nach vorn bringen.

Und wirklich – sie kam direkt auf mich zu. Sie sagte: „Sir!"

„Ja?", entgegnete ich, lächelte breit und bückte mich schon nach meinem Handgepäck, um ihr zum Abfertigungsschalter zu folgen.

Doch sie erwiderte nur: „Würden Sie sich bitte wieder in die Schlange einreihen?"

Ich konnte es nicht glauben. *Aber Gott, dafür habe ich doch nicht gebetet!*

Und so ging es den ganzen Tag weiter. Nichts von alledem, was ich mir vorgenommen hatte, konnte ich verwirklichen. Aber – Gott sei Dank! – habe ich gelernt, gelassen zu bleiben und mich an die Situation anzupassen. Ich habe mich entschlossen, jeden Tag zu genießen, ob es so läuft, wie ich mir dies vorstelle, oder nicht.

So verrückt es auch klingen mag: Beschließen Sie, dass Sie glücklich sein werden, auch wenn Sie im Verkehr stecken bleiben oder wenn die Kellnerin etwas auf Ihr neues Jackett schüttet oder wenn Sie in einer schier endlosen Schlange stehen.

Gott hat Sie nicht dazu erschaffen, mit einer dunklen Wolke über dem Kopf herumzulaufen. Er hat keinen von uns dazu geschaffen, deprimiert, gestresst, besorgt oder frustriert zu leben. Gott will, dass Sie glücklich, ausgeglichen und zufrieden sind und Ihr Leben genießen. Gott möchte anderen durch uns zeigen, was es bedeutet, mit ihm zu leben. Wenn die Menschen uns sehen, sollten sie etwas sehen, das so anziehend ist, dass Sie es auch wollen.

Betrachten Sie Ihr Leben einmal ganz ehrlich. Sind Sie so glücklich, wie Sie eigentlich sein sollten? Stehen Sie jeden Morgen mit freudiger Erwartung auf, gespannt darauf, was die Zukunft Ihnen bringen wird? Freuen Sie sich über Ihre Familie? Ihre Freunde? Wenn nicht, was raubt Ihnen die Freude und bringt Sie dazu, sich aufzuregen? Warum machen Sie sich Sorgen? Finden Sie heraus, was es ist. Machen Sie eine Bestandsaufnahme – und gehen Sie dann noch einen Schritt weiter: Fangen Sie an, Ihr Denken in diesen bestimmten Bereichen „umzutrainieren".

Oft müssen Sie nur eine kleine Veränderung vornehmen – in Bezug auf Ihre Einstellung, Ihren Umgang mit anderen Menschen oder die Art und Weise, wie Sie auf Probleme reagieren – und können dadurch Ihrem Leben eine ganz neue Richtung geben und es viel mehr genießen.

Vor Jahren machte der russische Wissenschaftler Iwan Pawlow ein Experiment mit ein paar Hunden. Er untersuchte ihre Gewohnheiten und wie sie auf bestimmte Situationen reagierten. Jedes Mal, wenn er sie fütterte, läutete er ein Glöckchen. Wenn die Hunde das Futter sahen, wurden sie ganz aufgeregt und begannen zu sabbern. Sie konnten es gar nicht erwarten, ihr Futter zu fressen.

Während der nächsten Wochen ließ Pawlow jedes Mal, wenn er die Hunde fütterte, zuvor das Glöckchen erklingen. Nach einiger Zeit assoziierten die Hunde das Klingeln des Glöckchens mit dem Vorhandensein von Futter.

Einige Wochen später beschloss Pawlow, etwas Neues auszuprobieren. Er läutete das Glöckchen zu irgendwelchen anderen Zeiten, fütterte aber die Hunde nicht – er wollte sehen, was sie taten. Interessanterweise begannen die Hunde jedes Mal zu sabbern, wenn das Glöckchen erklang, obwohl sie kein Futter sehen oder riechen konnten. Sie rechneten einfach damit, dass sie gleich Futter bekommen würden. Pawlow nannte dies einen „bedingten bzw. konditionierten Reflex".

Etwas Ähnliches kann auch beim Menschen passieren, wenn er zulässt, dass er negative Reflexe entwickelt. Wir geraten beispielsweise in einen Verkehrsstau und in derselben Sekunde schießt unser Blutdruck in die Höhe. Wir regen uns furchtbar auf. Oder vielleicht spricht im Büro jemand nicht mit uns und scheint uns absichtlich zu ignorieren. Statt darüber hinwegzusehen und anzunehmen, dass der Betreffende einfach nur einen schlechten Tag hat, reagieren wir verletzt und beleidigt.

Wir haben uns (unbewusst) darauf konditioniert, in einer bestimmten Weise auf bestimmte Situationen zu reagieren. Wir haben diesen negativen Denkmustern erlaubt, uns unsere Freude zu rauben.

Wenn Sie die Gewohnheit entwickeln wollen, glücklich zu sein, dann müssen Sie sich diese negativen Reflexe „abtrainieren". Wenn Sie morgens aufstehen, fühlen Sie sich vielleicht mutlos oder deprimiert. Vielleicht haben Sie auch keine Lust, zur Arbeit zu gehen. Schleppen Sie sich jedoch nicht mit dem Gedanken durch den Tag: *Mir passiert nie etwas Gutes. Das wird ein lausiger Tag werden.* Geben Sie sich einen Ruck, und sagen Sie, wie auch immer die Umstände aussehen mögen: „Dies ist der Tag, den der Herr gemacht hat. Ich werde ihn genießen. Ich werde heute glücklich sein." Sprechen Sie das im Vertrauen auf Gott aus. Jedes Mal, wenn Sie das tun, trainieren Sie Ihre Gedanken und Gefühle um. Sie entwickeln die neue Gewohnheit, glücklich zu sein. Ebenso, wie wir uns negative Haltungen wie Niedergeschlagenheit, Mutlosigkeit, Bitterkeit oder Selbstmitleid angewöhnen können, können wir die Gewohnheit entwickeln, jeden einzelnen Tag zu genießen.

Üben Sie sich bewusst darin, das Gute zu sehen. Seien Sie dankbar für das, was Sie haben, und befreien Sie sich von allen negativen Reflexen.

Es gibt so viel Kummer in unserer Welt. Viele Menschen sind sogar körperlich krank, weil sie ständig gestresst, angespannt und besorgt sind. Sicher, eine Depression kann auch durch ein chemisches Ungleichgewicht verursacht sein, aber ich sehe zu viele Menschen, die sich niedergeschlagen und deprimiert durchs Leben schleppen, weil sie ihren Blick immer auf das Negative richten. Sie schauen auf ihre Probleme, auf das, was verkehrt läuft, nicht auf das, was gut ist. Sie blicken auf das, was sie verloren haben oder nicht tun können, statt sich darauf zu konzentrieren, was sie mit dem machen können, was ihnen geblieben ist.

Ändern Sie Ihren Blickwinkel. Sie können ein winziges Problem haben, aber wenn Sie darauf fokussiert sind, wird es in Ihren Augen immer größer werden. Nicht Ihr Problem ist groß, sondern Gott. Lassen Sie den Zweifel hinter sich und vertrauen Sie. Lassen Sie die Mutlosigkeit hinter sich und freuen Sie sich. Treffen Sie die Entscheidung, dass Sie ein glückliches Leben führen werden.

Ich meine damit nicht, dass Sie sich ständig wie im siebten Himmel fühlen sollen. Das ist unrealistisch. Ich spreche davon, zufrieden zu sein. Eine Definition von „Freude" lautet „stilles Vergnügen". Das bedeutet, Sie haben Frieden, Sie haben ein Lächeln auf den Lippen. Sie blicken erwartungsvoll in die Zukunft. Sicher, Sie mögen ein paar Probleme haben. Wir haben alle manchmal Hindernisse zu überwinden. Aber wir wissen, dass Gott alles unter Kontrolle hat. Wir wissen, dass er uns in seiner liebenden Hand hält.

> Nicht Ihr Problem ist groß, sondern Gott.

Und der Schlüssel dazu besteht eben darin, dass wir unser Denken und Fühlen neu trainieren und ganz bewusst alle negativen Reflexe ablegen, die wir uns angewöhnt haben. Ich kenne ein paar Menschen, die wirklich an jedem Montagmorgen deprimiert sind. Sie hassen ihre Arbeit, ihnen graut davor, ins Büro zu fahren, und Woche für Woche erleben sie einen „schwarzen Montag".

Erstaunlicherweise behaupten Spezialisten, dass das Risiko, einen Herzanfall zu erleiden, montagmorgens 70 Prozent höher ist als zu jedem anderen Zeitpunkt. Die Menschen sind einfach montags angespannter und gestresster als an jedem anderen Tag.

Im Gegensatz dazu sagt der Apostel Paulus: „Ich habe gelernt, mit dem zufrieden zu sein, was ich habe" (Philipper 4,11; NL). Denken Sie einmal darüber nach. Er sagt: „Ich *habe gelernt*, zufrieden zu sein." Mit anderen Worten: „Das ist nicht automatisch passiert. Ich musste mich darauf trainieren, diese Zufriedenheit zu entwickeln. Ich musste mich darauf trainieren, die positive Seite an jeder Sache zu sehen. Ich musste mich darauf trainieren, bewusst auf das Gute zu blicken."

Wir sollten dasselbe tun. Glücklichsein ist nicht etwas, das uns einfach so überkommt. Es ist eine Entscheidung. Es entspricht vielleicht nicht unserer Natur, die Dinge immer positiv zu sehen. Wir müssen uns Tag für Tag dafür entscheiden. Wenn wir unsere Gedanken sich selbst überlassen, driften sie oft ins Negative ab. Wenn wir nicht bewusst dagegen angehen, werden wir Tag für Tag ein bisschen trübsinniger. Wir lächeln nicht mehr so oft, und andere finden den Umgang mit uns vermutlich immer unangenehmer, weil wir beginnen, an ihnen herumzunörgeln und sie zu kritisieren.

Lassen Sie sich nicht von solchen negativen Gewohnheiten beherrschen. Setzen Sie schon morgens beim Aufstehen ein Lächeln auf. Schlagen Sie gleich zu Beginn des Tages die richtige Tonart an. Wenn Sie das nicht machen, wird jemand oder etwas anderes es für Sie tun.

„Ach, Joel, wenn ich lächle oder so tue, als wäre ich gut gelaunt, dann ist das doch Heuchelei, denn in Wirklichkeit bin ich deprimiert. Ich habe so viele Probleme."

Machen Sie sich bewusst: Wenn Sie lächeln, dann ist das ein Glaubensschritt. Wenn Sie lächeln, senden Sie eine Botschaft an Ihren Körper, die besagt, dass alles gut wird. Wenn Sie diese positive, vertrauensvolle Haltung einnehmen, bereiten Sie den Boden dafür vor, dass Gott in Ihrem Leben wirken kann.

Ich las einmal von einem jungen Paar, das sich auf die Abschlussprüfungen an der Uni vorbereitete. Die beiden lebten in einer größeren Wohnanlage und in dem Apartment neben ihnen wohnte ein anderes Studentenehepaar. Die beiden Paare hatten vieles gemeinsam und freundeten sich bald an.

Das zweite Ehepaar schien es jedoch in jeder Hinsicht besser zu haben. Ihr Apartment war ein Eckapartment und es war viel größer und schöner als alle anderen Wohnungen dieser Anlage. Sie hatten es komplett mit neuen Möbeln ausgestattet, während das andere Paar nur wenige Möbel besaß, und die wenigen Stücke, die sie hatten, waren gebraucht. Das eine Paar war gutaussehend und immer nach der neuesten Mode gekleidet, während das andere immer wieder dieselben alten Kleidungsstücke trug. Dann bewarben sich beide Männer um einen Lehrauftrag an der Universität und wieder bekam diesen der gutaussehende Mann.

Sein Nachbar war ausgesprochen frustriert darüber, dass er offenbar überhaupt kein Glück hatte. Um der Sache noch die Krone aufzusetzen, bekam das zweite Ehepaar zu Weihnachten von seinen Eltern einen funkelnagelneuen Sportwagen geschenkt, der mit allen Schikanen ausgestattet war. Das erste Paar fuhr hingegen nur eine alte, verbeulte Rostlaube. Diese hatte keine Klimaanlage, worauf sie aber angewiesen waren, da sie in einer sehr warmen Gegend wohnten. Oft fuhren sie morgens schwitzend und missmutig in ihrer alten Kiste zur Vorlesung und trafen dabei ihre Freunde in ihrem funkelnagelneuen Sportwagen.

Je länger sich dies hinzog, desto negativer und deprimierter wurde der junge Mann. Er begann, sich über ihre Situation zu beklagen, und bald trübte sich das Verhältnis zu seiner Frau. Sie begannen, zu diskutieren und herumzustreiten. Sie hatten bis dahin nie irgendwelche Beziehungsprobleme gehabt, aber negative Einstellungen greifen schnell auf alle Bereiche unseres Lebens über und ziehen uns herunter.

Eines Tages saß dieser Mann in einer Statistik-Übung. Er hatte mehrere Stunden damit zugebracht, eine riesige Datenmenge in seinen Computer einzugeben. Er arbeitete an einer langen, komplizierten Gleichung. Er musste all diese Zahlen in der richtigen Reihenfolge und in die richtigen Spalten eintragen, und als er damit fertig war, drückte er auf die Enter-Taste, damit der Computer die Aufgabe ausrechnete. Während der junge Mann auf das Ergebnis wartete, lehnte er sich zurück und verschränkte die Arme, denn er ging davon aus, dass der Computer mindestens eine Viertelstunde benötigen würde, um all diese Informationen zu analysieren und die gewünschte Berechnung durchzuführen. Aber als er wieder aufblickte, war der Computer zu seiner großen Überraschung bereits fertig. Er konnte es nicht glauben: *Das ist doch erstaunlich! Ich habe Stunden gebraucht, um das alles einzugeben, und der Computer hat mir im Bruchteil einer Sekunde die Antwort geliefert.* Etwa zu diesem Zeitpunkt kam auch sein Professor vorbei und stellte fest, dass der Student völlig konsterniert und verwirrt wirkte.

„Ist irgendwas nicht in Ordnung?", erkundigte der Professor sich.

„Es ist alles in Ordnung. Es ist nur, dass ich gerade ein paar Stunden damit zugebracht habe, all diese Daten in meinen Computer einzugeben, und ich kann einfach nicht begreifen, wie er mir so schnell die Lösung liefern konnte."

Der Professor lächelte und entgegnete: „Das kann ich Ihnen erklären." Er erläuterte dem Studenten, dass der Computer jedes Datenbit aufnimmt, es entweder mit einem positiven oder einem negativen Impuls versieht und dann speichert. Dann ruft er die Informationen einfach wieder ab und kombiniert sie in der richtigen Reihenfolge. Es geht so schnell, weil er die Informationen bereits kategorisiert hat.

Dann fügte der Professor etwas hinzu, das den jungen Mann aufhorchen ließ: „Der Computer arbeitet ganz ähnlich wie das menschliche Gehirn. Bevor wir irgendein Bild, ein Geräusch, einen Geschmack, ein Gefühl oder einen Eindruck in unserem Gehirn speichern, geben wir ihm eine positive oder eine negative Bewertung. Und dieses Empfinden wird zusammen mit dem Erlebnis selbst dauerhaft in unserem Gedächtnis gespeichert. Darauf ist beispielsweise zurückzuführen, dass man sich zwar manchmal nicht an den Namen einer Person erinnern kann, aber sehr wohl weiß, was man für sie empfunden hat."

Er fuhr fort: „Aber im Gegensatz zu einem Computer entwickelt jeder Mensch die Angewohnheit, sein Denken und Fühlen *vorwiegend* negativ oder *vorwiegend* positiv zu programmieren."

Bei diesen Worten ging dem Studenten ein Licht auf. Er begriff, dass er die Gewohnheit entwickelt hatte, sich selbst runterzuziehen. Ohne dass ihm dies überhaupt bewusst gewesen war, hatte er alles, was er erlebte, mit einem negativen Stempel versehen. Wenn er seine Freunde betrachtete, sah er nur das, was sie hatten und er nicht. „Sie haben eine größere Wohnung ... negativ. Sie haben ein schnittigeres Auto ... negativ. Sie haben immer Glück ... negativ." Er begriff, dass der Grund dafür, dass er sein Leben nicht genoss, darin bestand, dass er alles, was er in seinem inneren Computer speicherte, mit einem negativen Stempel versah.

Eines steht fest: Das, was Sie in Ihrem Herzen und Ihren Gedanken speichern, werden Sie auch wieder herausbekommen. Vielleicht haben Sie ja wirklich einige negative Dinge erlebt. Vielleicht haben Sie im Leben oft Pech gehabt. Vielleicht haben Sie nicht das erreicht, was Sie sich ersehnt hatten. Aber statt jetzt alles, was Sie erleben, automatisch als negativ abzustempeln, drehen Sie doch einmal den Spieß einfach um. Rufen Sie sich ins Gedächtnis: „Ich weiß, Gott hält etwas Besseres für mich bereit. Ich weiß, wenn sich eine Tür schließt, kann Gott eine andere öffnen." Auf diese Weise verpassen Sie einer negativen Situation dennoch einen positiven Stempel.

Das können Sie sogar dann tun, wenn es Sie ganz hart trifft. Vielleicht haben Sie einen lieben Menschen verloren. Ich weiß, dass das sehr wehtut, aber unsere Haltung sollte sein: „Ich weiß, wo sie jetzt ist. Sie ist an einem besseren Ort, einem Ort, wo Freude und Frieden herrschen." Wenn wir das tun, drücken wir der Erfahrung trotz allem einen positiven Stempel auf.

Achten Sie darauf, womit Sie Ihr Gehirn füttern. Speichern Sie mehr Positives oder mehr Negatives? Sie können nicht in Gedanken alles als negativ abstempeln und dabei erwarten, ein positives, glückliches, zufriedenes Leben zu führen.

„Ich bin vorige Woche in einen Verkehrsstau geraten und habe deshalb eine wichtige Sitzung verpasst."

Nein, sehen Sie das Erlebnis aus einem anderen Blickwinkel: „Vater, danke, dass du dafür sorgst, dass ich zur richtigen Zeit am richtigen Ort bin. Ich werde mich davon nicht deprimieren lassen. Ich glaube fest daran, dass du meine Schritte leitest und dafür sorgst, dass alles zu meinem Besten dient, auch diese verpasste Sitzung."

Im Laufe der Zeit werden Sie sich dieses neue Denkmuster immer mehr zu eigen machen und entdecken, dass es Ihnen allmählich zur Gewohnheit wird, glücklich zu sein.

Unser Gehirn verfügt über eine faszinierende Funktion, das sogenannte „retikuläre Aktivierungssystem". Mit seiner Hilfe eliminiert unser Gehirn die Gedanken und Impulse, die es als unnötig einstuft. Meine Schwester Lisa lebte zum Beispiel vor Jahren in einem Mietshaus direkt neben einer Bahnlinie. Jede Nacht donnerten zwei oder drei Züge vorbei, und immer, wenn einer unter ihrem Fenster entlangratterte, ertönte ein lautes Pfeifsignal. Der Zug erschütterte buchstäblich die ganze Wohnung. Als Lisa einzog, wurde sie jedes Mal wach, gleichgültig, wie tief sie geschlafen hatte. Aber nachdem sie mehrere Wochen dort gelebt hatte, geschah etwas Seltsames: Diese Züge fuhren weiterhin mitten in der Nacht vorbei und Lisa bemerkte es kaum noch. Und nach ein paar Monaten konnte sie die ganze Nacht durchschlafen.

Eines Tages übernachtete ich bei ihr und mitten in der Nacht polterte wieder einmal einer dieser Züge vorbei. Ich glaube, ich saß aufrecht im Bett. Es kam mir so vor, als würde die Welt untergehen.

Am nächsten Morgen fragte ich Lisa: „Wie kannst du denn bloß trotz dieser Züge nachts schlafen?"

„Welche Züge?", erkundigte sie sich.

Ihr retikuläres Aktivierungssystem stufte das Geräusch des vorbeifahrenden Zuges als unbedeutend ein und sorgte dafür, dass sie ungestört weiterschlafen konnte.

In ähnlicher Weise können wir unser Gehirn so trainieren, dass es negative, entmutigende Gedanken, die sich in uns regen wollen, erst gar nicht mehr an uns herankommen lässt. Wenn sich Furcht zu regen beginnt, dann lernen Sie, diese auszublenden. Oder dieser deprimierende Gedanke: „Das wird ein schrecklicher Tag werden" – blenden Sie ihn aus. Wenn Sie das immer wieder tun, wird Ihr retikuläres Aktivierungssystem innerhalb kurzer Zeit sagen: „Sie braucht diese Information nicht. Sie achtet gar nicht darauf. Du brauchst diese Gedanken von Furcht oder Sorge gar nicht mehr zu senden."

Ich gebe zu, das ist eine stark vereinfachte Beschreibung dieses mentalen Prozesses, aber ich bin überzeugt: Ebenso wie Lisa das Poltern dieses Zuges ausblenden konnte, können auch wir negative Botschaften ausblenden. Wir können sie durch Gedanken ersetzen, die uns Freude machen sowie Frieden und Hoffnung schenken.

„Ach, Joel, meine Kinder sind mir entglitten. Sie sind vom rechten Weg abgekommen. Ich mache mir solche Sorgen um sie." Nein, sehen Sie die Situation einfach aus einem anderen Blickwinkel: „Vater, ich danke dir, dass meine Kinder mit so vielen Gaben und Interessen gesegnet sind. Ich möchte für uns in Anspruch nehmen, was dein Wort sagt: Ich und meine ganze Hausgemeinschaft sind entschlossen, dem Herrn zu dienen."[27]

„Ach, Joel, das Geld reicht hinten und vorne nicht. Das Benzin ist so teuer geworden. Mein Geschäft läuft schlecht. Ich weiß nicht, wie ich es schaffen soll."

Nein, erklären Sie stattdessen: „Gott wird mir alles geben, was ich brauche. Er hat mich schon mit so vielem gesegnet."

Nachdem der Hurrikan Katrina über die amerikanischen Südstaaten hinweggefegt war, sah ich im Fernsehen eine Sendung, in der Bewohner aus New Orleans interviewt wurden, die den Wirbelsturm erlebt hatten. Einer nach dem anderen erzählte seine Geschichte und die meisten von ihnen waren sehr verbittert. Sie gaben ihren Mitmenschen, der Regierung oder Gott die Schuld an den Ereignissen.

Dann trat eine junge Frau ans Mikrofon, und ich sah sofort, dass sie anders war. Sie lächelte breit und ihr Gesicht schien förmlich zu glühen.

Der Reporter erkundigte sich, schon etwas genervt, mit einem leicht sarkastischen Unterton: „Erzählen Sie uns Ihre Geschichte. Welche Probleme haben Sie?"

„Gar keine", erwiderte die Frau. „Ich bin nicht hier, um mich zu beschweren. Ich bin hier, um Gott dafür zu danken, dass ich noch lebe und gesund bin. Ich danke ihm dafür, dass meinen Kindern nichts passiert ist."

Der Reporter war verblüfft. Alle anderen hatten sich darüber beklagt, dass sie keinen Strom oder kein Wasser hatten. Es war über 30 Grad heiß und ihre Klimaanlage funktionierte nicht.

Der Reporter hakte nach: „Und wie ist es mit dem Strom? Funktioniert Ihre Klimaanlage?"

Die Frau entgegnete: „Nein, ich habe nicht nur keinen Strom, ich habe nicht einmal mehr ein Haus. Es wurde von den Fluten weggespült." Dann lächelte sie und fügte hinzu: „Aber ich will Ihnen sagen, was ich habe." Sie beugte sich hinunter und griff nach ihrer Bibel. „Ich habe Hoffnung, ich habe Freude und ich habe Frieden." Mit strahlender Miene fuhr sie fort: „Ich weiß, dass Gott auf meiner Seite ist."

Diese Frau hatte beschlossen, eine herzzerreißende, schreckliche, traurige Situation zu akzeptieren, sie aus einem anderen Blickwinkel zu betrachten und ihr einen positiven Stempel aufzudrücken. Sie weigerte sich, Gedanken des Selbstmitleids an sich herankommen zu lassen. Sie ließ nicht zu, dass die negativen

Umstände ihr ihre Freude raubten. Sie sagte: „Ich weiß, dass Gott immer noch die Kontrolle über mein Leben hat. Er hat gesagt, kein kleiner Spatz wird zu Boden fallen, ohne dass er es sieht. Darum weiß ich, dass er auch über mich wacht. Ich weiß, er wird für mich und meine Kinder sorgen."

Lernen Sie, das Gute zu sehen. Werfen Sie alle negativen Reflexe über Bord. Auch wenn alle um Sie herum sich beklagen – Sie können in jeder Situation etwas Gutes finden. Wenn Sie das tun, was die Bibel sagt, können Sie wirklich jederzeit und in jeder Lebenslage glücklich sein.

Kapitel 18

Lernen Sie, mit Kritik umzugehen

„Ich kann nicht glauben, dass sie das über mich gesagt hat!", sagte Tera voller Wut und mit Tränen in den Augen. „Ich will nicht mit jemandem zusammenarbeiten, dem ich nicht vertrauen kann und der mir in den Rücken fällt."

„Sie hat es nicht so gemeint", versuchte Teras Freundin Bonnie sie zu trösten. „So ist sie immer. Sie kritisiert an allen herum. Sie muss sich einfach wichtig fühlen."

„Das kann schon sein, aber mit mir kann sie das nicht machen."

Wir alle werden immer wieder einmal Kritik zu hören bekommen. Manchmal ist sie gerechtfertigt, aber oft ist sie unfair, macht uns Stress und belastet unsere Beziehungen. Ein Kollege oder Bekannter äußert sich negativ über Sie oder gibt Ihnen die Schuld an irgendeiner Sache, sorgt dafür, dass Sie schlecht dastehen, oder macht aus einer Mücke einen Elefanten. Meist haben unsere Kritiker auch gar nicht die Absicht, uns zu helfen. Sie wollen uns einfach nur niedermachen.

Sicher, positive Kritik kann hilfreich sein, und wenn sie von jemandem vorgebracht wird, der wirklich unser Bestes im Sinn hat, kann sie uns auf einen Bereich hinweisen, in dem wir Veränderungen vornehmen müssen. Leider zielt die Kritik meist jedoch nicht darauf ab, einen anderen Menschen aufzubauen, eher im Gegenteil. Sie wird nicht in der Absicht vorgebracht, den anderen zu fördern und zu segnen, sondern in der Absicht, ihm ganz bewusst einen Stich zu versetzen. Die Kritik, die uns am meisten verletzt, ist oft unverdient und unfair. Diese Art von Kritik sagt mehr über denjenigen aus, der sie vorbringt, als über den, dem sie gilt.

Ich habe festgestellt, dass unverdiente Kritik oft auf Neid und Eifersucht beruht. Sie haben etwas, das ein anderer sich wünscht.

Statt sich für Sie zu freuen, statt darauf zu vertrauen, dass Gott etwas Ähnliches für jeden tun kann, der zu ihm gehört, wird der Betreffende von Eifersucht erfüllt. Er versucht, seine eigene Unsicherheit dadurch zu überspielen, dass er mit Kritik, Zynismus, Sarkasmus oder schnippisch reagiert.

Je erfolgreicher Sie sind, desto mehr Kritik werden Sie zu hören bekommen.

Wenn Sie befördert werden, dann müssen Sie damit rechnen, dass sich plötzlich kritische Stimmen regen. „Ach, er hat doch gar nicht so viel Talent", sagt vielleicht jemand. Oder: „Sie will uns bloß manipulieren und schleimt sich ständig beim Chef ein."

Oder Ihre Freunde sind nett zu Ihnen, solange Sie Single sind. Aber sobald Sie verheiratet sind, fangen sie an, Dinge zu sagen wie: „Ich kann nicht glauben, dass er sie geheiratet hat. Sie hat doch überhaupt keinen Charakter."

Leider werden sich nicht alle mit Ihnen über Ihre Erfolge freuen. Nicht alle Ihre alleinstehenden Freunde werden vor Freude an die Decke springen, wenn Sie den Mann Ihrer Träume heiraten. Ihre Kollegen stimmen nicht alle ein Loblied auf Sie an, wenn Sie befördert werden. Leider wird Ihr Erfolg manche Menschen eher zu Kritik und Eifersucht veranlassen als zu Anerkennung und Komplimenten.

Deshalb gilt: Nehmen Sie Kritik nicht persönlich. Oft geht es dabei gar nicht wirklich um Sie, auch wenn Sie die kritischen Bemerkungen abbekommen. Wenn der Betreffende nicht auf Ihnen herumhacken würde, würde er sich über irgendeinen anderen beklagen. Kritische Menschen haben irgendetwas in sich, das sie dazu veranlasst, gegen andere vom Leder zu ziehen. Wenn sie dieses Problem nicht in den Griff bekommen, hindert es sie daran, sich innerlich weiterzuentwickeln.

> Lernen Sie, die Erfolge anderer zu feiern.

Eines der wichtigsten Dinge, die ich je gelernt habe, ist, mich über die Erfolge anderer zu freuen. Wenn Ihr Kollege die Stelle bekommt, die Sie gern gehabt hätten, dann ist die Versuchung groß, eifersüchtig zu reagieren und zu denken: *Warum ist mir das passiert? Ich arbeite so hart. Das ist nicht fair.*

Aber wenn wir die richtige Einstellung behalten und uns über den Erfolg anderer freuen, wird Gott uns zur rechten Zeit sogar noch etwas Besseres zuteil werden lassen. Ich habe gemerkt, dass ich, wenn ich mich nicht mit anderen freuen kann, selbst nicht dort ankommen werde, wo ich hingelangen möchte. Oft hält Gott etwas Besonderes für uns bereit, aber zuerst lässt er eine Prüfung zu, um zu sehen, ob wir reif dafür sind. Wenn unsere besten Freunde heiraten, und wir sind immer noch Single, können wir uns dann dennoch für sie freuen? Oder wenn unsere Verwandten in ihr Traumhaus einziehen und wir schon jahrelang für ein eigenes Haus beten, aber immer noch in einer kleinen Mietwohnung leben? Das könnte eine Prüfung sein. Lernen Sie, die Erfolge anderer zu feiern. Lassen Sie sich davon inspirieren. Denken Sie immer daran: Wenn Gott etwas so Großartiges für andere getan hat, kann er es zweifelsohne auch für Sie tun.

Wenn Sie sich wirklich weiterentwickeln wollen, werden Sie lernen müssen, mit Kritikern umzugehen – Leuten, die über Sie reden, die Sie verurteilen oder sogar fälschlich beschuldigen. Im Alten Testament wurden diese Leute „Steinschleuderer"[28] genannt. Wenn eine Armee eine Stadt angriff, bemühten sie sich zunächst darum, Steine aus der Stadtmauer herauszubrechen. Dann schleuderten sie diese Steine in die Wasserquellen der Stadt. Die Angreifer wussten: Wenn sie die Quellen mit Steinen verstopften und das Wasser versiegte, mussten die Bewohner der belagerten Stadt schließlich herauskommen.

Erkennen Sie die Parallele? Sie haben eine Quelle voller guter Dinge in Ihrem Inneren, eine Quelle der Freude, des Friedens und des Sieges. Aber allzu oft lassen wir zu, dass die Steinschleuderer unsere Quellen verstopfen. Vielleicht spricht jemand verächtlich von Ihnen, und anstatt darüber hinwegzusehen, beschäftigen Sie sich ständig damit und lassen sich davon runterziehen. Es dauert nicht lange und Sie denken: *Das lasse ich mir nicht bieten, das zahle ich ihm heim. Jetzt will ich euch mal erzählen, was ich über ihn weiß.*

Bemühen Sie sich stattdessen darum, Ihren Brunnen reinzuhalten. Wenn jemand Sie kritisiert und versucht, Sie in einem schlechten Licht erscheinen zu lassen, dann machen Sie sich klar: Das ist ein Stein, der auf Ihre Quelle zufliegt. Wenn Sie sich damit beschäftigen, wütend werden und Rachegedanken schmieden, dann hat die Person, die den Stein geschleudert hat, ihr Ziel erreicht. Der Stein ist in Ihrer Quelle gelandet. Nun sind Ihre Freude und Ihr Frieden getrübt und Ihr Leben droht, aus dem Gleichgewicht zu geraten. Die Quelle in Ihrem Inneren kann nicht länger ungehindert sprudeln.

Jeder von uns hat ein paar Steinschleuderer in seinem Leben, Personen, die versuchen, uns mit ihren Worten und Taten niederzumachen. Sie tun vielleicht freundlich, wenn sie mit Ihnen zusammen sind, aber sie würden nicht zögern, Sie hinter Ihrem Rücken schlechtzumachen.

Wenn Sie ungerechtfertigte Kritik hinter sich lassen wollen, sollten Sie sich nicht rächen und sich auch keinerlei Rachegedanken gestatten. Begeben Sie sich nicht auf das Niveau Ihrer Kritiker, indem Sie nun Ihrerseits schlecht über sie reden. Und vor allem: Gehen Sie nicht in die Offensive, und versuchen Sie nicht zu beweisen, dass Sie recht haben und Ihr Kritiker unrecht. Nein, wollen Sie einen Steinschleuderer besiegen, dann sollten Sie diese Erfahrung abhaken und nach vorne blicken. Richten Sie Ihre Augen auf den Siegespreis. Konzentrieren Sie sich auf Ihre Ziele, und tun Sie das, von dem Sie glauben, dass Gott es von Ihnen will.

Dasselbe riet auch Jesus seinen Jüngern, als er sie in die Städte und Dörfer aussandte, damit sie das Volk lehrten, die Kranken heilten und sich um ihre Nöte kümmerten. Jesus wusste, dass seine Nachfolger immer wieder auch Ablehnung erfahren würden. Nicht alle würden sie mögen oder ihre Botschaft freudig aufnehmen. Manche würden neidisch werden, über sie lästern und sie in einem schlechten Licht dastehen lassen. Jesus wusste, dass die Steinschleuderer schon draußen warten würden, darum wies er seine Jünger an: „Wenn ihr in einem Dorf nicht willkommen seid und man euch nicht zuhören will, dann geht fort und schüttelt den Staub von euren Füßen" (Matthäus 10,14; NL).

Beachten Sie bitte, dass er nicht sagte: „*Falls* sie euch schlecht behandeln, *falls* sie anfangen, schlecht über euch zu reden und Gerüchte zu verbreiten." Er sagte: *„Wenn* sie diese Dinge tun." Jesus riet seinen Jüngern nicht, sich zur Wehr zu setzen oder sich dann Sorgen zu machen. Er wies sie auch nicht an, ihren Ruf zu verteidigen und die Sache klarzustellen. Er riet einfach nur: „Schüttelt den Staub von euren Füßen." Das war eine symbolische Handlung, die ausdrücken sollte: „Ich lasse mir von euch nicht meine Freude rauben. Ihr könnt mich ablehnen oder schlecht über mich reden, aber ich werde nicht auf euer Niveau herabsinken. Ich werde nicht mit euch streiten. Ich überlasse es Gott, mich zu verteidigen."

Das Gleiche gilt auch für Sie: Wenn Sie von der Arbeit kommen, dann sollten vielleicht auch Sie einfach den Staub von Ihren Füßen schütteln. Menschen, die lästern, manipulieren, Sie niedermachen wollen – schütteln Sie es ab. Nehmen Sie diese schwere, nutzlose Last nicht mit nach Hause. Schütteln Sie sie ab. Manchmal müssen Sie sogar, wenn Sie das Haus eines Verwandten verlassen, sagen: „Ich schüttle das ab. Ich werde mir die Laune durch ihre Worte nicht vergiften lassen."

„Ich habe gehört, dass einer meiner Konkurrenten am Arbeitsplatz über mich redet", sagte Rick. „Das lasse ich mir nicht bieten. Ich werde es ihm mit gleicher Münze heimzahlen. Der kann sich auf was gefasst machen."

„Das können Sie durchaus tun", erwiderte ich, „aber auf diese Weise werden Sie nicht gewinnen. Überlassen Sie es Gott, Sie zu rehabilitieren. Wenn Sie das Richtige tun, wird Gott Ihre Kämpfe für Sie ausfechten. Sie können nie gewinnen, wenn Sie sich auf das Niveau Ihrer Kritiker begeben und diese Ihrerseits angreifen. Stehen Sie darüber."

Vielleicht haben Sie dies bislang gerade nicht getan und die Steinschleuderer haben Ihnen schon übel mitgespielt. Sie haben sich immer wieder mit ihrer Kritik auseinandergesetzt und waren wütend auf diejenigen, die schlecht über Sie geredet und Sie abgelehnt haben. Sie fühlen sich kraftlos, weil Ihre Quelle nahezu verstopft ist. Dann ist es Zeit, die Felsbrocken zu entfernen, damit Ihre innere Quelle wieder frisch und rein sprudeln kann.

Paulus erlitt einmal Schiffbruch und strandete auf einer kleinen Insel. Dort wurde er beim Feuerholzsammeln von einer Giftschlange gebissen. Die anderen gingen davon aus, dass er sofort sterben würde. So fühlt es sich an, wenn uns jemand kritisiert und hinter unserem Rücken schlecht über uns redet. Ich finde es toll, wie Paulus reagiert hat: Er schüttelte die Schlange einfach ins Feuer. Es war, als würde er sagen: „Das ist keine große Sache. Ich lasse mich davon nicht aus der Ruhe bringen. Sie ist vielleicht giftig und sieht gefährlich aus, aber ich weiß, dass Gott alles im Griff hat. Ich weiß, dass er für mich sorgen wird."

Und Gott vollbrachte tatsächlich ein Wunder: Der Schlangenbiss hatte überhaupt keine Wirkung. Es handelte sich um eine gefährliche Giftschlange, aber Paulus kannte das Geheimnis: Manchmal hilft es schon, wenn man etwas einfach nur abschüttelt.

Viele Menschen lassen zu, dass negative Aussagen oder die Meinung anderer Leute ihr Leben ruinieren. Sie leben, um anderen zu gefallen, und glauben ernsthaft, sie könnten glücklich sein, wenn sie dafür sorgen, dass alle anderen glücklich sind. Sie wollen nicht, dass irgendjemand ein negatives Wort über sie sagt.

Das ist schlichtweg unmöglich. Sie müssen die Tatsache akzeptieren, dass nicht jeder Sie mögen wird, dass nicht jeder Sie akzeptieren wird und dass Sie garantiert nicht jeden glücklich machen können. Manche Menschen werden auf jeden Fall etwas an Ihnen auszusetzen haben, was auch immer Sie tun. Sie können tausend Mal für sie da gewesen sein, aber sie werden Sie immer wieder an das eine Mal erinnern, als Sie nicht gekommen sind.

Doch das Leben ist zu kurz, um zu versuchen, es solchen Personen rechtzumachen.

Ja, wir sollen durchaus freundlich und liebevoll sein, aber verbringen Sie nicht zu viel Zeit damit, es jemandem recht machen zu wollen. Solange der Betreffende seine eigenen Probleme nicht selbst angeht, wird er nicht glücklich sein. Sagen Sie: „Ich mache diese Spielchen nicht mit. Ich werde nicht versuchen, sie glücklich zu machen, denn was auch immer ich tue oder nicht tue, in ein paar Wochen wird sie mich doch wieder schlechtmachen." Sie werden feststellen, dass es ungemein befreiend ist, wenn Sie die Tatsache akzeptieren, dass nicht jeder Sie mögen wird.

In Psalm 140 steht, dass die Worte boshafter Menschen tödlicher sein können als Natterngift.[29] Wenn Sie es zulassen, können die Worte eines Menschen Ihr Leben vergiften. Je länger Sie darüber nachdenken, desto mehr Gift nehmen Sie in sich auf.

Wenn mir jemand etwas Unschönes erzählen will, das jemand anders über meine Familie oder meine Person verbreitet hat, dann versuche ich, dem so schnell wie möglich Einhalt zu gebieten: „Das möchte ich gar nicht hören. Ich will nicht, dass dieses Gift mein Leben oder meine Gedanken vergiftet." Ich habe gemerkt, dass es viel einfacher ist, solche Dinge abzuschütteln, wenn man die Details nicht kennt. Wenn jemand über Sie redet, dann rufen Sie nicht gleich sieben Freunde an, um sie zu fragen: „Was hast du darüber gehört?" Schütteln Sie es einfach ab. Denken Sie daran: Meist geht es in Wirklichkeit gar nicht um Sie. Es geht um die Tatsache, dass der Betreffende nie etwas gegen den negativen, kritischen Geist unternommen hat, der ihn beherrscht.

Wir sollten nicht so naiv sein zu denken: *Ich bin ein netter Mensch. Ich bin freundlich und hilfsbereit. Niemand wird schlecht über mich reden.*

Leider ist es manchmal genau andersherum: Je netter Sie sind, desto mehr reden die Leute über Sie. Das Gute in Ihnen scheint das Schlechte in den anderen zutage zu fördern. Sie fühlen sich durch Ihre Aufrichtigkeit überführt. Sie können den Armen zu essen geben, Sie können den Rasen Ihres Nachbarn mähen, Sie können jemanden in Ihre Wohnung aufnehmen, der vorübergehend eine Unterkunft braucht. Man sollte denken, dass Ihre Kritiker sich darüber freuen würden. Aber nein, gleich regt sich ihre eifersüchtige Seite und sagt: „Wer glaubt er eigentlich, wer er ist? Tut so, als sei er wer weiß wie heilig. Warum kommt sie jeden Morgen zehn Minuten früher? Die will sich doch bloß beim Chef einschleimen! Warum ist sie die ganze Zeit so freundlich zu allen? Die will uns doch nur ausnutzen!"

Das Beste, was Sie tun können, ist, die Steinewerfer zu ignorieren. Diese Menschen bemühen sich vermutlich selbst nicht, ihr Bestes zu geben; darum versuchen sie, ihr Gewissen dadurch zu besänftigen, dass sie andere niedermachen. Wenn Sie negative Bemerkungen oder falsche Beschuldigungen hören, dann erinnern

Sie sich selbst: „Keine große Sache, bloß wieder ein Steinewerfer. Aber ich lasse mir keine Steine mehr in meine Quelle werfen. Ich werde mein Leben in Freiheit leben."

Die Kommentare der Steinewerfer sind nichts als Ablenkungsmanöver, die Ihren Blick von dem ablenken wollen, was Sie tun sollen. Sie sollten Ihre geistige Energie nicht darauf verschwenden, herauszufinden, warum jemand irgendetwas gesagt oder was er wirklich gemeint hat. Sie haben jeden Tag nur eine bestimmte Menge Energie zur Verfügung. Schütteln Sie deshalb jede Ablenkung sofort ab, damit Sie Ihre Kräfte sinnvoll einsetzen können. Wenn Sie es sich gestatten, Ihre Aufmerksamkeit auf die Ablenkung zu richten, werden Sie am Arbeitsplatz nicht mehr Ihr Bestes geben können. Sie werden nach Hause kommen und nicht mehr auf Ihre Familie eingehen können, weil Sie emotional ausgelaugt sind. Sie haben sich ablenken lassen und all Ihre Energie auf etwas verschwendet, das in Wirklichkeit gar nicht zählt.

Laufen Sie Ihr eigenes Rennen

Machen Sie sich bewusst, dass Sie nicht vermeiden können, dass Ihre Mitmenschen negativ über Sie reden. Wenn Sie versuchen, „Tratschpolizei" zu spielen und dafür zu sorgen, dass niemand jemals etwas Negatives über Sie sagt, dann ist Frustration vorprogrammiert. Nein, akzeptieren Sie die Tatsache, dass bestimmte Menschen verletzende Bemerkungen machen werden. Aber lassen Sie sich nicht auf so etwas ein. Stehen Sie darüber.

Ich habe einfach keine Zeit, herumzusitzen und über all die Personen nachzudenken, die mich nicht leiden können. Ich bin mir bewusst, dass jeder Tag ein Geschenk Gottes ist und dass meine Zeit zu kostbar ist, um sie darauf zu verschwenden, es allen recht machen zu wollen. Nein, ich habe die Tatsache akzeptiert, dass mich nicht jeder mögen wird und dass mich nicht jeder verstehen kann. Sie brauchen nicht zu versuchen, sich selbst zu rechtfertigen. Verschwenden Sie nicht Ihre Zeit darauf zu versuchen, Ihre Kritiker zu überzeugen. Laufen Sie Ihr eigenes Rennen.

Ich beginne jeden Morgen damit, dass ich einen ehrlichen Blick in mein Inneres werfe. Ich überprüfe, so gut ich es vermag, ob ich auch das tue, was ich als Gottes Willen für mich erkannt habe. Wenn ich mich an die Bibel halte und in meinem Herzen spüre, dass mein Leben vor Gott in Ordnung ist, dann ist das alles, was zählt. Ich kann es mir nicht leisten, mich von Kritikern und negativen Stimmen ablenken zu lassen – und Sie ebenfalls nicht!

> Verschwenden Sie nicht Ihre Zeit darauf zu versuchen, Ihre Kritiker zu überzeugen. Laufen Sie Ihr eigenes Rennen.

Manche Menschen verbringen mehr Zeit damit, sich mit dem zu befassen, was andere über sie sagen, als damit, über ihre eigenen Träume und Ziele nachzudenken. Machen Sie sich bitte bewusst: Wenn Sie etwas Großes im Leben erreichen wollen – ob Sie nun ein toller Lehrer, eine erfolgreiche Geschäftsfrau oder ein Spitzensportler werden wollen –, dann werden nicht alle Ihnen Beifall zollen. Nicht alle werden von Ihrem Traum begeistert sein. Manche Personen werden sogar schlichtweg neidisch sein. Sie werden Sie schlechtmachen und kritisieren.

Es ist ganz wichtig, dass Sie lernen, ungerechtfertigte Kritik abzuschütteln. Denn in dem Augenblick, in dem Sie sich verändern, um anderen zu gefallen, gehen Sie einen Schritt zurück. Sicher, Sie könnten sagen: „Ich werde nicht mehr früher zur Arbeit kommen, weil meine Kollegen angefangen haben, über mich zu reden." Oder: „Ich werde das Auto, das ich mir wirklich wünsche, nicht kaufen, weil ich weiß, dass die Leute sich deswegen das Maul zerreißen werden." Nein, ich habe herausgefunden: Ganz egal, was Sie tun oder nicht tun – es wird immer irgendjemanden geben, dem etwas nicht passt. Also verschwenden Sie Ihre Zeit nicht damit, sich darüber Sorgen zu machen. Tun Sie, was Gott Ihnen aufs Herz gelegt hat, und vertrauen Sie darauf, dass er sich um die Kritiker kümmern wird.

Es gelingt mir sehr gut, ein Ziel im Auge zu behalten. Ich lasse mich nicht von dem ablenken, was andere sagen. Ich bin mir bewusst, dass mich nicht jeder verstehen wird. Ich weiß auch, dass es nicht meine Aufgabe ist, meine Mitmenschen davon zu überzeugen, ihre Meinung zu ändern; wenn ich das versuchen würde, würde ich nur meine Zeit verschwenden. Gott hat mich dazu berufen, den Menschen Hoffnung zu schenken. Ich bin nicht dazu berufen, die Bibel im Detail zu erklären oder mich auf tiefschürfende theologische Lehren einzulassen, die nichts mit dem Leben der modernen Menschen zu tun haben. Gott hat mir die Gabe geschenkt, zu ermutigen, herauszufordern und zu inspirieren.

Ich bin mir auch durchaus bewusst, dass es Personen gibt, die sagen: „Ach, dieser Joel Osteen – er ist nicht genug *dies*" oder: „Er ist viel zu viel *das*." Wenn ich mich für jeden Kritiker ändern würde, dann wäre mein Leben wie eine Drehtür! Ich glaube, einer der Gründe, warum Gott mir einen so erfolgreichen Dienst geschenkt hat, ist, dass ich mir selbst und der Vision, die er mir geschenkt hat, treu geblieben bin. Wenn ich in meinem Herzen weiß, dass Gott einen bestimmten Plan für mich hat, lasse ich mir das von niemandem ausreden.

Vielleicht müssen auch Sie sich von dem Bedürfnis befreien, es allen recht machen zu wollen. Machen Sie sich nicht länger Sorgen darüber, ob jemand Sie kritisiert. Denken Sie daran: Wenn Sie kritisiert werden, weil Sie versuchen, etwas Gutes zu tun und etwas in dieser Welt zu verändern, dann befinden Sie sich da in bester Gesellschaft. Jesus wurde ständig dafür kritisiert, dass er Gutes tat. Er wurde sogar dafür kritisiert, dass er einen Mann am Sabbat heilte. Er wurde kritisiert, weil er mit einem Zöllner zu Abend aß. Die Kritiker nannten ihn einen „Freund der Sünder". Er wurde dafür kritisiert, dass er einer Frau in Not half, einer Frau, die man steinigen wollte. Jesus unternahm nicht den sinnlosen Versuch, sich zu verändern, um es allen recht zu machen. Er hat nicht versucht, sich selbst zu rechtfertigen, damit ihn alle verstanden. Er hielt unbeirrt an einem Ziel fest und erfüllte seine Bestimmung.

Diese Wahrheit war für mich ungemein befreiend. Es gab eine Zeit in meinem Leben, zu der ich mir wünschte, dass mich alle mögen würden. Wenn ich *einen* negativen Kommentar hörte, dachte ich: *Oh nein. Ich habe versagt. Was habe ich falsch gemacht? Was muss ich ändern?*

Eines Tages begriff ich, dass mich *niemals* alle mögen werden, und wenn jemand meine Botschaft falsch verstehen oder mir schlechte Motive unterstellen will, dann kann ich sowieso nichts dagegen tun. Jetzt lasse ich mir von meinen Kritikern nicht länger meinen Frieden und meine Freude rauben. Ich weiß, dass es die meiste Zeit gar nicht um mich geht. Sie sind einfach nur neidisch auf den Erfolg, den Gott mir schenkt.

Wenn Sie in Ihrer Familie oder an Ihrem Arbeitsplatz etwas bewegen wollen, dann werden Sie immer Kritiker haben. Lassen Sie sich von ihnen nicht fertigmachen. Machen Sie sich einfach bewusst: Je weiter Sie hervorstechen, desto deutlicher werden Sie sichtbar und desto mehr Leute werden Sie zur Zielscheibe für ihre Kritik machen.

Der Apostel Paulus war immer von vielen Menschen umgeben, die ihn und seine Botschaft bewunderten. Aber immer gab es auch Neider. Die Leute steigerten sich manchmal in ihre Wut hinein und jagten ihn mehrfach aus der Stadt. Was tat Paulus? War er niedergeschlagen und klagte: „Gott, ich versuche, mein Bestes zu geben, aber niemand versteht mich"? Nein, er schüttelte den Staub von seinen Kleidern. Er sagte: „Das ist euer Pech, nicht meins, denn ich werde große Dinge für Gott tun. Ich lasse mich von eurer Ablehnung und euren negativen Worten nicht daran hindern, meine Bestimmung zu erfüllen." Mit anderen Worten: „Ihr könnt so viele Steine schleudern, wie ihr wollt. Ich habe einen Deckel über meine Quelle gelegt. Ich lasse nicht zu, dass ihr mein Leben vergiftet."

Ich liebe die Bibelstelle im Buch Jesaja, in der es heißt: „Deshalb werden keine Waffen etwas gegen dich ausrichten können, und jede Anklage, die gegen dich erhoben wird, kannst du entkräften" (Jesaja 54,17). Vielleicht müssen Sie ertragen, dass ein paar Personen schlecht über Sie reden, aber wenn Sie auf dem richtigen Weg bleiben und weiterhin Ihr Bestes geben, werden Sie beweisen, dass deren Kritik unberechtigt ist. Und darüber hinaus wird Gott seinen Segen über Sie ausschütten und nicht über Ihre Kritiker.

Machen Sie sich bewusst, dass Ihre Zukunft nicht von dem abhängt, was andere über Sie sagen. Ein paar Kritiker in Houston hatten prophezeit, dass die *Lakewood*-Gemeinde sich nie im ehemaligen *Compaq Center* versammeln würde. Sie sagten uns, wir hätten keine Chance. Bei einem Geschäftsessen, das von verschiedenen hochrangigen Beamten besucht wurde, sagte einer der Kritiker: „Eher friert die Hölle zu, als dass die ‚Lakewood'-Gemeinde ins ‚Compaq Center' zieht."

Als ich diese Bemerkung hörte, schüttelte ich sie einfach ab. Ich wusste, dass unsere Zukunft nicht von einem Neinsager abhing. Mir war auch klar, dass nicht alle unsere Entscheidung, mit der Gemeinde in ein neues Gebäude zu ziehen, verstehen würden. Ich hörte, dass Personen sagten: „Warum müssen die umziehen? Warum wollen sie ein größeres Gebäude? Warum lassen sie ihre Wurzeln zurück?" Oft war ich versucht, darauf einzugehen und unser Vorhaben zu erläutern, in der Hoffnung, sie davon zu überzeugen, dass der geplante Umzug eine gute Idee war. Aber ich wusste, dass nicht alle es verstehen *wollten*. Und ich vermute, dass die Hölle inzwischen schon ein paar Mal zugefroren war, weil die *Lakewood*-Gemeinde sich bereits seit Juli 2005 im ehemaligen *Compaq Center* versammelt.

Glauben Sie mir: Ihre Kritiker bestimmen nicht darüber, wie Ihre Zukunft aussieht. Gott hat das letzte Wort. Hören Sie nicht länger auf das, was die Schwarzseher Ihnen erzählen, und verzichten Sie darauf, es allen recht machen zu wollen. Schütteln Sie das alles ab und gehen Sie mutig weiter.

> Ihre Kritiker bestimmen nicht darüber, wie Ihre Zukunft aussieht.

Weiterhin sollten Sie darauf achten, dass Sie sich durch die Kritik, auf die Sie stoßen, nicht verändern. Sie müssen nach außen hin hart sein, aber innerlich weich bleiben. Allzu oft führt Kritik dazu, dass wir uns innerlich verhärten und uns ein „dickes Fell" zulegen. Wenn wir nicht aufpassen, kann es leicht passieren, dass das Gift, das kritische Menschen hinter unserem Rücken verspritzen, in uns eindringt und uns zu verändern beginnt. Aber Sie müssen Ihr Herz rein halten und sich selbst und dem Plan treu bleiben, den Gott für Ihr Leben hat.

Manchmal machen andere sich über irgendwelche kleinen persönlichen Marotten oder körperliche Mängel lustig, die sie an uns entdecken. Wenn wir davon erfahren bzw. dies mitbekommen, neigen wir zur „Überkompensation", und das Ganze beginnt, sich auf unsere Persönlichkeit und unser Verhalten auszuwirken. Aber wir dürfen nicht zulassen, dass schneidende Bemerkungen und lieblose Worte uns verunsichern.

Einer meiner Schulfreunde war beliebt, lustig und offen, aber er hatte ein ungewöhnliches, hohes Lachen. Eines Tages begannen ein paar Freunde von uns, sich über ihn lustig zu machen. Sie liefen in der Schule herum und imitierten sein Lachen. Sie meinten es nicht böse, sie wollten nur ein bisschen Spaß machen. Aber ich merkte, wie der junge Mann sich veränderte. Er lachte nicht mehr so oft. Er wurde viel ruhiger und reservierter. Während er ursprünglich gesellig und der Mittelpunkt jeder Party gewesen war, begann er nun, sein wahres Wesen hinter einem Schutzpanzer zu verstecken. Er verlor sein Selbstvertrauen, wurde unsicher und begann überzukompensieren.

So etwas kann durchaus passieren, wenn wir Kritik nicht wie Staub von uns abschütteln.

Vielleicht haben Sie ein paar hervorstechende Eigenschaften. Machen Sie sich eines klar: Gott hat Sie absichtlich so erschaffen. Wenn andere sich über Sie lustig machen und Sie verunsichern, dann haken Sie das einfach ab. Nehmen Sie sich das, was sie sagen oder tun, nicht zu Herzen.

Ich zum Beispiel lächle viel. Eigentlich lächle ich ständig. Ich kann nichts dagegen tun. Ich habe das schon gemacht, als ich noch ein kleines Baby war. Als ich sieben Jahre alt war, erlitt ich bei einem Autounfall eine schwere Kopfverletzung. Ein paar Freunde der Familie kamen in die Notaufnahme, um mich zu besuchen. Sie rechneten damit, dass ich völlig aufgelöst sein und weinen würde. Als sie hereinkamen, lag ich mit einer klaffenden Kopfwunde auf dem Behandlungstisch. Später erzählten sie mir: „Joel, als wir da hereinkamen, hast du von einem Ohr zum anderen gegrinst."

So hat Gott mich eben gemacht. Manche Menschen machen sich darüber lustig, dass ich so viel lächle. Man sollte meinen, sie wären froh darüber, dass jemand lächelt, statt ein grimmiges Gesicht zu machen. Dennoch sagen sie: „Warum lächelt der so viel?" Das ist beinahe, als wollten sie sagen: „Mit dem stimmt doch irgendwas nicht."

Ein paar Monate, nachdem mein Vater gestorben war und ich zu predigen begonnen hatte, nannte mich jemand den „lächelnden Pastor". Dieser Spitzname fand schnell Anklang. Bald darauf interviewte mich ein bekannter Journalist und fragte mich dabei in sarkastischem Tonfall: „Was halten Sie davon, dass Sie als ‚der lächelnde Pastor' bekannt sind?"

Meine Antwort überraschte ihn. Ich entgegnete nämlich: „Das gefällt mir ziemlich gut. Ich bin ein glücklicher Mensch, und ich glaube, Gott möchte auch, dass wir glücklich sind. Ich habe kein Problem damit."

Ich will mich von dem, was andere Leute sagen oder tun, nicht verändern lassen. Gott hat mich absichtlich so gemacht. Auch Sie sollten sich selbst treu bleiben und nicht von anderen verunsichern lassen.

Vor einiger Zeit sah ich einmal eine Parodie, die jemand über mich verfasst hatte. Es handelte sich um einen Videoclip von mir, und jedes Mal, wenn ich lächelte, ertönte ein Klingeln, und gleichzeitig blitzten meine Schneidezähne auf wie bei einer Zahnpastawerbung. Als ich die Parodie sah, lachte ich – wahrscheinlich lauter als die Leute, die sie gemeinsam mit mir ansahen. Ich dachte: *Das stört mich kein bisschen. Wenn das jemandem nicht gefällt, lächle ich nur umso mehr. Vielleicht unterbreiten mir* Colgate *oder* Dr. Best *ja ein Angebot, unsere Fernsehsendungen zu sponsern!*

Sie sollten über sich selbst lachen können. Lassen Sie sich nicht von ungerechtfertigter Kritik unnötig unter Druck setzen. Richten Sie Ihren Blick stattdessen unbeirrt auf das, was Gott für Sie bereithält.

Kapitel 19

Behalten Sie auch Ihr eigenes Wohl im Auge

Wenn Sie sich danach sehnen, ein besseres Leben zu führen, dann sollten Sie lernen, auch auf Ihr eigenes Wohl zu achten. Und darauf verzichten, es immer allen recht machen zu wollen. Viele von uns neigen dazu, ein falsches Verantwortungsgefühl zu entwickeln und zu glauben, es sei unsere Aufgabe als Christen, alle anderen glücklich zu machen – sie zufriedenzustellen, zu „retten" oder ihre Probleme zu lösen.

Sicher, es ist nobel und bewundernswert, so vielen Menschen wie möglich helfen zu wollen, und es ist immer wichtig, auf andere zuzugehen, die in Not sind. Aber allzu oft geraten wir dabei aus dem Gleichgewicht. Wir tun alles Mögliche für andere, verlieren aber uns dabei manchmal selbst aus dem Blick. Ich habe festgestellt: Wenn ich versuche, alle um mich herum glücklich zu machen und all ihre Bedürfnisse zu befriedigen, bin *ich* am Ende derjenige, der leidet.

Ich denke, es ist nicht Gottes Wille, dass Sie Ihr eigenes Glück opfern, um jemand anderen glücklich zu machen. Auf den ersten Blick klingt das vielleicht ein bisschen egoistisch, aber wir müssen hier unbedingt auf ein gesundes Gleichgewicht achten. Ihre erste Priorität sollte sein, für sich selbst zu sorgen. Um das tun zu können, müssen Sie sich bewusst machen, dass es immer Leute geben wird, die nicht glücklich sind, was auch immer Sie tun, wie nett Sie auch sind und wie viel Zeit und Kraft Sie auch in sie investieren. Das liegt daran, dass sie Probleme haben, die sie selbst angehen und lösen müssen.

Wir sollten auch keine Verantwortung für die falschen Entscheidungen anderer übernehmen. Wenn Sie das tun, wird die betreffende Person Sie über kurz oder lang kontrollieren und manipulieren.

Vielleicht sind Sie gestresst, weil Sie jemandem „erlauben", Ihren glücklichen und zufriedenen Alltag zu trüben – vielleicht Ihrem Ehepartner, Ihrem Kind, einer Freundin oder einer Nachbarin. Sie laden vielleicht ständig ihre Probleme bei Ihnen ab. Sie erwarten, dass Sie ihnen aus jeder Patsche heraushelfen und sie bei Laune halten. Nun sind Sie frustriert, weil der Betreffende Ihnen so viel Zeit und Kraft aussaugt. Es scheint, dass er jedes Mal, wenn Sie die Sache ins Lot gebracht haben, nach einer Woche wieder in demselben Dilemma steckt. Wenn Sie dem Betreffenden weiterhin helfen, dann erweisen Sie dadurch nicht nur sich selbst, sondern auch dem anderen einen schlechten Dienst. Sie sind zu seiner „Krücke" geworden. Weil er weiß, dass er jederzeit zu Ihnen rennen, Ihnen Schuldgefühle machen und Sie dazu bringen kann, seine Probleme zu lösen, befasst er sich unter Umständen nämlich nie selbst mit dem, was im Argen liegt. Er entwickelt sich nicht weiter und verändert sich nicht.

Die Wahrheit ist: Manche Menschen wollen sich gar nicht wirklich helfen lassen; sie wollen sich eigentlich nicht ändern. Sie genießen die Aufmerksamkeit, die ihre permanenten Probleme ihnen bescheren. Manchmal ist es das Beste, das Sie für einen solchen Menschen tun können, dass Sie ihm *nicht* helfen.

Denken Sie beispielsweise an ein kleines Kind. Wenn Sie ihm jedes Mal, wenn dieses Kind einen Wutanfall bekommt, genau das geben, was es will, wird es dieses Verhaltensmuster beibehalten. Es weiß, was es tun muss, um seinen Willen zu bekommen, und es wird versuchen, dieses Mittel einzusetzen, um Sie zu kontrollieren. Aber wenn das Kind tobt und schreit und Sie nicht immer nachgeben (je nach Situation ist es einfach erforderlich), sondern es einfach ignorieren oder es für sein Benehmen tadeln, dann wird es nicht lange dauern, bis es einsieht, dass es nichts bringt, einen Wutanfall zu bekommen.

Dasselbe Prinzip gilt auch für Erwachsene. Solange Sie jemandem erlauben, Sie so zu manipulieren, dass Sie tun, was er will, wird der Betreffende dieses Verhaltensmuster beibehalten.

Aber das Leben ist zu kurz, um sich von Menschen manipulieren zu lassen, die sich weigern, selbst die (richtigen) Entscheidungen zu treffen. Wichtig ist, dass Sie eines verstehen: Sie sind nicht dafür verantwortlich, dass alle anderen glücklich sind. Sie sind für Ihr eigenes Glück verantwortlich. Wenn andere Menschen Sie manipulieren, dann tragen nicht diese die Schuld an der Misere, sondern Sie. Sie müssen lernen, Grenzen zu setzen. Erlauben Sie anderen nicht länger, Sie zu jeder Tages- und Nachtzeit anzurufen und ihre Probleme bei Ihnen abzuladen. Machen Sie dieses Spiel nicht länger mit. Geben Sie nicht mehr jedes Mal nach, wenn sie einen Wutanfall bekommen. Hören Sie auf, ihnen jedes Mal Geld zu leihen, wenn sie sich selbst in Schwierigkeiten gebracht haben. Lassen Sie sie selbst die Verantwortung für ihr Handeln übernehmen.

Das bedeutet nicht, dass Sie in Zukunft schroff und lieblos sein sollen. Aber manchmal sind wir eben so gutherzig und großzügig, dass wir uns von anderen manipulieren lassen. Irgendwann müssen wir begreifen, dass wir dem Betreffenden so nicht mehr helfen können und dass *wir* inzwischen diejenigen sind, die Schaden nehmen.

Viele Menschen sind unglücklich, frustriert und mutlos, weil sie den Fehler gemacht haben, Verantwortung für einen nahestehenden Menschen zu übernehmen, der selbst nicht die Verantwortung für sein Leben übernehmen will. Sie tragen eine schwere Last und versuchen, die Probleme des Betreffenden zu lösen oder ihn glücklich zu machen.

Vertrauen Sie solche Personen einfach Gott an. Versuchen Sie nicht länger, das Universum am Laufen zu halten. Das ist nicht Ihre Aufgabe. Sie können nicht dafür sorgen, dass alle richtig handeln. Sie können Ihre Kinder nicht dazu zwingen, sich für ein Leben mit Gott zu entscheiden. Sie können Ihre Verwandten nicht dazu zwingen, richtige Entscheidungen zu treffen. Setzen Sie sich selbst nicht länger unter Druck, und überlassen Sie diese Menschen Gott.

„Aber, Joel, wenn ich ihnen kein Geld leihe, verlieren sie unter Umständen ihr Haus", wendet vielleicht jemand ein. „Wenn ich sie nicht jeden Morgen anrufe, ist sie beleidigt." Oder: „Wenn ich nicht nachgebe, wenn er sich mal wieder aufregt, dann redet er vielleicht zwei Wochen lang nicht mit mir."

All dies *kann* passieren, muss aber nicht. Doch wollen Sie die nächsten 20 Jahre so weiterleben? Oder wollen Sie dieser Person helfen, frei zu werden? Sie tun niemandem einen Gefallen dadurch, dass Sie ihm gestatten, Sie zu kontrollieren. In gewisser Hinsicht schaden Sie dem Betreffenden sogar, denn Sie erlauben ihm, sich vor seiner eigenen Verantwortung zu drücken.

Mir ist klar, dass es anfänglich schwer sein kann, nein zu jemandem zu sagen, der es gewöhnt ist, in dieser Weise Druck auf Sie auszuüben. Aber wenn Sie fest bleiben und das alte Spiel nicht länger mitspielen, werden sowohl Ihr eigenes als auch das Leben des anderen auf lange Sicht viel besser werden.

Die Ehe von Linda und Troy war sehr zerrüttet. Linda hatte in ihrer Kindheit viel Schlimmes erlitten. Dadurch war sie zu einem unglücklichen, negativ eingestellten Menschen geworden, und das wirkte sich natürlich auch auf ihre Beziehung zu Troy aus. Wenn sie ihren Willen nicht bekam, schmollte sie entweder oder sie bekam einen Wutanfall. Manchmal schmollte sie zwei oder drei Tage lang. Sie steckte immer in irgendeiner Krise, in der sie besondere Aufmerksamkeit brauchte. Es ging ihr mies, und sie sorgte dafür, dass es allen um sie herum genauso mies ging.

Troy war ein netter Kerl und ein guter Ehemann, und so tat er alles, um Linda zufriedenzustellen. Er ermutigte sie ständig, versuchte, ihre Probleme zu lösen, und versicherte ihr, dass alles gut werden würde. Drei Jahre lang ging er auf alle ihre Bedürfnisse ein und verzichtete in dem vergeblichen Versuch, Linda glücklich zu machen, auf sein eigenes Glück. Dann dämmerte ihm eines Tages, dass sie sich niemals ändern würde. Er hatte genug. Ihm war klar geworden, dass er ihr trotz seiner guten Absichten nicht wirklich half, dass er ihr im Gegenteil sogar schadete. Er war zu ihrer Krücke geworden, auf die sie sich stützte.

Troy fasste sich ein Herz, ging auf Linda zu und sagte: „Schatz, ich liebe dich, aber es gibt nichts, was ich tun kann, um dich glücklich zu machen. Ich habe getan, was ich konnte. Darum will ich dir jetzt einfach sagen, dass ich es nicht länger versuche."

Troys ehrliches Bekenntnis überraschte Linda und zwang sie dazu, in sich hineinzuschauen und die wirklichen Probleme anzugehen. Und darüber hinaus musste sie, da Troy sie nicht länger verhätschelte, selbst Verantwortung für ihr Handeln übernehmen. Das Ganze ist inzwischen über 20 Jahre her, und heute ist ihre Ehe stabiler als je zuvor.

Wenn Sie mit jemandem befreundet sind, der wie Linda ist, dann sollten Sie dieser Person nicht erlauben, Ihnen Ihre Freude zu rauben. Gehen Sie nicht unglücklich durchs Leben, weil jemand, der Ihnen nahesteht, permanent unglücklich ist. Wenn der Betreffende darauf beharrt, falsche Entscheidungen zu treffen, und sich einfach nicht ändern will, dann seien Sie nett und höflich, aber lassen Sie sich nicht mit herunterziehen. Sagen Sie der Person zum richtigen Zeitpunkt mit ruhiger Stimme: „Wenn du nicht glücklich sein willst, ist das in Ordnung, aber du wirst *mich* nicht davon abhalten, ein glückliches, zufriedenes Leben zu führen."

Ich bin mir bewusst, dass wir uns hier auf einem schmalen Grat bewegen – aber Sie sind nicht für das Glück Ihres Ehepartners verantwortlich. Und auch nicht für das Ihrer Kinder. Jeder von uns ist für sein eigenes Glück verantwortlich.

Wenn Sie jedoch auf der anderen Seite dieses Beziehungsproblems stehen und selbst derjenige sind, der in dieser Form Druck ausübt, dann verzeihen Sie mir meine Offenheit, aber es ist Zeit, dass Sie endlich erwachsen werden und Verantwortung für sich selbst übernehmen. Erwarten Sie nicht länger von Ihrem Gegenüber, dass er Sie auf Händen trägt. Verlangen Sie nicht länger von Ihrem Partner oder Ihrer Partnerin, dass er bzw. sie Sie Tag für Tag aufmuntert und bemuttert. Das ist einfach nicht fair. Hören Sie auf, die andere Person zu manipulieren, wenn sie Ihren Wünschen nicht nachkommt und das tut, was Sie verlangen. Nein, übernehmen Sie Verantwortung, und lernen Sie, sich selbst glücklich zu machen.

Es geht mir nicht darum, dass wir egoistisch oder egozentrisch sein sollten. Wir sollten Menschen sein, die gerne geben. Aber es ist ein Unterschied, ob Sie jemandem etwas geben oder ob Sie demjenigen erlauben, Kontrolle über Sie auszuüben und Ihnen Schuldgefühle einzuflößen, wenn Sie nicht tun, was er will. Es ist nicht Gottes Plan, dass Sie unglücklich sind, nur um jemand anderen glücklich zu machen. Noch einmal: Wenn Sie das zulassen, trägt der andere nicht allein die Schuld daran. Es kann durchaus sein, dass Sie fälschlicherweise die alleinige Verantwortung übernommen haben und demjenigen nun erlauben, Sie zu kontrollieren.

> Es ist nicht Gottes Plan, dass Sie unglücklich sind, nur um jemand anderen glücklich zu machen.

Wenn Sie in einer Beziehung hauptsächlich der Gebende sind und Ihr Gegenüber ständig ermutigen oder „retten" müssen, ist das ein deutliches Zeichen dafür, dass etwas aus dem Gleichgewicht geraten ist. Sie sind für den anderen zu einer Krücke geworden. Und wenn Sie nicht ein paar Dinge ändern, wird diese Beziehung den Bach hinuntergehen.

Sie müssen Stellung beziehen. Sie können es in Liebe tun, aber Sie müssen auf die Person zugehen und sagen: „Ich liebe dich, aber ich werde dir nicht länger erlauben, deine Probleme immer bei mir abzuladen und mein Leben kaputtzumachen. Ich lasse nicht länger zu, dass du mir all meine Zeit und Kraft raubst. Du musst Verantwortung übernehmen und lernen, dich selbst glücklich zu machen."

„Aber, Joel, wenn ich das mache, verletze ich sie doch", höre ich Sie sagen. „Dann wird sie vielleicht wütend auf mich."

Ja, vielleicht. Aber das ist eine Sache zwischen ihr und Gott. Wenn Sie einmal vor Gott stehen, fragt er Sie nicht: „Hast du alle um dich herum glücklich gemacht?" Er wird Sie fragen: „Hast du die Berufung erfüllt, die ich in dein Leben hineingelegt habe?"

Ben war 31 Jahre alt und lebte immer noch zu Hause. Er war faul und undiszipliniert, und er hatte keine Lust, sich eine Arbeitsstelle zu suchen. Es gefiel ihm einfach, zu Hause herumzusitzen und fernzusehen. Es kam ihm überhaupt nicht in den Sinn, dass er ein Problem haben könnte. Seiner Ansicht nach war sein Lebensstil völlig in Ordnung und er fühlte sich pudelwohl.

Bens Eltern nahmen dies geduldig hin, weil sie ihren Sohn liebten und nicht zu viel Druck auf ihn ausüben wollten. Manchmal versuchten sie, ihn dazu zu bewegen, sich aufzuraffen und um eine Stelle zu bewerben, aber er ignorierte ihre Bitten und weigerte sich, diesbezüglich irgendwelche Schritte zu unternehmen. Warum sollte er auch? Es gab ja keine Veranlassung dazu.

Die Situation dauerte jahrelang an. Schließlich waren Bens Eltern so verzweifelt über seine Faulenzerei, dass sie professionelle Hilfe in Anspruch nahmen. Sie beschrieben dem Therapeuten die Situation und berichteten ihm, wie faul und antriebslos ihr Sohn war. „Und der Gipfel dabei ist, dass er noch nicht einmal auf die Idee kommt, dass er ein Problem hat, Herr Doktor", beklagte sich der Vater.

Die Antwort des Therapeuten schockierte die Eltern. Er sagte: „Ich stimme Ihrem Sohn zu. Er hat kein Problem. *Sie* haben das Problem, denn Sie haben ihn von all seinen Problemen befreit. Sie haben ihn in Watte gepackt und ihm erlaubt, *keine* Verantwortung für sein Leben zu übernehmen. Wenn Sie möchten, dass Ihr Sohn sich ändert, müssen Sie ihm seine Probleme zurückgeben."

Die Eltern brachten vor Verblüffung kein Wort heraus und so fuhr der Therapeut fort: „Sie dürfen es ihm nicht mehr so leicht machen. Hören Sie auf damit, ihn aus allen Schwierigkeiten herauszuholen."

Das ist nicht ganz einfach zu verstehen, aber es ist nicht immer das Beste, wenn man jemand hilft und ihm sein Leben erleichtert. Es ist nicht immer richtig, wenn man seine Probleme für ihn löst. Manchmal müssen Sie auch sagen: „Ich liebe dich, aber wenn du in meinem Haushalt leben willst, musst du dich aufraffen und dir eine Stelle suchen. Du musst anfangen, Verantwortung zu übernehmen."

In der Bibel heißt es treffend: „Wer nicht arbeiten will, soll auch nicht essen" (2. Thessalonicher 3,10). Vielleicht müssen Sie irgendwann auch mal sagen: „Wenn du dir keine Stelle suchst, wirst du bald sehen, was es heißt, einmal richtig lange zu fasten."

Jemand hat einmal gesagt, es sei wichtig, dass unsere Kinder die folgenden beiden Eigenschaften besäßen: Sie sollten dankbar sein und sie sollten eifrig sein.

Wenn sie nicht dankbar sind, werden sie alles für selbstverständlich halten. Sie werden erwarten, dass alle anderen ihnen das, was sie brauchen, auf einem silbernen Tablett servieren.

Sie müssen auch fleißig sein – eifrig zu lernen, eifrig zu helfen, eifrig darin, sich Ziele zu stecken und sie zu erreichen, eifrig darum bemüht, sich weiterzuentwickeln und voranzukommen.

Manchmal machen wir Eltern es unseren Kindern zu leicht. Victoria und ich haben eine Haushaltshilfe, und das Einfachste wäre, sie damit zu beauftragen, die Kinderzimmer in Ordnung zu halten. Aber ich weiß, dass wir unseren Kindern damit keinen Gefallen täten. Jetzt, da ich diese Zeilen schreibe, sind unsere Kinder zwölf und acht Jahre alt, und jeden Morgen machen sie selbst ihr Bett, stellen selbst ihre Kleidung zusammen und ziehen sich selbstständig an. Wenn sie dann zum Frühstücken runterkommen, müssen sie noch ein paar weitere Aufgaben erledigen. Sicher, Victoria und ich könnten das auch machen oder jemanden dafür bezahlen, es zu tun. Aber ich weiß, wenn wir es unseren Kindern zu leicht machen, werden sie schlechte Gewohnheiten und Denkmuster entwickeln, und unser übermäßiges Entgegenkommen in der Kindheit wird ihnen für ihr späteres Leben eher schaden.

Auch Erwachsene sollten dankbar und eifrig sein. Ich neige dazu, allen zu helfen. Ich will all ihre Probleme lösen, nach dem Motto: „Lass mich das für dich tun." Aber ich muss mir vor Augen halten, dass das nicht immer gut ist. Vor ein paar Jahren begegnete ich einem Obdachlosen, der etwa in meinem Alter war. Er bat mich um ein bisschen Geld, und mein erster Impuls bestand darin, ihm einen 20-Dollar-Schein zu geben. Aber eine innere Stimme hinderte mich daran, und so gab ich ihm kein Geld und ging meiner Wege, sondern unterhielt mich mit ihm.

Während unseres Gesprächs erzählte er mir seine Geschichte – wie er von Stadt zu Stadt gezogen war und wie schwer er es gehabt hatte. Er hatte versucht, einer geregelten Arbeit nachzugehen, aber es hatte einfach nicht funktioniert.

Ich empfand Mitgefühl für den Mann und wollte ihm wirklich helfen; so lud ich ihn in unsere Gemeinde ein: „Ich bin Pastor und leite eine Gemeinde hier in der Stadt. Wo sind Sie sonntagmorgens? Ich werde Ihnen jemanden schicken, der Sie abholen kommt."

„Nein, das geht nicht", entgegnete er. „Ich habe keine Zeit, zum Gottesdienst zu gehen."

Ich dachte: *Mann, was musst du denn schon tun? Du hast doch keine Wohnung, die du putzen musst! Du brauchst auch keinen Rasen zu mähen!*

Je länger ich mit ihm sprach, desto deutlicher erkannte ich, dass er sich nicht helfen lassen wollte. Er wollte sich nicht ändern. Er wollte den leichten Weg gehen. Er wollte einfach nur mein Geld. Bitte verstehen Sie mich nicht falsch – ich sage nicht, dass er kein schweres Leben gehabt hätte, aber wenn Menschen sich nicht ändern wollen, wenn sie sich nicht helfen lassen wollen, dann erweisen wir ihnen einen schlechten Dienst, wenn wir sie von all ihren Problemen befreien. Ich hätte ihm leicht diese 20 Dollar geben und meiner Wege gehen können, aber ich wollte nichts tun, das sein Elend nur verlängerte. Ja, wir sollten den Bedürftigen helfen. Aber wenn ein Mensch sich konsequent weigert, auch selbst einmal aktiv zu werden, um seine Situation zu verbessern, und Sie dem Betreffenden dennoch weiterhin helfen, dann schaden Sie ihm letztlich mehr, als dass Sie ihm nützen.

Allzu oft werden wir stärker von anderen manipuliert, als uns das bewusst ist. „Ich muss 60 Stunden in der Woche arbeiten, sonst verscherze ich es mir mit meinem Chef. Dann lädt er mich nicht mehr zu wichtigen Sitzungen ein. Dann kriegt ein anderer die wichtigen Aufgaben."

Nein, machen Sie sich klar, was da letztlich wirklich geschieht: Sie werden manipuliert und Sie müssen Grenzen setzen. Gehen Sie zu Ihrem Chef und teilen Sie ihm mit: „Ich will Ihnen ehrlich sagen, was ich tun kann und was nicht. Ich kann nicht jeden Abend Überstunden machen. Ich habe eine Familie und ich habe andere Verpflichtungen. Wenn ich hier im Büro bin, gebe ich Ihnen 110 Prozent, aber wenn ich Feierabend habe, mache ich die Tür hinter mir zu und gehe nach Hause."

Sie müssen den Stier bei den Hörnern packen. Lassen Sie nicht zu, dass andere Sie manipulieren oder Ihnen Schuldgefühle einreden, um Sie dadurch zu zwingen, ihre Wünsche zu erfüllen. Fangen Sie an, darauf zu achten, warum Sie auf bestimmte Weise reagieren und warum Sie bestimmte Dinge tun.

Vielleicht tun Sie vieles, weil Sie sich sonst schuldig fühlen würden, und gar nicht so sehr deshalb, weil Sie das selbst möchten oder glauben, dass Gott Sie dazu beauftragt hat. Sie machen jeden Abend Überstunden, weil Sie sich schuldig fühlen, wenn Sie nach Hause gehen, obwohl andere Kollegen noch im Büro bleiben. Oder vielleicht helfen Sie jemandem, weil Sie sich dazu verpflichtet fühlen – Sie übernehmen zu viel Verantwortung und sind erschöpft und ausgelaugt, weil Sie befürchten, irgendjemanden zu verletzen. Was all dem zugrunde liegt, ist ein übertriebenes Verantwortungsgefühl und das Bestreben, es allen recht machen zu wollen.

Sie sollten sich nicht schuldig fühlen, weil Sie die Forderungen nicht erfüllen, die andere immer wieder an Sie herantragen. Sie müssen lernen, anders zu reagieren. Wenn Ihr Ehepartner Ihnen jedes Mal, wenn Sie anderer Meinung sind, die kalte Schulter zeigt und ein paar Stunden lang der Haussegen schiefhängt, dann ist das eine Form von Manipulation. Beim nächsten Mal sollten Sie dagegen angehen. Reagieren Sie anders als sonst, sagen Sie sich: *Aha, sie ignoriert mich. Dann nutze ich eben die Gelegenheit und gehe zum Fußballspiel.* Oder: *Ich fahre zum Baumarkt.* Oder: *Ich mache einen Spaziergang.*

Wenn Sie anders reagieren als bisher, wenn Sie nicht nachgeben und die alten Spielchen nicht mehr mitmachen, dann ist der andere gezwungen, sein eigenes Verhalten ebenfalls zu ändern.

Sagen wir, jemand lädt Sie zu einer Feier ein. Sie sehen in Ihrem Terminkalender nach und stellen fest, dass Sie zu viel zu tun haben. Dennoch fühlen Sie sich gezwungen, die Einladung anzunehmen, denn Sie wissen, dass der Betreffende verärgert sein wird, wenn Sie ablehnen. Vielleicht wird er Ihnen sogar sein Wohlwollen entziehen.

Machen Sie sich bewusst, dass der Betreffende Sie unter Umständen zu manipulieren versucht. Bringen Sie den Mut auf zu sagen: „Ich würde schrecklich gern kommen, aber ich schaffe es einfach nicht. Schade, ich kann deine Einladung leider nicht annehmen." Wenn Ihr Gegenüber das nicht versteht, ist das sein Problem.

Wenn Sie möchten, dass Ihr Leben weniger stressig ist, dann seien Sie vorsichtig mit „pflege-intensiven"[30]-Menschen. Solche

Leute sind fast nie zufriedenzustellen. Sie müssen sie soundso oft in der Woche anrufen. Sie müssen ständig nach ihrer Pfeife tanzen. Wenn nicht, reagieren sie verletzt und sind enttäuscht von Ihnen. Und sie werden alles tun, damit Sie sich schuldig fühlen.

Ich habe festgestellt, dass pflege-intensive Menschen normalerweise Manipulierer sind. Es geht ihnen nicht um Sie – es geht ihnen darum, was Sie für sie tun können. Es geht ihnen darum, inwiefern Sie ihr Leben bereichern können. Wenn Sie in diese Falle hineintappen und versuchen, diese Personen zufriedenzustellen, dann wird das auf die Dauer dazu führen, dass Sie erschöpft und ausgelaugt sind und Ihr eigenes Leben als frustrierend empfinden.

Vor vielen Jahren versuchte ich einmal, einem Ehepaar zu helfen. Beide waren nett und ich mochte sie wirklich. Als sie in einen anderen Bundesstaat zogen, gab ich Ihnen sogar ein bisschen Geld und bemühte mich, mit Ihnen in Verbindung zu bleiben. Jedes Mal, wenn sie irgendetwas brauchten, war ich für sie da. Es hatte jedoch den Anschein, als täte ich nie genug. Sie waren nie zufrieden.

Ich war nett und großzügig, aber sie nahmen es überhaupt nicht zur Kenntnis. Sie fanden ständig irgendeinen Grund, sich zu beschweren, mich zu kritisieren oder mir das Gefühl zu geben, dass ich nicht genug tat, um ihnen zu helfen.

Eines Tages begriff ich, dass sie einfach pflege-intensive Menschen waren und dass es nicht meine Verantwortung war, sie glücklich zu machen. Ich konnte sie nicht dazu zwingen, mich zu mögen. Ich konnte sie nicht dazu zwingen, dankbar zu sein. Ich musste einfach mein eigenes Leben leben und durfte ihnen nicht gestatten, mir meine Freude zu rauben.

Ich blieb mit ihnen befreundet, aber ich musste einen Schritt zurückgehen und ihnen selbst die Verantwortung für ihr Glück überlassen.

Es ist wirklich befreiend, mit dieser Einstellung zu leben.

Achten Sie einmal darauf, wie Sie Ihre Zeit verbringen, und stellen Sie sich die Frage, warum Sie die Dinge tun, die Sie tun. Was motiviert Sie? Schuldgefühle? Lassen Sie sich von jemandem manipulieren oder unter Druck setzen? Wenn das der Fall ist, dann ändern Sie etwas daran. Wenn Sie nicht die Kontrolle über Ihr Leben übernehmen, werden andere es tun, und sie werden Sie möglicherweise in Richtungen drängen, die Sie nicht einschlagen wollen. Sie sollten genügend Selbstsicherheit besitzen, um nein sagen zu können. Wenn Sie eine Einladung zum Abendessen einmal ablehnen und ihr Freund oder ihre Freundin ist gleich eingeschnappt, dann machen Sie sich eines bewusst: Er oder sie reagiert unter Umständen nicht aus Liebe oder Freundschaft so. Diese Person versucht, Sie zu manipulieren.

Ein echter Freund hat Verständnis. Er ist nicht beleidigt, wenn Sie nicht jede seiner Bitten erfüllen können.

Momentan bekomme ich viele Einladungen, bei allen möglichen Veranstaltungen zu predigen, und ich fühle mich durch solche Anfragen immer sehr geehrt. Aber angesichts der Verpflichtungen, die ich der *Lakewood*-Gemeinde und meiner Familie gegenüber habe, kann ich solche Einladungen nur selten annehmen, auch wenn sie von engen Freunden oder von Menschen ausgesprochen werden, die ich seit Jahren kenne und die mir viel bedeuten. Anfänglich fiel es mir äußerst schwer, solche Anfragen abzulehnen, denn ich hasse es, andere zu enttäuschen. Aber ich habe gelernt, dass ich für mich selbst sorgen muss. Das ist meine erste Priorität. Die nächste ist meine Familie.

Bei den ersten Ablehnungen war ich nervös und fragte mich, was die Leute wohl von mir denken würden. *Sie werden denken, dass ich mich für etwas Besseres halte,* befürchtete ich. *Dass ich zu wichtig bin, um das zu machen.* Aber jedes Mal, wenn diese Personen mir eine Antwort sandten, sagten sie: „Das macht nichts, Joel. Es ist wirklich kein Problem. Falls du irgendwann doch einmal kannst, bist du jederzeit eingeladen." Das sind wahre Freunde – Menschen, denen es nicht nur um ihre eigenen Interessen geht. Ein wahrer Freund wird nicht versuchen, Sie unter Druck zu setzen und Ihnen ein schlechtes Gewissen zu machen, wenn Sie nicht genau das tun, was er will.

Es ist befreiend, wenn Sie sich klarmachen, dass Sie nicht alle Menschen glücklich zu machen brauchen. Und was noch wichtiger ist: Ich bin fest davon überzeugt, wenn Sie Ihr Leben in der Absicht leben, nur Ihre Mitmenschen zufriedenzustellen, werden Sie nicht den Auftrag erfüllen, den Gott für Ihr Leben hat.

Nach meinem ersten Jahr auf der Uni hatte ich die tiefe innere Gewissheit, dass ich in die *Lakewood*-Gemeinde zurückkehren und dort eine Fernseharbeit ins Leben rufen sollte. Ich war mir dessen ganz sicher. Aber ich machte mir Sorgen darüber, was meine Eltern davon halten würden. Schließlich hatten alle meine Geschwister ein abgeschlossenes Studium hinter sich. Mein Bruder Paul war Chirurg geworden und hatte dafür zwölf Jahre lang studieren und Praktika absolvieren müssen. Ich hatte keine Ahnung, wie meine Eltern reagieren würden, wenn ich das Studium abbrach und wieder nach Hause kam.

Eines Tages sprach ich mit meinem Vater darüber und er stand allen möglichen Ideen offen gegenüber: „Das wäre klasse. Tu einfach das, was du für richtig hältst." Er fand es in Ordnung, wenn ich das Studium abbrach und in der *Lakewood*-Gemeinde einen Dienstbereich für Tele-Evangelisation aufbaute. Aber mit meiner Mutter war das eine ganz andere Sache. Meine Mutter musste erst einmal mit Gott darüber sprechen! Sie konnte den Gedanken nicht ertragen, dass eines ihrer Kinder keinen Hochschulabschluss hatte.

Das war wirklich eine schwierige Situation für mich. Wie ich schon sagte: Ich hasse es, andere zu enttäuschen, vor allem meine Eltern. Aber schließlich musste ich die *für mich* richtige Entscheidung treffen. Natürlich hat meine Mutter sich dann auch damit abgefunden. Neulich habe ich mal zu ihr gesagt: „Ich kann zwar kein Studium vorweisen, aber ich habe trotzdem meinen Weg gemacht, stimmt's?"

Manchmal können Sie es einfach nicht allen Menschen recht machen, noch nicht einmal denen, die Ihnen am nächsten stehen. Natürlich sollten wir unsere Eltern ehren, ihnen Respekt erweisen und auf ihren Rat hören. Aber letztlich müssen Sie Ihrem eigenen Herzen folgen. Im Hohenlied Salomos steht der großartige Vers: „Draußen muss ich alle Tage meiner Brüder Weinberg hüten. Doch für meinen eigenen Weinberg – für mich selbst – kann ich nicht sorgen; dafür bleibt mir keine Zeit" (Hoheslied 1,6).

Allzu oft dreht sich unser Leben darum, alle anderen glücklich zu machen, und dadurch fehlen uns dann die Zeit und die Kraft, für unsere eigenen Bedürfnisse zu sorgen. Schließlich kann es sogar so weit kommen, dass andere unser Leben lenken und beherrschen.

Manche Menschen würden Ihnen – wenn Sie dies zuließen – all Ihre Zeit und Kraft rauben und Sie innerlich völlig aussaugen. Wenn Sie es wagen, solchen Menschen die Stirn zu bieten und ihre Spielchen nicht länger mitzumachen, werden Sie staunen, wie viel schöner, einfacher und erfüllter Ihr Leben dadurch wird.

Ich sage nicht, dass es einfach werden wird. Wenn Sie über längere Zeit hinweg von anderen manipuliert wurden, dann wird es diesen Personen gar nicht gefallen, dass Sie das auf einmal nicht mehr mit sich machen lassen. Bleiben Sie bei allem, was Sie tun müssen, freundlich und respektvoll, aber fällen Sie den Entschluss, dass Sie in Freiheit leben werden, und lassen Sie sich durch nichts und niemanden davon abbringen.

Wenn Sie selbst eher der Manipulierende sind, dann müssen Sie sich ebenfalls ändern. Hören Sie auf damit, andere unter Druck zu setzen, damit sie tun, was Sie von ihnen wollen. Tun Sie das Richtige, und behandeln Sie Ihre Mitmenschen mit Liebe und Respekt, dann werden Sie staunen, wie sehr sich Ihr Leben und Ihre Beziehungen verbessern.

Beschließen Sie, dass der heutige Tag ein Wendepunkt in Ihrem Leben ist. Wenn Sie bis jetzt immer versucht haben, es allen recht zu machen oder alle ihre Probleme zu lösen, dann befreien Sie sich von diesem falschen Verantwortungsgefühl. Ja, reichen Sie anderen die Hand. Ja, seien Sie freundlich und mitfühlend. Aber sorgen Sie dafür, dass es Ihnen selbst auch gut geht. Nach Gott sind Sie selbst Ihre erste Priorität.

Glauben Sie mir: Wenn Sie Ihr eigenes Rennen laufen und sich nicht von anderen manipulieren lassen, haben Sie nicht nur weniger Stress und mehr Zeit und Energie, Sie werden auch glücklicher sein – und Sie werden endlich die Freiheit haben, den tollen Plan zu erfüllen, den Gott für Sie hat.

Praktische Schritte

Teil 4: Entwickeln Sie bessere Gewohnheiten

1. Ich werde mir meinen Tagesablauf genau ansehen und alle Gewohnheiten identifizieren, die sich negativ auf mein Leben auswirken. Ich beschließe heute, dass ich wenigstens eine dieser schlechten Angewohnheiten ablegen und durch eine gute ersetzen werde.

2. Ich werde darauf achten, negative Reflexe zu vermeiden; ich werde mich darin üben, das Gute zu sehen. Ich werde mich entspannen und lernen, gelassen zu bleiben.

3. Ich werde mich nicht von meinen Kritikern aus dem Konzept bringen lassen. Ich bin mir darüber im Klaren, dass nicht alle mir zustimmen oder mir den Rücken stärken werden, aber ich werde unbeirrt an dem festhalten, wozu ich berufen bin. Heute werde ich nach neuen Möglichkeiten suchen, die Gaben, Talente und Mittel einzusetzen, die Gott mir gegeben hat.

4. Ich erkenne, dass ich nicht für das Glück aller Personen in meinem Umfeld verantwortlich bin. Ich werde die Erkenntnis, dass ich für mein *eigenes* Glück verantwortlich bin, in meinem Leben umsetzen. Ich werde freundlich zu allen sein, mit denen ich zu tun habe, aber ich werde mich nicht manipulieren lassen. Ich werde keine falsche Verantwortung für das Handeln oder die Einstellungen anderer übernehmen.

Teil 5

Finden Sie ein Ja zu dem Platz, an dem Sie stehen

Kapitel 20

Finden Sie ein Ja zu dem Platz, an dem Sie stehen

Kennen Sie jemanden, der nicht glücklich ist mit dem Platz, an dem er gerade steht? *Sie* ist unglücklich, weil sie nicht verheiratet ist und ihre biologische Uhr unbarmherzig weitertickt. *Er* ist aufgebracht, weil ihm irgendjemand die verdiente Beförderung vor der Nase weggeschnappt hat. *Sie* quälen sich mit Sorgen und sinnlosen Grübeleien herum und versuchen, Dinge zu ändern, die nur Gott ändern kann.

Ich glaube, dass ein großer Teil unseres Unglücklichseins und unserer Frustration selbstverursacht sind, weil wir gegen die Situationen und Umstände rebellieren, in denen wir uns wiederfinden. Wir können nicht verstehen, warum unsere Gebete nicht erhört werden und warum die Dinge sich nicht schneller ändern. „Warum musste das gerade mir passieren?", fragen wir uns fortwährend, was wiederum dazu führt, dass wir bedrückt sind und innerlich unruhig.

Lernen Sie, sich zu entspannen und Ihr Ja zu dem Platz zu finden, an den Gott Sie gestellt hat. Gut, vielleicht ist das im Moment nicht gerade ein toller Platz. Jeder von uns könnte Dinge nennen, die er verändern möchte, Dinge, von denen er sich wünschte, sie würden schneller geschehen. Wenn wir wirklich glauben, dass Gott unser Leben in seiner liebevollen Hand hält und unsere Schritte lenkt, dann müssen wir auch glauben, dass wir genau dort sind, wo wir sein sollen. Wir müssen nicht die ganze Zeit gegen unsere Situation und unsere Lebensumstände ankämpfen.

Ja, wir sollten dem Feind widerstehen; wir sollten gegen Krankheiten und alle andere Dinge ankämpfen, die uns unsere Freude rauben. Das heißt jedoch nicht, dass wir jede Minute unseres Daseins mit Kämpfen zubringen sollen. Manche Menschen sind einfach ständig damit beschäftigt, zu beten, zu widerstehen und zu gebieten. Sie betteln: „Bitte, Gott, du musst diese Situation verändern. Ändere meinen Mann. Ich mag meinen Job nicht. Mein Kind entwickelt sich nicht so, wie ich mir das vorstelle."

Nein, vertrauen Sie all das Gott an. Sagen Sie stattdessen: „Gott, ich vertraue dir. Ich weiß, dass du die Kontrolle über mein Leben hast. Ich verstehe vielleicht nicht alles, was geschieht, aber ich glaube, dass du nur das Beste für mich im Sinn hast. Ich werde meine Zeit nicht damit zubringen, ständig Widerstand zu leisten und mich abzumühen. Ich werde mich entspannen und mein Leben genießen." Wenn Sie ehrlichen Herzens ein solches Gebet beten können, dann kann Sie das von einem enormen Druck befreien.

In der Bibel steht: „Macht Frieden! [...] Erkennt, dass ich Gott bin!" (Psalm 46,11). Das ist doch bemerkenswert! Sie müssen Frieden mit der Situation schließen, in der Sie sich befinden. Es ist vielleicht nicht alles perfekt. Es mag ein paar Dinge geben, die sich verbessern könnten. Aber solange Sie sich ständig Sorgen machen und sich selbst unter Druck setzen, sind Gott die Hände gebunden. Wenn Sie innerlich zur Ruhe kämen, könnte Gott für Sie kämpfen. Er kann Ihre negativen Umstände zu Ihrem Besten gebrauchen.

Im Hebräerbrief lesen wir: „So werden auch wir nur in die Ruhe Gottes hineinkommen, wenn wir im Vertrauen festbleiben" (Hebräer 4,3). In der Ruhe Gottes zu sein bedeutet: Sie haben vielleicht ein Problem, aber Sie vertrauen darauf, dass Gott sich darum kümmern wird. Es bedeutet: Sie befinden sich vielleicht in einer Situation, die Sie nicht verstehen, aber Sie grübeln nicht ständig darüber nach, woran das liegen könnte. Sie haben vielleicht einen großen Traum, aber Sie müssen nichts überstürzen und sind nicht frustriert, weil er noch nicht in Erfüllung gegangen ist. Mit anderen Worten: Wenn Sie wirklich in die Ruhe Gottes gelangt sind, wissen Sie, dass Sie in Gottes Hand sind. Wo auch immer Sie sind, Sie wissen, dass das der Platz ist, an dem Gott Sie haben will.

Ich sage nicht, dass Gott will, dass Sie dort bleiben, aber wenn Sie ihm wirklich vertrauen, wenn Sie wirklich glauben, dass er die Kontrolle über Ihr Leben hat, dann ist der Platz, an dem Sie sich gerade befinden – mögen die Umstände gut oder schlecht sein –, genau der Platz, an den Sie gehören. Vielleicht ist Ihnen etwas passiert, das Ihnen unfair erscheint. Vielleicht werden Sie von irgendjemandem schlecht behandelt, oder Sie stecken in finanziellen Schwierigkeiten. Das ist sicher nicht angenehm, aber noch lange kein Grund, wütend und frustriert zu sein.

Gott hat uns versprochen, dass er alles, was uns im Leben widerfährt, zum Guten wenden will. Er will diese Schwierigkeit gebrauchen, um Sie zu verändern. Was Sie im Moment erleben, mag vielleicht nicht gut *sein,* aber wenn Sie es mit der richtigen Einstellung angehen, wird er es zu etwas Gutem *werden* lassen.

Vielleicht wenden Sie jetzt ein: „Sie verstehen einfach nicht, in welcher Lage ich mich gerade befinde, Joel. Ich versuche, immer das Richtige zu tun, aber ich erlebe immer viel Negatives." Oder: „Meine Ehe ist zutiefst unglücklich." Oder: „Die Leute behandeln mich schlecht."

Bitte nehmen Sie solche Erfahrungen nicht als Vorwand, um sich hängen zu lassen oder in Depressionen zu versinken. Denken Sie einmal an Josef, von dem uns im Alten Testament berichtet wird. Er saß 13 Jahre im Gefängnis – wegen eines Verbrechens, das er gar nicht begangen hatte! Er hätte vermutlich allen Grund gehabt, gegen seine Situation aufzubegehren. Er hätte all seine Zeit damit zubringen können, der Frage nachzugehen, warum ihm diese ungeheuerlichen Dinge passiert waren. Er hätte wütend und verbittert sein und eine negative Grundeinstellung haben können, aber das war nicht der Fall. Er akzeptierte einfach den Platz, an dem er war, und machte das Beste aus einer schlimmen Situation. Seine Einstellung war: „Gott, das ist der Platz, an den du mich jetzt gestellt hast. Mir gefällt das vielleicht nicht. Ich verstehe es vielleicht nicht. Ich denke auch nicht, dass ich das verdient habe, aber ich werde nicht weiter darüber nachdenken. Ich werde einfach weiterhin mein Bestes geben, denn ich weiß, dass du das alles am Ende zu meinem Besten dienen lassen wirst." Und genau das tat Gott auch. Und er wird dasselbe für Sie tun, wenn Sie eine positive Einstellung behalten und den Blick fest auf ihn gerichtet halten.

Vielleicht sind Sie frustriert, weil Sie noch immer nicht verheiratet sind. Sie glauben, Sie könnten erst glücklich sein, wenn Sie einen Partner gefunden haben. Nein, entspannen Sie sich stattdessen, und genießen Sie den Platz, an dem Sie sich nach Gottes Willen jetzt befinden. Ihre Frustration beschleunigt die Sache in keiner Weise – im Gegenteil, dadurch, dass Sie sich ständig mit dem Thema beschäftigen, kann sogar alles noch viel länger dauern. Sie beten alle fünf Minuten und sagen Gott, was er machen soll und wie er es machen soll. Sie haben schon eine feste Vorstellung von dem idealen Mann – wie er aussehen sollte, was für ein Auto er fahren sollte, wie groß er sein sollte, wie viel Geld er verdienen sollte. „Gott, ich muss einfach heiraten. Ich halte das keinen Monat länger aus."

Nein, Gott weiß doch schon längst Bescheid. Warum entspannen Sie sich nicht einfach und sagen: „Gott, nicht mein Wille, sondern dein Wille geschehe. Ich lege diese Sache in deine Hände. Ich glaube, dass du nur das Beste für mich im Sinn hast."

Es ist in Ordnung, ehrlich zu sein und zu beten: „Gott, du weißt, es wäre mir am liebsten, wenn es schon heute soweit wäre. Aber ich will dir vertrauen und glauben, dass du mir zur richtigen Zeit den Richtigen über den Weg schicken wirst." Genau das bedeutet es, Gott zu vertrauen. Sie brauchen also nicht länger zu versuchen, alles selbst auszutüfteln.

Einer meiner Lieblingsbibelverse ist Römer 8, Vers 28: „Für die, die Gott lieben, muss alles zu ihrem Heil dienen." Wenn Sie unerschütterlich auf Gott vertrauen, wird er jede Situation zu einem guten Ende führen.

„Ach, Joel, meine Kollegen behandeln mich schlecht. Ich fühle mich dort nicht wohl. Es gefällt mir einfach nicht. Ich will aus dieser Situation heraus."

Nein, selbst wenn wir beten, wird nicht alles Unangenehme aus unserem Leben verschwinden. Gott wird nicht sofort alle Schwierigkeiten aus dem Weg räumen. Er gebraucht diese Dinge, um uns zu formen und dabei zu helfen, uns weiterzuentwickeln. In harten Zeiten formt Gott unseren Charakter. Tatsache ist, dass wir uns nicht annähernd so schnell weiterentwickeln, wenn alles einfach ist; wir wachsen, wenn unser Leben schwierig ist, wenn wir an unsere Grenzen stoßen und unsere geistlichen Muskeln trainieren müssen.

Natürlich macht es keinem von uns Spaß, in einer unbequemen Situation zu stecken, aber Sie werden solche Erfahrungen „überleben", wenn Sie sich vor Augen halten, dass Gott aus diesen Schwierigkeiten etwas Gutes für Sie entstehen lassen will. Sie werden aus dieser Situation stärker herauskommen, als Sie vorher waren. Gott ist gerade dabei, Sie auf größere Herausforderungen und Segnungen vorzubereiten.

Aber Sie müssen diese Prüfung bestehen. Wenn Sie sich von Sorgen gequält durchs Leben schleppen, alles selbst austüfteln wollen und immer kämpfen, wenn es mal nicht nach Ihrem Kopf geht, dann werden Sie den Prozess nur hinauszögern. Sie müssen begreifen, dass es einen Grund dafür gibt, dass Sie gerade da sind, wo Sie sind. Vielleicht ist es eine Folge Ihrer eigenen Entscheidungen, vielleicht ist es auch einfach ein Angriff des Feindes. Was auch immer es ist: Gott wird nicht zulassen, dass irgendetwas in Ihr Leben kommt, wenn er nicht ein bestimmtes Ziel damit verfolgt. Es gefällt Ihnen vielleicht nicht; es ist vielleicht unangenehm. Aber wenn Sie die richtige Einstellung beibehalten, werden Sie hinterher stärker sein und besser dastehen als zuvor.

Ihr Glaube wird Sie nicht sofort von jedem Problem befreien. Aber Ihr Glaube wird Sie durch jedes Problem hindurchtragen. Vielleicht bitten Sie Gott gerade darum, Sie von bestimmten Dingen zu befreien. Aber es kann sein, dass er sie absichtlich zulässt, um Sie auf etwas Bestimmtes vorzubereiten. Er gebraucht das, was Sie gerade durchmachen, um Sie auf das Gute vorzubereiten, das er für Sie bereithält. Wenn Sie Ihren Willen nicht bekommen, dann bedeutet das nicht, dass Gott Sie nicht liebt. Wenn Ihre Gebete nicht zu dem Zeitpunkt oder auf die Weise erhört werden, wie Sie sich das wünschen, bedeutet das nicht, dass Gott wütend auf Sie ist oder Sie bestrafen will.

> Ihr Glaube wird Sie nicht sofort von jedem Problem befreien. Aber Ihr Glaube wird Sie durch jedes Problem hindurchtragen.

Versuchen Sie, Ihre Situation einmal aus einem anderen Blickwinkel zu sehen. Wenn Ihre Gebete (noch) nicht erfüllt werden, bedeutet dies möglicherweise, dass Gott etwas Besseres für Sie bereithält. Möglicherweise bedeutet es, dass er Sie vor einer Gefahr bewahrt, die Ihnen droht. Oder er hilft Ihnen schlicht dabei, sich weiterzuentwickeln. Warum hören Sie nicht einfach auf, sich gegen alles zu sperren, was sich in Ihrem Leben tut? Hören Sie auf, gegen alles anzukämpfen, was nicht nach Ihrem Kopf geht.

„Es scheint, als würde Gott meine Gebete nie beantworten", sagt vielleicht jemand. „Er tut nie, was ich möchte."

Vielleicht *beantwortet* Gott Ihre Gebete durchaus; er sagt einfach nein. Oder vielleicht sagt er, es sei noch nicht der richtige Zeitpunkt. Oder er sagt: „Ich werde dieses Hindernis erst aus dem Weg räumen, wenn du deine Einstellung änderst und aufhörst, dich ständig darüber zu beklagen." Trauen Sie Gott mehr zu, dann werden Sie sehen, wie sich vieles in Ihrem Leben verbessert.

Ich bin dankbar dafür, dass Gott ein paar meiner Gebete nicht erhört hat, denn manchmal war das, was ich für das Beste hielt, durchaus nicht das Beste für mich. Dennoch wird Gott Ihnen, wenn Sie Ihre Pläne mit aller Gewalt durchzusetzen versuchen, manchmal auch Ihren Willen lassen – dann werden Sie eben Lehrgeld bezahlen müssen.

Ich habe erlebt, wie Menschen sich kopfüber in eine Beziehung gestürzt oder ein Geschäft abgeschlossen haben; sie hatten vielleicht ein ungutes Gefühl dabei, aber sie wünschten es sich so sehr. Gott ist ein Gentleman. Wenn Sie nicht lockerlassen, tritt er einen Schritt zurück und lässt Ihnen Ihren Willen. Aber wenn wir uns so verhalten, läuft das erfahrungsgemäß meist darauf hinaus, dass wir uns mit dem Zweitbesten zufriedengeben müssen.

Wenn die Dinge nicht so schnell geschehen, wie Sie es gern hätten, oder wenn Sie nicht sehen, dass sich die Umstände zu Ihren Gunsten verändern, dann legen Sie die Situation in Gottes Hände. Entspannen Sie sich, und lernen Sie, Gott zu vertrauen. Sie dürfen sicher sein, dass er auf Ihrer Seite ist. Er versucht nicht, Ihnen Steine in den Weg zu legen. Niemand wünscht sich mehr, dass Sie Ihre Bestimmung erfüllen, als der allmächtige Gott. Niemand wünscht sich mehr als er, dass Ihre Träume in Erfüllung gehen. Er war doch derjenige, der Ihnen den Traum ursprünglich ins Herz gelegt hat. Lassen Sie sich von ihm führen und leiten.

Ich glaube, eines der besten Gebete, die wir je beten können, ist: „Gott, nicht mein Wille, sondern dein Wille geschehe." Ich bete es auf die eine oder andere Weise jeden Tag: „Gott, öffne die richtigen Türen und schließe die falschen." Wenn Sie für seine Führung offen bleiben und Ihrem Herzen folgen, wird Gott Sie beschützen. Im Buch der Sprüche heißt es: „Verlass dich nicht auf deinen Verstand, sondern setze dein Vertrauen ungeteilt auf den Herrn! Denk an ihn bei allem, was du tust; er wird dir den richtigen Weg zeigen" (Sprüche 3,5–6). Die Bibelausgabe „Hoffnung für alle" übersetzt an dieser Stelle sogar: „[Er] krönt dein Handeln mit Erfolg."

Vor nicht allzu langer Zeit flog ich mit ein paar Mitarbeitern der Gemeinde in eine andere Stadt. Es gab zu beiden Seiten des Ganges immer nur einen Sitz; das Flugzeug war also wirklich sehr klein. Nach dem Start wollte ich mein Tischchen herausklappen, damit ich mir ein paar Notizen machen konnte. In diesem Flugzeug waren die Klapptische seitlich angebracht, direkt unterhalb des Fensters. Auf einem kleinen Schild stand „Ziehen", also zog ich. Vergebens – es klemmte. Mein Freund Johnny saß auf der anderen Seite des Ganges. Ich blickte zu ihm hinüber und sah, dass er seines ohne Probleme herausgeklappt hatte. Es sah genauso aus wie meines. Also machte ich mich wieder an die Arbeit und versuchte noch einmal, das Tischchen herauszuziehen; diesmal zerrte ich noch heftiger daran. Ich dachte: *Ich werde diesen Klapptisch herausziehen, und wenn es das Letzte ist, was ich in diesem Leben tue!*

Ich zog und zerrte, aber es bewegte sich keinen Millimeter. Als Johnny bemerkte, dass ich mich vergeblich abmühte, kam er herüber und versuchte seinerseits, den Hebel zu lösen, aber auch ihm gelang es nicht. Ein anderer Mitarbeiter versuchte es ebenfalls. Nichts geschah. Schließlich setzte ich mich auf einen Platz auf der anderen Seite des Ganges. Als ich von dort noch einmal zu meinem ursprünglichen Platz hinübersah, entdeckte ich direkt über dem Fenster ein Schild mit der Aufschrift: „Hier kein Klapptisch. Notausgang!"

Ich schickte sogleich ein Stoßgebet gen Himmel: „Lieber Gott, danke, dass du mir nicht meinen Willen gelassen hast. Danke, dass du diese Tür nicht geöffnet hast." Gott sei Dank wussten die Konstrukteure, die dieses Flugzeug gebaut hatten, dass sie Leute wie mich an Bord haben würden. Sie hatten über dem Fenster einen weiteren Riegel angebracht, sodass man beide Hände brauchte, um den Notausgang zu öffnen. Sonst wäre das Lösen dieses Riegels vielleicht wirklich das Letzte gewesen, was ich in diesem Leben getan hätte!

Auch Gott weiß, was das Beste für uns ist. Danken Sie ihm dafür, dass er barmherzig ist und uns nicht immer unseren Willen lässt.

Ich habe in dieser Hinsicht eines gelernt: Wenn meine Gebete nicht beantwortet werden oder wenn die Dinge nicht so schnell passieren, wie ich das gern hätte, kann das dreierlei bedeuten: dass Gott mich vor einer Gefahr beschützt, dass es noch nicht der richtige Zeitpunkt ist oder dass er etwas Besseres für mich hat.

In meinem ersten Studienjahr bewarb ich mich um eine Stelle beim universitätseigenen Fernsehstudio. Das College besaß eine große, weithin bekannte Produktionsstätte, und ich hatte mir schon immer gewünscht, dort mitzuarbeiten. Fernsehproduktionen waren meine große Leidenschaft. In der ersten Semesterwoche traf ich den Aufnahmeleiter, der für sämtliche Kameramänner und die Einstellung aller Assistenten verantwortlich war. Zu diesem Zeitpunkt verfügte ich bereits über mehrere Jahre Erfahrung hinter der Kamera.

Der Aufnahmeleiter überschlug sich beinahe vor Freundlichkeit. Er nahm sich ein paar Stunden Zeit, um mich herumzuführen, und wir verstanden uns prima. Beim Abschied sagte er: „Ich rufe Sie in den nächsten Tagen an und gebe Ihnen wegen der Stelle Bescheid, Joel."

Eine Woche verging und ich hörte nichts von ihm. In der nächsten Woche auch nicht. Und in der darauffolgenden ebenfalls nicht. Schließlich rief ich ihn an, aber ich erreichte ihn nie, weil er immer entweder beschäftigt oder unterwegs war. Es war ganz seltsam: Ich hatte gedacht, es würde überhaupt kein Problem sein, diese Stelle zu bekommen, aber die Tür ging einfach nicht auf. Und was noch schlimmer war: Ich wünschte es mir so sehr, aber ich musste einsehen, dass es einfach nicht sein sollte. Schließlich fand ich mich damit ab und dachte: *Keine große Sache – ich werde einfach versuchen, mich damit abzufinden.*

Rückblickend erkenne ich: Wenn ich diese Stelle bekommen hätte, wäre ich wahrscheinlich nicht in die *Lakewood*-Gemeinde zurückgekehrt, um dort die Fernseharbeit ins Leben zu rufen. Ich kenne mich. Ich wäre von dieser Arbeit so begeistert gewesen, dass ich mich mit Leib und Seele engagiert hätte und dort beim Universitätsfernsehen geblieben wäre.

Aber Gott weiß, was das Beste für uns ist. Obwohl diese Stelle mir damals verlockend erschien, wusste ich ja nicht, was Gott mit mir vorhatte. Ich wusste nicht, was er für mich bereithielt. Wenn ich dort geblieben wäre, hätte ich das, was Gott in *Lakewood* mit mir vorhatte, nicht tun können, und Sie würden wahrscheinlich dieses Buch nicht lesen.

Allzu oft handeln wir ausgesprochen kurzsichtig. Wir können nur ein kleines Stück die Straße hinunterschauen und auch dieses Stückchen sehen wir nur verschwommen. Gott jedoch sieht den ganzen Weg. Er weiß, wenn es sich bei etwas um eine Sackgasse handelt. Er weiß, wenn jemand uns nur ablenken wird und so verhindert, dass wir unsere Bestimmung erfüllen.

Einige der Dinge, über die Sie im Moment frustriert sind, werden Sie in zehn Jahren mit anderen Augen sehen, und Sie werden Gott danken, dass er jenes bestimmte Gebet nicht so erhört hat, wie Sie es sich gewünscht haben, oder dass er diese bestimmte Tür nicht geöffnet hat. Vielleicht können Sie dies im Moment nicht erkennen, aber darum geht es doch gerade beim Glauben. Warum vertrauen Sie Gott nicht einfach? Glauben Sie daran, dass er Sie in seiner Hand hält, und seien Sie gewiss: Wenn er eine Tür öffnen will, dann kann kein Mensch sie verschlossen halten. Kein Hindernis ist für ihn zu hoch. Ihre Feinde mögen mächtig sein, aber Gott ist *allmächtig*. Wenn Gott sagt, dass es Zeit ist, Sie zu befördern, werden Sie befördert werden. Die gute Nachricht ist: Ihre Beförderung wird keine Sekunde zu spät kommen. Gott kann eine Situation *plötzlich* wenden. Er kann dafür sorgen, dass eine Tür sich *plötzlich* öffnet. *Ein* Hauch von Gottes Gunst ist alles, was dafür erforderlich ist.

Wir sollten unser Leben mit der Einstellung meistern: „Ich werde mir nicht ständig Sorgen machen und frustriert sein. Ich weiß, dass alles in Ordnung kommen wird. Ich weiß, dass schließlich alles zu meinem Besten dienen wird."

Vielleicht machen Sie gerade eine schwere Zeit durch. Aber denken Sie daran: Gott hat versprochen, dass er Ihnen nie mehr zumuten wird, als Sie auch bewältigen können.

„Joel, ich verstehe nicht, warum mir das passiert ist. Warum wurden meine Gebete denn nicht beantwortet? Warum bin ich krank geworden? Warum ist meine Ehe in die Brüche gegangen?"

Vielleicht werden Sie ein paar Dinge nie verstehen, solange Sie hier auf Erden leben. Wenn Sie ständig versuchen, den Sinn irgendwelcher Ereignisse oder Erfahrungen herauszufinden, wird Sie das nur frustrieren und verwirren. Lernen Sie stattdessen, Gott zu vertrauen, und vertrauen Sie auf eines: Solange Sie Ihr Bestes geben und Gott in allem folgen, das Sie tun, sind Sie genau dort, wo Sie nach seinem Willen auch sein sollen. Es mag nicht leicht sein, aber am Ende wird Gott es zu Ihrem Besten dienen lassen.

Einer der wichtigsten Aspekte des Glaubens ist, Gott auch dann zu vertrauen, wenn wir etwas nicht verstehen. Ein guter Freund von mir erkrankte an Krebs. Ich rief ihn an, um ihm Mut zu machen, und nahm an, dass er ganz deprimiert sein würde. Aber seine Worte überraschten mich: „Ich bin völlig ruhig, Joel. Natürlich gefällt mir die Situation nicht, aber ich weiß, Gott hat alles im Griff. Und ich glaube fest, dass er mich durch diese Sache hindurchtragen wird."

Auch wenn Sie in den größten Schwierigkeiten stecken, auch wenn Sie den Boden unter den Füßen verlieren, brauchen Sie nicht zu verzweifeln. Manchmal denken wir, wir müssten ständig beten, dem Feind widerstehen und unablässig Bibelverse zitieren. Sicher, das ist alles schön und gut. Aber die Ruhe, den Frieden zu bewahren, seine Freude nicht zu verlieren und ein fröhliches Gesicht zu machen – auch das gehört zum „guten Kampf des Glaubens".

Wenn Sie es gerade schwer haben, dann lassen Sie sich von dem Gedanken trösten, dass Gott alles unter Kontrolle hat. Er hat Ihren Körper erschaffen. Er kennt Ihre Situation. Seien Sie nicht mutlos und deprimiert. Gehen Sie Ihre Probleme mit der Einstellung an: „Gott, ich vertraue dir. Ich weiß, dass du tun kannst, was Menschen nicht möglich ist, und ich lege mein Leben in deine Hände." Eine solche Haltung gefällt Gott. Er liebt Menschen, die entschlossen sagen: „Gott, ich vertraue dir, ob ich meinen Willen bekomme oder nicht. Ich vertraue dir in guten wie in schlechten Zeiten."

> „Gott, ich vertraue dir, ob ich meinen Willen bekomme oder nicht."

Denken Sie an die drei hebräischen Teenager, von denen im Alten Testament berichtet wird, die sich nicht vor König Nebukadnezars goldenem Götzenbild niederwerfen wollten. Der König war darüber so wütend, dass er befahl, sie in einen brennenden Ofen zu werfen.

Doch die drei Jungen entgegneten darauf nur: „Das beunruhigt uns nicht, o König. Wir wissen, dass unser Gott uns befreien wird. *Aber selbst wenn er es nicht tut,* werden wir uns dennoch nicht niederwerfen." Sie akzeptierten die Situation, auch wenn es schwer war und auch wenn sie wahrscheinlich lieber woanders gewesen wären.

Sie können etwas Ähnliches tun. Seien Sie nicht länger frustriert, weil Ihre Gebete nicht so beantwortet wurden, wie Sie es sich gewünscht haben. Seien Sie nicht länger deprimiert, weil Sie beruflich nicht so weit gekommen sind, wie Sie gehofft hatten, oder weil Sie ein Problem in Ihrer Ehe oder mit Ihren Finanzen haben. Nein, gehen Sie mutig voran. Behalten Sie Ihre Lebensfreude und Ihren Enthusiasmus. Vielleicht sind Sie nicht genau dort, wo Sie zu sein hofften, aber machen Sie sich bewusst: Gott hält Ihr Leben in seiner Hand. Und solange Sie seine Prüfungen bestehen, kann keine Macht der Welt Sie daran hindern, die Berufung zu erfüllen, die er in Ihr Leben hineingelegt hat.

Sie dürfen die schwere Bürde abwerfen. Sie brauchen sich nicht länger abzuplagen und zu versuchen, alles und jeden zu ändern. Nein, sagen Sie einfach Ja zu dem Platz, an dem Sie stehen, und vertrauen Sie darauf, dass Gott alles im Griff hat. Er führt und leitet Sie.

Wenn zurzeit ein Sturm über Sie hinwegbraust oder wenn Sie in ernsthaften Schwierigkeiten stecken, dann hören Sie auf die

Worte, die Gott Ihnen zuspricht: „Stehe darüber. Hör auf zu kämpfen. Versuch nicht länger, Dinge zu verändern, die nur ich ändern kann."

Vertrauen Sie darauf, dass Gott einen wunderbaren Plan für Ihr Leben hat. Glauben Sie mir: Wenn Sie lernen, den Platz anzunehmen, an dem Sie stehen, können Sie über sich selbst hinauswachsen. Sie können jedes Hindernis überwinden, und Sie können das erfolgreiche Leben leben, das Gott für Sie bereithält!

Lassen Sie es sich gutgehen

Ist Ihnen schon mal aufgefallen, dass wir gerade in schwierigen Zeiten stärker werden? Genau das sind die Zeiten, in denen wir gefordert werden. Das sind die Zeiten, in denen Gott unseren Charakter verändert und uns auf Neues vorbereitet.

Es gefällt uns vielleicht nicht; es kann unangenehm sein und mit „Wachstumsschmerzen" einhergehen. Aber wenn wir mit der richtigen Haltung an solche Erfahrungen herangehen, werden wir hinterher merken, dass sie auch positive Auswirkungen auf uns hatten.

Dabei gilt es zunächst einmal, Ruhe zu bewahren. Wenn Sie innerlich Frieden haben, besitzen Sie besonders viel Kraft. Wenn Sie Ruhe bewahren, kann Gott Ihre Kämpfe für Sie ausfechten. Viele Menschen reiben sich selbst auf und sind frustriert, weil sie nicht die Arbeitsstelle haben, die sie eigentlich gerne hätten, weil eines ihrer Kinder ihnen Sorgen macht, weil sie gesundheitliche Probleme haben. Nein, vertrauen Sie das alles Gott an, und beschließen Sie, auch in schweren Zeiten an ihm festzuhalten.

Im 1. Kapitel des Kolosserbriefes bittet Paulus Gott darum, dass die dortigen Christen in allem, was sie zu ertragen haben, geduldig und standhaft bleiben. Denken Sie einmal darüber nach: Paulus bat nicht darum, dass Gott ihre Probleme lösen würde. Er bat nicht darum, dass Gott sie sofort davon befreien würde. Er bat darum, dass sie die Kraft besitzen würden, die schwierigen Zeiten zu bewältigen.

Vermutlich bittet jeder von uns gelegentlich: „Gott, du musst mich heute aus dieser Situation herausholen. Ich halte das einfach nicht länger aus. Wenn das noch eine Woche lang so weitergeht, dann bin ich am Ende." Aber eigentlich sollten wir beten: „Vater, bitte gib mir die Kraft, diese Situation mit der richtigen Einstellung zu bewältigen. Hilf mir, fröhlich zu bleiben. Hilf mir, ruhig und gelassen zu bleiben." Unsere Umstände werden sich oftmals erst dann ändern, wenn *wir* uns geändert haben.

Vielleicht sagen Sie: „Aber es ist so schwer. Ich bin wirklich krank. Und ich habe am Arbeitsplatz jenes Problem …" Nein, Sie dürfen darauf vertrauen, dass Sie an die Kraftquelle des allerhöchsten Gottes angeschlossen sind. Sie können alles ertragen, womit Sie konfrontiert werden. Natürlich wäre es uns allen am liebsten, wenn Gott uns sofort von unseren Problemen befreien würde. Aber in den meisten Fällen tut er es eben nicht. Vertrauen Sie die Situation Gott an – dann können Sie aufhören, sich diesbezüglich Sorgen zu machen. Lassen Sie nicht zu, dass Sie an nichts anderes denken können als an Ihre Schwierigkeiten; begeben Sie sich innerlich an einen Ort der Ruhe und der Gelassenheit. Auch wenn Ihre Lage schwierig und unangenehm ist – Sie werden verändert daraus hervorgehen!

Wenn Gott zulässt, dass bestimmte Dinge geschehen, dann verfolgt er damit ein Ziel. Wir wissen vielleicht im Moment noch nicht, was dieses Ziel ist, aber er hat versprochen, dass er nichts zulässt, das er nicht letztlich zu etwas Gutem gebrauchen kann. Das sollte uns von allem Druck befreien, denn es bedeutet: Wenn unsere Gebete nicht so beantwortet werden, wie wir uns das wünschen, muss Gott etwas Besseres für uns bereithalten. Er weiß, was das Beste ist, und darum dürfen Sie fest darauf vertrauen, dass alles gut werden wird. Bleiben Sie also gelassen, wenn Sie mit schwierigen Situationen konfrontiert sind.

Beschließen Sie schon im Vorfeld: „Ich werde nicht deprimiert sein, weil mein Geschäft sich nicht so entwickelt hat, wie ich es mir gewünscht habe." Oder: „Ich werde den Mut nicht verlieren, nur weil mein Kind gerade eigene Wege geht. Nein, ich werde versuchen, gelassen zu bleiben und Gott zu vertrauen, weil ich weiß, dass er noch etwas Gutes daraus entstehen lassen kann." Glauben Sie mir: Es ist ungeheuer befreiend, so zu leben.

Vielleicht leiden Sie unter Magenproblemen, Kopfschmerzen, Geschwüren oder anderen Erkrankungen. Vielleicht können Sie nachts nicht schlafen, weil Sie in Gedanken unablässig gegen all das ankämpfen, was nicht so läuft, wie Sie sich dies wünschen. Sie versuchen vielleicht, Dinge zu ändern, die nur Gott ändern kann. Wenn Gott nicht eingreift, dann ist entweder noch nicht der richtige Zeitpunkt gekommen, oder er gebraucht die für Sie unbefriedigende Situation, um Sie zu verändern. Üben Sie sich darin, zur Ruhe zu kommen, bis Sie von ganzem Herzen sagen können: „In Ordnung, Vater. Nicht mein Wille, sondern dein Wille geschehe."

Wenn Sie dieses Prinzip verstanden haben, macht das Ihr Leben um so vieles einfacher. Sie brauchen nicht mehr frustriert zu sein, weil es Ihnen nicht gelungen ist, Ihre Pläne zu verwirklichen. Sie brauchen nicht einen Monat lang enttäuscht zu sein, weil Sie die ersehnte Beförderung nicht erhalten haben. Sie brauchen sich nicht mehr aufzuregen, weil jemand Sie unfair behandelt. Sie wissen, dass alles in Gottes Hand ist und dass Sie genau dort sind, wo Sie nach seinem Wunsch sein sollen. Wenn Sie ihm vertrauen, wird er Ihre Kämpfe für Sie ausfechten. Genau das wird uns in 2. Mose 4, Verse 13 und 14 versprochen: „Habt keine Angst! Wartet ab und seht zu, wie der Herr euch heute retten wird. [...] Der Herr wird für euch kämpfen, ihr selbst braucht gar nichts zu tun."

Aber auch an dieser Stelle wird darauf hingewiesen, dass wir ruhig und gelassen sein sollten. Wenn wir aufgeregt, frustriert und außer uns sind und versuchen, alles selbst zu regeln, wird Gott sich zurückziehen und genau das zulassen. Wenn wir Gott zeigen wollen, dass wir ihm vertrauen, sollten wir ruhig bleiben. Lächeln Sie, verlieren Sie nicht den Mut. Wenn Sie an ihm festhalten und sich von den Umständen nicht beeindrucken lassen, bringen Sie dadurch zum Ausdruck: „Ich vertraue fest darauf, dass mein Leben völlig in Gottes Hand ist."

Früher spielte ich ein paar Mal in der Woche mit meinen Freunden Basketball. Eines Abends beendeten wir das Spiel schon relativ früh, und so fragte ich einen meiner Mitspieler, ob er nicht Lust hätte, noch eine Kleinigkeit mit mir essen zu gehen.

Er antwortete beiläufig: „Nein, Joel, ich muss ins Krankenhaus, ich bekomme Chemotherapie."

„Du nimmst mich wohl auf den Arm!?", erwiderte ich. „Du bekommst *was?*"

„Ich hatte schon mal Krebs und der ist jetzt zurückgekehrt", antwortete er. „Darum muss ich dreimal in der Woche zur Chemo."

Ich war platt. Ich hatte keine Ahnung gehabt, dass mit ihm irgendetwas nicht stimmte. Er war jemand, der gerne lächelte, er war immer optimistisch und strahlte Zuversicht und Gottvertrauen aus. Er sah aus, als ginge es ihm blendend.

Aber es gibt auch andere Menschen, die sich in einer ähnlichen Situation befinden, sich aber hängen lassen, in Selbstmitleid baden und Gott Vorwürfe machen. Aber mein Bekannter nicht. Er wusste, dass Gott immer noch alles in seiner Hand hatte. Auch wenn ihm seine Situation nicht gefiel, auch wenn es ihm nicht gutging, ließ er sich davon nicht runterziehen. Seine Einstellung war: „Ich werde nicht herumsitzen und mich selbst bemitleiden. Ich werde nicht zulassen, dass diese Krankheit mein Leben beherrscht. Ich werde die Situation mit Gottes Hilfe in den Griff kriegen und einfach weitermachen." Und genau das tat er. Heute, wenige Jahre später, sind alle Krebszellen verschwunden. Gott hat ihn ganz geheilt. Ich habe ihn erst vor Kurzem getroffen. Er ist völlig gesund.

Vielleicht stecken Sie gerade in ernsten Schwierigkeiten, aber die gute Nachricht ist: Gott ist mächtiger als alles, womit Sie konfrontiert sind. Er kann einen Ausweg schenken, auch wenn es so aussieht, als gäbe es keinen. Hören Sie nicht auf, Ihr Leben zu leben. Lassen Sie nicht zu, dass dieses Hindernis zum Mittelpunkt Ihres Daseins wird. Leben Sie einfach Ihr Leben mutig weiter, vertrauen Sie Gott, und seien Sie gewiss: Demjenigen, der glaubt, sind alle Dinge möglich. Im Moment sieht es vielleicht finster aus, aber in der Bibel steht: „Am Abend mögen Tränen fließen – am Morgen jubeln wir vor Freude" (Psalm 30,6). Es ist gleichgültig, wie die Situation rein menschlich betrachtet aussieht, denn wir haben einen Gott, der Übernatürliches tun kann. Wenn Sie ihm vertrauen, können Sie zur Ruhe kommen. Sie brauchen nicht gestresst zu sein oder sich Sorgen zu machen. Sie dürfen wissen, dass alles in Ordnung kommen wird. Sie dürfen wissen, dass Gott Sie in seiner liebenden Hand hält. Wenn Sie in seinem Frieden bleiben, wird er dafür sorgen, dass Sie jeden Tag das bekommen, was er für Sie vorgesehen hat. Jesus hat gesagt, dass niemand uns aus den

Händen Gottes reißen kann.[31] Das bedeutet: Keine Krankheit ist zu schlimm, kein Feind zu mächtig. Wenn Gott für Sie ist, wer will gegen Sie sein? Auch wenn Ihre Lage unangenehm ist – erinnern Sie sich selbst daran, dass Sie hinterher besser dran sein werden als zuvor. Auch wenn es zum „Supergau" kommt (also wenn wir sterben sollten), bedeutet das letztlich nur, dass wir in den Himmel kommen und für immer bei Jesus sind!

Der Glaube mancher Menschen hängt ganz von ihren Umständen ab. Wenn alles nach Wunsch verläuft, ist ihr Glaube stark. Wenn sie Gegenwind spüren, ist ihr Glaube schwach. Sie brauchen nicht so zu leben! Wenn Ihnen bewusst ist, dass Gott Ihre Schritte lenkt, können Sie beständig sein. Mit welchen Dingen auch immer Sie konfrontiert werden, Gott wird sie zu Ihrem Besten gebrauchen.

Manchmal verlangt Gott von uns, dass wir bestimmte Dinge durchmachen, damit wir einem anderen helfen können. Er lässt vielleicht zu, dass Sie in eine unangenehme Situation geraten, um so das Gebet eines anderen zu beantworten.

„Ich finde meinen Job schrecklich, Joel. Diese Leute gehen mir total auf die Nerven. Sie machen mich wütend. Das ist einfach eine Zumutung."

Ist Ihnen je der Gedanke gekommen, dass Gott Sie vielleicht absichtlich dorthin gestellt hat, damit er Ihre Kollegen verändern kann? Vielleicht möchte er, dass Sie jemandem Mut und Hoffnung schenken. Vielleicht zählt er darauf, dass Sie Ihr Licht leuchten lassen. Vielleicht möchte Gott, dass Sie eine Saat des Glaubens aussäen, damit er ihre Herzen verändern kann.

Mary Anne hatte eine schwere Kindheit hinter sich, und so war es für viele nicht weiter verwunderlich, dass ihre erste Ehe nicht lange hielt. Sie heiratete bald darauf erneut und war schon kurze Zeit später auf dem besten Wege, auch das Leben dieses Mannes zu zerstören. Sie verhielt sich nicht absichtlich bösartig oder destruktiv; sie war einfach so verletzt, dass sie niemandem vertraute. Sie war ein verbitterter Mensch mit einer negativen Grundeinstellung.

Curtis, Mary Annes Ehemann, dachte immer wieder darüber nach, sie zu verlassen. Er hatte allen Grund dazu, und niemand, der die beiden kannte, hätte es ihm verübeln können. Aber tief in seinem Herzen wusste er, dass er bei Mary Anne bleiben sollte. Er erzählte mir später: „Joel, das war das Schwerste, was ich je getan habe. Es war unangenehm. Es gefiel mir nicht. Ich verstand es nicht." Aber Curtis blieb bei ihr und war bereit, den Preis dafür zu zahlen, dass ihr geholfen wurde. Heute ist Mary Anne innerlich heil geworden und die beiden führen eine gesunde, glückliche Ehe.

Mary Anne begriff irgendwann, welches Geschenk sie da bekommen hatte: „Joel, was wäre gewesen, wenn Curtis wie mein erster Mann gewesen wäre und sich einfach aus dem Staub gemacht hätte? Was wäre gewesen, wenn er mich nicht so gern gehabt hätte und nicht bei mir geblieben wäre? Dann wäre ich heute in einer Anstalt oder auf dem Friedhof."

So sehr Sie sich auch wünschen, dass Sie sich weiterentwickeln – es ist wichtig, dass Sie begreifen, dass es nicht bei allem, was Gott tut, um Sie geht. Manchmal bittet Gott Sie vielleicht, einem anderen zuliebe zu leiden. Manchmal führt Gott Sie durch schwierige Situationen hindurch, damit Sie anderen helfen können, die in Not sind. Wir sollten an den Punkt kommen, dass wir sagen können: „Gott, ich vertraue dir. Ich glaube, dass du alles unter Kontrolle hast. Auch wenn ich das jetzt nicht verstehe und es mir nicht freiwillig ausgesucht hätte, werde ich nicht davonlaufen, und mit deiner Hilfe werde ich die Situation mit der richtigen Einstellung angehen."

Sie werden vielleicht nicht immer Lust haben, so zu handeln, aber tun Sie es Gott zuliebe – weil Sie ihn ehren und ihm vertrauen. Gott belohnt eine

> Es ist wichtig, dass Sie begreifen, dass es nicht bei allem, was Gott tut, um Sie geht.

solche Haltung. Geben Sie Ihren Mann oder Ihre Frau nicht auf. Geben Sie Ihre Kinder nicht auf. Schreiben Sie Ihre egoistischen Kollegen nicht ab. Hören Sie nicht auf, sie zu lieben, für sie zu beten und sie zu ermutigen. Gott achtet genau darauf, was Sie tun. Gott sieht es, wenn Sie Samen aussäen, um einem anderen zu helfen, und er wird Sie belohnen.

Manchmal konzentrieren wir uns so stark auf das, was wir uns wünschen, dass wir uns davon völlig verzehren lassen. Ich kenne

Personen, die erst glücklich sein werden, wenn sie verheiratet sind. Sie werden erst glücklich sein, wenn ihr Geschäft floriert oder wenn sie eine bestimmte Situation hinter sich gelassen haben. Nein, es ist ganz wichtig, dass wir solche Dinge Gott anvertrauen und lernen, gerade an dem Platz, an dem wir stehen, zufrieden zu sein. Wenn wir Gott unseren Willen und unsere Wünsche ausliefern, kann er Wunder tun.

Meine Schwester Lisa und ihr Mann Kevin wünschten sich sehnlichst ein Baby, aber Lisa wurde einfach nicht schwanger. Sie nahm alle möglichen Behandlungen auf sich und die beiden gaben eine Menge Geld aus. Nach mehreren Jahren sagte der Arzt: „Es tut mir leid, Lisa. Wir können nichts mehr für Sie tun. Sie werden niemals Kinder bekommen können."

Lisa war furchtbar enttäuscht und deprimiert. Sie hatte viel Zeit, Kraft und Geld investiert. Sie hatte gebetet, geglaubt und getan, was in ihrer Macht stand. Ihr Verlangen, ein Baby zu bekommen, hatte sie beinahe verzehrt, und nun war sie seelisch und körperlich am Ende. Sie sagte: „Gott, ich werde dich nicht noch einmal um dieses Kind bitten. Du weißt ja, was ich mir wünsche. Ich lege alles in deine Hand." Sie erzählte mir später, dass sie von diesem Tag an ihr Bestes getan hatte, um sich nicht mehr mit diesem Thema zu beschäftigen. Sie flehte Gott nicht länger an, ihr ein Baby zu schenken. Stattdessen dankte sie Gott jedes Mal, wenn sie daran dachte, dafür, dass er alles unter Kontrolle hatte. Sie sagte: „Nicht mein Wille, sondern dein Wille soll geschehen, Gott."

Ein paar Monate später bekamen Lisa und Kevin einen Anruf von einer Freundin von uns, die ihnen vorschlug, zwei kleine Mädchen zu adoptieren, ein Zwillingspärchen. Und genau das taten sie auch. Ein paar Jahre später adoptierten sie ein weiteres Kind, einen kleinen Jungen. Heute haben sie drei tolle Kinder. Aber es passierte erst etwas, als Lisa ihre verzehrende Sehnsucht, ein Kind zu bekommen, in Gottes Hand legte.

Manchmal steigern wir uns so in unsere Träume oder unsere Probleme hinein, dass wir an nichts anderes mehr denken, über nichts anderes mehr reden und für nichts anderes mehr beten. Wir reden uns ein, dass wir erst dann wirklich glücklich sein können, wenn genau das geschieht, was wir uns wünschen. Das führt unweigerlich zu Frustration, und wenn wir nicht aufpassen, auch zu Verbitterung. Wenn Sie merken, dass das geschieht, müssen Sie innerlich an den Ort zurückkehren, an dem Ruhe und Frieden herrschen und an dem Sie ehrlich sagen können: „Gott, ich vertraue dir. Ich glaube fest daran, dass du weißt, was das Beste für mich ist. Und auch wenn sich das hier nicht so entwickelt, wie ich es mir vorstelle, werde ich nicht unglücklich sein. Ich werde mir davon nicht den Rest meines Lebens verderben lassen. Ich entscheide mich dafür, gerade dort zufrieden zu sein, wo du mich heute haben willst."

Horatio G. Spafford war ein wohlhabender Rechtsanwalt und Geschäftsmann, der im 19. Jahrhundert lebte – und eine Persönlichkeit der Kirchengeschichte, die ich sehr bewundere. Seine Geschichte ist keine Erfolgsstory und doch können wir modernen Menschen viel daraus lernen. Spafford erlebte eine furchtbare Tragödie: Seine Frau und seine vier Töchter befanden sich auf der Überfahrt über den Atlantik, als ihr Schiff mit einem anderen kollidierte. Mehr als 200 Passagiere ertranken, darunter auch alle vier Spafford-Töchter. Seine Frau sandte ihm nach der Rettung ein Telegramm, um ihm die schreckliche Nachricht mitzuteilen.

Horatio Spafford buchte sofort eine Schiffsreise über den Atlantik. An einem Punkt der Überfahrt wies der Kapitän ihn darauf hin, dass sie an der Stelle vorüberfuhren, wo nach seiner Ansicht Horatios Töchter ertrunken waren. Spafford starrte ergriffen auf die Wellen, und in jener Nacht schrieb er die Worte, die zu einem berühmten, von vielen sehr geschätzten Kirchenlied wurden: „Wenn Friede mit Gott meine Seele durchdringt, ob Stürme auch drohen von fern, mein Herze im Glauben doch allezeit singt: ‚Mir ist wohl, mir ist wohl in dem Herrn.'"[32]

Was auch immer uns im Leben widerfährt, wir sollen an den Punkt kommen, an dem wir sagen können: „Es geht meiner Seele gut. Das Leben hat mir vielleicht manchmal übel mitgespielt, aber es geht meiner Seele gut. Vielleicht sind noch nicht alle meine Träume in Erfüllung gegangen, aber das ist in Ordnung. Ich muss nichts überstürzen. Ich will darauf vertrauen, dass Gottes Zeitplan vollkommen ist." – „Meine Pläne haben sich nicht umsetzen lassen. Aber trotzdem geht es meiner Seele gut." – „Mein Arzt hat mir einen schlechten Befund mitgeteilt; es sieht nicht gut aus. Aber ich weiß, Gott hat einen anderen Befund. Er kann tun, was Menschen unmöglich ist. Und was immer mit mir passiert, es geht meiner Seele gut." Das ist die Einstellung, die wir an den Tag legen sollten.

Vielleicht müssen Sie die Dinge aus einem anderen Blickwinkel betrachten. Vielleicht haben auch Sie sich zu sehr auf das fixiert, was Ihnen fehlt, was Sie nicht können und was in Ihrem Leben verkehrt läuft. Vielleicht haben Sie Gott alle fünf Minuten gesagt, was er tun soll und wie er es tun soll, und Sie haben ihn wissen lassen, dass Sie erst dann glücklich sein werden, wenn alles genau so läuft, wie Sie es sich vorstellen.

Treffen Sie heute die Entscheidung, alles in Gottes Hand zu legen. In Psalm 55, Vers 23 steht: „Wirf deine Last ab, übergib sie dem Herrn; er selber wird sich um dich kümmern!" Wie finster es in Ihrem Leben auch gerade aussehen mag – wenn Sie Ihre Last abwerfen und sie Gott anvertrauen, werden Ihnen innerlich Flügel wachsen, und Sie werden sehen, wie die Sonne über Ihrem Leben aufgeht.

All dies beginnt damit, dass Sie fest darauf vertrauen, dass Gott alles unter Kontrolle hat. In den nächsten Kapiteln werden wir uns genauer damit befassen, wie sich das in unserem Leben auswirkt, aber schon jetzt können Sie entscheiden, dass Sie ihm vertrauen wollen, wo auch immer Sie gerade stehen. Wenn Sie das tun, brauchen Sie sich nicht länger abzuplagen; Gott selbst wird für Sie kämpfen. Bitten Sie Gott, Ihnen die Kraft zu schenken, die Sie brauchen, um durchzuhalten. Und Sie dürfen sicher sein: Er wird für Sie sorgen, auch in den schlimmsten Stürmen.

Kapitel 22

Bleiben Sie gelassen

Wussten Sie, dass Sie auch inmitten der größten Schwierigkeiten gelassen sein können? Viele Menschen versuchen, ihre Probleme loszuwerden, in der Hoffnung, dass sie dann glücklich sein werden. Dass sie dann beginnen können, ihr Leben zu genießen. Aber Gott will uns beibringen, dass wir mitten im Sturm Frieden haben können. Er will, dass wir gelassen sind, auch wenn die Dinge nicht so laufen, wie wir es uns wünschen – wenn Ihr Chef Sie nicht richtig behandelt, wenn Sie die Beförderung nicht bekommen, die Sie sich gewünscht haben, wenn Ihr Kind sich nicht so verhält, wie es das sollte. Wenn wir den Fehler begehen und unseren Frieden von unseren Umständen abhängig machen, werden wir nie Gottes vollen Segen erleben, denn irgendetwas wird uns immer stören. Sie werden nie von allen kleinen Ärgernissen des Lebens verschont bleiben. Sie werden nie an einen Punkt gelangen, an dem Sie nicht mehr mit irgendwelchen Herausforderungen oder entmutigenden Situationen konfrontiert werden. Darum sollten wir das Leben aus einem anderen Blickwinkel betrachten.

Der Apostel Paulus wurde immer wieder (innerlich) verletzt. Die einen hatten ihn unfair behandelt, die anderen hatten Lügen über ihn verbreitet. Dennoch sagte er: „Mitten im Leid triumphieren wir über alles durch die Verbindung mit Christus" (Römer 8,37; Hfa). Das ist die Einstellung, die wir brauchen. Ihr Glaube sollte nicht ein Werkzeug sein, mit dem Sie all Ihre Probleme loswerden. Ihr Glaube sollte Ihnen dabei helfen, inmitten Ihrer Probleme ruhig zu bleiben.

Jesus lag einmal in einem Boot und schlief, als plötzlich ein schwerer Sturm aufkam. Dieser tobte so wild, dass das Boot von den Wellen hin- und hergeworfen wurde. Die Jünger waren völlig außer sich und hatten große Angst. Schließlich weckten sie Jesus und riefen: „Lehrer, kümmert es dich nicht, dass wir untergehen?" (Markus 4,38).

Jesus erhob sich und sprach zu dem Sturm: „Schweig! Sei still!" (Vers 39). Sofort legte der Wind sich und der See Genezareth war wieder spiegelglatt. Der Grund, warum Jesus Frieden in diese Situation bringen konnte, war: Er selbst hatte auch Frieden in sich selbst. Er war zwar auch dem Sturm ausgesetzt, aber er ließ den Sturm nicht *in sich* hinein.

> Sie können durchaus dem Sturm ausgesetzt sein, aber Sie sollten den Sturm nicht in sich hineinlassen.

Frieden ist nicht gleichbedeutend damit, dass Sie keine Schwierigkeiten oder keine Feinde haben. Sie können äußerlich betrachtet in Schwierigkeiten und Konflikten stecken und doch im Inneren tiefen Frieden haben.

Vielleicht machen Ihnen manche Bereiche Ihres Lebens große Sorgen. Vielleicht haben Sie finanzielle Probleme, oder Sie werden am Arbeitsplatz ungerecht behandelt, und diese Situation nagt ganz schön an Ihnen. Tag für Tag belastet dieses Problem Sie und raubt Ihnen Ihre Freude, Ihre Kraft und Ihre Begeisterung. Sie haben zugelassen, dass der Sturm in Ihrem Inneren tobt, und Sie müssen ein paar Dinge ändern.

„Sobald ich das hinter mir habe, werde ich wieder ich selbst sein", sagen Sie vielleicht.

Nein, wenn Sie dieses Problem überstanden haben, wird etwas Neues auftauchen, das Ihnen dann den Frieden raubt. Lernen Sie, anders mit solchen Situationen umzugehen und sich nicht mehr davon fertigmachen zu lassen. Vertrauen Sie die Situation Gott an!

Solange Sie innerlich nicht gelassen bleiben, kann Gott nicht so in Ihrem Leben wirken, wie er das möchte. Gott wirkt da, wo Menschen vertrauensvoll auf sein Eingreifen warten, und nicht da, wo sie in einer Haltung des Unglaubens, der Besorgnis, der Verzweiflung und Mutlosigkeit verharren. Es wird jeden Tag genügend „guter" Gründe geben, warum Sie unruhig und alles andere als gelassen sein könnten. Vielleicht ist jemand am Telefon unhöflich zu Ihnen und Sie würden ihm am liebsten an die Gurgel gehen. Sagen Sie stattdessen: „Nein, ich werde gelassen bleiben. Ich werde nicht zulassen, dass ich mich über ihn so aufrege."

Oder vielleicht erhalten Sie nicht die Anerkennung von Ihrem Chef, die Sie verdienen. Sie haben die Beförderung nicht bekommen, auf die Sie gehofft hatten. Lernen Sie zu sagen: „Das ist in Ordnung. Ich weiß, dass Gott alles unter Kontrolle hat. Ich weiß, dass er etwas Besseres für mich bereithält."

„Ich bin so fertig, weil dieser Mann mich verlassen hat", sagte Suzanne zu mir. „Das war so unfair, einfach gemein. Ich würde ihn am liebsten anrufen und ihm gehörig die Meinung sagen."

„Nein, bleiben Sie gelassen", riet ich ihr. „Wenn Sie Ruhe bewahren, wird Gott dafür sorgen, dass Sie einen Mann kennenlernen, der besser zu Ihnen passt. Er wird das, womit der Feind Ihnen schaden wollte, zu Ihrem Vorteil gebrauchen. Aber Sie müssen Ihren Teil tun und ruhig bleiben. Seien Sie nicht länger verärgert, besorgt und frustriert."

Manchmal verlieren wir unser inneres Gleichgewicht wegen Dingen, die wir nicht ändern können. Sie können den morgendlichen Straßenverkehr nicht beeinflussen. Also können Sie genauso gut ruhig bleiben. Sie können Ihren Ehepartner, Ihren Chef oder Ihre Nachbarin nicht dazu bringen, sich richtig zu verhalten. Das kann nur Gott. Sie können also genauso gut Ihr Leben genießen, während Gott dabei ist, Dinge im Leben der Menschen um Sie herum zu verändern.

Einmal wollten Victoria und ich mit unseren Kindern in Branson, Missouri, Urlaub machen. Es waren Weihnachtsferien und die Flughäfen waren überfüllt. Wir legten einen Zwischenstopp in Memphis ein, wo wir umsteigen mussten. Weil die Kinder Hunger hatten, gingen wir in ein Lokal und kauften uns etwas zu essen. Dann machten wir uns auf den Weg zum Flugsteig. Es dauerte eine halbe Ewigkeit, bis wir dort waren. Wir mussten einen Shuttlebus nehmen und das letzte Stück rannten wir. Als wir am Flugsteig ankamen, stand das Flugzeug noch da, aber die Tür zur Fluggastbrücke war bereits geschlossen. Ich flehte die Frau am Schalter an, uns in das Flugzeug zu lassen. Ich betete um die Gunst Gottes. Ich setzte mein strahlendstes Lächeln auf. Ich war so freundlich, wie ich nur konnte ...

Aber nichts von alledem funktionierte.

Ich will nicht drei Stunden auf diesem Flugplatz herumsitzen und auf den nächsten Flug warten, dachte ich. Ich merkte, dass ich nervös wurde. Ich musste hier und jetzt eine Entscheidung treffen: Wollte ich meine Gelassenheit bewahren oder wollte ich sie verlieren? Na ja, sagen wir, ich behielt ungefähr die Hälfte davon!

Als wir schließlich in Branson ankamen und aus dem Flugzeug stiegen, kam ein älteres Ehepaar auf mich zu. Die Frau sagte: „Ich will Sie wirklich nicht stören, aber ich muss Ihnen einfach sagen, wie toll ich Sie finde. Ich höre mir ständig Ihre CDs an. Sie geben mir einfach so viel." Sie hörte gar nicht mehr auf und überschüttete mich förmlich mit Komplimenten. Mir ging es allmählich besser und der Ärger über den verpassten Flug nagte schon nicht mehr so heftig an mir.

Ich bemerkte aber auch, dass ihr Mann mich ansah, als wollte er sagen: „Wer in aller Welt ist dieser Kerl?"

Als die Frau uns endlich weitergehen ließ, hörte ich noch, wie sie zu ihrem Mann sagte: „Ach, Schatz, du kennst ihn doch. Das ist der Sänger, der ‚Achy Breaky Heart' singt."

Ich dachte: *Ich merke schon, das wird einer von diesen Tagen!*

Wir müssen lernen, gelassen zu bleiben, auch wenn die Leute keine Ahnung haben, wer wir sind, auch wenn wir in einem Verkehrsstau stecken, auch wenn wir unseren Flug verpassen, selbst dann, wenn uns irgendwas einen Strich durch die Rechnung macht.

Woher wissen Sie, dass es nicht genau das ist, was Gott jetzt für Sie geplant hat? Woher wissen Sie, dass Gott Sie auf diese Weise nicht vor einem Unfall bewahrt? Ich liebe diese Bibelstelle, in der es heißt: „Das Menschenherz macht Pläne – ob sie ausgeführt werden, liegt beim Herrn" (Sprüche 16,9). Nehmen Sie es einfach, wie es kommt. Hören Sie auf, sich um Dinge zu sorgen, die Sie sowieso nicht beeinflussen können. Vertrauen Sie die Situation Gott an – er hat Ihr Leben in der Hand.

Wir können Gott vor allem dadurch zeigen, dass wir ihm vertrauen, dass wir einfach ruhig und gelassen bleiben. Wenn Sie an einen Punkt kommen, an dem ein Sturm tobt, weil die Leute Sie unfair behandeln, weil Sie einen schlechten Befund vom Arzt bekommen haben oder weil Ihr Chef Ihnen gerade gekündigt hat, dann würden Sie „normalerweise" den Mut und die Fassung verlieren. Doch versuchen Sie einmal, stattdessen weiterhin mit federndem Schritt durchs Leben zu gehen. Bleiben Sie ruhig. Was Sie damit zum Ausdruck bringen, ist: „Gott, ich vertraue dir. Ich weiß, du bist mächtiger als diese Krankheit. Du bist mächtiger als diese Ehekrise. Du bist mächtiger als meine Feinde."

Seien Sie einer jener Menschen, die inmitten des schlimmsten Sturms ruhig bleiben. Wenn jemand etwas Negatives über Sie sagt, dann erinnern Sie sich selbst (und andere, wenn nötig): „Das ist schon in Ordnung, ich weiß, dass Gott alles unter Kontrolle hat. Ich weiß, er wird für mich kämpfen."

„Willst du denn nicht wenigstens darauf reagieren? Willst du die Sache nicht zumindest klarstellen?"

„Nein, Gott wird für Gerechtigkeit sorgen. Wenn mir Unrecht zugefügt wurde, wird er die Dinge ins rechte Licht rücken."

Jemand sagt vielleicht zu Ihnen: „Ich habe gehört, dass du einen schlimmen Befund vom Arzt bekommen hast. Bestimmt bist du jetzt ganz fertig."

„Nein, ich bin nicht fertig", können Sie antworten. „Ich bin ganz ruhig. Ich weiß, mein Leben ist in Gottes Hand."

„Also, ich habe gehört, dass dir da ein paar Leute mächtig an den Karren fahren wollen", erzählt jemand anderes.

„Ja, das stimmt, aber ich mache mir keine Sorgen darüber. Ich weiß, Gott ist mächtiger. Niemand kann es mit meinem Gott aufnehmen. Menschen können an meiner Situation vielleicht nichts ändern, aber bei Gott sind alle Dinge möglich."

Neulich wartete ich geduldig in meinem Auto darauf, dass ein Parkplatz frei wurde. Der andere Fahrer setzte gerade aus der Parklücke und ich hatte bereits den Blinker gesetzt. Ich hatte dort lange genug gestanden, dass kein Zweifel daran bestehen konnte, dass ich in die Lücke fahren wollte, sobald sie frei war. Als der Fahrer des anderen Wagens jedoch zurücksetzte, blockierte er mich ein paar Augenblicke lang, und ein anderes Fahrzeug schlüpfte direkt vor mir in die Lücke. Ich konnte es nicht glauben! Ich war mir völlig sicher, dass die Person, die mir die Lücke weggeschnappt hatte, gesehen haben musste, dass ich wartete. Ich musste eine Entscheidung treffen. Würde ich mein inneres Gleichgewicht verlieren oder würde ich ruhig bleiben und darüber hinwegsehen? Würde ich mich aufregen, oder würde ich eine Saat säen und vertrauen, dass Gott mich dafür entschädigen würde?

Spontan hätte ich am liebsten auf die Hupe gedrückt und den anderen Verkehrsteilnehmer wissen lassen, was ich von ihm hielt. Mir kam sogar der Gedanke: *Warte mal, bis er weggegangen ist, dann gehe ich hin und lasse ihm ein bisschen Luft aus den Reifen!*

Aber ich beschloss: *Die Sache ist es nicht wert, dass ich deswegen meinen Frieden verliere. Ich werde ihn einfach segnen und weiterfahren.* Ich flüsterte ein kurzes Gebet für den unhöflichen Typen und dann fuhr ich weiter und hielt Ausschau nach einem anderen Parkplatz.

Lassen Sie sich von niemandem Ihren Frieden rauben. Wissen Sie, es wird immer Menschen in Ihrem Umfeld geben, die Sie wütend machen, wenn Sie es zulassen. Und in den meisten Fällen können Sie sie nicht einfach „wegbeten". Und selbst wenn sie verschwinden würden, würde Gott wahrscheinlich zulassen, dass zwei andere vorbeikommen, um sie zu ersetzen! Vielleicht tratschen irgendwelche Kollegen über Sie, reden hinter Ihrem Rücken oder behandeln Sie herablassend. Sie fallen Ihnen auf die Nerven, und wenn Sie aus Ihrer eigenen Kraft heraus handeln würden, würden Sie sich wahrscheinlich darauf einlassen und mit ihnen herumstreiten. Aber wenn Sie einfach die Ruhe bewahren, wenn Sie über diese Dinge hinwegsehen und sich so verhalten, wie Sie es nach Gottes Willen tun sollten, dann wird er für Sie eintreten.

In der Bibel werden Menschen, die Gott wirklich vertrauen, mit Adlern verglichen. Der Adler hat einige Feinde und einer davon ist die Krähe. Sie wird ihm durch ihr unablässiges Gekrächze lästig und gönnt ihm keine Ruhe. Die Wahrheit ist, wir alle haben ein paar Krähen in unserem Leben. Vielleicht haben Sie sogar einen ganzen Schwarm um sich herum und dazu noch ein paar Hühner und Truthähne!

Manche Personen gehen uns einfach gegen den Strich. Wenn wir es zulassen, werden sie uns zweifellos nerven und auf die Palme bringen. Aber wir sollen uns stattdessen ein Beispiel am Adler nehmen. Wenn ein Adler herumfliegt, kommt oft eine Krähe hinter ihm her, provoziert ihn und greift ihn an. Der Adler ist zwar viel größer, aber dafür nicht besonders wendig. Um seinem Quälgeist auszuweichen, setzt er einfach seine 2,40 Meter Flügelspannweite ein und nutzt die Thermik aus, die ihn höher und höher hinaufträgt. Schließlich erreicht er eine Höhe, in der kein anderes Tier mehr leben kann. Die Krähe kann dort nicht einmal mehr atmen. Gelegentlich sind Adler in einer Höhe von 6.000 Metern gesichtet worden – das ist beinahe so hoch, wie ein Düsenflugzeug fliegt.

Folgen Sie dem Beispiel des Adlers, wenn Sie Ihren Quälgeist loswerden wollen: Steigen Sie einfach höher hinauf. Begeben Sie sich nie auf das Niveau Ihrer Gegner hinab. Streiten Sie nicht; versuchen Sie nicht, es ihnen heimzuzahlen; zeigen Sie ihnen nicht die kalte Schulter. Stehen Sie darüber. Übersehen Sie ihre Fehler. Behandeln Sie sie liebevoll, und haben Sie den Mut, selbst Ihre Feinde zu segnen. Auf lange Sicht können Krähen es nicht mit Adlern aufnehmen.

Glauben Sie mir: Sie sind ein Adler. Sie wurden nach dem Bild des allmächtigen Gottes erschaffen. Lernen Sie, über Ihren Problemen zu stehen. Stehen Sie über dem kleinlichen Hickhack im Büro. Lassen Sie nicht zu, dass andere Sie in Streit und Zwistigkeiten verwickeln und Sie wütend machen oder dazu verleiten, über andere zu tratschen.

Denken Sie immer daran: Truthähne, Hühner und Krähen können nicht in der Höhe leben, in der Sie nach Gottes Willen leben sollen. Ihr Leben ist vollkommen in Gottes liebevoller Hand. Er hat versprochen, dass er alles Unrecht, das Ihnen angetan wird, in Ordnung bringen wird, wenn Sie ruhig und gelassen bleiben. Er wird für Gerechtigkeit sorgen. Sie brauchen sich keine Gedanken zu machen und Sie brauchen sich auch nicht von Ihren Umständen beherrschen zu lassen. Sie können sich wie ein Adler verhalten und sich darüber erheben.

Und noch etwas: Wenn ein Sturm aufkommt, dann fliegt ein Adler nicht einfach hindurch. Nein, er breitet die Flügel aus und lässt sich von der Luftströmung höher hinauftragen. Er steigt immer höher, bis er all diesen Aufruhr weit unter sich gelassen hat. Der Adler macht sich keine Sorgen über den Sturm, der da auf ihn zurast. Er regt sich nicht auf. Er weiß, dass es einen Ausweg gibt.

Wahrscheinlich könnte er sich auch durch den Sturm hindurchkämpfen, eine Menge Federn lassen und, wenn das Unwetter endlich vorüber ist, fix und fertig sein und wie ein gerupftes Huhn aussehen. Aber das wäre schade, wo Gott ihm doch die Fähigkeit gegeben hat, sich darüber zu erheben!

Und dennoch tun viele von uns genau das. Gott hat uns seinen Frieden geschenkt. Er lädt uns ein, alle unsere Sorgen auf ihn zu werfen. Er hat versprochen, dass er, wenn wir abwarten und Ruhe bewahren, für uns kämpfen wird. Allzu oft lassen wir zu, dass uns die Sorgen übermannen oder die Wut packt. Wir lassen zu, dass andere uns die Freude rauben. Wir geraten aus der Fassung, wenn sich unsere Vorstellungen nicht genau so erfüllen, wie wir uns das gedacht hatten. Oder wir sind frustriert, weil unser Chef, unser Ehemann oder unsere Ehefrau nicht das tun, was wir von ihnen erwarten.

Sie können sicher nicht alle Bereiche Ihres Lebens beeinflussen, aber Sie können sich darüber erheben. Vertrauen Sie diese Situationen Gott an. Treffen Sie heute die Entscheidung, dass Sie nicht zulassen werden, dass diese Dinge Sie noch länger aufregen und um den Schlaf bringen.

Interessanterweise muss die Krähe heftigst mit den Flügeln schlagen, um sich in der Luft zu halten. Sie muss sich permanent anstrengen. Das Huhn kann sich kaum über den Boden erheben; wie heftig es auch mit den Flügeln schlägt, es kommt nicht weit. Der Adler jedoch muss nur die richtige Thermik erwischen, dann wird er von ihr emporgetragen. Er braucht es nicht so zu machen wie die Krähe, die sich die ganze Zeit abstrampelt. Er breitet einfach nur seine Schwingen aus und ruht in dem, was Gott ihm geschenkt hat: Er lässt sich vom „göttlichen Aufwind" tragen.

Wenn Sie ständig frustriert sind und versuchen, alles in Ihrem

Leben selbst zu managen, jeden zur Rechenschaft ziehen wollen, der etwas Falsches über Sie gesagt hat, und sich ständig um Ihre Gesundheit oder Ihre Finanzen sorgen, dann verhalten Sie sich wie diese Krähe. Sie mühen und plagen sich und schlagen unablässig mit den Flügeln. Glauben Sie mir: Sie brauchen nicht so zu leben. Warum entspannen Sie sich nicht? Ihr Leben ist doch völlig in Gottes Hand. Er hat versprochen, dass er Ihnen niemals seine Hilfe entziehen und Sie nie im Stich lassen wird.[33] Er will Ihnen ein Freund sein, der fester zu Ihnen hält als ein Bruder.

Sie wenden vielleicht ein: „Ich kann mir nicht vorstellen, wie mein Geschäft jemals wieder in die schwarzen Zahlen kommen soll", oder: „Ich kann mir nicht vorstellen, wie ich diese Probleme lösen soll."

In der Bibel steht, dass die Dinge, die wir mit unseren Augen sehen, vergänglich sind. Das heißt, sie sind der Veränderung unterworfen. Es braucht nur einen Hauch von Gottes Gunst, dann kann er jede Situation wenden. Er kann Ihnen eine zündende Idee oder einen neuen Kunden schenken, und schon blüht Ihr Geschäft wieder auf. Gott kann jemanden in Ihr Leben bringen, der Sie wirklich liebt. Er kann dafür sorgen, dass Sie zur richtigen Zeit am richtigen Ort sind. In welcher Lage Sie sich auch befinden, Gott kann im Bruchteil einer Sekunde das Ruder herumwerfen.

Treffen Sie heute die Entscheidung, dass Sie in diese Ruhe hineingelangen wollen, die Gott für Sie bereithält.[34] Sie werden sich keine Sorgen mehr machen. Sie werden nicht zulassen, dass andere Ihnen Ihre Freude rauben. Sie werden die Träume nicht aufgeben, die Gott Ihnen ins Herz gelegt hat. Vielleicht brauchen Sie eine andere Einstellung, einen neuen Blickwinkel. Vielleicht stecken Sie schon seit Langem in einer schwierigen Lage. Es sieht einfach nicht so aus, als würde es irgendwie besser werden. Der Sturm tobt und Sie haben jeglichen Mut verloren. Ihr Leben sieht finster aus, und Sie leben nicht das Leben, das Gott für Sie geplant hat. Seien Sie wie dieser Adler – breiten Sie die Flügel aus und erheben Sie sich über die Umstände.

Wenn ich in einem Flugzeug saß und auf den Start wartete, war der Himmel so manches Mal grau und wolkenverhangen; es war richtig deprimierend. Dann raste das Flugzeug über die Startbahn, hob ab und stieg durch die dunklen Wolkenschichten empor. Sobald wir diese unter uns gelassen hatten, war der Himmel strahlend blau und die Sonne schien. Man hatte den Eindruck, die Luft sei kristallklar.

Wissen Sie, was mich daran fasziniert? Die Sonne hat die ganze Zeit geschienen. Ich brauchte nur eine andere Perspektive, um das zu bemerken. Mit den Wolken in Ihrem Leben ist es ähnlich – sie sind vergänglich. Im Moment sieht es vielleicht trübe und finster aus, aber die Sonne ist da und leuchtet hell. Wenn Sie wieder einmal den Mut verlieren, dann sagen Sie sich doch: „Auch das wird vorbeigehen. Es wird nicht für immer so bleiben. Die Wolken werden sich eines Tages auflösen und ich werde die Güte Gottes in meinem Leben wieder sehen."

Verschaffen Sie sich einen weiteren Blick. Gott ist auf Ihrer Seite. Nichts ist zu schwer für ihn. Geben Sie alles ab, was Sie niederdrückt, damit Sie ohne Sorgen und voller Mut und Zuversicht leben können – in der Gewissheit, dass Gott alles im Griff hat. Wenn Sie schwere Zeiten durchmachen und die Dinge nicht so laufen, wie Sie es sich wünschen, dann machen Sie es nicht wie die Krähe oder das Huhn. Gott hat Sie als Adler erschaffen. Breiten Sie die Schwingen aus, und steigen Sie auf die Höhen empor, auf die Sie nach Gottes Willen gehören.

Sie sind dazu berufen hinaufzusteigen. Sie sind zu Höherem berufen!

Kapitel 23

Erinnern Sie sich an all das Gute

In den Versen 12 und 13 von Psalm 77 schreibt Asaf: „Ich denke an deine Taten, Herr, deine Wunder von damals mache ich mir bewusst. Ich zähle mir auf, was du vollbracht hast, immer wieder denke ich darüber nach." Asaf beschäftigt sich also ständig mit all dem Guten, das Gott getan hat. Ist das nicht eine wunderbare Art zu leben?

Allzu oft denken wir aber über das nach, was wir vergessen sollten – unsere Enttäuschungen, unsere Verletzungen, unser Versagen –, und vergessen das, woran wir uns erinnern sollten: unsere Siege, unsere Erfolge, die glücklichen Zeiten.

Im Alten Testament wird davon berichtet, dass Gott seinem Volk befahl, bestimmte Feste zu feiern, damit es nicht vergaß, was er für es getan hatte, und damit es diese ermutigenden Geschichten an die nächste Generation weitergab. Mehrmals im Jahr unterbrachen die Israeliten ihre Arbeit, und jeder feierte, wie Gott sie aus der Sklaverei befreit hatte oder wie er diesen Feind besiegt oder sie vor jenem Unglück bewahrt hatte. Diese Feste waren keine freiwillige Angelegenheit; sie waren angeordnet, und von den Menschen wurde verlangt, dass sie daran teilnahmen und sich daran erinnerten, wie gut Gott zu ihnen gewesen war.

An anderen Stellen berichtet die Bibel davon, wie Gottes Volk „Gedenksteine" aufstellte. Diese Monumente sollten die Israeliten an bestimmte Siege erinnern, die Gott ihnen geschenkt hatte. Jedes Mal, wenn sie oder künftige Generationen an einem solchen Gedenkstein vorbeikamen, erinnerten sie sich an die großen Taten, die Gott vollbracht hatte.

Wir sollten etwas Ähnliches tun. Nehmen Sie sich immer wieder Zeit, sich an Ihre Siege zu erinnern, und feiern Sie, was Gott in Ihrem Leben getan hat. Stellen Sie ein paar Gedenksteine auf.

Wenn Sie Ihren Glauben stärken und sich selbst ermutigen wollen, dann ist das der beste Weg. Erinnern Sie sich daran, wie es war, als Gott einen Weg für Sie gebahnt hat, als es so aussah, als gäbe es keinen Weg. Erinnern Sie sich daran, als Sie so einsam waren und Gott einen ganz besonderen Menschen in Ihr Leben gebracht hat. Rufen Sie sich ins Gedächtnis, wie Gott Sie oder jemanden, den Sie kennen, geheilt hat. Denken Sie daran, wie er Sie im Sturm bewahrt, wie er Sie geführt und gesegnet hat. Wenn Sie dieses Bewusstsein der Güte Gottes in Ihrem Inneren wachhalten, dann werden Sie niemals denken: *Ob ich wohl jemals aus dieser schlimmen Situation herauskommen werde? Ob Gott wohl jemals etwas in meinem Leben tun wird?*

Nein, Sie werden sagen: „Ich weiß, wenn Gott es einmal für mich getan hat, dann wird er es auch wieder tun."

Es wäre gut, wenn Sie sich in regelmäßigen Abständen an das Gute erinnern, das Gott Ihnen getan hat. Denken Sie über die Siege nach, die er Ihnen geschenkt hat, die unerwarteten Erfolge, die Zeiten, als Sie gemerkt haben, dass er in Ihr Leben eingegriffen hat. Erinnern Sie sich daran, wie Ihre Kinder geboren wurden. Erinnern Sie sich daran, wie Gott Ihnen diese Arbeitsstelle gab. Erinnern Sie sich daran, wie Gott diesen besonderen Menschen in Ihr Leben brachte. Erinnern Sie sich daran, wie Sie sich verliebt und wie Sie geheiratet haben. Danken Sie Gott für Ihren Ehepartner und Ihre Familie. Erinnern Sie sich an das, was Gott für Sie getan hat.

Ich tue das oft und ganz bewusst. Ich denke daran zurück, wie ich einen Juwelierladen in unserer Stadt betrat – ich war damals ein junger Mann Anfang 20. Ich wollte eine Batterie für meine Armbanduhr kaufen – da kam mir die schönste Frau entgegen, die ich je gesehen hatte. In dem Augenblick, als ich Victoria sah, dachte ich: *Gott, du hast soeben meine Gebete erhört!* Wir gingen anderthalb Jahre lang miteinander aus, und sie fand mich richtig toll – also heirateten wir! Das ist jedenfalls meine Version der Geschichte, soweit ich sie in Erinnerung habe. Aber ich betrachte es nicht als selbstverständlich, dass ich Victoria kennengelernt und geheiratet habe. Das war kein Zufall oder einfach nur Glück.

Gott hat meine Schritte gelenkt und dafür gesorgt, dass ich zur richtigen Zeit am richtigen Ort war. Wenn ich an diese Erfahrung zurückdenke, erinnert es mich daran, dass mein Leben in Gottes Hand ist. Es schenkt mir die Gewissheit: Wenn Gott damals meine Schritte gelenkt hat, kann er das auch heute noch tun.

Wenn wir lernen, uns das Gute ins Gedächtnis zu rufen, das Gott getan hat, hilft uns das dabei, ihm weiterhin zu vertrauen und dankbar zu bleiben. Es ist nämlich gar nicht so einfach, zu jammern und zu klagen, wenn Sie darüber nachdenken, wie gut Gott zu Ihnen gewesen ist. Es ist schwer, pessimistisch und von Zweifeln gequält zu sein, wenn Sie darüber nachgrübeln, welche Segnungen Gott schon über Ihnen ausgeschüttet hat.

> Es ist gar nicht so einfach, zu jammern und zu klagen, wenn Sie darüber nachdenken, wie gut Gott zu Ihnen gewesen ist.

„Ach, Joel, wenn Gott so etwas für mich täte – wenn er mir eine schöne Frau oder einen tollen Freund schenken würde –, ja, dann hätte ich auch etwas Gutes, woran ich mich erinnern könnte."

Nein, Gott hat für jeden von uns etwas getan. Wir brauchen nur in Gedanken zurückzugehen und uns daran zu erinnern, wo wir herkommen. Vielleicht waren Sie ein pessimistischer Zeitgenosse. Sie waren deprimiert und niedergeschlagen. Heute führt Ihr Weg jedoch aufwärts; Sie wissen, dass Sie Ihr Leben bewältigen können. Vielleicht hatten Sie einmal Süchte und schlechte Gewohnheiten. Aber Gott hat eingegriffen und Sie davon befreit und heute sind Sie ausgeglichen und gesund. Danken Sie Gott für das, was er getan hat. Denken Sie daran, wie er Sie frei gemacht hat.

Manchmal betrachten wir diese Dinge als selbstverständlich. Manche Menschen sind sich noch nicht einmal bewusst, dass Gott derjenige war, der ihr Leben wieder in Ordnung gebracht oder in ihren Alltag eingegriffen hat.

Ich hörte von einem Mann, der auf einem überfüllten Parkplatz herumfuhr und versuchte, eine Parklücke zu finden. Schließlich war er so frustriert, dass er sagte: „Gott, wenn du mir einen Parkplatz gibst, werde ich jeden Sonntag zur Kirche gehen."

Genau in diesem Augenblick parkte ein Wagen in der ersten Reihe aus und der frustrierte Fahrer fuhr in die Lücke. Er blickte auf und sagte: „Vergiss es, Gott. Ich habe gerade einen gefunden."

Allzu oft vergessen wir, dass Gott der Geber aller guten Gaben ist. Gott ist derjenige, dem wir diesen „glücklichen Zufall" zu verdanken haben. Er ist derjenige, der dafür gesorgt hat, dass wir zur richtigen Zeit am richtigen Ort waren. Wie oft sind Sie schon über eine verkehrsreiche Autobahn gefahren und haben gedacht: *Wow! Der Wagen hätte mich beinahe erwischt. Einen Sekundenbruchteil später, und ich hätte einen Unfall gebaut.* Das war Gott, der Sie beschützt hat. Machen Sie sich bewusst, dass es keine Zufälle gibt, wenn Gott Ihr Leben lenkt. Wenn Ihnen etwas Gutes zustößt, dann nehmen Sie es auch wahr. Machen Sie sich bewusst, dass das Gottes Wirken war, und lernen Sie, sich oft daran zu erinnern.

Kurz nachdem Victoria und ich geheiratet hatten, war ich allein auf einer Stadtautobahn unterwegs. Es war ein Montagnachmittag, und es schüttete bereits seit etwa 20 Minuten wie aus Eimern. Ich fuhr in der zweiten Spur von links, und als ich die Spur wechselte, schlitterte ich in eine große Wasserpfütze hinein. Meine Reifen verloren den Kontakt zur Fahrbahn und mein Wagen geriet ins Schleudern. Ich hatte keine Kontrolle mehr über das Fahrzeug; es fuhr direkt auf die Betonmauer zu, die die beiden Seiten der Autobahn voneinander trennte. Nach dem Aufprall, der bei einem Tempo von etwa 80 Stundenkilometern erfolgte, wurde ich auf die Autobahn zurückgeschleudert, wobei der Wagen sich mehrmals um sich selbst drehte.

Ich hatte keine Zeit zu beten; ich hatte keine Zeit, Psalm 91 zu zitieren. Ich hatte keine Zeit, die „24-Stunden-Gebetshotline" anzurufen. Ich hatte nur Zeit, „Jesus!" zu sagen. Während ich quer über die Autobahn schleuderte, blickte ich direkt in die Frontscheinwerfer eines heranfahrenden riesigen Sattelschleppers. Er war schon so dicht, dass ich den Eindruck hatte, ich könnte den Arm ausstrecken und seine Kühlerhaube berühren. Ich war höchstens anderthalb oder zwei Meter von ihm entfernt.

Ich schloss die Augen und erwartete, ein metallisches Krachen zu hören; ich nahm an, dass mein Leben vorbei war.

Irgendwie fand ich mich jedoch im Graben auf der anderen Seite der Autobahn wieder. Ich hatte während der Hauptverkehrszeit sechs Fahrspuren überquert und kein anderes Fahrzeug war mit mir zusammengestoßen!

Nachdem ich kontrolliert hatte, ob ich noch alle meine Gliedmaßen besaß, kletterte ich aus dem Auto. Dabei bemerkte ich, dass der riesige LKW – der Wagen, der mich beinahe erwischt hätte – auf die Standspur hinübergewechselt war und ganz langsam rückwärts fuhr. Es dauerte etwa zehn Minuten, bis er sich auf gleicher Höhe mit mir befand.

Der Fahrer sprang aus dem Führerhaus und kam schnurstracks zu mir gerannt. Das Erste, was er zu mir sagte, war: „Mann, Sie müssen aber ein guter Mensch sein."

Ich lachte ein bisschen gequält und entgegnete: „Wie meinen Sie das?"

„Mir ist wirklich schleierhaft, wie ich Sie verfehlen konnte", erwiderte der Trucker und schüttelte den Kopf. „Sie waren direkt vor mir, und ich versuchte auszuweichen, aber mein Wagen ist voll beladen. Ich habe es einfach nicht geschafft. Also habe ich mich darauf eingestellt, mit Ihnen zusammenzustoßen."

Dann fügte er mit ratloser Miene hinzu: „Ich weiß, das klingt seltsam, aber gerade im letzten Moment habe ich diesen Windstoß gespürt, der mich auf die andere Spur gedrückt hat."

Ich dachte: *Er nennt es vielleicht einen Windstoß, aber ich weiß, das war der Engel des Herrn. Das war Gottes Hand, die mich beschützt hat.*

Für mich war das ein weiterer Gedenkstein, den ich in meinem Leben aufstellen konnte. Ich weiß, dass ich es nur der Güte Gottes zu verdanken habe, dass ich heute noch da bin. Gott hat eingegriffen und einen Weg gebahnt, wo kein Weg zu sein schien. Ich nehme solche Ereignisse nicht für selbstverständlich hin. Ich denke immer wieder an die großartigen Dinge, die Gott in meinem Leben getan hat, und danke ihm dafür.

Ich möchte Sie ermutigen, sich ein Notizbuch zu kaufen und eine Art Tagebuch zu führen. Wenn etwas in Ihrem Leben geschieht, von dem Sie wissen, dass Gott es getan hat: Schreiben Sie es auf. Wenn Sie wissen, dass Gott eine Tür geöffnet hat: Setzen Sie es auf Ihre Liste. Wenn Sie wissen, dass Gott Ihnen das Leben gerettet oder in einer richtungsweisenden Art zu Ihnen geredet hat: Halten Sie auch das fest. Sie waren mutlos und niedergeschlagen und wollten gerade aufgeben, als Gott ein Bibelwort in Ihr Leben hineingesprochen und Sie wieder aufgerichtet hat: Schreiben Sie es auf. Führen Sie Buch über all das Gute, das Gott getan hat.

Es muss nicht immer etwas Großes sein; anderen Menschen mag es ganz unbedeutend erscheinen. Aber Sie wissen, es ist Gott, der Ihr Leben führt. Vielleicht lernen Sie unerwartet jemanden kennen. Derjenige stellt Ihnen eine andere Person vor, und das führt dazu, dass Sie einen neuen Kunden bekommen: Schreiben Sie es auf. Vielleicht fahren Sie über die Autobahn, und Sie sehen ein neues Werbeplakat, durch das Ihnen eine zündende Idee kommt. Sie präsentieren diese Ihrem Vorgesetzten und Ihr Einfall führt zu einer Beförderung. Machen Sie sich bewusst, dass das Gott ist, der in Ihrem Leben wirkt – schreiben Sie es auf.

Holen Sie dann in regelmäßigen Abständen dieses Notizbuch hervor, und lesen Sie all die großartigen Dinge, die Gott in Ihrem Leben getan hat. Das wird Sie ermutigen! Wenn Sie sich ins Gedächtnis rufen, wie Gott *diese* Tür für Sie geöffnet hat, wie er Sie *hier* bewahrt und *dort* geheilt und ermutigt hat, wird Ihr Glaube wachsen. Holen Sie vor allem in schwierigen Zeiten, wenn Sie kurz davorstehen, den Mut zu verlieren, Ihr Tagebuch hervor, und lesen Sie darin. Wenn Sie das tun, werden Sie nicht länger mutlos und niedergeschlagen durch den Tag gehen. Sie werden wissen, dass Gott Ihr Leben in seiner liebenden Hand hält. Er wird sich um Sie kümmern und für Sie sorgen.

Kapitel 24

Gott hält alles in seiner Hand

Wenn Sie sich wirklich weiterentwickeln und Gottes Ziele für Ihr Leben verfolgen wollen, müssen Sie fest darauf vertrauen, dass Gott alles im Griff hat. Allzu viele Menschen machen sich ständig Sorgen und regen sich fortwährend auf. Sie grübeln Tag und Nacht über alles Mögliche nach: „Wie kann ich dieses Problem lösen? Wie kann ich mein Kind verändern? Wann werde ich jemals heiraten? Warum gehen meine Träume nicht in Erfüllung?"

Aber unser Leben sollte anders aussehen. Wenn wir Gott wirklich vertrauen und glauben, dass er alles im Griff hat, können wir innerlich zur Ruhe kommen. Wir haben Frieden in unserem Herzen und in unserem Kopf. Tief in unserm Inneren wissen wir, dass alles gut werden wird.

Wenn wir unser inneres Gleichgewicht verlieren oder anfangen, uns Sorgen zu machen, liegt das oft daran, dass sich in den Bereichen, für die wir beten, nichts zu tun scheint. Monat für Monat, Jahr für Jahr sieht alles genauso aus wie immer. Aber wir müssen begreifen, dass Gott hinter den Kulissen unseres Alltags bereits am Werk ist. Er hat bereits eine tolle Zukunft für Sie vorbereitet. Und wenn der Vorhang zurückgezogen würde und Sie in die unsichtbare Welt hineinschauen könnten, würden Sie sehen, dass Gott für Sie kämpft. Sie würden feststellen, dass Ihr himmlischer Vater alles zu Ihren Gunsten in die Wege leitet. Sie würden sehen, wie Gott alles dafür vorbereitet, dass sich Ihnen eine Tür öffnet oder eine besondere Chance bietet. Ich bin sicher, wenn wir sehen könnten, wie Gott hinter den Kulissen die Fäden zieht, würden wir uns keine Sorgen mehr machen. Wir wären nicht länger gestresst.

Tatsache ist, wir haben alle Schwierigkeiten. Jeder von uns könnte Dinge nennen, die uns unsere Freude und unsere Gelassenheit rauben. Wir müssen lernen, diese Dinge Gott zu überlassen und zu sagen: „Vater, ich vertraue dir. Ich glaube, dass du alles im Griff hast. Und auch wenn ich nicht sehe, dass irgendetwas geschieht, glaube ich, dass du in meinem Leben am Werk bist, dass du meine Wege ebnest, Krummes gerade machst und dafür sorgst, dass ich zur rechten Zeit am rechten Ort bin."

> Gott ist hinter den Kulissen unseres Alltags ständig am Werk.

Sie versuchen vielleicht, alles selbst auszutüfteln und jedes Problem allein zu lösen. Aber es würde viel Druck von Ihnen nehmen und Sie würden Ihr Leben viel mehr genießen können, wenn Sie lernen würden, Gott die Kontrolle zu überlassen und darauf zu vertrauen, dass er wirklich Ihre Schritte lenkt.

Die Bibel erinnert uns an diese Tatsache: „Gott wird das gute Werk, das er bei euch angefangen hat, auch vollenden bis zu dem Tag, an dem Jesus Christus kommt" (Philipper 1,6). Gott ist nicht für eine Weile am Werk, geht dann zwei oder drei Jahre in Urlaub und kommt irgendwann wieder und arbeitet ein bisschen weiter. Gott ist ständig bei der Arbeit. Das bedeutet: Auch wenn Sie es vielleicht nicht sehen, arrangiert er Dinge zu Ihren Gunsten. Er bringt die richtigen Leute in Position, damit sie zur richtigen Zeit Ihren Weg kreuzen. Er sieht weit in die Zukunft und stellt von langer Hand die Weichen. Er hält Lösungen für Probleme bereit, an die Sie noch gar nicht denken. Er hat den richtigen Ehepartner für Sie und den richtigen Ehepartner für Ihr Kind. Er hat die besten Möglichkeiten und öffnet Ihnen die besten Türen. Gott ist hinter den Kulissen unseres Alltags ständig am Werk.

„Ach, Joel", sagen Sie, „ich bete seit zwei Jahren für mein Kind, aber ich kann nicht erkennen, dass schon irgendetwas geschieht." Oder: „Ich habe daran geglaubt, dass sich meine finanzielle Situation bessert, aber es geht weiterhin bergab." Oder: „Ich habe gebetet, dass ich den richtigen Mann kennenlerne, aber ich warte nun schon seit vier Jahren."

Sie wissen aber nicht, was Gott hinter den Kulissen bereits in die Wege geleitet hat. Seien Sie nicht mutlos, weil Sie nicht merken, dass etwas geschieht. Das bedeutet nicht, dass Gott nicht am Werk ist. Oft tut er gerade dann am meisten, wenn wir es am wenigsten vermuten würden.

Wenn wir in einer dieser Dürreperioden stecken und den Eindruck haben, dass sich überhaupt nichts bewegt, wird vielleicht unser Glaube auf die Probe gestellt. Drücken Sie die Schultern entschlossen durch und zeigen Sie Gott, aus welchem Holz Sie geschnitzt sind. Viele Menschen werden pessimistisch und mutlos: „Ach, ich habe aber auch immer Pech. Ich wusste doch, dass mir nie etwas Gutes geschieht." – „Ich wusste, dass ich nie aus dieser Lage herauskommen würde."

Hören Sie auf, so zu reden. Wenn Sie diese Prüfung bestehen wollen, müssen Sie ein Lächeln aufsetzen und sagen: „Ich sehe vielleicht nicht, dass etwas geschieht, aber ich weiß, dass Gott in meinem Leben am Werk ist."

„Mein Kind macht mir vielleicht im Moment Sorgen, aber ich weiß, es ist nur eine Frage der Zeit. Ich und mein Haus, wir wollen dem Herrn dienen."

„Mit meinen Finanzen sieht es vielleicht immer noch trübe aus, aber ich mache mir keine Sorgen mehr. Ich weiß, dass Gott mich gesegnet hat, und das kann niemand zunichte machen. Ich weiß, wenn der richtige Moment gekommen ist, werden sich die Dinge zu meinen Gunsten ändern."

Wenn wir mit einer so vertrauensvollen Haltung an unseren Alltag herangehen, werden wir sehen, dass Gott Großes in unserem Leben tut.

Manchmal handelt Gott allerdings auch und wir merken es nicht. Wir sollten uns seiner Güte stärker bewusst sein. Wenn Ihnen etwas Gutes passiert, wenn sich Dinge zu Ihren Gunsten ändern, wenn Sie genau zur richtigen Zeit am richtigen Ort sind, dann machen Sie sich klar, dass das kein bloßer Zufall sein kann. Das ist Gott, der Ihre Schritte lenkt. Das ist Gott, der in Ihrem Leben wirkt. Wenn Ihnen das bewusst wird, wird es Ihnen Mut machen und Ihren Glauben stärken.

Wenn wir auf unser Leben zurückblicken, können wir vermutlich alle entscheidende Situationen erkennen, in denen wir das Eingreifen Gottes erlebt haben. Es ist beinahe, als könnten wir die einzelnen Punkte zu einer Linie verbinden: „Hier habe ich diese Person kennengelernt, und dann hat sie mir jemanden vorgestellt, der mir dann diese Stelle vermittelt hat, und dort habe ich meine Ehefrau kennengelernt. Und wenn ich nicht genau dort gewesen wäre, hätte ich niemals diese Beförderung bekommen, und so weiter und so weiter …"

Das sind keine glücklichen Zufälle; das ist die Hand Gottes. Gott ist die ganze Zeit hinter den Kulissen am Werk.

Als Victoria und ich noch nicht lange verheiratet waren, entdeckten wir ein Haus, das uns wirklich gefiel. Es war ein bisschen verwahrlost, aber es stand auf einem schönen Grundstück. Und wir wussten, es war für uns bestimmt. Rein menschlich betrachtet, ergab das nicht viel Sinn. Aber wir ließen eine hübsche Stadtwohnung hinter uns, weil wir wussten, Gott wollte es so. Also taten wir einen Glaubensschritt und kauften das heruntergekommene Haus. An dem Tag, an dem wir den Kaufvertrag unterzeichnet hatten, standen wir draußen im Vorgarten, als ein Makler vorbeikam und uns viel mehr anbot als das, was wir bezahlt hatten. Wir dachten: Was geht da vor sich? Später erfuhren wir, dass die Behörden gerade die Grunderwerbsrechte für diesen Bezirk änderten. Und ein paar Jahre später verkauften wir das Anwesen für das Doppelte des Preises, den wir bezahlt hatten. Das hatten wir Gott zu verdanken, der dafür sorgte, dass wir zur richtigen Zeit am richtigen Ort waren.

Werden Sie sich darüber bewusst, dass der Schöpfer des Universums in Ihrem Leben am Werk ist. Vielleicht tun Sie dasselbe, was Sie schon viele Monate, viele Jahre lang getan haben, aber dann laufen Sie plötzlich jemandem über den Weg, der Ihnen eine neue Stelle anbietet. Oder Sie haben eine Idee, die Sie weiterbringt. Sie sind zur richtigen Zeit am richtigen Ort und begegnen dem Mann oder der Frau Ihrer Träume. Gut möglich, dass Gott schon seit zehn Jahren darauf hingearbeitet und alles so vorbereitet hat, dass auf einmal alle Puzzleteile an den richtigen Platz fallen. Plötzlich sind Sie an der Reihe.

Vielleicht denken Sie schon seit Jahren: *In meinem Leben tut sich gar nichts. Ich werde dieses Problem wahrscheinlich nie in den*

Griff kriegen. Aber Gott war die ganze Zeit hinter den Kulissen am Werk.

In der Bibel steht, dass Gott das Leben der Menschen verändert, die an ihn glauben.[35] Das wird aber nur geschehen, *wenn wir glauben.* Gott kann jahrzehntelang in Ihrem Leben am Werk sein, aber Sie kommen nie wirklich in den Genuss dessen, was er für Sie vorbereitet, weil Sie nicht darauf vertraut haben, dass er Ihr Leben in seiner Hand hält. Sicher, Ihnen wird auch dann ab und zu mal etwas Gutes passieren, aber wenn Sie wirklich an ihn glauben, wenn Sie wirklich jeden Morgen schon beim Aufstehen Gutes erwarten, werden Sie mehr von Gottes Gunst erleben. Sie werden sehen, was er hinter den Kulissen in die Wege geleitet hat.

Und auch wenn wir Probleme haben, auch wenn wir Gegenwind zu spüren bekommen, müssen wir darauf vertrauen, dass Gott schon die Antwort hat. Mit anderen Worten: Das Problem ist keine Überraschung für Gott. Das Kind, das Schwierigkeiten macht. Die finanzielle Krise. Die Einsamkeit. All das überrascht Gott nicht. Er hat bereits die Antwort. Er weiß von Anfang an, worauf es hinausläuft. Er kennt jede Schwierigkeit, die wir jemals durchmachen werden. Die gute Nachricht ist: Gott hat bereits die Lösung. Er hat schon für einen Ausweg gesorgt. Das sagt mir, dass wir ohne Angst, Stress und Sorgen durchs Leben gehen können. Gott hat alles unter Kontrolle.

Wenn wir versucht sind, uns eine pessimistische Weltsicht zuzulegen und uns zu beklagen, sollten wir den Spieß einfach herumdrehen und stattdessen sagen: „Ich weiß, dass Gott an diesem Problem arbeitet. Er ist dabei, Dinge zu verändern, die richtigen Menschen anzusprechen, die richtigen Herzen zu bewegen. Und ich glaube, Gott wird mich nicht nur hindurchtragen, sondern ich werde hinterher besser dastehen als zuvor." Wenn wir mit dieser Einstellung an unseren Alltag herangehen, entlastet uns das ungemein. Wir können uns entspannen und unser Leben genießen. Wir wissen, Gott hat alles im Griff. Wir wissen, solange wir glauben, ist Gott die ganze Zeit für uns am Werk.

Es ist ermutigend, wenn Sie auf Ihr Leben zurückblicken und die Dinge sehen, die nur Gott getan haben kann. Ich kenne eine junge Frau, die ihren Ehemann am Straßenrand kennengelernt hat. Sie hatte in der Hauptverkehrszeit auf der Autobahn eine Reifenpanne, und er hielt an und half ihr, den Reifen zu wechseln. Von da an trafen sie sich regelmäßig und heute sind sie glücklich verheiratet.

Jetzt stellen Sie sich mal vor, wie groß die Wahrscheinlichkeit ist, dass all diese Umstände zusammentreffen. Das muss die Hand Gottes gewesen sein! Gott sagte zu dieser Frau: „Jetzt ist deine Zeit gekommen. Du bist treu gewesen. Du hast die Prüfung bestanden. Jetzt will ich dir zeigen, was ich all die Jahre hindurch hinter den Kulissen getan habe." Er hatte dafür gesorgt, dass dieser Mann aus einer anderen Gegend in diese Stadt zog. Er gab ihm die richtige Stelle und dirigierte die Einzelheiten seines Lebens so, dass er genau zur richtigen Zeit diese Autobahn entlangfuhr. Nur Gott kann so etwas bewerkstelligen.

Entspannen Sie sich einfach, und fangen Sie an, darauf zu vertrauen, dass Gott die Kontrolle über Ihr Leben hat.

Als wir damals mit der Stadtverwaltung verhandelten, weil wir das *Compaq Center* kaufen wollten, mussten zehn Mitglieder des Stadtrates für uns stimmen, damit der Kauf in die Wege geleitet werden konnte. Wir hatten uns zwei Jahre lang um das Projekt bemüht und bereits mehrere Abstimmungen hinter uns gebracht. Als schließlich die letzte Abstimmung anberaumt wurde, hatten wir genau zehn Stimmen – das Minimum, das erforderlich war. Aber unglücklicherweise erhielten wir ein paar Tage vor der Abstimmung die Nachricht, dass eines der Ratsmitglieder seine Meinung geändert hatte. Der Betreffende wollte am Abstimmungstag gar nicht erscheinen, was quasi bedeutete, dass er gegen uns stimmen würde. Und wir brauchten diese Stimme doch so dringend!

Wir waren schrecklich entmutigt. Die Situation schien hoffnungslos. Es sah aus, als seien all unsere Anstrengungen und all unsere Gebete umsonst gewesen. Aber wir beschlossen, nicht aufzugeben und noch einmal mit einem anderen Ratsmitglied zu reden, in der Hoffnung, dass dieses seine Meinung vielleicht änderte. Es handelte sich um einen jungen Juden, der zwei Jahre lang strikt dagegen gewesen war, dass die *Lakewood*-Gemeinde das *Compaq*

Center erwarb. Trotzdem dachten wir: *Was kann es schaden, ihn zu bitten, noch einmal darüber nachzudenken?*

Im letzten Augenblick änderte dieser Mann tatsächlich seine Meinung. Seine Stimme war die zehnte Stimme, die wir brauchten, um uns das *Compaq Center* als neues Gemeindezentrum zu sichern.

Ich sprach später mit ihm und erkundigte mich: „Wie kam es, dass Sie doch noch Ihre Meinung geändert haben?"

Er erzählte mir eine interessante Geschichte: „Joel, ich bekam einen Anruf von einer alten Freundin, die auch Jüdin ist. Ich hatte seit Jahren nicht mit ihr gesprochen, aber ich respektiere sie wirklich sehr. Sie machte mir unmissverständlich klar, dass ich für Ihre Gemeinde stimmen musste." Er fuhr fort: „Obwohl Tausende Ihrer Gemeindemitglieder bei mir im Büro angerufen haben, um mich dazu zu bringen, für Sie zu stimmen, und obwohl Sie und Ihr Team sehr überzeugend waren, war diese Frau diejenige, die mich schließlich veranlasst hat, meine Meinung zu ändern."

Stellen Sie sich das einmal vor: Soweit ich weiß, habe ich diese Frau noch nie gesehen. Ich habe sie nicht gebeten anzurufen. Bis zum heutigen Tag weiß ich nicht, wer sie ist. Alles, was ich weiß, ist: Während wir alles taten, was in unserer Macht stand, war Gott hinter den Kulissen in einer Weise am Werk, wie wir es nie vermocht hätten. Gott sorgte dafür, dass jemand anderes das tat, was wir aus eigener Kraft nie vermocht hätten.

Gott weiß, wer Ihr Leben positiv beeinflussen kann. Er weiß, wer ein gutes Wort für Sie einlegen sollte. Sie wissen vielleicht noch nicht einmal, wie oder warum es geschehen ist. Warum war jemand gut zu Ihnen? Warum hat sich diese Tür geöffnet? Es war Gott, der Ihre Schritte lenkt. Seit Jahren war er hinter den Kulissen tätig und dann sind innerhalb kürzester Zeit alle Puzzleteile an ihren Platz gefallen.

Denken Sie tagtäglich nicht immer wieder: *Meine Situation wird sich wahrscheinlich nie ändern. Ich werde es nie schaffen, alle meine Schulden abzuzahlen. Ich werde für den Rest meines Lebens mit dieser Krankheit leben müssen. Ich glaube nicht, dass ich jemals heiraten werde.* Nein, wenn Sie so denken, setzen Sie dem

Handeln des allmächtigen Gottes Grenzen. Drehen Sie doch einfach einmal den Spieß herum, wenn Sie sich dabei erwischen, dass Sie in negative Gedanken und Einstellungen abzugleiten drohen: „Ich weiß, dass Gott in meinem Leben am Werk ist. Ich weiß, dass meine Zeit kommt und dass ich eines Tages all das sehen werde, was Gott hinter den Kulissen für mich getan hat." Und gehen Sie dann Ihren Alltag in der Erwartung an, dass Gutes geschehen wird, und in der Gewissheit, dass der Schöpfer des Universums Ihre Schritte lenkt.

Vor einiger Zeit unterhielt ich mich mit dem Mann, der vor über 35 Jahren die Autobahnauffahrten und -abfahrten in der Umgebung des *Compaq Center* entworfen hatte. Er erzählte mir, wie er die Abfahrten so angelegt hatte, dass die Leute mühelos auf die Parkplätze abbiegen konnten. Da er damit rechnete, dass große Menschenmassen von der zentral gelegenen Arena angezogen werden würden, sorgte er in Zusammenarbeit mit der Stadtverwaltung dafür, dass die Ampelanlagen in der Umgebung des *Compaq Center* so geschaltet wurden, wie es für die Besucher am bequemsten und günstigsten war.

Ich dachte: *Das ist ein weiteres Zeichen der Güte Gottes. Vor über 35 Jahren war Gott schon hinter den Kulissen am Werk und sorgte dafür, dass es für die Leute einfacher würde, zu unserer Gemeinde zu gelangen, um dort Hoffnung und Hilfe zu finden.*

Sicher, im Laufe der Jahre wurde die Arena für Basketballspiele, Konzerte und andere Veranstaltungen genutzt. Aber ich glaube, das war alles zweitrangig. Ich glaube, Gott hatte vor langer Zeit geplant, dass die *Lakewood*-Gemeinde von diesem Ort aus ihre Botschaften der Hoffnung in die Welt hinaussenden würde.

Ich glaube, in dieser Weise wirkt Gott auch hinter den Kulissen Ihres Lebens. Er tut Dinge, die Sie weiterbringen werden. Vielleicht dauert es Jahre, bevor Sie die Ergebnisse seines Handelns sehen, und darum müssen Sie lernen, ihm zu vertrauen. Hören Sie auf, sich Sorgen zu machen, und seien Sie nicht frustriert, wenn sich Ihr Traum nicht so schnell erfüllt, wie Sie das gern hätten. Gott wird dafür sorgen, dass sein Plan für Ihr Leben nach seinem perfekten Zeitplan Wirklichkeit wird.

Halten Sie im Alltag nach Gottes Hand Ausschau

Vertrauen Sie Gott auch in den kleinen Dingen. Vor etwa sechs Monaten bekam ich eine enttäuschende Nachricht in Bezug auf eine bestimmte Sache. Es würde eine ziemlich unangenehme Angelegenheit werden, und ich wusste nicht, wie das Ganze ausgehen würde. Zunächst war ich versucht, mir Sorgen zu machen und zu versuchen, selbst eine Lösung auszutüfteln. In stressigen Situationen wie dieser müssen wir aufpassen, dass wir unseren Gedanken nicht gestatten, uns alle möglichen schrecklichen Szenarien vor Augen zu malen. Pessimisten werden Ihnen sagen: „Du bist ruiniert. Du wirst deine Rechnungen nicht bezahlen können. Gut möglich, dass du dein Haus verlierst."

Nein, wir müssen den Entschluss fällen, unsere Gedanken zu kontrollieren. Wir müssen glauben, dass Gott auch in dieser Situation am Werk ist.

Als ich meine enttäuschende Nachricht erhielt, war ich im Büro. Ich betrat gerade den Aufzug, als eine Frau herauskam, die ich schon seit meiner Kindheit kannte. Sie hat mich immer sehr gemocht und für mich gebetet. Aber aufgrund unserer unterschiedlichen Terminpläne war ich ihr seit vier oder fünf Jahren nicht mehr begegnet. Wir begrüßten uns mit einer Umarmung, und bevor sie den Mund aufmachte, wusste ich schon, was sie sagen würde: „Joel, ich bete immer noch jeden Tag für dich."

Ich dachte: *Das ist kein Zufall. Gott hat meine Schritte so gelenkt, dass ich sie genau zu diesem Zeitpunkt traf. Er wollte mich durch sie ermutigen.* Das war Gottes Art, mir zu sagen: „Joel, ich habe alles unter Kontrolle. Es wird alles gut werden. Bleib einfach gelassen. Lass dich nicht aus der Ruhe bringen."

Wenn wir aufmerksam sind, werden wir oft Gottes Handeln wahrnehmen. Wir werden wissen, dass er zu uns spricht, uns führt und unsere Schritte lenkt.

Das Wohnzimmer in dem Mietshaus, in dem meine Eltern früher wohnten, hatte große Fenster, die auf den Hof hinausgi Vögel flogen zwischen den Bäumen hin und her; einen vor hatte meine Mutter besonders ins Herz geschlossen. Jeden Tag ließ sich ein kleiner Roter Kardinal auf einem der Zweige direkt vor dem Fenster nieder. Meine Mutter freute sich jeden Tag darauf, ihn zu sehen. Pünktlich wie ein Uhrwerk tauchte der kleine Kerl auf und verbrachte den Nachmittag im Hof. Das ging fünf oder sechs Monate lang so, aber schließlich stellte das freundliche Vögelchen seine Besuche ein. Ich versuchte, meiner Mutter meinen Hamster zu schenken, um sie zu trösten, aber den wollte sie nicht!

Etwa ein Jahr später verstarb mein Vater. Nun war Mutter ganz allein. Sie musste sich ihren Alltag neu einrichten, und ich bin sicher, dass sie so manches Mal einsam, mutlos und niedergeschlagen war.

Dann, eines Tages, kam der Rote Kardinal zurück. Manche würden vielleicht sagen, das sei ein Zufall gewesen, oder sie hätten eine natürliche Erklärung dafür gefunden. Aber für meine Mutter und mich war das ein Zeichen Gottes, der sie tröstete: „Ich habe immer noch einen Plan. Ich habe immer noch alles im Griff."

Wenn wir aufmerksam sind, werden wir auch in kleinen Dingen die Hand Gottes in unserem Leben sehen. Auf diese Weise zeigt er uns, dass er hinter den Kulissen für uns am Werk ist.

Ein Freund von mir hat Krebs im Endstadium. Die Ärzte machen ihm keine Hoffnung mehr. Aber vor Kurzem kam sein vierjähriger Sohn mit seiner Bibel herein. Er schlug sie auf und sagte: „Daddy, ich will, dass du diese Bibelstelle hier liest." Der kleine Junge kann noch nicht lesen. Er wusste nicht, auf welche Bibelstelle er zeigte, aber als der Vater sie las, sprach sie direkt zu seinem Herzen. Es war Johannes 11, Vers 4, ein Abschnitt, in dem Jesus sagt: „Diese Krankheit führt nicht zum Tod. Sie dient dazu, die Herrlichkeit Gottes offenbar zu machen."

Mein Freund nahm sich diese Worte zu Herzen. Er hatte den Eindruck, dass Gott zu ihm sagte: „Ich weiß, was du durchmachst. Ich habe jede Träne gesehen, die du vergossen hast. Es erscheint dir vielleicht unmöglich, aber denke daran, ich bin der Gott, der Unmögliches möglich macht. Glaube weiter. Vertraue weiter. Ich habe immer noch alles unter Kontrolle."

Diese kleinen Zeichen sind einfach Hinweise, die Gott uns gibt, um unseren Glauben aufzubauen. Sie sollen uns daran erinnern, dass er hinter den Kulissen handelt. Wir müssen lediglich für seine Führung offen sein und im Alltag nach seinem Wirken Ausschau halten. Wenn Sie dies tun, werden Sie bald erkennen, dass Sie in den meisten Fällen nicht einfach jemandem in die Arme laufen oder bloß eine Glückssträhne haben. Sie sind nicht einfach zufällig zur richtigen Zeit am richtigen Ort. Gott hat Ihre Schritte gelenkt.

Das letzte Wochenende, an dem die *Lakewood*-Gemeinde sich in ihrem bisherigen Gemeindezentrum im Nordosten Houstons versammelte, war für mich eine sehr bewegende Angelegenheit. Ich hatte mein ganzes Leben lang mit meiner Familie die dortigen Gottesdienste besucht. Ich war dort groß geworden. Obwohl ich mich darüber freue, dass wir ins Stadtzentrum zogen, war es auch irgendwie traurig, diesen Ort zu verlassen. Erinnerungen an so viele wunderbare Dinge, die dort geschehen waren, überwältigten mich, als ich zum letzten Samstagabendgottesdienst fuhr. Ich dachte über all das nach, was Gott getan hatte, als ich zum Himmel hinaufblickte und einen wunderschönen Regenbogen sah. Es sah aus, als würde das eine Ende des Bogens die nordöstliche Seite unseres Gebäudes berühren und das andere über die Stadt hinweg in Richtung Zentrum reichen. Es war beinahe, als würde Gott grünes Licht zu unserem Umzug geben und sagen: „Ich bin einverstanden. Eure Arbeit hier ist getan. Es ist Zeit für einen Neuanfang."

Sie sagen vielleicht: „Ach, Joel, ich habe schon häufig Regenbogen gesehen und sie haben mir nie irgendwas bedeutet."

Das liegt vielleicht daran, dass diese Verheißung für Gläubige gedacht ist! Sie müssen daran glauben, dass Gott in Ihrem Leben am Werk ist, und dann bewusst auf sein Eingreifen achten. Es kann sein, dass Ihnen beim Bibellesen ein bestimmter Vers ins Auge springt. Vielleicht ist es auch ein kleiner Vogel in Ihrem Garten. Oder Sie sehen einen Regenbogen am Himmel und wissen, jetzt ist die Zeit für einen Neuanfang gekommen. Gott gibt uns diese kleinen Zeichen, um unseren Glauben zu stärken und uns zu sagen, dass er immer noch alles unter Kontrolle hat und hinter den Kulissen am Werk ist.

Und das gilt nicht nur für die Zeiten, in denen es uns gut geht.

Ein junges Ehepaar erzählte mir von seiner Tochter, die mittlerweile verstorben ist. Als sie drei Jahre alt war, zog sie sich eine schwere Krankheit zu, die sie ans Bett fesselte und schließlich zu ihrem Tod führte. Die Eltern waren verzweifelt und litten furchtbar. Sie wichen im Krankenhaus kaum von ihrer Seite.

Als das Ende näher kam, fiel das kleine Mädchen immer wieder ins Koma. Aber kurz bevor es starb, lächelte es und sagte mit einem Gesichtsausdruck, in dem sich tiefer Friede widerspiegelte: „Guck mal, Mami, guck mal, Papa, Jesus sagt, es ist gut, dass ich jetzt komme." Die Kleine schloss die Augen und tat ihren letzten Atemzug.

Auch wenn wir glauben, dass wir nie mehr lächeln werden: Gott ist da. Er ist der Freund, der fester zu uns hält als ein Bruder. Er hat einen Neuanfang für Sie geplant. In der Bibel steht: „Am Abend mögen Tränen fließen – am Morgen jubeln wir vor Freude" (Psalm 30,6).

Wagen Sie, ihm heute zu vertrauen. Wagen Sie, daran zu glauben, dass er Ihnen sogar in Ihren Enttäuschungen, Ihrem Kummer und Ihren Schmerzen ganz nah ist. Er hat versprochen, er wird Ihnen niemals seine Hilfe entziehen und Sie nie im Stich lassen.

Sie brauchen nicht alle Probleme selbst zu lösen. Sie wissen vielleicht nicht, was die Zukunft für Sie bereithält. Aber solange Sie wissen, wer Ihre Zukunft in seiner Hand hält, wird alles gut werden.

Ich weiß nicht, was mich noch erwartet, aber ich weiß, dass ich mich darauf freue. Es beflügelt mich, mir vorzustellen, dass dem Gott, der Himmel und Erde geschaffen und die Sterne an ihren Platz gesetzt hat, so viel an mir und an Ihnen liegt, dass er ständig damit beschäftigt ist, uns Gutes zu tun. Die Gewissheit, dass Gott größer ist als alles, womit Sie jemals konfrontiert sein werden, und dass er schon Antworten auf Probleme hat, die Sie vielleicht erst in 10 oder 20 Jahren bekommen, sollte Ihnen viel Sicherheit schenken.

Wie auch immer Ihr Leben gerade aussieht – ob Ihr Leben seinen geregelten Gang geht oder ob Sie Probleme haben –, Sie dürfen darauf vertrauen, dass Gott Sie kennt und dass er hinter den Kulissen am Werk ist, um Dinge zu Ihren Gunsten in die Wege zu leiten. Lernen Sie, ihm zu vertrauen. Hören Sie auf, sich Sorgen zu machen. Weisen Sie alle Anzeichen von Frustration oder Ungeduld sofort zurück. Denken Sie daran: Wenn Sie auf Gott vertrauen, öffnen Sie Tür und Tor für die Macht Gottes. Und vergessen Sie nicht: Dass Sie keine Veränderung sehen, bedeutet nicht, dass Gott nichts tut. Fassen Sie sich ein Herz – geben Sie die Kontrolle ab und sagen Sie: „Gott, ich will dir vertrauen. Ich weiß, du hast einen wunderbaren Plan für mein Leben."

Wenn Sie das tun, werden Sie sich ungeheuer erleichtert fühlen. Und Sie werden nicht nur Ihr Leben mehr genießen, Sie werden auch mehr von Gottes Gunst und seinen Segnungen erleben. Sie werden Stufe um Stufe erklimmen und immer mehr in das Leben hineinfinden, das Gott für Sie geplant hat!

Praktische Schritte

Teil 5: Finden Sie ein Ja zu dem Platz, an dem Sie stehen

1. Ich weiß, dass Gott dort wirkt, wo man ihm vertraut und Gutes von ihm erwartet. Ich werde ihm meine Situation anvertrauen. Ich will nicht länger frustriert sein oder mir Sorgen machen. Ich werde mir bewusst machen, dass Gott hinter den Kulissen handelt, auch wenn ich nach außen hin keine Veränderung zum Guten erkennen kann.

2. Ich werde nach kleinen Zeichen der Güte Gottes in meinem Leben Ausschau halten. Ich werde auf die Spuren seines Wirkens in der Natur und in meinem Alltag achten – auf einen Regenbogen am Himmel, ein freundliches Wort von einem Fremden, einen Vogel auf meiner Fensterbank, eine Blume am Wegrand.

3. Heute werde ich laut aussprechen, dass ich unter der Gunst Gottes lebe. Ich werde Dinge sagen wie:

    * „Danke, Vater, dass du in meinem Leben am Werk bist. Auch wenn ich es noch nicht sehe, weiß ich, dass du Dinge so gestaltest, dass sie zu meinem Guten dienen."
    * „Ich weiß, dass die Wolken sich auflösen und dass ich die Gnade Gottes in meinem Leben wieder erkennen werde."
    * „Ich halte Ausschau nach einem Hauch von Gottes Gunst, der meine Situation zu meinen Gunsten und zu seiner Ehre wenden kann."

4. Ich akzeptiere, dass Gott mich aus einem bestimmten Grund dorthin gestellt hat, wo ich gerade stehe. Er lenkt meine

Schritte; ich bin da, wo ich sein soll. Auch wenn es aus meiner Perspektive betrachtet kein guter Platz ist, gibt Gott mir die Kraft, hier zu sein, und ich weiß, dass gute Tage vor mir liegen. Gott hält mich in seiner Hand, und er wird mich beschützen und so führen, wie es am besten für mich ist. Heute entscheide ich mich dafür, einem anderen Menschen durch meinen Umgang mit meiner Situation ein gutes Vorbild zu sein.

Teil 6

Entwickeln Sie Ihren inneren Menschen

Kapitel 25

Höher hinauf

Gott möchte, dass wir uns immer weiter entwickeln. Aber wie hoch wir im Leben hinauskommen und wie viel von Gottes Gunst und seinen Segnungen wir erfahren, hängt direkt mit unserem Gehorsam zusammen.

Gott wird, solange wir leben, an uns arbeiten und Bereiche ans Licht bringen, in denen wir uns verändern müssen. Oft spricht er durch unser Gewissen zu uns oder er lässt uns eine sanfte, leise Stimme hören. Er kennt die Dinge, die unser Wachstum behindern. Er kennt unsere Fehler und Schwächen und die Geheimnisse, die wir vor anderen verbergen. Wenn er uns auf diese Dinge aufmerksam macht, dann müssen wir, wenn wir seine Segnungen erleben und Erfolg haben wollen, bereit sein, der Wahrheit über uns selbst ins Auge zu sehen und die Korrekturen vorzunehmen, die er von uns verlangt.

Vielen Menschen ist nicht bewusst, wie wichtig es ist, sich diesen Dingen zu stellen. So bleiben sie im eingefahrenen Trott stecken – im eingefahrenen Trott ihrer Ehe, ihrer Finanzen oder ihres Berufes. Sie kehren den Dreck unter den Teppich, als ginge er sie nichts an, und hoffen, dass niemand ihn bemerkt. Und die ganze Zeit über ignorieren sie die sanfte, leise Stimme, die zu ihnen spricht.

Manchmal denken wir: *Gott in allem gehorsam zu sein ist einfach zu schwer. Ich weiß, ich sollte ihm vergeben, aber er hat mir so wehgetan.* Oder: *Ich weiß, ich sollte etwas für meine Figur tun, aber ich habe einfach keine Zeit.* Oder: *Ich weiß, ich sollte nicht mehr so viel arbeiten, aber ich brauche das zusätzliche Geld.*

Es ist wichtig zu begreifen, dass alles, was Gott von uns verlangt, zu unserem Besten dient. Er wird uns nichts vorenthalten, was wirklich gut für uns ist. Und er ist nicht darauf aus, uns das Leben schwerzumachen. Im Gegenteil, Ihr himmlischer Vater wartet auf

Ihren Gehorsam, damit er Ihnen seine Gunst und seine Segnungen in noch größerem Ausmaß zuteil werden lassen kann.

Gibt es Dinge in Ihrem Leben, auf die Gott Sie hingewiesen hat und die Sie immer wieder ignoriert haben? Vielleicht hat er Ihnen gezeigt, dass Sie Ihre Finanzen in Ordnung bringen oder weniger hart über andere richten sollen, dass Sie sich um Frieden in Ihrer Familie bemühen oder sich mit einem Kollegen versöhnen sollen, und Sie haben es ignoriert oder vor sich hergeschoben. Hören Sie auf das, was Gott zu Ihnen sagt!

Vielleicht hat Gott mit Ihnen über enge Freunde gesprochen, Personen, mit denen Sie viel Zeit verbringen. Vielleicht wissen Sie, dass einige Ihrer Freunde keinen guten Einfluss auf Sie haben, aber Sie reden sich heraus: „Ich will ihre Gefühle nicht verletzen. Und außerdem: Wenn ich nicht mit ihnen zusammen wäre, hätte ich vielleicht überhaupt keine Freunde." Tatsache ist, wenn Sie das tun, von dem Sie wissen, dass es richtig ist, wird Gott Ihnen neue Freunde schenken. Nicht nur das, er wird Ihnen *bessere* Freunde schenken – Menschen, die Sie voranbringen und Ihnen den Rücken stärken. Ja, vielleicht sind Sie anfangs etwas einsam, während Sie die Weichen neu stellen, aber ich wäre lieber eine Zeitlang allein und wüsste, dass ich mich gerade positiv verändere und meine Bestimmung erfülle, als zuzulassen, dass andere mich ausbremsen und davon abhalten, zu dem Menschen zu werden, der ich nach Gottes Plan sein soll.

Jedes Mal, wenn Sie gehorsam sind, wird Segen folgen. Warum? Weil Sie eine Saat säen, um sich weiterzuentwickeln. Es geschieht vielleicht nicht über Nacht, aber irgendwann und auf irgendeine Weise werden Sie in Ihrem Leben mehr von Gottes Güte erleben.

> Jedes Mal, wenn Sie gehorsam sind, wird Segen folgen.

Meine Frage an Sie lautet: Wie hoch wollen Sie hinauskommen? Wollen Sie weiter wachsen? Wollen Sie mehr von Gottes Gunst und seinen Segnungen erfahren? Wenn ja, dann gilt: Je höher wir hinauskommen, desto disziplinierter müssen wir sein, desto schneller müssen wir gehorchen. Wenn wir Zeit mit Personen verbringen, die Fünfe gerade sein lassen, ihren Ehepartner betrügen und keine Integrität besitzen, beschwören wir Schwierigkeiten geradezu herauf.

„Ach, Joel, eigentlich sind sie doch nett und ihr Verhalten hat keinen Einfluss auf mich. Es schadet mir kein bisschen."

Nein, *Sie* wissen nicht, wie sehr Ihr Umgang mit ihnen Sie behindert. Sie wissen nicht, was Gott Ihnen geben möchte, aber er kann und wird es nicht tun, solange Sie sich diesem negativen Einfluss nicht entziehen. Wenn Sie die notwendigen Veränderungen vornehmen, würden Sie seine Gunst ganz neu erfahren, und Ihr ganzes Leben würde sich zum Positiven wenden.

Sie müssen wissen, je länger wir es hinausschieben, ein charakterliches Problem in Angriff zu nehmen, desto schwieriger wird es werden. Sie wären viel besser dran, wenn Sie lernen würden, Gottes Fingerzeige unverzüglich zu befolgen. Unternehmen Sie, sobald Sie ein ungutes Gefühl bekommen oder eine innere Alarmglocke schrillt und sagt: „Das ist nicht in Ordnung", die nötigen Schritte, um von diesem Handeln, diesem Kommentar oder dieser Einstellung Abstand zu nehmen. Es kann gut sein, dass es Gott ist, der zu Ihnen spricht und Ihnen helfen will, auf dem richtigen, auf *seinem* Weg zu bleiben.

Gott hat uns einen freien Willen gegeben. Er wird uns nicht zwingen, das zu tun, was richtig ist. Er wird uns nicht zwingen, gute Entscheidungen zu treffen. Jeder von uns ist selbst dafür verantwortlich, auf die sanfte, leise Stimme zu hören. Gleichzeitig dürfen wir aber auch nicht so beschäftigt oder auf uns selbst fixiert sein, dass wir verpassen, was Gott uns zu sagen versucht. Lernen Sie, seiner Führung zu folgen!

Gottes Anweisungen gelten oft ganz praktischen Fragen unseres täglichen Lebens. Kürzlich erzählte mir eine junge Frau, dass sie ein starkes Drängen verspürte, zum Arzt zu gehen und sich untersuchen zu lassen. Sie sah kerngesund aus und war aktiv, dynamisch und trieb regelmäßig Sport. Dennoch ließ sie das Gefühl nicht los: „Geh zum Arzt. Lass dich untersuchen." Ein paar Wochen lang ignorierte sie die leise Stimme und sagte sich: „Ach, es geht mir gut. Das kann nicht von Gott sein."

Aber die Stimme ließ sich nicht zum Schweigen bringen.

Schließlich beschloss Sie, einen Termin bei ihrem Arzt zu vereinbaren. Bei der dabei vorgenommenen Routineuntersuchung entdeckte er eine kleine Zyste, die zu allem Übel auch noch bösartig war. Glücklicherweise konnte er sie vollständig entfernen, denn sie hatte noch nicht gestreut. Die junge Frau brauchte keine weitere Behandlung. Aber nach der Operation sagte der Arzt ihr: „Es ist gut, dass Sie jetzt schon gekommen sind, denn in ein paar Jahren hätte das ein größeres, vielleicht sogar lebensbedrohliches Problem werden können."

Die junge Frau war so dankbar. Sie erzählte mir später: „Joel, ich weiß, dass dieser Fingerzeig von Gott kam. Ich wäre nie zu dieser Vorsorgeuntersuchung gegangen, wenn er mich nicht darauf hingewiesen hätte."

Wir müssen auf die sanfte, leise Stimme hören. Gott weiß, was am besten für uns ist.

Es sind schon viele Menschen mit Tränen in den Augen zu mir gekommen: „Joel, ich weiß, ich hätte nicht zulassen sollen, dass es in meiner Familie Konflikte gab. Ich weiß, ich hätte mehr Zeit mit meinen Angehörigen verbringen sollen. Ich weiß, ich hätte nicht so dickköpfig sein dürfen."

Ist es nicht erstaunlich, dass wir manchmal ziemlich genau wissen, was wir tun sollten, und es trotzdem nicht tun? Versuchen Sie, anders zu handeln. Seien Sie heute gehorsam, dann haben Sie später keinen Grund, Ihr Verhalten zu bereuen.

Victoria und ich haben 1987 geheiratet, und während der ersten Ehejahre versuchten wir, wie alle jungen Paare, zu lernen, wie wir miteinander leben konnten. Das Problem war, dass meine Frau nicht so lernte, wie ich mir das vorstellte. Wir hatten keine größeren Schwierigkeiten, nur kleineren Ärger hier und dort. Ich fing wegen irgendwelcher Dinge, die nicht wirklich wichtig waren, Streit an, war nicht kompromissbereit und wollte immer meinen Kopf durchsetzen.

Dann geschah etwas, das ich nie vergessen werde: Gott sprach zu mir – nicht laut, sondern tief in meinem Inneren. Er sagte: „Joel, wenn du dich nicht änderst und deinen Teil beiträgst, um den Frieden in deiner Familie zu wahren, dann wirst du eines

Tages das schöne Mädchen, das du geheiratet hast, nicht mehr wiedererkennen und dir zudem eine Menge Probleme aufhalsen." Das genügte. Gott sei Dank war ich klug genug, diese Warnung zu beachten. Wir hörten auf, über Kleinigkeiten zu streiten. Wir lernten, Kompromisse einzugehen und uns einander anzupassen. Heute haben wir eine tolle Beziehung und sind so glücklich, wie man sich nur vorstellen kann.

Vielleicht macht Gott Sie auf Aussagen Ihrerseits aufmerksam und ermahnt Sie, nicht so viele verletzende, sarkastische, kritische Dinge zu sagen. Sie haben eine schlechte Gewohnheit entwickelt, und Sie wissen tief in Ihrem Inneren, dass das Ihre Beziehung zerstört. Seien Sie nicht dickköpfig. Warten Sie nicht, bis die Alarmglocken schrillen, ehe Sie etwas verändern. In den meisten Fällen wird Gott uns nicht mit dem Baseballschläger auf den Kopf schlagen und sagen: „Hey, du zerstörst deine Ehe. Eines Tages wirst du allein dastehen und verletzt und traurig sein."

Nein, er spricht mit einer sanften, leisen Stimme. Wir müssen sensibel sein, aufmerksam auf sein Reden achten und dann tun, was auch immer er uns sagt, um unser Leben zu verändern.

Allzu oft versuchen wir, uns herauszureden. „Ja, ich weiß, ich sollte meine Frau besser behandeln. Ich weiß, ich kann ausgesprochen respektlos sein, aber sie ist mir gegenüber auch respektlos. Ich weiß, dass ich oft schlecht gelaunt bin. Ich weiß, dass es gar nicht so einfach ist, mit mir auszukommen, aber ich habe im Leben schon viel mitgemacht. Es ist einfach nicht fair."

Solche Ausreden führen dazu, dass wir dort stecken bleiben, wo wir gerade sind. Wollen wir weiterwachsen, müssen wir offen bleiben und die Dinge in Angriff nehmen, die Gott ans Licht bringt. Es kann etwas so Einfaches sein wie die Art und Weise, wie Sie mit Ihrer Frau reden, Ihr Tonfall, Ihre Körpersprache oder Ihr Gesichtsausdruck. Wenn Sie grob oder kurz angebunden oder zu direkt sind, verletzen Sie andere unter Umständen mit Ihren Worten – vor allem jemanden, der Sie liebt.

Wenn Sie jedoch auf Ihre innere Stimme hören, wenn diese zu Ihnen sagt: „Das ist nicht richtig. Du kannst es besser machen. Du kannst freundlicher sein", und ein paar einfache Veränderungen vornehmen, dann werden Sie sehen, wie diese Beziehung auf eine ganz neue Ebene kommt.

Ich kenne Menschen, die extrem eifersüchtig sind. Wenn sie jemanden sehen, dem es in jeder Hinsicht gut geht, dann freuen sie sich nicht mit ihm, sondern suchen nach Fehlern. Dabei könnte ihr Leben vielleicht ebenso erfolgreich und erfüllt sein, wenn sie bereit gewesen wären, den Preis dafür zu zahlen. Aber sie waren nicht gewillt, ihrem Gewissen zu folgen, die nötige Selbstdisziplin aufzubringen oder die Opfer zu bringen, die der erfolgreiche Mensch gebracht hat, um voranzukommen.

Jeder von uns kann sich zum Positiven verändern und mehr erreichen. Es gibt keine Grenzen für das, was Gott in Ihrem Leben tun kann, wenn Sie lernen, gehorsam zu sein und die Dinge in Ordnung zu bringen, auf die er Sie aufmerksam macht – auch die vermeintlichen Kleinigkeiten.

Vor einiger Zeit schaute ich mir einen Fernsehprediger an. Er ist ein netter Mensch und hat einen tollen Dienst aufgebaut. Aber während ich der Sendung folgte, begann ich, innerlich die Programmgestaltung zu kritisieren. Ich habe selbst viele Fernsehsendungen produziert, und so war es ganz natürlich, dass ich dachte: *Warum haben sie die Kamera dort positioniert? Dieser Hintergrund macht sich nicht gut. Er sollte diese Farbe lieber nicht tragen. Und die Scheinwerfer sind auch nicht richtig eingestellt.*

Innerhalb von Minuten fand ich ein Dutzend Dinge, die ich anders gemacht hätte. Etwa zu diesem Zeitpunkt vernahm ich die sanfte, leise Stimme, die sagte: „Sei nicht so kritisch, Joel. Schau auf das Gute. Schau auf das, was sie richtig machen. Schau auf all die Leute, die mithelfen."

Ich spürte, wie die Stimme mir mein Verhalten vor Augen hielt, aber es wäre ein Leichtes gewesen, das zu ignorieren. Niemand hätte es je erfahren. Aber ich habe gelernt, bereitwillig zu sagen: „Vater, vergib mir. Hilf mir, nicht mehr so kritisch zu sein. Hilf mir, es besser zu machen. Hilf mir, immer das Gute zu sehen."

Diese Erfahrung bot mir eine Gelegenheit, die nächsten Schritte in meiner persönlichen Entwicklung zu gehen. Gott zeigte mir etwas, das – obwohl es eine Kleinigkeit war – die Gefahr in sich barg, mich von seinem vollkommenen Weg abzubringen. Ich bin nicht perfekt, aber ich habe gelernt, mich solchen Dingen zu stellen. Ich habe gelernt, offen zu bleiben und nach Möglichkeiten Ausschau zu halten, wie ich mich verbessern kann. Ich weiß, dass Gott immer noch mehr für mich bereithält, und darum will ich keine Kompromisse schließen oder mich selbstzufrieden zurücklehnen.

Sie können sich im Leben vieles erlauben und damit durchkommen. Sie können sich mit den falschen Leuten umgeben und trotzdem in den Himmel kommen. Sie können Ihre Mitmenschen respektlos behandeln oder in Ihren geschäftlichen Angelegenheiten fünfe gerade sein lassen und trotzdem ein relativ angenehmes Leben führen. Aber mir geht es hier darum, wie Sie sich weiter positiv entwickeln können. Mir geht es darum, wie Sie das Potenzial ausschöpfen können, das Gott in Sie hineingesteckt hat.

Vielleicht spricht Gott mit Ihnen über Ihre Finanzen. Vielleicht leben Sie über Ihre Verhältnisse und geben mehr aus, als Sie sich leisten können.

Allzu oft haben wir uns etwas angeschafft, obwohl wir ein ungutes Gefühl dabei hatten. Wir haben ein Haus, ein Auto oder einen neuen supermodernen Fernseher gekauft, Dinge, die wir uns nicht leisten konnten oder nicht wirklich gebraucht haben. Die Alarmglocke schrillte schon, als wir den Kaufvertrag unterzeichnet oder die Kreditkarte gezückt haben, aber wir haben sie ignoriert, und jetzt sind wir finanziell in Bedrängnis.

Es ist viel besser, rechtzeitig zu gehorchen, denn dann bleiben Ihnen viele Probleme erspart. Das ist eines der wichtigsten Prinzipien, die Sie jemals lernen werden: Folgen Sie dem Weg des Friedens; hören Sie auf Ihr Gewissen; nehmen Sie die Dinge in Angriff, die Gott ans Licht bringt. Schieben Sie es nicht vor sich her. Je länger Sie es hinausschieben, desto schwieriger wird es.

Viele Menschen fragen sich, warum sie nicht rundum glücklich sind, warum sie nicht gesegnet und bei anderen uneingeschränkt beliebt sind, warum sie nachts nicht gut schlafen. Oft liegt es daran, dass unser Gewissen nicht rein ist. Wir können nicht Dinge in unserem Unterbewusstsein vergraben und erwarten, weiterzukommen und all das zu genießen, was Gott uns schenken will.

Als König David mit Batseba Ehebruch begangen hatte, versuchte er, es zu vertuschen. Er machte es aber noch schlimmer, indem er Batsebas Mann Uria an die Front schickte und dann seinem General befahl, seine Truppen zurückzuziehen, was Urias sicheren Tod zur Folge hatte. Ein ganzes Jahr lang tat David, als sei alles in bester Ordnung. Er lebte und regierte weiter, als sei nichts geschehen. Zweifellos dachte er: *Wenn ich mich nicht darum kümmere, wenn ich es ignoriere, macht es mir keinen Ärger. Es hat keine Auswirkung auf mich.*

Dieses Jahr war eines der schlimmsten in Davids Leben. Es ging ihm hundeelend. In der Bibel steht, dass er auch körperlich geschwächt war; er wurde krank und hatte alle möglichen Probleme. Genau das geschieht, wenn wir uns weigern, uns den Dingen zu stellen. Wir begeben uns aus Gottes Schutz heraus und verlieren seine Gunst. Wenn unser Gewissen uns verurteilt, sind wir mit uns selbst unzufrieden, und das lassen wir dann an anderen aus. Oft sind wir, genau wie David, schwach und niedergedrückt und führen ein mittelmäßiges Leben. Und all das nur wegen dieses Giftes in unserem Inneren.

Aber niemand von uns muss so leben. Unser Gott ist ein barmherziger Gott, der gerne vergibt. Wenn Sie einen Fehler machen, brauchen Sie es nicht zu vertuschen. Wenn Sie sich etwas zu Schulden kommen lassen, dann laufen Sie nicht vor Gott davon. Laufen Sie zu ihm hin!

Ein Jahr lang verschloss David die Augen vor seiner Schuld – bis Gott einen Propheten zu ihm sandte, der ihn auf seine Missetaten hinwies. Erst dann bekannte der König sein Verhalten und sagte: „Es tut mir leid, Gott. Bitte nimm meine Schuld von mir. Schenk mir ein Herz, das völlig dir gehört. Mach mich doch wieder froh."[36] Als David aufrichtig um Vergebung bat, richtete Gott ihn wieder auf. So bekam David seine Freude und seinen Frieden zurück und konnte wieder das Leben eines Menschen führen, der mit Gottes Hilfe alles bewältigen kann. Und obwohl er jämmerlich versagt hatte, gab Gott ihn nicht auf und tat große Dinge durch ihn.

Denken Sie einmal kurz darüber nach: David hätte durchaus auch auf seinem Verhalten beharren und von diesem Zeitpunkt an ein mittelmäßiges Leben führen können, wenn er sich geweigert hätte, sich diesem Problem zu stellen. Aber er entschied sich dafür, Veränderungen herbeizuführen, und Gott half ihm dabei.

Gibt es Dinge in Ihrem Leben, die Sie am liebsten unter den Teppich kehren würden? Wenn Sie damit zu Gott gehen und ihn um Vergebung bitten, kann er Ihnen wieder auf die Beine helfen. Dann hilft er Ihnen, wieder in seinen Plan für Ihr Leben hineinzufinden. Dann schenkt er Ihnen einen Neuanfang.

Beachten Sie dabei immer, dass Gott jeden von uns ganz individuell behandelt. Wir befinden uns alle auf unterschiedlichen Entwicklungsstufen, darum sollten wir uns auch nie mit anderen vergleichen. Wenn wir das tun, führt das oft dazu, dass wir ihr Verhalten als Rechtfertigung dafür gebrauchen, dasselbe zu tun. Vielleicht gehen alle Ihre Freunde ins Kino, um sich einen bestimmten Film anzusehen. Aber Sie haben die Rezension gelesen und haben ein ungutes Gefühl bei der Sache. Sie wissen, dass es nicht Gottes bester Plan für Sie wäre. Ihre innere Alarmglocke schrillt und Ihr Gewissen warnt sie: „Das ist unter deinem Niveau. Du solltest dich nicht freiwillig mit solchem Unsinn beschäftigen."

An dieser Stelle bietet sich Ihnen eine Gelegenheit, sich für das Richtige zu entscheiden. Sicher, Sie könnten versuchen, Ihr Gewissen zu beruhigen und zu sagen: „Ach, das schadet mir schon nicht. Ich bin stark, und außerdem, alle meine Freunde lieben Gott. Sie gehen auch in die Gemeinde. Sie sind gute Menschen. Und sie sehen sich den Film auch an."

Nein, vielleicht befinden sich Ihre Freunde auf einer anderen geistlichen Entwicklungsstufe als Sie. Oder vielleicht ignorieren sie Gottes leises Reden. Vielleicht könnte Gott sie mehr segnen, wenn sie beschließen würden, nicht länger nur ihren Wünschen nachzugeben. Sie müssen das tun, wovon Sie tief in Ihrem Herzen überzeugt sind. Es kostet Sie vielleicht ein paar Freundschaften. Es bedeutet vielleicht, dass Sie ein paar einsame Abende verbringen. Vielleicht können Sie auch nicht in einer Mannschaft spielen, die nach jedem Match durch die Kneipen zieht.

Denken Sie daran, dass alles, was Gott von Ihnen verlangt, zu Ihrem Besten dient. Und darüber hinaus gibt Gott uns, wenn er etwas von uns verlangt, auch immer die Kraft, es zu tun. Wenn Gott Sie bittet, jemandem zu vergeben, denken Sie vielleicht, dass Sie das nicht können. Aber wenn Sie im Vertrauen diesen Schritt gehen, wird Gottes Gnade da sein, um Ihnen zu helfen. Sie bekommen sie aber erst, wenn Sie aktiv geworden sind. Sie müssen den ersten Schritt gehen. Gott will diesen Glaubensschritt sehen – dann gibt er Ihnen seine übernatürliche Kraft, damit Sie alle Hindernisse überwinden können, die Sie davon abhalten wollen, das Richtige zu tun.

Glauben Sie mir, Gott hält Großartiges für Sie bereit. Bleiben Sie nicht im Alltagstrott stecken, und finden Sie sich nicht mit einem mittelmäßigen Leben, schlechten Gewohnheiten oder falschen Einstellungen ab. Achten Sie auf die sanfte, leise Stimme in Ihrem Inneren. Stellen Sie sich den Dingen, die Gott ans Licht bringt, und lernen Sie, sofort zu gehorchen. Denken Sie daran: Wie hoch Sie im Leben hinauskommen, hängt direkt davon ab, wie gehorsam Sie sind.

In der Bibel steht: „Je mehr einem Menschen anvertraut wird, desto mehr wird von ihm gefordert" (Lukas 12,48). Gott bereitet Sie auf Größeres vor. Er will Sie weiter bringen, als Sie je für möglich gehalten haben – also seien Sie nicht überrascht, wenn er Sie auffordert, höhere Maßstäbe an sich selbst anzulegen und entsprechend zu handeln.

Kapitel 26

Hören Sie auf Ihr Gewissen

Unser Gewissen wird auch oft als „Kompass der Seele" bezeichnet. Es funktioniert wie eine Art innere Überwachungskamera. Wenn Sie gerade etwas tun, das eigentlich nicht in Ordnung ist oder Ihnen Schwierigkeiten einbringen könnte, äußert sich das oft in einem unguten Gefühl. Ignorieren Sie diese Warnung nicht. Ihr Gewissen will Ihnen helfen zu erkennen, was richtig und was falsch ist. Einer der besten Freunde, die wir jemals haben können, ist unser Gewissen.

Wir könnten uns eine Menge Ärger und Kummer ersparen, wenn wir besser auf unser Gewissen hören würden. Ich bekomme oft zu hören: „Ich weiß, ich sollte das nicht tun, aber ..." Oder: „Ich weiß, ich sollte das nicht sagen, aber ..." Oder: „Ich weiß, ich sollte das nicht kaufen, aber ..."

Die Betreffenden wissen eigentlich genau, was sie tun sollten. Ihre Alarmglocke schrillt. Sie verspüren dieses ungute Gefühl, aber sie beschließen, nicht auf ihr Gewissen zu hören. Eines Tages werden sie zurückblicken und erkennen, dass Gott wieder und wieder versucht hat, sie vor etwas zu warnen.

Machen Sie also nicht den Fehler, sich über Ihr Gewissen hinwegzusetzen. Respektieren Sie es. Lernen Sie, es mit derselben Achtung zu behandeln, die Sie Ihrem Chef oder einer anderen Autoritätsperson entgegenbringen. Gott will Ihr Gewissen gebrauchen, um Sie zu leiten und Ärger von Ihnen fernzuhalten. Vielleicht unterhalten Sie sich mit Ihrem Ehepartner und die Situation spitzt sich zu. Sie merken, dass Sie aggressiv werden und den Wunsch verspüren, schwerere Geschütze aufzufahren, doch dann schrillt plötzlich diese innere Alarmglocke. Etwas in Ihrem Inneren sagt: „Lass es auf sich beruhen. Beiß dir auf die Zunge. Geh weg. Versuche, Frieden zu wahren."

Diese kleine Stimme ist Ihr Gewissen. Es will Sie davor bewahren, sich in Schwierigkeiten zu manövrieren. Diese kleine Stimme ist Gott, der Sie zu warnen versucht. Allzu oft setzen wir uns darüber hinweg und beschließen, unseren Kopf durchzusetzen. Wir brechen einen bösen Streit vom Zaun, steigern uns total in etwas hinein und ruinieren den Rest des Abends. Das Ganze hätte sich vermeiden lassen, wenn Sie darauf geachtet hätten, was Ihr Gewissen Ihnen sagen wollte.

Lernen Sie, sensibel auf diese kleine Stimme zu achten. Horchen Sie auf, wenn Ihr Gewissen sagt: „Lass das!" Verzichten Sie darauf, das letzte Wort zu haben. Achten Sie auf Ihr Bauchgefühl und setzen Sie sich nicht über Ihr Gewissen hinweg.

Mein Vater war einmal auf dem Weg zu einem Treffen, und weil er sehr spät dran war, fuhr er wesentlich schneller als erlaubt. Kurz vor der Autobahnauffahrt kam er an eine langgezogene Kurve. Gerade in diesem Augenblick schrillte seine innere Alarmglocke. Eine leise Stimme sagte: „Fahr langsamer. Hinter der Kurve steht die Polizei."

Mein Vater gestand später, dass er diese Warnung deutlich vernahm. Aber weil er so in Eile war, setzte er sich einfach darüber hinweg. Und tatsächlich: Hinter der Kurve stand ein Polizist mit einem Radargerät. Er winkte meinen Dad heraus. Als er sich dem Wagenfenster näherte, hatte Daddy ein breites Lächeln auf dem Gesicht. Er sagte: „Officer, das glauben Sie mir nie, aber Gott hat mir gesagt, dass Sie hier stehen."

Der Polizist sah meinen Vater an, als zweifle er an dessen Verstand. Er nahm Daddys Führerschein und ging zu seinem Streifenwagen. Nach ein paar Minuten kam er kopfschüttelnd zurück: „Hören Sie, Herr Pastor, ich lasse Sie weiterfahren, aber nächstes Mal, wenn Gott zu Ihnen spricht, sollten Sie auf ihn hören."

Setzen Sie sich nicht über Ihr Gewissen hinweg. Wenn Sie ein ungutes Gefühl bei etwas haben, dann halten Sie kurz inne, und achten Sie darauf, was Gott Ihnen sagen will. Vielleicht sind Sie mitten in einem Gespräch. Plötzlich schrillt Ihre Alarmglocke, und Sie wissen, dass Sie jetzt den Mund halten oder weggehen sollten. Ignorieren Sie diese Warnung Ihres Gewissens nicht. Vielleicht stehen Sie im Begriff, etwas zu kaufen oder zu essen, oder Sie sind gerade dabei, irgendwelche zweifelhaften Pläne zu schmieden, und plötzlich meldet sich Ihre innere Alarmglocke. Wenn Sie lernen, sensibel auf die Stimme Ihres Gewissens zu achten, wird Gott Sie vor Schwierigkeiten bewahren. Er wird Ihnen helfen, gute Entscheidungen zu treffen. Er kann Sie vor Gefahren beschützen.

Vor einiger Zeit traf ich Peter, einen jungen Mann, der einige Auftragsarbeiten für uns erledigt hat, und als ich ihn sah, hätte ich ihn fast nicht erkannt. Er sah aus, als hätte er einen Unfall gehabt. Sein Gesicht war aufgeschürft und voller blauer Flecken und er war am Arm genäht worden.

Ich sagte: „Was in aller Welt ist mit dir passiert, Peter? Hast du einen Verkehrsunfall gehabt oder so etwas?"

„Nein, Joel", entgegnete er. „Ich bin vor ein paar Tagen in meinem Auto überfallen worden."

„Was?"

„Ja, als ich von der Arbeit nach Hause fuhr, musste ich an einer Ampel anhalten. Da tauchten plötzlich diese Typen auf und zogen mich aus dem Wagen. Ich hatte keine Brieftasche dabei, also haben sie mich einfach zusammengeschlagen und liegen gelassen."

„Das ist ja schrecklich, Peter!"

„Ja, aber das Seltsame war: Als ich an diesem Abend nach Hause fuhr, sagte mir irgendetwas, dass ich nicht diesen Weg nehmen sollte. Tief hier drin" – Peter deutete auf seine Brust – „hat etwas gesagt: ‚Nimm lieber einen anderen Weg.' Das Gefühl war so stark, dass ich mich sogar ernsthaft mit diesem Vorschlag beschäftigt habe. Ich sagte zu mir selbst: ‚Ich nehme immer diesen Weg. Das ist der schnellste. Warum sollte ich einen anderen Weg fahren?'"

Dieser junge Mann war nicht religiös, aber er sagte: „Ich weiß, dass das Gott war, und er hat versucht, mich zu warnen. Ich weiß, das war Gott, der mich beschützen wollte." Er hielt inne, sah mich an und fügte hinzu: „Wenn ich doch auf ihn gehört hätte, Joel, dann wäre mir das hier erspart geblieben."

Bevor Sie sich in Schwierigkeiten manövrieren oder eine falsche Entscheidung treffen, wird Gott Ihnen immer eine Warnung zukommen lassen. In Ihrem Inneren wird eine Alarmglocke schrillen. Sie wird vielleicht nicht so eindringlich sein wie bei Peter, aber wenn Sie sensibel und aufmerksam sind, wird Gott Sie führen und Ihnen helfen, unnötigen Ärger zu vermeiden.

Die meiste Zeit wissen wir tief im Inneren, was wir tun sollten, aber allzu oft entscheiden wir uns einfach, es nicht zu tun. Bitte machen Sie sich bewusst: Immer, wenn Sie Ihr Gewissen ignorieren, wird es beim nächsten Mal leiser sprechen. Und das führt dann unter Umständen dazu, dass Sie die Stimme Ihres Gewissens völlig zum Schweigen bringen.

Vielleicht stehen Sie beispielsweise kurz davor, etwas Unhöfliches zu jemandem zu sagen, und plötzlich schrillt Ihre innere Alarmglocke. Sie haben ein ungutes Gefühl, als würde Ihnen etwas sagen, dass Sie sich lieber auf die Zunge beißen sollen. Wenn Sie diesen Hinweis ignorieren und beschließen, sich darüber hinwegzusetzen, werden Sie hinterher ein schlechtes Gewissen haben. Wenn Sie sich jetzt nicht besinnen, zu der betreffenden Person gehen und sich entschuldigen, dann wird die Stimme das nächste Mal, wenn Sie in diese Situation geraten, ein bisschen leiser sprechen. Und irgendwann haben Sie sich so oft über Ihr Gewissen hinweggesetzt, dass es sich gar nicht mehr meldet.

Vor einiger Zeit lernte ich einen Mann kennen, dessen Familie in einem anderen Land lebt, während er seit mehreren Jahren bei einer Niederlassung seiner Firma in den USA beschäftigt ist. Er erzählte mir, dass er eine intime Beziehung mit einer anderen Frau angefangen hatte. Das Verhältnis dauerte nun schon einige Jahre an, aber er hatte schreckliche Schuldgefühle. Er sagte: „Mir geht's wirklich schlecht, Joel. Ich weiß, dass diese Beziehung nicht in Ordnung ist. Ich will mich wirklich ändern, aber ich scheine es einfach nicht zu können."

„Sie befinden sich in einer interessanten Situation", erwiderte ich. „Sie sind die Ausnahme, denn den meisten Leuten, die sich so lange über ihr Gewissen hinweggesetzt haben, macht es nichts mehr aus. Sie empfinden überhaupt nichts mehr dabei."

„Wirklich?", fragte er. „Was sollte ich Ihrer Ansicht nach tun?"

„Zunächst einmal sollten Sie Gott dafür danken, dass Sie immer noch ein Gewissen haben und die Sache Sie immer noch belastet."

Dann ermutigte ich ihn, die nötigen Schritte zu unternehmen, solange das ungute Gefühl noch anhielt.

Wenn wir merken, dass wir nicht mehr so sensibel für Gottes Reden sind, sollte uns das zu denken geben – vor allem, wenn wir uns so lange falsch verhalten haben, dass es uns gleichgültig geworden ist und wir es nicht länger für falsch halten. Wenn wir sozusagen auf diesem Ohr taub geworden sind. Darum sollten wir jeden Tag beten: „Gott, hilf mir, für dein Reden weiterhin offen zu bleiben. Lass mich in keinem Bereich meines Lebens abstumpfen und kalt oder taub werden – nicht, was meine Einstellungen oder die Art und Weise betrifft, wie ich andere behandle, oder in dem, was ich sage oder tue. Hilf mir, Gott, ein empfindsames Gewissen zu behalten."

Glauben Sie mir, Gott belohnt Gehorsam. Leben Sie so, wie Gott dies möchte. Setzen Sie sich nicht über Ihr Gewissen hinweg. Wenn Sie ehrlich zu sich selbst sind und wirklich den Wunsch verspüren, sich zu ändern, wird Gott Ihnen dabei helfen. Es ist besser, vorübergehend ein paar Unannehmlichkeiten in Kauf zu nehmen, als 20 oder 30 Jahre lang ein wenig zufriedenstellendes Leben zu führen.

Ich habe herausgefunden, dass uns gehorsam zu sein leichter fällt, je gehorsamer wir sowieso schon sind. Gehorsam bringt Gehorsam hervor. Leider trifft auch das Gegenteil zu. Ungehorsam zieht mehr Ungehorsam nach sich. Folglich können Sie die Empfindsamkeit Ihres Gewissens entweder steigern oder schwächen. Jedes Mal, wenn Sie gehorsam sind, wird Ihr Gewissen ein bisschen sensibler. Sie können so sensibel werden, dass Sie schon beim ersten Anzeichen eines unguten Gefühls aufmerken und die nötigen Schritte unternehmen. Gott wünscht sich, dass wir solche Menschen werden: Wenn wir die sanfte, leise Stimme hören, wenn wir den ersten kleinen Hinweis spüren, reagieren wir sofort und nehmen gegebenenfalls Kurskorrekturen vor.

Um es noch einmal zu wiederholen: Wenn Ihr Leben vom Gehorsam geprägt ist, werden Gottes Segnungen Sie regelrecht verfolgen und einholen. Wenn Sie gehorsam sind, wird Gott Sie mit Gutem förmlich überschütten.

Gott erwartet nicht von Ihnen, dass Sie sich über Nacht verändern. Er wird nicht enttäuscht sein oder Sie abschreiben, wenn es Ihnen nicht gelingt, innerhalb von einer Woche Ihr ganzes Leben umzukrempeln. Nein, alles, was er verlangt, ist, dass Sie nicht stehen bleiben. Er möchte nicht, dass Sie im kommenden Jahr noch da sind, wo Sie heute stehen. Er will Sie auf seine eigene Weise führen, und wenn Sie sensibel sind und sich bemühen, jederzeit auf Ihr Gewissen zu hören, wird er sich über Sie freuen und Ihnen seine Segnungen in noch stärkerem Ausmaß zuteil werden lassen.

Gott holt uns da ab, wo wir sind. Ich muss nicht mit Ihnen Schritt halten und Sie müssen nicht mit mir Schritt halten. Ich muss nur dem gehorchen, was mein Herz mir zeigt. Ich kenne die Bereiche, auf die Gott mich am häufigsten anspricht, und ich tue mein Bestes, um nicht so zu handeln, dass mein Gewissen sich meldet. Und dazu möchte ich Sie auch ermutigen.

Ein Kommilitone von mir war immer ausgesprochen unhöflich. Manchmal war er regelrecht grob. Eines Tages waren wir mit ein paar Studienfreunden in einem Restaurant und der Kellner brachte die Bestellung meines Bekannten durcheinander. Dieser rastete daraufhin regelrecht aus. Er überschüttete den Kellner mit Vorwürfen und stellte ihn vor uns allen bloß.

Als wir wieder im Wohnheim waren, kam mein Freund nach etwa einer Stunde in mein Zimmer und fragte mich, ob er sich mein Auto ausleihen könnte.

Ich entgegnete: „Sicher, aber wo willst du denn so spät noch hin?"

„Ich fühle mich schrecklich, Joel", erwiderte er. „Ich habe den Kellner so schlecht behandelt und ich kann einfach nicht einschlafen."

Dieser junge Mann änderte sich im Laufe dieses Jahres. Er, der hart, kalt und grob gewesen war, wurde zu dem nettesten, rücksichtsvollsten Menschen, den Sie sich nur vorstellen können. Gott wird auch Ihnen helfen, sich zu ändern, wenn Sie bereit sind, mit ihm zusammenzuarbeiten.

Keiner von uns ist vollkommen. Wir machen alle Fehler, aber wir können lernen, auf unser Gewissen zu hören. Wir brauchen die innere Größe zu sagen: „Es tut mir leid, ich habe dich nicht gut behandelt, ich werde es nächstes Mal besser machen." Wenn Sie sensibel sind und sich bemühen, auf Ihr Gewissen zu hören, gibt es keine Grenzen für das, was Gott in Ihrem Leben tun kann. Wenn Sie jedoch ein schlechtes Gewissen haben, fühlen Sie sich nicht wohl in Ihrer Haut. Sie sind nicht glücklich. Sie wagen es nicht, mutig zu beten. Sie haben Schuldgefühle. Sie erwarten nicht, dass Ihnen Gutes widerfährt, und meist passiert es auch nicht.

Wenn Sie sich in einer solchen Situation befinden, gibt es im Grunde nur eines, das Sie tun können: Gehen Sie zurück und bringen Sie die Sache in Ordnung. Überwinden Sie möglichst schnell Ihren Stolz. Entschuldigen Sie sich bei den Menschen, die Sie verletzt haben. Leben Sie nicht mit einem belasteten Gewissen.

Vielleicht müssen Sie auch sagen: „Gott, es tut mir leid. Bitte vergib mir, dass ich dieser Person so ablehnend gegenüberstand."

Wenn Sie das tun, wird Ihr Gewissen sich entspannen. Die Last wird von Ihnen genommen. Sie können wieder gut schlafen. Und nicht nur das – Gott wird Ihnen helfen, es das nächste Mal besser zu machen.

Vor Jahren kam mein Vater einmal nach einem Gottesdienst in den Technikbereich. Ich saß dort mit vier oder fünf Mitarbeitern zusammen, und als mein Dad hereinkam, lachten wir und amüsierten uns königlich. Es war gerade etwas wirklich Lustiges vorgefallen. Aus irgendeinem Grund dachte mein Vater, wir würden uns über ihn lustig machen, aber es hatte überhaupt nichts mit ihm zu tun.

Nun war mein Vater normalerweise ein sehr freundlicher, mitfühlender Mensch, aber dieser Vorfall schien ihn in Rage zu bringen. Er begann, uns herunterzuputzen, was uns denn einfiele, uns über andere lustig zu machen, dass sich so etwas nicht gehöre und so weiter und so weiter.

„Daddy, das hatte überhaupt nichts mit dir zu tun. Es ging um etwas ganz anderes", warf ich ein, aber er war nicht bereit, mir zuzuhören.

Er ging und natürlich fühlten meine Mitarbeiter und ich uns wegen dieses Missverständnisses ziemlich mies. Als ich ein paar

Stunden später nach Hause kam, kam mein Vater in mein Zimmer.

„Ich muss mit dir reden, Joel", sagte er. „Ich habe heute Abend Mist gebaut. Ich weiß, dass ich unrecht hatte. Ich weiß, dass ich einen Fehler gemacht habe, und ich bitte dich, mir zu vergeben. Ich möchte mich bei dir entschuldigen." Bevor ich nach Hause gekommen war, hatte mein Dad jeden einzelnen der anderen jungen Männer angerufen und sich bei ihnen ebenfalls entschuldigt. Es muss beinahe Mitternacht gewesen sein, aber er wollte nicht mit diesem bedrückenden Gefühl zu Bett gehen.

Sie können sich sicher lebhaft vorstellen, dass mir das sehr imponierte! Und den anderen jungen Männern auch! Mein Vater war der Chef, aber er war nicht zu stolz, zuzugeben, dass er einen Fehler begangen hatte und sich entschuldigen musste. Sehen Sie, mein Vater hatte ein sehr sensibles Gewissen. Kein Wunder, dass Gott ihn so gesegnet hat. Kein Wunder, dass Gott ihn in so eindrucksvoller Weise gebraucht hat.

Wenn wir uns ein so sensibles, reines Herz bewahren und lernen, schnell gehorsam zu sein, schnell zu vergeben, schnell um Verzeihung zu bitten und schnell unsere Haltung zu ändern, dann wird Gott sich über uns freuen.

Bemühen Sie sich darum, mit einem reinen Gewissen durchs Leben zu gehen. Wie wichtig das ist, darauf wies Jesus hin, als er sagte: „Dein Auge ist das Fenster deines Körpers" (Matthäus 6,22; NL). Ihr Gewissen ist Ihr „geistliches" Auge. Dann fährt Jesus fort: „Ein klares Auge lässt das Licht bis in deine Seele dringen." Mit anderen Worten: Wenn Ihr Gewissen rein ist, macht das Leben mehr Spaß. Sie werden glücklich sein. Sie werden eine positive Sicht Ihrer Zukunft haben und unter dem Segen Gottes leben.

> Wenn Ihr Gewissen rein ist, macht das Leben mehr Spaß.

Der nächste Vers beschreibt dann den Zustand, in dem viele Menschen heutzutage leben: „Wie groß muss diese Finsternis sein, wenn statt des Lichtes in dir nur Dunkelheit ist!" Viele Menschen leben mit einem Gefühl der Bedrückung, das alles andere ständig überschattet. Sie haben ein ungutes Gefühl und irgendetwas bereitet ihnen immer Probleme. Sie sind einfach nicht glücklich. Das Problem ist, sie haben kein reines Gewissen. Sie haben Gottes Warnungen zu lange ignoriert. Sie sind in bestimmten Bereichen hart und kalt geworden.

Daran wird sich erst etwas ändern, wenn Sie die nötigen Änderungen vornehmen. Wenn es Dinge gibt, die Sie tun, obwohl Sie genau wissen, dass Sie sie *nicht* tun sollten, dann hören Sie auf damit. Oder wenn es Dinge gibt, die Sie *nicht* tun, obwohl Sie wissen, dass Sie sie tun *sollten*, dann nehmen Sie sie endlich in Angriff. Wie schon gesagt, es muss nichts Großes sein. Sie leben vielleicht nicht mit einer „schlimmen" Sünde, aber Gott möchte, dass Sie Ihre Einstellung ändern, dass Sie mehr Zeit mit Ihren Kindern verbringen oder sich gesünder ernähren. Was es auch ist, beschließen Sie, aufmerksamer auf die Stimme Ihres Gewissens zu achten und ihr sofort zu gehorchen. Dann werden Sie dieses Gefühl der Bedrückung loswerden. Ich finde gut, was Paulus zu den Männern des Hohen Rates sagte, als diese ihn anklagten: „[…] ich habe immer so gehandelt, dass ich mir vor Gott nicht das mindeste vorzuwerfen habe, und das bis zum heutigen Tag" (Apostelgeschichte 23,1).

Das sollte auch unser Ziel sein. Wenn unser Gewissen rein ist, brauchen wir auch keine Schuldgefühle zu haben. Wenn wir ein reines Gewissen haben, können wir ein glückliches, zufriedenes Leben führen. Selbst wenn andere versuchen, uns wegen irgendetwas Vorhaltungen zu machen: Diese Worte werden dann einfach an uns abprallen.

Manchmal wirft mir jemand vor: „Warum machst du nicht mehr dies oder mehr jenes, Joel?"

Ich weiß, dass ich nicht vollkommen bin, aber ich weiß auch: Ich habe Gott gegenüber ein reines Gewissen. Ich weiß, dass ich alles tue, um ihm zu gefallen. Darum kann ich nachts gut schlafen. Darum kann ich gelassen zu Bett gehen. Darum kann ich ein Lächeln auf dem Gesicht haben.

Üben Sie sich darin, auf die Stimme Ihres Gewissens zu hören, und Sie werden feststellen: Je besser Ihnen das gelingt, desto besser und schöner wird Ihr Leben.

Kapitel 27

Packen Sie das Problem an der Wurzel

Ich hörte mal von einem Mann, der mehrere Pferde besaß. Eines Tages trat eines der Tiere gegen einen Holzzaun und zog sich eine böse Schürfwunde am Bein zu. Der Besitzer brachte das Pferd zum Stall, reinigte die Wunde und bandagierte das verletzte Bein. Nach ein paar Wochen stellte er fest, dass die Wunde dem Tier immer noch zu schaffen machte. Er holte einen Tierarzt, und nachdem dieser das Pferd untersucht hatte, verschrieb er ihm ein paar Antibiotika.

Der Zustand des Tieres begann sich umgehend zu bessern; es sprach offenbar äußerst positiv auf die Medikamente an. Nachdem jedoch ein, zwei Monate vergangen waren, musste der Besitzer feststellen, dass die Wunde immer noch nicht verheilt war; die Verletzung schien sich sogar noch verschlimmert zu haben. Also verschrieb der Tierarzt dem Pferd erneut Antibiotika.

Auch diesmal reagierte das Tier positiv und war ein paar Wochen lang beschwerdefrei, aber dann wiederholte sich die Geschichte. Die Wunde wollte einfach nicht heilen. Schließlich lud der Besitzer das Pferd auf seinen Anhänger und fuhr mit ihm zur Klinik des Tierarztes. Er wusste, dass er herausfinden musste, warum diese Verletzung nicht heilte. In der Klinik gab der Tierarzt dem Pferd eine Narkose und begann, die Wunde zu sondieren. Als er tief genug eingedrungen war, entdeckte er einen großen Holzsplitter, der sich tief unter der Hautoberfläche ins Fleisch eingegraben hatte, als das Pferd vor vielen Monaten gegen den Zaun getreten hatte. Der Tierarzt begriff, dass die Infektion, die dieser Fremdkörper verursachte, jedes Mal zurückgekehrt war, wenn die Antibiotika abgesetzt wurden. Sie hatten zwar die Symptome behandelt, nicht jedoch das Problem, das den Schmerzen des Tieres zugrunde lag.

Wir handeln oft ähnlich, wenn wir Dinge nur oberflächlich in Ordnung bringen: „Ich will mein Verhalten bessern. Ich werde einfach neue Saiten aufziehen. Ich werde versuchen, netter, freundlicher und liebevoller zu sein. Ich werde nicht mehr so viel Geld ausgeben und keine Schulden mehr machen. Ich werde andere nicht länger manipulieren. Ich werde nicht mehr aufbrausend und wütend sein." Es ist toll, wenn wir versuchen, uns zu bessern, aber oft beschäftigen wir uns nicht mit der eigentlichen Ursache des Übels. Wie sehr wir uns auch bessern wollen, das Problem kommt immer wieder zurück, und es scheint, als könnten wir unser negatives Verhalten nicht endgültig ablegen.

Es ist normalerweise einfacher, Ausreden für unser Verhalten zu finden, anderen die Schuld zuzuschieben und uns zu rechtfertigen. Aber wenn wir das Beste haben wollen, das Gott für uns bereithält, müssen wir lernen, Verantwortung für unsere Gedanken, unsere Worte, unsere Einstellung und unser Handeln zu übernehmen.

Viel zu vielen Menschen gelingt es einfach nicht, wirklich in sich zu gehen und ehrlich zu sich selbst zu sein. Sie dringen nicht zur Wurzel des Problems vor. Sie beschäftigen sich nur mit der „Frucht", mit den oberflächlichen Fragen. Sie sind vielleicht Berufspessimisten oder haben Probleme im zwischenmenschlichen Bereich. Vielleicht leiden sie unter mangelnder Selbstachtung, ernsthaften finanziellen Schwierigkeiten oder anderen chronischen Problemen. Sie versuchen, ihr Verhalten zu bessern – und das ist natürlich auch sehr wichtig –, aber oft sind ihre Bemühungen nur vorübergehend von Erfolg gekrönt, weil sie sich weigern, sich mit den schlechten Wurzeln zu befassen. Folglich bringen sie weiterhin schlechte Frucht hervor.

In der Bibel steht, wir sollen nicht zulassen, dass „giftige Wurzeln"[37] wachsen, die unser ganzes Leben verunreinigen. Stellen Sie sich vor, in Ihrem Garten gäbe es Unkraut. Sie können dieses Unkraut herausreißen, aber wenn Sie es nur an der Oberfläche abschneiden, packen Sie das Problem nicht an der Wurzel. Wenn Sie nach ein paar Tagen in Ihren Garten schauen, ist es wieder da.

Wenn Sie sich eine bleibende Veränderung zum Guten wünschen, müssen Sie tiefer graben und nicht nur auf das schauen, was Sie sehen, sondern sich fragen: „Was ist die Wurzel dieses Problems? Warum verhalte ich mich so? Warum habe ich in diesem Bereich einfach keine Selbstkontrolle? Warum fühle ich mich so schnell angegriffen? Warum habe ich das Gefühl, dass ich mich immer allen beweisen muss?"

Nur wenn Sie zur Wurzel vordringen und sich mit der Ursache des Problems beschäftigen, können Sie wirklich etwas ändern.

Wir müssen die Bereiche, in denen wir ständig Probleme haben, sorgfältig unter die Lupe nehmen. Trägt unser Ehepartner wirklich die Schuld an den Streitigkeiten? Sind es wirklich unsere Umstände, unsere Erziehung oder unser Umfeld? Oder könnte es sein, dass wir etwas tief in uns tragen, das uns stets von Neuem „infiziert"?

Dies ist vor allem im Bereich unserer Beziehungen wichtig. Viele Menschen tragen eine Wurzel der Ablehnung in sich, weil sie in der Vergangenheit verletzt wurden. Jemand hat ihnen Unrecht zugefügt, und statt diese Sache auf sich beruhen zu lassen, halten sie daran fest. Diese Bitterkeit vergiftet nun ihr ganzes Leben.

> Nur wenn Sie zur Wurzel vordringen und sich mit der Ursache des Problems beschäftigen, können Sie wirklich etwas ändern.

Ich kenne Menschen, die eine Wurzel der Unsicherheit in sich tragen, die dazu führt, dass sie sich ständig angegriffen fühlen. Sie versuchen, sich fortwährend zu beweisen. Solange sie diese schlechte Wurzel in sich tragen, werden sie auch weiterhin schlechte Frucht hervorbringen.

Oft erscheint es uns so, als könnten wir mit einem bestimmten Menschen einfach nicht auskommen, und wir sind sicher, dass es die Schuld des oder der anderen ist. Wir sind sicher, es liegt an unserem Ehepartner. Wir sind sicher, es liegt an unserem Chef oder unseren Kollegen. Aber Moment mal: Könnte es nicht sein, dass Sie selbst das Problem sind? Könnte es nicht sein, dass Sie eine Wurzel des Stolzes in sich tragen, die Sie daran hindert, anderen zu vergeben oder die Dinge einmal aus einem anderen Blickwinkel zu sehen? Wir können versuchen, all diese Dinge rein oberflächlich zu korrigieren, aber das ist so, als würden wir nur einen neuen Verband um das Bein des Pferdes wickeln. Solange wir die wahre Ursache nicht beseitigen, wird das Problem wiederkehren.

Shawna und Andy hatten ständig Probleme in ihrer Ehe, vor allem, was die Kommunikation betraf. Jedes Mal, wenn sie miteinander redeten und Andy in irgendeinem Punkt nicht Shawnas Meinung war, fühlte sie sich sofort angegriffen. Sie brach in Tränen aus, wurde wütend, und sie bekamen unweigerlich Streit.

„Warum kannst du nicht einfach akzeptieren, dass ich manchmal anderer Meinung bin?", erkundigte sich Andy. „Warum musst du dich so aufregen, wenn ich mal etwas anders sehe als du? Hast du nie gehört, dass einer von beiden überflüssig ist, wenn ein Ehepaar in jedem Punkt einer Meinung ist?"

Shawna wusste nicht, was sie darauf entgegnen sollte, aber sie reagierte weiterhin überzogen, wenn Andy mal wieder eine andere Meinung vertrat. Das ging jahrelang so weiter und die Spannungen belasteten ihre Ehe sehr.

Eines Tages beschloss Shawna, sich mit der Ursache ihres Problems zu beschäftigen. Sie setzte sich ehrlich mit ihren wahren Gefühlen auseinander und begriff schließlich, warum sie sich so schnell angegriffen fühlte: Sie war extrem unsicher. Sie hatte in ihrem Leben schon viel Kummer erlebt und war oft verletzt worden. Sie hatte in einer früheren Beziehung ein vernichtendes Ausmaß an Ablehnung erfahren. Und nun hatte sie jedes Mal, wenn Andy eine andere Meinung vertrat, das Gefühl, er würde sie ablehnen. Statt zu akzeptieren, dass sie eben in einigen Punkten unterschiedliche Ansichten vertraten, nahm Shawna es persönlich. Sie versuchte, Andy zu kontrollieren und zu manipulieren, damit es gar nicht erst zu Spannungen kommen konnte.

Shawna begriff, dass die wahre Ursache des Problems nicht darin bestand, dass sie nicht kommunizieren konnten; es war ihre eigene Unsicherheit. Sie veränderte sich zwar nicht über Nacht, aber als Shawna anfing, sich diesen Gefühlen zu stellen, und Gott um Hilfe bat, begannen sich die Dinge nach und nach zu ändern. Allmählich besserte sich ihre Beziehung, aber das war nur möglich, weil sie zur Wurzel des Problems vorgedrungen war. Als sie sich mit der schlechten Wurzel auseinandersetzte, löste sich das Problem der schlechten Frucht letztlich von selbst.

Wir müssen begreifen, dass die meisten unserer Probleme tiefer liegende Wurzeln haben. Doch wir wundern uns nur darüber, dass verschiedene Dinge uns negativ beeinflussen, und versuchen, das Problem dadurch in den Griff zu bekommen, dass wir uns mit der Frucht beschäftigen. Und das läuft oft auf einen jahrelangen, aussichtslosen Kampf gegen Windmühlenflügel hinaus.

Die Israeliten hatten ein ähnliches Problem. Sie zogen 40 Jahre lang durch die Wüste, die zwischen Ägypten und dem verheißenen Land lag – eine Reise, die normalerweise nur elf Tage gedauert hätte. Die Wurzel ihres Problems, der Grund für all die Umwege, war, dass sie sich in eine Opferrolle geflüchtet hatten. Natürlich waren sie während der letzten Phase ihres Aufenthaltes in Ägypten schrecklich behandelt worden; sie hatten während der Sklaverei viel Ungerechtigkeit erfahren und viel Schmerzliches erlebt. Die Erinnerungen an dieses Leid ließen sie jedoch auch dann nicht los, als Gott sie auf wunderbare Weise befreit hatte. In der Wüste warfen sie ihm stattdessen vor, dass sie nicht genügend Nahrung und Wasser hätten. Sie beklagten sich über ihre Vergangenheit und über das Essen und sorgten sich wegen ihrer Feinde. Sie kamen nie auf den Gedanken, dass sie selbst ein Teil des Problems sein könnten. Wegen ihres mangelnden Glaubens zogen sie jahrelang um denselben Berg, ohne wirklich voranzukommen.

Vielleicht sitzen auch Sie schon viel zu lange an demselben Fleck fest. Vielleicht sind Sie in Ihrer Ehe oder in Ihrem Beruf in eine Sackgasse geraten. Vielleicht stecken Sie tief in Schulden oder Sie sind in einem Sumpf von negativen Einstellungen gefangen. Vielleicht ist mit Ihnen schwer auszukommen, weil Sie sich ständig angegriffen fühlen oder andere fortwährend kritisieren.

Es ist Zeit, dass Sie etwas dagegen unternehmen! Bitten Sie Gott, Ihnen die Wahrheit über sich selbst zu zeigen: „Ich möchte nächstes Jahr um diese Zeit nicht mehr an diesem Fleck stehen. Wenn es Dinge gibt, die mich am Fortkommen hindern, zeig sie mir bitte. Hilf mir, mich zu verändern, Vater. Hilf mir, zur Wurzel meiner Probleme vorzudringen."

Gott klopft an alle Türen in unserem Herzen – auch an die zu den Räumen, zu denen wir ihm bislang den Zutritt verwehrt haben. Aber er wird nur dann eintreten, wenn wir ihm die Tür öffnen und ihn einladen, denn die Türklinke befindet sich innen. Es kommt vor, dass wir Gott in manche Räume unseres Herzens hineinlassen, ihn jedoch aus anderen aussperren. Diese Erfahrung habe ich selbst auch schon gemacht. Vielleicht sind Dinge in diesen Räumen verborgen, die uns wehtun oder uns peinlich sind. In manchen von ihnen verstecken wir die Wunden und Verletzungen der Vergangenheit sowie unsere Fehler und Schwächen. Statt diese Probleme ans Licht zu holen und den Dreck aus den dunklen Ecken zu kehren, halten wir diese Räume verschlossen. Wir finden Entschuldigungen für unser Verhalten; wir geben anderen die Schuld – manchmal sogar Gott.

„So bin ich halt", sagt vielleicht jemand.

Gott klopft weiter. Wenn wir zur Ursache vordringen wollen, müssen wir in unser Inneres schauen. Wir müssen Gott erlauben, mit dem Scheinwerfer seines Wortes in alle Winkel unseres Herzens hineinzuleuchten. Wenn wir negative Gefühle hegen, sollten wir sie nicht verstecken und in einem dieser Räume vergraben. Stattdessen sollten wir so ehrlich sein und fragen: „Gott, warum empfinde ich so?" – „Warum kann ich nicht mit meinem Mann/meiner Frau zurechtkommen?" – „Warum versuche ich, alle zu manipulieren?" – „Gott, warum habe ich bloß das Gefühl, ich muss immer meinen Willen durchsetzen?" – „Warum verliere ich so schnell die Fassung?" Wenn Sie ehrlich und bereit sind, sich der Wahrheit zu stellen, statt sich hinter Ausreden zu verstecken, wird Gott Ihnen einige Antworten auf diese Fragen zeigen. Wenn Sie beginnen, diese Wahrheiten auch in Ihrem Leben umzusetzen, werden Sie sich weiterentwickeln.

Wenn Sie zu den eher ungeduldigen Zeitgenossen gehören, dann seien Sie ehrlich genug zu sagen: „Gott, zeig mir, warum ich so ungeduldig bin. Und dann hilf mir bitte, dieses Problem zu lösen."

Wenn Sie auf jemanden sauer sind oder andere immer wieder kritisieren oder Fehler suchen, sollten Sie als Erstes beten: „Bitte,

Gott, zeig mir, warum ich diesen Menschen nicht mag. Bin ich eifersüchtig darauf, dass sie diese tolle Arbeitsstelle hat, oder eifersüchtig, weil er so viel Geld oder Begabungen besitzt? Gott, bitte zeig mir die Wahrheit über mich selbst. Ich will kein weiteres Jahr um diesen Berg herumziehen. Ich möchte höher hinauskommen. Ich möchte in mein verheißenes Land einziehen."

Sorgen Sie dafür, dass Sie kein überflüssiges Gepäck mit sich herumschleppen. Wenn es Bereiche in Ihrem Leben gibt, in denen Sie fortwährend Schwierigkeiten haben, dann bitten Sie Gott, Ihnen zu zeigen, was Sie behindert. Fragen Sie ihn, ob es irgendwelche giftigen Wurzeln gibt, die Sie ausreißen müssen. Und wenn Gott etwas ans Licht bringt, dann haben Sie auch den Mut, sich damit auseinanderzusetzen.

Sie können glücklicher sein, Sie können bessere Beziehungen pflegen, Sie können von allem frei werden, was Sie behindert, aber Sie müssen Ihren Teil dazu beitragen. Seien Sie ehrlich und sehen Sie der Wahrheit über sich selbst ins Auge. Machen Sie es nicht so wie die Israeliten in den Jahren nach der Sklaverei in Ägypten – schieben Sie die Schuld an Ihren Fehlern nicht anderen in die Schuhe.

Ich weiß, dass es schmerzhaft sein kann, diese Wurzeln auszureißen. Es wäre viel einfacher, sich auf die oberflächlichen Zeichen zu konzentrieren und den Status quo aufrechtzuerhalten. Einfach wäre es, Veränderungen zu vermeiden. Es kann mit Schmerzen verbunden sein, wenn man sich weiterentwickeln will. Es ist unangenehm, ehrlich zu sein und Probleme wirklich in Angriff zu nehmen. Es kann unangenehm sein, eine Kränkung zu vergeben, wenn jemand uns Unrecht getan hat. Es ist manchmal schwer zuzugeben: „Ich halte an meiner Verbitterung fest" oder: „Ich fühle mich angegriffen, weil ich so unsicher bin" oder: „Andere haben es schwer mit mir, weil ich all das Gepäck aus meiner Vergangenheit mit mir herumschleppe." Es kann auch passieren, dass Sie, wenn Sie die äußeren Schichten abgetragen haben und wirklich ehrlich werden, ein bisschen unter Druck geraten. Bitte machen Sie sich bewusst, dass diese Unannehmlichkeiten vorübergehen werden. Es sind Wachstumsschmerzen, und sobald Sie über einen bestimmten Punkt hinaus sind, werden Sie merken, dass Sie sich wirklich weiterentwickelt haben. Der mit der Veränderung verbundene Schmerz ist viel kleiner als der Schmerz, den man ertragen muss, wenn man die Mittelmäßigkeit und die Unzufriedenheit nie hinter sich lässt.

Vielleicht haben Sie sich Jahr für Jahr im Kreis bewegt und sind nicht wirklich glücklich. Nehmen Sie Ihren Mut zusammen und sagen Sie ehrlich zu Gott: „Zeig mir, woran es liegt. Verlasse ich mich darauf, dass andere mich glücklich machen? Habe ich unrealistische Erwartungen? Habe ich mich darauf versteift, dass ich erst dann glücklich sein kann, wenn ich verheiratet bin? Lasse ich zu, dass meine Umstände mir Grenzen setzen? Gott, bitte zeig mir die Wahrheit über mich selbst."

Vor nicht allzu langer Zeit erzählte mir jemand, dass er sich jedes Mal schuldig fühlte, wenn er sich Zeit nahm, um seine Seele baumeln zu lassen. Er hatte ein schlechtes Gewissen, so als hätte er etwas Falsches getan. Im Laufe der Jahre vergrub er sich immer mehr in seine Arbeit. Er wurde ein Workaholic und nahm sich keinerlei Zeit mehr für sich selbst und für seine Familie. Sein Leben geriet zunehmend aus dem Gleichgewicht. Und all dies nur wegen seiner Schuldgefühle. Dies ging Jahr für Jahr so weiter, bis er eines Tages beschloss, ehrlich zu sein und Gott in diesen bislang verschlossenen Raum seines Herzens hineinzulassen: „Gott, warum empfinde ich so? Warum fühle ich mich schuldig, wenn ich einfach nur ein bisschen Spaß haben will – wenn ich es genießen will, mit meiner Familie zusammen zu sein?"

Ihm wurde bewusst, dass sein Vater in seiner Kindheit sehr streng zu ihm gewesen war. Er stammte aus einer Soldatenfamilie, und sein Vater hatte nicht zugelassen, dass seine Kinder zu Hause Spaß hatten. Alles war ernst. Er wusste gar nicht, was es bedeutete, eine normale Kindheit zu haben. Man brachte ihm bei, zu arbeiten und ernst zu sein; spielen durfte er so gut wie nie. Nun, da er selbst erwachsen war, erkannte er, dass er wie sein Vater geworden war. Die Gedanken, Einstellungen und Gewohnheiten, die er in seiner Kindheit erlernt hatte – sie waren zwar nicht gut, aber sie waren alles, was er je gelernt hatte. Sobald ihm bewusst wurde, was die

Ursache war, konnte er diese Freudlosigkeit abschütteln und beginnen, sein Leben zu genießen.

Vielleicht wurden Sie missbraucht oder misshandelt. Vielleicht hat Ihnen jemand viel Kummer und Schmerzen bereitet. Vielleicht sind die Menschen, die Sie großgezogen haben, hässlich zu Ihnen gewesen, oder jemand, zu dem Sie eine Beziehung hatten, hat Sie ausgenutzt oder missbraucht. Ein anderer hat falsche Entscheidungen getroffen und Sie sind jetzt mit den Folgen dieser Entscheidungen konfrontiert. Bitte schieben Sie das nicht als Entschuldigung vor. Sie können weiterkommen. Sie können neue Maßstäbe setzen.

Und noch etwas: Wenn Sie zur Wurzel des Problems vordringen wollen, können Sie nicht einfach passiv bleiben und abwarten. Sie müssen den Punkt erreichen, an dem Sie sagen: „Ich bin keinen Tag länger bereit, so weiterzumachen wie bisher. Ich schleppe dieses Problem schon jahrelang mit mir herum, aber ich werde nicht länger um den heißen Brei herumschleichen. Ich werde das Problem an der Wurzel packen, und ich werde anfangen, bessere Entscheidungen für meine Familie und für mich zu treffen."

Dazu müssen wir zuerst einmal aufhören, uns herauszureden. Wir müssen aufhören, alles auf die Vergangenheit zu schieben. Sie haben vielleicht viel mitgemacht, und das ist der Grund, warum Sie mit schlechten Gewohnheiten kämpfen oder warum Sie Beziehungsprobleme haben. Vielleicht leiden Sie unter Minderwertigkeitskomplexen. Selbst wenn das der Grund sein sollte – gebrauchen Sie das nicht als Entschuldigung dafür, so zu bleiben, wie Sie sind. Übernehmen Sie Verantwortung. Vielen Menschen sind schlimme Dinge passiert, und sie lassen zu, dass diese Erfahrungen ihr ganzes Leben vergiften. Sie sind wütend. Sie fühlen sich ständig angegriffen, und es ist gar nicht so leicht, mit ihnen auszukommen. „Ach, Joel, wenn Sie mitgemacht hätten, was ich mitgemacht habe, würden Sie genauso handeln."

Nein, das ist vielleicht der Grund, warum Sie sich so verhalten, aber – Gott sei Dank! – Sie müssen nicht so bleiben. Sie können sich verändern, aber Sie müssen zunächst Verantwortung übernehmen. Sie müssen bereit sein, der Wahrheit ins Auge zu sehen und zu sagen: „Das ist nicht in Ordnung. Ich weigere mich, ständig gereizt und wütend zu sein. Ich will kein Mensch sein, mit dem schwer auszukommen ist. Gott, ich bitte dich, hilf mir, mich zu ändern." Wenn Sie diese Einstellung an den Tag legen, wird Gott Ihnen immer helfen.

Einmal kam im Vorraum des Gemeindesaales eine Frau auf mich zu und sagte: „Joel, ich wünschte, Sie würden für mich beten. Ich werde bald zum fünften Mal heiraten." Sie fuhr in feierlichem Ton fort: „Ich bitte Sie, dafür zu beten, dass dieser Mann derjenige ist, der mich endlich richtig behandelt."

Ich hätte sie am liebsten gefragt: „Haben Sie je darüber nachgedacht, was der gemeinsame Faktor in all diesen Ehen ist? Das sind Sie! Unter Umständen hängt das Problem ja mit Ihnen zusammen."

Nachdem wir gebetet hatten, erkundigte ich mich: „Hat sonst noch jemand in Ihrer Familie ähnliche Probleme?"

„O ja", sagte sie. „Meine Mutter war viermal verheiratet und steht gerade wieder vor einer Scheidung."

Ich dachte: *Der Feind liebt es, diese negativen Verhaltensmuster zu wiederholen und von einer Generation an die nächste weiterzugeben. Wenn wir nicht die Verantwortung übernehmen und etwas dagegen unternehmen, wird es immer so weitergehen. Unsere Kinder, Enkel und Urenkel werden sich alle damit auseinandersetzen müssen.*

Wenn ich schlechte Gewohnheiten habe, wenn ich unsicher bin, wenn ich negative Gedanken hege, dann will ich offen und ehrlich genug sein, um mich damit auseinanderzusetzen. Ich will keine Ausreden anführen und nicht meiner Vergangenheit, meinen Umständen oder meiner Frau die Schuld daran geben. Ich kann all dies nicht ändern, aber ich kann mich selbst ändern.

„Aber wenn Sie mich besser kennen würden, würden Sie begreifen, dass ich einfach aus einer kaputten Familie stamme. Wir haben alle unsere Schwächen. Da ist eben nichts zu machen."

Ich sage das mit allem Respekt – aber in fast jeder Familie gibt es irgendetwas, das „kaputt" ist. Schieben Sie das nicht als Ausrede vor. Wir haben alle Dinge, mit denen wir fertig werden müssen.

Manche Menschen sagen: „Ich bin deprimiert, weil meine Eltern auch unter Depressionen litten" oder: „Ich bin genauso jähzornig wie mein Vater" oder: „Ich mache mir am laufenden Band Sorgen, weil meine Mutter sich auch ständig Sorgen gemacht hat."

Nein, Sie können sich ändern. Sie sind ein Kind Gottes, und das bedeutet, die stärkste Macht des Universums lebt in Ihnen. Sie können jede Sucht überwinden und jede Festung niederreißen. Sie können jede Bindung besiegen. In der Bibel steht: „Er, der in euch wirkt, ist mächtiger als der, der diese Welt regiert" (1. Johannes 4,4). Das bedeutet, es gibt kein Hindernis auf diesem Planeten, das Sie nicht überwinden können. Sie können die Bestimmung erfüllen, die Gott für Ihr Leben hat. Sie können Ihre Träume verwirklichen. Sie haben vielleicht eine schlimme Vergangenheit, aber das bedeutet nicht, dass die Zukunft genauso aussehen muss. Was zählt, ist nicht, wo Sie herkommen. Was zählt, ist, wo Sie hingehen.

Wir können Gott ehren, indem wir Verantwortung für unser Handeln übernehmen und nicht unserer Vergangenheit oder unseren Umständen die Schuld dafür geben. Wir müssen zur Wurzel vordringen, damit wir uns nicht unser Leben lang darauf beschränken, nur schlechte Frucht zu entfernen. Übernehmen Sie Verantwortung! Werden Sie aktiv und unternehmen Sie etwas. Sie können die guten Dinge genießen, die Gott für Sie bereithält. Wenn Sie der Wahrheit über sich selbst ins Auge sehen, zur Wurzel Ihrer Probleme vordringen und die Veränderungen umsetzen, zu denen Gott Sie auffordert, kann ich Ihnen versprechen: Sie werden sich weiterentwickeln, Sie werden bessere Beziehungen haben und Ihr Leben wird glücklicher und erfüllter sein.

Praktische Schritte

Teil 6: Entwickeln Sie Ihren inneren Menschen

1. Heute will ich auf die Dinge achten, die Gott in meinem Leben ans Licht bringt. Ich werde unverzüglich gehorchen und die nötigen Änderungen vornehmen, damit ich mich weiterentwickeln kann.

2. Ich werde aufmerksamer auf mein Gewissen achten und auf die sanfte, leise Stimme in meinem Inneren hören. Ich werde mich darin üben, sensibel auf die Stimme meines Gewissens zu achten, und bereitwillig auf Gottes Führung eingehen.

3. Ich werde mich nicht länger herausreden. Ich werde in mich hineinschauen und mich mit der Wurzel des Problems befassen, nicht nur mit der Frucht. Ich will mich nicht auf die Symptome beschränken, sondern zur Ursache vordringen. Ich entscheide mich dafür, all das Schlechte, das ich unverdienterweise erfahren habe, dadurch zu überwinden, dass ich auf das Gute schaue, das Gott daraus entstehen lässt.

Teil 7

Bewahren Sie sich die Leidenschaft für das Leben

Kapitel 28

Rechnen Sie mit dem Segen Gottes

Wenn Sie mehr und mehr in Gottes Plan für Ihr Leben hineinfinden wollen, ist es sehr wichtig, dass Ihrem Glauben auch Taten folgen. Glaube allein ist natürlich wichtig, aber wir müssen noch einen Schritt weitergehen und *erwarten*. Während wir Gutes von Gott *erwarten*, sollten wir Pläne machen. Wir müssen so reden, als wüssten wir schon hundertprozentig, dass das, wofür wir beten, auch geschehen wird. Wir sollten den Mut haben, im Vertrauen auf Gott erste Schritte zu gehen und so zu handeln, als würde es geschehen.

Wenn ein Paar ein Baby erwartet, treffen die beiden alle möglichen Vorbereitungen. Warum? Weil sie wissen, dass ein Kind unterwegs ist. Tatsache ist, dass sie das Kind im Frühstadium der Schwangerschaft noch überhaupt nicht gesehen oder berührt haben. Aber sie glauben dem Befund des Arztes und deshalb beginnen sie, entsprechende Vorbereitungen zu treffen.

Gott hat jedem von uns Träume ins Herz gelegt. Wir alle erwarten bestimmte Dinge – vielleicht glauben Sie, dass Sie eine Krankheit überwinden, dass Sie Ihre Schulden loswerden oder Ihre Träume verwirklichen werden. Hier ist der Schlüssel: Wir müssen noch einen Schritt weitergehen. Wahrer Glaube wird durch Taten bekräftigt. Wenn Sie krank sind, müssen Sie Pläne schmieden, als seien Sie bereits gesund. Wenn Sie finanzielle Schwierigkeiten haben, beginnen Sie, Pläne zu machen, als wäre Ihr Konto im Plus. Wenn es Schwierigkeiten in Ihrer Ehe gibt, beginnen Sie, Pläne zu schmieden, als sei Ihre Beziehung wiederhergestellt.

Stellen Sie Ihren Glauben doch einmal auf die Probe.

Allzu oft behaupten wir, daran zu glauben, dass Gott Gutes für uns bereithält, aber unsere Taten sagen etwas anderes. Machen Sie sich bewusst, dass Ihre Einstellungen auf jeden Fall Ihr Handeln beeinflussen – in positiver wie auch in negativer Hinsicht. Ich habe schon Menschen getroffen, die regelrecht planen, eine Grippe zu bekommen. Ich kann hören, wie sie im Supermarkt ihre Zukunft vorhersagen: „Ach, es ist wieder Grippezeit. Am besten nehme ich mir für alle Fälle eine Packung Grippetabletten mit. Letztes Jahr war es ja ziemlich schlimm. Ich hatte Glück und bin verschont geblieben, aber dieses Jahr erwischt es mich bestimmt." Sie reden, als sei es ganz sicher, dass das geschieht. Sie gehen sogar noch einen Schritt weiter und bekräftigen ihren negativen Glauben dadurch, dass sie die Grippetabletten kaufen. Und wirklich, ein paar Wochen später liegen sie auf der Nase. Ihr Glaube hat funktioniert, wenn auch in negativer Richtung. Sie haben die Grippe erwartet, sie haben sie eingeplant, und sie haben sie auch bekommen.

Bitte verstehen Sie mich nicht falsch: Natürlich sollte man Vorsichtsmaßnahmen treffen; auch wir haben Medikamente im Haus. Ich denke aber nicht, dass wir jedes Mal, wenn ein Fernsehbericht uns auf eine angebliche Grippewelle hinweist, gleich in die Apotheke rennen sollten.

Seltsamerweise schenken wir solchen Berichten manchmal mehr Glauben als dem, was Gott sagt. Ich liebe den Bibelvers, in dem es heißt: „Auch wenn tausend neben dir sterben und zehntausend rings um dich fallen – dich selber wird es nicht treffen" (Psalm 91,7). Auch wenn jeder Ihrer Kollegen oder jeder andere Schüler in deiner Klasse die Grippe bekommt – ich glaube daran, dass Gott einen Schutzwall um mich errichtet hat, und ich werde im Glauben daran festhalten.

Wenn wir lange genug die Zeitung lesen und wissenschaftliche Untersuchungen verfolgen, werden wir irgendwann selbst glauben, dass wir vielleicht Herzerkrankungen, Bluthochdruck, Diabetes und alle möglichen anderen Gebrechen bekommen.

„Nun, du weißt ja, was sie sagen: Jeder Vierte kriegt Krebs", sagt ein pessimistischer Freund Ihnen.

Das mag ja sein, aber warum nicht daran glauben, dass wir zu den Dreien gehören, die keinen Krebs bekommen? Es ist genauso leicht, an das Positive zu glauben wie an das Negative. Fangen Sie an, Pläne für ein langes, gesundes Leben zu schmieden. Wenn

Sie krank werden – und wir alle werden von Zeit zu Zeit mit irgendwelchen Erkrankungen konfrontiert –, dann sollten Sie nicht einfach aufgeben und darüber nachgrübeln, wie Sie damit leben können. Mir haben schon Leute gesagt: „Ach, Joel, ich lerne, mit meiner Arthrose zu leben. Ich lerne, mich mit meinem hohen Blutdruck zu arrangieren."

Nein, es ist nicht *Ihr* hoher Blutdruck; es ist nicht *Ihre* Krankheit. Hören Sie auf, sich damit zu identifizieren, und planen Sie, gesund zu werden. Wir sollten fest davon ausgehen, dass eine Erkrankung nur von vorübergehender Dauer ist. Sagen Sie sich immer wieder: „Ich weiß, dass Gott mir ein langes, erfülltes Leben schenken möchte. Darum spreche ich im Glauben aus: Es geht mir Tag für Tag etwas besser."

Hören Sie nicht auf zu träumen. Halten Sie an Ihrer Vision fest. Ein Freund von mir erlitt einen Unfall, bei dem seine beiden Knie zerschmettert wurden. Sein Arzt sagte ihm, dass er Glück hätte, wenn er jemals wieder gehen könnte, dass er jedoch bestimmt nie mehr laufen geschweige denn Sport treiben könnte. Mein Freund war am Boden zerstört. Nachdem er über drei Monate im Krankenhaus gelegen hatte, war das Erste, was er nach seiner Entlassung tat, dass er einem Fitnessclub beitrat. Er tat einen Glaubensschritt. Tatsache war, dass er den Club über ein Jahr lang nicht besuchen konnte. Er war zu schwach, aber er hatte beschlossen, dass er sich nicht zurücklehnen und sich damit abfinden würde, sein Leben lang im Rollstuhl zu sitzen. Nein, er plante, eines Tages wieder aufzustehen und zu gehen. Das ist nun über fünf Jahre her und heute läuft dieser junge Mann schneller als ich. Er hat den Tatsachen getrotzt. Und wie hat er das geschafft? Er fällte den Entschluss, diese Verletzung zu überwinden. Die negative Voraussage des Arztes wäre Grund genug gewesen, aufzugeben und sich mit seiner Situation zu arrangieren. Aber er vertraute Gott und begann, damit zu rechnen, dass er gesund werden würde.

Vielleicht sind Ihnen einige schlimme Dinge zugestoßen oder andere haben negative Bemerkungen über Sie gemacht. Lassen Sie nicht zu, dass dieses Negative sich in Ihnen festsetzt. Glauben Sie weiter daran, dass Gott nur gute Pläne für Sie hat. Und denken

Sie daran: Es geht nicht darum, woran Sie gestern geglaubt haben oder morgen glauben werden, Glaube muss immer im Hier und Jetzt gelebt werden. Sagen Sie jeden Morgen beim Aufstehen: „Vater, ich danke dir dafür, dass du gerade jetzt in meinem Leben am Werk bist. Danke, dass sich meine Situation gerade jetzt bessert. Gerade jetzt verändern sich Dinge zu meinen Gunsten."

Bleiben Sie in der Gegenwart; Glaube wirkt immer im Heute.

Planen Sie keine Niederlagen ein

Wir bereiten uns oft auf die falschen Dinge vor. Ein Mann erzählte mir einmal, dass sein Vater, als er älter wurde, schlimme Augenprobleme bekam. Schließlich konnte er nicht einmal mehr lesen. Diese Krankheit war bei den älteren Mitgliedern seiner Familie häufig aufgetreten, und so rechnete dieser Mann fest damit, dass auch er seine Sehkraft nach und nach verlieren würde. Er erzählte mir: „Ich lese so gern, Joel. Darum habe ich angefangen, mir Hörbuchversionen von all meinen Büchern anzuschaffen. So kann ich sie anhören, falls jemals etwas mit meinen Augen passiert."

Doch mit dieser Sichtweise legt man es im Grunde darauf an, dass negative Dinge eintreten. Es bedeutet, dass man seinen Glauben auf das Negative richtet und zulässt – ja, geradezu dafür sorgt –, dass es geschieht.

Also entgegnete ich: „Kaufen Sie weiterhin gedruckte Bücher. Und kaufen Sie, auch wenn Sie älter werden, keine Großdruckausgaben, nur weil ein paar Ihrer Freunde das tun oder weil sie sich ein bisschen einfacher lesen lassen. Nein, wenn Sie sie nicht wirklich brauchen, dann machen Sie es sich nicht so leicht. Und selbst wenn Sie sie brauchen, dann schieben Sie es so lange hinaus, bis Sie die kleineren Buchstaben wirklich nicht mehr lesen können. Geben Sie nicht mehr Boden preis, als unbedingt nötig!"

Victoria hatte immer sehr scharfe Augen, aber im Laufe der vergangenen Jahre bereitete ihr das Lesen dann doch leichte Probleme. Ich habe versucht, sie dazu zu bewegen, zum Augenarzt zu gehen, aber sie wollte nichts davon wissen. Sie konnte den Gedanken nicht ertragen, dass ihre Augen sich auch nur im Geringsten verschlechtert hätten.

Schließlich gelang es mir doch, sie zu überreden, einen Augenarzt aufzusuchen. Dieser meinte, dass ihre Augen sehr gut seien und dass sie nur eine ganz schwache Lesebrille brauche. Aber dennoch kostete es Victoria viel Überwindung, dieses Ding zu tragen; für sie war es genauso unangenehm wie ein Besuch beim Zahnarzt. Ich finde es toll, dass sie sich nicht einfach zurücklehnt und sich damit abfindet; sie wehrt sich dagegen.

Vor einiger Zeit las ich einen Artikel über das Altern. Er enthielt eine Tabelle, die zeigte, wie die Leistungsfähigkeit verschiedener Körperteile während des Älterwerdens allmählich abnimmt. Der Untersuchung zufolge verschlechtert sich, wenn wir einmal 30 sind, unser Gehör jährlich um soundsoviel Prozent. Wir verlieren jedes Jahr soundsoviel Muskelmasse. Unsere Gehirnzellen verringern sich Jahr für Jahr um soundsoviel Prozent. Wenn Sie anfangen, all diesen Berichten Glauben zu schenken, und sich entsprechend verhalten, ist es kein Wunder, wenn Ihr Körper dann auch wirklich schlappmacht! Kürzlich sagte jemand zu mir: „Joel, ich bin gerade 60 geworden und ich höre nicht mehr so gut wie früher. Ich wusste, dass dieser Tag kommen würde. Jeder hat mir gesagt, dass mein Gehör sich verschlechtern würde."

Ich entgegnete: „Hören Sie nicht länger auf das, was diese Personen Ihnen sagen. Hören Sie auf, Ihren Glauben auf die falschen Dinge zu setzen. Glauben Sie dem, was Gott über Sie sagt. In 5. Mose 34, Vers 7 steht: ‚Mose war 120 Jahre alt, als er starb. Aber bis zuletzt war er rüstig geblieben und seine Sehkraft hatte nicht nachgelassen.' Das heißt, er konnte immer noch deutlich sehen, er konnte gut hören, er war stark und gesund.

Ich weiß nicht, wie Sie das sehen, aber ich möchte gerne glauben, dass ich lange leben und bis zum Schluss gesund bleiben werde, so wie Mose. Nicht all die negativen Forschungsergebnisse müssen auch auf Ihre Person zutreffen. Ich möchte Ihnen stattdessen erzählen, was meine Nachforschungen in der Bibel ergeben haben. Dort steht nämlich: ‚Mit sechzig sollst du immer noch gut hören. Mit siebzig soll dein Kopf so klar sein, wie er war, als du fünfundzwanzig warst. Mit achtzig sollst du überschäumen vor Freude, Vitalität und Energie.' Warum fangen Sie nicht an, fest daran zu glauben, dass Sie ein langes, gesundes, glückliches Leben erwartet?"

Anfang der 1990er Jahre führten wir einige Umbauarbeiten im alten Gemeindezentrum der *Lakewood*-Gemeinde durch, insbesondere im Podiumsbereich. Damals war mein Vater schon über 70 Jahre alt. Einer der Architekten, mit denen ich zusammenarbeitete, sagte: „Joel, dein Dad wird allmählich älter. Denkst du nicht, wir sollten an der einen Seite des Podiums eine Rampe einbauen, falls er jemals einen Rollstuhl braucht?" Der Architekt war ein netter Mann und er meinte es gut. Aber ich dachte bei mir selbst: *Du kennst meinen Vater nicht. Wenn er gehört hätte, was du da gesagt hast, hätte er dich aus der Stadt gejagt.* Mein Vater hatte nicht vor, jemals in einem Rollstuhl zu sitzen.

Planen Sie nicht, eines Tages alt und krumm zu sein und nichts mehr machen zu können. Setzen Sie Ihren Glauben nicht auf solche Dinge. Sprechen Sie sich selbst Worte der Gesundheit zu. Reden Sie von dem langen Leben, das Gott Ihnen schenkt, und bekräftigen Sie Ihre Worte durch entsprechende Taten.

Ich kenne einen Mann, der schon in seinen Neunzigern ist und immer noch allein in seinem Haus wohnt – und sein Schlafzimmer befindet sich im ersten Stock. Das bedeutet, dass er mehrmals täglich diese Treppen hinauf- und hinuntergeht. Seine Kinder und Enkel haben versucht, ihn dazu zu überreden, sein Schlafzimmer in einen der leerstehenden Räume im Erdgeschoss zu verlegen, aber das kommt für ihn überhaupt nicht infrage. Er sagt: „Joel, ich weiß, wenn ich einmal nachgebe, werde ich nie wieder imstande sein, diese Treppen hinaufzugehen."

Er hat wahrscheinlich recht. Natürlich sollten wir unseren gesunden Menschenverstand gebrauchen; wir müssen realistisch sein. Doch was ich sagen will, ist: Rechnen Sie nicht von vornherein mit einer Niederlage. Vielleicht werden alle in Ihrem Umfeld alt und gebrechlich und jammern darüber, dass sie Probleme mit diesem Körperteil haben oder dass jenes Organ seinen Dienst quittiert, aber Sie können die Ausnahme sein. Glauben Sie daran, dass Sie ein langes, gesundes Leben führen werden. Und dann tun Sie auch etwas dafür!

Mein Vater wollte predigen, solange er lebte. Er wollte nicht in den Ruhestand gehen. Er sagte immer zu mir: „Joel, ich werde nie einen Schlaganfall bekommen." Und diese Worte waren wirklich ein Ausdruck seines Glaubens, denn er kämpfte sein Leben lang mit hohem Blutdruck. Er fügte hinzu: „Ich werde auch nie ein Pflegefall werden. Es wird nie so weit kommen, dass ich nicht mehr predigen kann."

Und das, was er geglaubt hatte, traf auch ein: Elf Tage vor seinem Tod hielt er seine letzte Predigt. Gott erfüllte ihm seinen Herzenswunsch, weil mein Vater mutig genug war, seinen Glauben in diesen Wunsch zu setzen. Er glaubte, dass er bis zu seinem letzten Tag auf Erden aktiv sein würde, und er war es.

Es ist ja auch ganz leicht zu denken: *„Ja, das ist nun einmal der Lauf der Dinge – alles löst sich allmählich auf. Darum wird mein Körper schwächer. Das ist ganz normal, wenn man älter wird. Dies funktioniert nicht mehr. Das kriege ich nicht mehr hin. Ich kann nicht mehr richtig sehen. Ich kann nicht mehr richtig hören. Erbärmlich.*

Nein, tappen Sie nicht in diese Falle – vor allem, was das „erbärmlich" angeht. Rechnen Sie fest damit, bis zu dem Tag, an dem Gott Sie nach Hause holt, gesund, lebensfroh und aktiv zu sein.

Im Alten Testament steht, dass Kaleb im Alter von 80 Jahren sagte: „Gott, gib mir einen neuen Berg." Oder um es mit anderen Worten zu sagen: „Gib mir einen neuen Auftrag." Auch Kaleb glaubte fest daran, dass er bis zum Ende seines Lebens aktiv bleiben würde. Er hätte sagen können: „Lass mich einfach in Rente gehen, Gott. Mein Rücken tut weh. Meine Augen werden auch immer schlechter. Die Krankenkasse weigert sich, diese Behandlung zu übernehmen. Mir reicht's langsam."

Nein, er war stark, dynamisch und bereit für die nächste Herausforderung – selbst noch mit 80 Jahren. Sie sind nie zu alt, um etwas Tolles für Gott zu tun. Sie können sicher sein: Ungeachtet Ihres Alters hat Gott wichtige Pläne, die nur Sie ausführen können. Sie sitzen hier auf dieser Erde nicht dumm herum und warten darauf, in den Himmel zu kommen. Lassen Sie sich nicht Ihre Freude rauben. Lassen Sie sich nicht Ihre Begeisterung rauben. Vertrocknen Sie nicht wie eine Dörrpflaume. Glauben Sie fest daran, dass Sie an jedem Tag Ihres Lebens fröhlich, dynamisch, gesund und aktiv sein können.

Ein älteres Ehepaar – beide waren schon in den Neunzigern, was man ihnen aber nicht ansah – nahm an einer Leiterschaftskonferenz unserer Gemeinde teil. Während einer Fragestunde erhoben sie sich und der Mann sagte: „Joel, wir sind uns nicht ganz im Klaren darüber, was wir in unserem Alter noch tun sollten."

Ich entgegnete: „Eine Sache solltet ihr unbedingt tun: Lauft herum und sucht den Kontakt zu anderen. Seid Vorbilder für andere. Eure Freude, eure Gesundheit, euer Friede, euer Erfolg werden andere inspirieren. Ihr müsst der jüngeren Generation – was in eurem Fall bedeutet, alle, die jünger als 90 sind – zeigen, dass man hochbetagt und trotzdem gesund, glücklich und ausgeglichen sein kann."

Dieses ältere Ehepaar inspirierte mich! Ich sage Victoria jede Woche, dass ich Glauben für noch mindestens 40 Jahre erfolgreichen, aktiven Dienstes habe. 40 Jahre, in denen wir das Wort Gottes predigen, Menschen ermutigen, das Reich Gottes bauen. Nicht 30 gute Jahre, und dann die letzten 10 Jahre mit Rückenschmerzen und diesem und jenem Gebrechen, ohne Freude, ohne Frieden. Nein, an so etwas will ich noch nicht einmal denken. Ich glaube, dass ich mit 80 noch genauso dynamisch sein werde wie jetzt. Ich werde immer noch alle meine Haare haben, meine Witze erzählen und meinen Bruder Paul ärgern. Ich plane, ein langes, gesundes, rundum gesegnetes, freudevolles, überfließendes Leben zu haben. Warum machen Sie es nicht genauso?

Ich kenne eine Frau, die sich im Alter von 70 Jahren einer gründlichen medizinischen Untersuchung unterzog. Nachdem die Ärzte all ihre Daten erfasst hatten, teilten sie ihr mit, wie lange sie voraussichtlich noch leben würde. Aufgrund der Untersuchungsergebnisse, ihres Gesundheitszustandes, ihrer genetischen Veranlagung und ihrer Familiengeschichte schätzten sie, dass sie etwa 75 werden würde.

Die Ärzte hätten ihr ebensogut sagen können, dass sie am nächsten Tag sterben würde. Die Frau war so deprimiert, dass sie gar nicht mehr aus dem Haus ging. Sie verlor ihre Freude und ihre innere Ausgeglichenheit. Sie hörte praktisch auf zu leben. Das ging eine Zeitlang so weiter, bis ihre Angehörigen sie eines Tages zu mir brachten.

Ich riet ihr: „Rechnen Sie nicht mit dem Schlimmsten. Geben Sie diesen negativen Gedanken keinen Raum. Gott kann tun, wozu menschliches Wissen und ärztliche Kunst nicht imstande sind. Und ich habe festgestellt, dass diese Experten sich manchmal irren können, auch wenn sie noch so nett sind." Wir redeten noch ein bisschen miteinander und ich machte ihr Mut. Ich konnte an ihrem Gesichtsausdruck ablesen, dass sie von neuem Glauben erfüllt war. Heute ist diese Frau 81 und so gesund und munter, wie man sich das nur wünschen kann.

Als ich sie kürzlich traf, sagte sie: „Ich habe sie schon um sechs Jahre geschlagen, Joel."

Ich lachte und erwiderte: „Ja, und wenn Sie 90 werden, feiern wir hier eine Riesenparty!" Und das werden wir auch.

Es ist ganz wichtig, dass Sie negativen Gedanken und Aussagen in Ihrem Leben keinen Raum geben. Genauso wichtig ist jedoch, dass Sie sich für Ihr Leben hohe Ziele setzen. Mein Vater glaubte immer, dass er predigen würde, bis er 90 wäre. Das hat er zwar nicht ganz geschafft, aber er sagte immer: „Ich lege die Latte lieber hoch und schaffe es nicht ganz, als dass ich sie niedrig lege und es locker schaffe." Setzen Sie sich hohe Ziele.

Ich spielte früher Baseball mit einem Mann, der in den Siebzigern war. Er war toll in Form und konnte ohne Schwierigkeiten mit den 20-Jährigen über den Platz rennen. Eines Tages sagte er: „Es ist komisch, Joel. Als ich 40 war, sagte mein Arzt mir, meine Knie würden es nicht mitmachen, wenn ich weiterhin so viel spielen würde wie bisher, aber ich machte weiter. Mit 50 sagte er mir, ich würde Rückenschmerzen bekommen, wenn ich weiterhin so rennen und springen würde, aber ich spielte einfach weiter. Mit 60 sagte er mir, ich würde das körperlich nie durchhalten, aber ich kann immer noch mit den jungen Burschen mithalten." Dann sagte er: „Als ich 70 war, ging ich noch einmal zu ihm, und da sagte er schließlich, ich sollte einfach genauso weitermachen wie bisher."

Ich lachte und fragte: „Wie lange wollen Sie weiterspielen?"

Er lächelte: „Ich werde spielen, bis ich alt werde."

Das gefällt mir. Altsein ist eine Frage der Einstellung. Ihr Körper mag altern, aber wenn Sie geistig jung bleiben, wird Ihr Körper „besser" altern. Dieser Mann hatte das Herz eines 25-Jährigen. Er war immer dankbar und optimistisch, immer gut gelaunt. Er hatte vor, sein Leben bis zum Schluss zu genießen und fröhlich, dynamisch und gesund zu bleiben.

Vielleicht sind in Ihrer Familie mehrfach schwere Erkrankungen aufgetreten. Glauben Sie dennoch daran, dass Gott Ihnen gute Gesundheit schenken kann. Sie können die Ausnahme sein. Sie können derjenige sein, der neue Maßstäbe setzt. Ändern Sie die Art und Weise, wie Sie über diese Dinge denken, brechen Sie aus den eingefahrenen Denkmustern aus und handeln Sie anders. Sie können nicht damit rechnen, dass Sie eine Niederlage erleiden werden, und dennoch gleichzeitig erwarten, dass Sie ein erfolgreiches Leben führen werden. Sorgen Sie dafür, dass Ihre Glaubensüberzeugungen *für* Sie arbeiten, nicht gegen Sie.

Großmutter Osteen, meine Großmutter väterlicherseits, war eine unerschrockene Frau. Sie war nur etwa einen Meter fünfzig groß, aber sie hatte einen riesigen Glauben. Als sie schon älter war, ging sie zu ihrem Arzt. Er offenbarte ihr: „Es tut mir leid, Mrs Osteen, aber ich habe bei Ihnen erste Anzeichen von Parkinson festgestellt."

Nun, Großmutter Osteen wusste nicht, was das war, aber sie war sicher, dass sie nichts damit zu tun haben wollte: „Hören Sie mal, Herr Doktor, ich werde das nicht bekommen. Ich weigere mich, es zu kriegen. Ich bin zu alt dazu."

Sie ging nach Hause und die Krankheit brach tatsächlich nie bei ihr aus. Sie tat einfach, was sie immer getan hatte, und glaubte fest daran, dass sie lange und gesund leben würde. Der niederschmetternden Diagnose des Arztes schenkte sie einfach keinen Glauben.

Mir ist durchaus bewusst, dass wir Dinge nicht einfach „wegwünschen" können. Manchmal können wir sie noch nicht einmal „wegbeten", aber wir haben Einfluss auf das, was wir planen. Wir können planen, alt und krank zu werden, oder wir können planen, ein langes, gesundes, gesegnetes, überfließendes Leben zu genießen.

Worin setzen Sie heute Ihren Glauben? Dass Sie krank werden oder dass Gott Ihnen Gesundheit schenken möchte? Dass Sie gerade so über die Runden kommen oder gesegnet werden? Dass Sie sich einfach nie ändern werden oder dass Sie weiterkommen und Ihre Träume verwirklichen können? Das, was wir tun oder lassen, zeigt, womit wir rechnen.

In der Bibel steht eine interessante Geschichte über eine Witwe. Nach dem Tod ihres Mannes hatte sie nicht genug Geld, um ihre Rechnungen zu bezahlen. Die Gläubiger kamen, um ihre beiden Söhne zu holen und als Sklaven zu verkaufen. Das einzig Wertvolle, das sie besaß, war ein kleines Gefäß mit Öl. Der Prophet Elisa kam in ihr Haus und wies sie an, etwas ziemlich Ungewöhnliches zu tun: „Geh zu all deinen Nachbarinnen und leih dir so viele leere Gefäße wie möglich, große Krüge, die man benutzen kann, um Öl hineinzugießen." Also: „Hol nicht nur ein paar. Hol so viele wie möglich."

Jeder vernünftig denkende Mensch würde wohl sagen, dass das reine Zeitverschwendung war. Aber Elisa wusste, er musste dafür sorgen, dass ihr Glaube sich auf die richtigen Dinge richtete. Sie hatte lange genug herumgesessen und sich auf eine Niederlage eingestellt. Nun versuchte er, sie dazu zu bewegen, die eingefahrenen Denkmuster zu durchbrechen.

Und die Frau war bereit, genau das zu tun. Sie sammelte alle möglichen Gefäße und brachte sie in ihr Haus. Daraufhin befahl Elisa ihr, das Öl, das sie besaß, in eines der Gefäße zu gießen. Zunächst sah es so aus, als würde sie es nur von einem Gefäß ins andere schütten, aber in der Bibel wird davon berichtet, dass ihr Öl nie ausging. Sie goss und goss und goss. Gott vermehrte das Öl auf übernatürliche Weise, bis jedes einzelne Gefäß vollständig gefüllt war. Wenn sie noch zehn weitere Gefäße gehabt hätte, wären die auch voll geworden. Sehen Sie: Eigentlich sind wir diejenigen, die Gottes Handeln Grenzen setzen; seine Ressourcen sind unerschöpflich. Wenn Sie darauf vertrauen, dass er Ihnen mehr schenken kann, ungeachtet Ihrer Umstände, dann kann er das auch tun – selbst wenn dafür ein Wunder erforderlich ist!

Ich möchte Sie gerne herausfordern: Wagen Sie, große Träume zu träumen. „Ich würde gern mein Haus abbezahlen", höre ich Sie sagen. „Ich wäre gern meine Schulden los, aber ich kann mir nicht vorstellen, wie das gehen soll ... Ich bin beruflich so weit gekommen, wie es mir möglich ist ... Ich würde meine Kinder gern studieren lassen, aber das ist heutzutage so teuer."

Nicht unbedingt. Treffen Sie Vorkehrungen? Haben Sie ein Sparkonto eröffnet? Besitzen Sie irgendwelche Gefäße? „Ach, Joel, es wäre doch dumm, ein Sparkonto anzulegen und nichts zu haben, was man darauf einzahlen kann."

Die Frau aus der biblischen Geschichte tat genau das. Sie wagte einen Glaubensschritt. Es genügt nicht, nur zu glauben. Bekräftigen Sie Ihren Glauben durch Taten. Tun Sie, was in Ihrer Macht steht! Machen Sie Ihren Job, so gut Sie nur können? Kommen Sie früher als erforderlich, gehen Sie die zweite Meile, tun Sie mehr, als erwartet wird? Ziehen Sie sich so an, wie sich ein erfolgreicher Mensch kleiden würde? Selbst wenn Sie nur einen Anzug besitzen: Bürsten Sie ihn ab. Bügeln Sie ihn. Tragen Sie ihn, als würde Ihnen die Firma gehören! „Ach, alle außer mir werden befördert. Außerdem geht das Gerücht um, dass bei uns demnächst Leute entlassen werden. Und vergangene Woche ist meine Waschmaschine kaputtgegangen. Es fällt einfach immer was an."

Nein, wenn Sie so reden, bereiten Sie sich auf Niederlagen vor. Ändern Sie Ihre Haltung und ändern Sie Ihr Vokabular. Sagen Sie stattdessen: „Das wird ein guter Tag werden. Ich werde einen guten Monat haben. Das ist das beste Jahr meines Lebens. Ich weiß, dass mich tolle Dinge erwarten. Ich darf sicher sein, dass Gott mich mit seiner Güte, Barmherzigkeit und Liebe umgeben will. Ich werde davon ausgehen, dass ich mich weiterentwickle, Projekte erfolgreich durchführe und das Leben im Überfluss erfahren werde."

> Es genügt nicht, nur zu glauben. Bekräftigen Sie Ihren Glauben durch Taten.

Gehen Sie noch einen Schritt weiter: Schmieden Sie konkrete Pläne. Bereiten Sie sich auf Erfolg vor, nicht auf Versagen.

Als mein Vater 1999 starb und ich seine Nachfolge als Gemeindepastor antrat, strich ich als Erstes unseren wöchentlichen Fernsehgottesdienst. Ich dachte: *Ich habe noch nie gepredigt und ich werde ganz sicher nicht im Fernsehen predigen.* Also rief ich unseren Ansprechpartner beim Sender an und sagte ihm, was passiert war, und dass wir unsere Fernsehsendungen einstellen würden. Was tat ich? Ich ging davon aus, dass ich scheitern würde. Ich glaubte nicht, dass ich predigen könnte. Ich konnte mir nicht vorstellen, dass irgendjemand Lust hätte, mir zuzuhören, und ich bekräftigte meinen Glauben durch Taten.

Als ich an jenem Abend nach Hause kam, erwähnte ich Victoria gegenüber, was ich getan hatte. Sie sagte: „Joel, du musst diese Änderung rückgängig machen. In ganz Amerika warten die Leute darauf zu erfahren, wie es mit ‚Lakewood' weitergeht."

Ihre Worte brachten eine Saite in mir zum Klingen, und ich wusste, dass sie recht hatte. Wir setzten uns sofort mit dem Sender in Verbindung und heute werden unsere Sendungen in die ganze Welt ausgestrahlt. Oft setzen wir Gott durch unser eigenes Handeln Grenzen. Ich weiß nicht, ob wir heute im Fernsehen wären, wenn ich damals nicht einen Glaubensschritt in die richtige Richtung getan hätte. Wir können uns nicht aufs Scheitern vorbereiten und erwarten, doch erfolgreich zu sein.

Vielleicht sind Sie fest davon überzeugt, zu versagen, „gerade so" über die Runden zu kommen oder krank zu werden. Beginnen Sie, sich auf Gutes vorzubereiten. Bereiten Sie sich auf Erfolg vor, bereiten Sie sich auf Überfluss vor. Bereiten Sie sich auf ein langes Leben vor. Bereiten Sie sich auf gute Gesundheit vor. Setzen Sie Ihren Glauben auf gute, positive Dinge. Beginnen Sie, Pläne für ein in jeder Hinsicht gesegnetes, erfülltes, gesundes, glückliches, überfließendes, langes Leben zu schmieden. Wenn Sie das tun, wird Gott mehr tun, als Sie sich erbitten oder ausdenken können. Er wird seine Gunst und seinen Segen über Sie ausschütten, und Sie werden in Ihrem Leben viel mehr erreichen, als Sie sich je haben träumen lassen!

Kapitel 29

Tragen Sie ein Loblied im Herzen

Wenn Sie sich weiterentwickeln und immer mehr so werden können, wie Gott Sie geplant hat, dann sollten Sie das Lied singen, das Gott Ihnen ins Herz gelegt hat – selbst wenn Sie so unmusikalisch sind wie eine Krähe. Allzu viele Menschen gehen pessimistisch und mutlos durchs Leben und lassen sich von ihren Problemen und den Umständen niederdrücken. Sie sind gestresst, schleppen sich durch den Tag und haben nicht wirklich Spaß am Leben. Immer wieder kommt jemand zu mir und sagt: „Ich habe einfach zu viele Probleme, um das Leben zu genießen, Joel" oder: „Dass ich ständig mutlos und unglücklich bin, liegt daran, dass ich mit all diesen Schwierigkeiten zu kämpfen habe."

Tatsache ist, dass Gott in jeden von uns eine Quelle der Freude hineingelegt hat. Gleichgültig, ob wir nun Probleme haben und die Dinge nicht so laufen, wie wir uns das wünschen: Wenn wir lernen, diese Quelle der Freude anzuzapfen, können wir dennoch glücklich sein. Wir können ungeachtet dessen, womit wir zu kämpfen haben, Spaß am Leben haben.

Einer der Schlüssel hierzu findet sich im Brief an die Epheser: „Lasst euch lieber vom Geist Gottes erfüllen!" (Epheser 5,18). Diese Aufforderung steht im Griechischen in einer Zeitform, die eine andauernde, wiederholte Handlung beschreibt. Es heißt also nicht, dass wir einmal erfüllt werden und dann bis ans Ende unseres Lebens glücklich und zufrieden sind. Die Bibel fordert uns auf, uns *immer wieder* und *unablässig* vom Heiligen Geist erfüllen zu lassen.

Wie kann das aussehen?

Die nächsten Verse beantworten diese Frage: „Ermuntert einander mit Psalmen und Lobliedern, wie der Geist sie euch eingibt. Singt und spielt Christus, dem Herrn, von ganzem Herzen. Dankt

Gott, dem Vater, zu jeder Zeit für alles im Namen unseres Herrn Jesus Christus." Mit anderen Worten: Wollen wir dafür sorgen, dass unser Leben voller Freude ist und dass wir dem Druck gewachsen sind, den es oft mit sich bringt, sollten wir immer ein Loblied im Herzen haben. Den ganzen Tag über sollten wir singen – wenn nicht laut, dann zumindest in Gedanken. Vielleicht bringen Sie auch die Worte und Melodien nicht akustisch zum Ausdruck, sondern nur in Form einer dankbaren Einstellung. Sie beschäftigen sich in Gedanken mit der Güte Gottes. Oder Sie summen eine leise Melodie. Vielleicht pfeifen Sie einfach nur bei der Arbeit vor sich hin, aber auch dadurch singen Sie Gott ein Loblied. Sie bringen zum Ausdruck: „Danke für diesen Tag, Herr. Danke, dass ich lebe und gesund bin."

Wenn Sie das tun, werden Sie innerlich erfrischt – Gott schenkt Ihnen neue Kraft und neuen Frieden. Gerade das, was durch den Stress, die Enttäuschungen und Mühen des Alltags aufgezehrt wird, will Gott ersetzen. Wenn Sie unaufhörlich dieses Loblied singen, können Ihre Reservoirs ständig neu gefüllt werden, schneller, als sie durch den Tribut, den das Leben von Ihnen fordert, geleert werden. Das ist die Art und Weise, wie wir beständig vom Heiligen Geist erfüllt sein können.

„Also, ich bin am Sonntag zur Kirche gegangen", sagte Mike zu mir. „Ich lese in der Bibel, bevor ich zur Arbeit gehe. Ist das nicht genug?"

Nein, es geht hier um einen kontinuierlichen Prozess. Ständig erfüllt zu sein bedeutet, dass wir uns angewöhnen müssen, uns jeden Tag immer wieder erfüllen zu lassen – vor allem an schwierigen Tagen.

Haben Sie schon einmal einen mit Helium gefüllten Luftballon gehabt? Während der ersten Tage sind solche Ballons prall und schön. Sie tanzen am Ende der Schnur im Wind. Wenn Sie sie losließen, würden sie hoch in den Himmel hinauffliegen. Nach einigen Tagen beginnen sie jedoch zu schrumpfen, hinabzusinken und kleiner und schlaffer zu werden. Tag für Tag sinken sie ein Stückchen tiefer hinab. Schließlich landen sie auf dem Boden und sind völlig platt. Sie haben ihre Lebendigkeit und ihre Attraktivität verloren, von ihrer Fähigkeit, hoch in den Himmel hinaufzufliegen, ganz zu schweigen.

Das Einzige, was Sie tun müssten, um diesen Ballons ihre ursprüngliche Frische und Attraktivität zurückzugeben, wäre, neues Helium in sie hineinzupumpen. Wenn Sie das regelmäßig täten, würden sie monatelang halten und alle, die sie sähen, fröhlich machen.

Dasselbe Prinzip gilt für unser Leben. Im Laufe des Tages „verlieren wir Helium", wie gut wir am Anfang auch gefüllt sein mögen. Wir werden gefordert und geraten unter Druck; das Leben ist einfach so. Sie geraten in einen Verkehrsstau und schon verlieren Sie ein bisschen Helium. Ein Geschäftsabschluss, auf den Sie gehofft hatten, misslingt, und ein bisschen mehr Helium entweicht. Sie kommen nach einem harten Arbeitstag nach Hause und stellen fest, dass es Ihrem Kind nicht gut geht und Sie sich darum kümmern müssen. Der Hund hat sich über den Mülleimer hergemacht, Sie müssen den Dreck beseitigen und Ihr Ballon wird immer schlaffer. Die einzige Möglichkeit, um erfüllt zu bleiben und Ihre Freude und Ihren inneren Frieden zu behalten, besteht darin, dieses Loblied im Herzen zu tragen.

Verstehen Sie mich nicht falsch: Ich sage nicht, dass Sie ständig laut singen müssen, sondern ich rate Ihnen, in Gedanken immer eine dankbare Haltung zu wahren. Danken Sie Gott im Laufe des Tages immer wieder im Stillen für alles, was er für Sie und Ihre Familie getan hat. Wenn Sie im Haushalt arbeiten, dann beklagen Sie sich nicht, sondern pfeifen Sie ein Liedchen. Wenn Sie das Geschirr spülen, lassen Sie im Hintergrund Lobpreismusik laufen und summen Sie mit.

Was geschieht dabei? Sie singen dem Herrn ein Loblied, und wenn Sie das tun, erfüllt Gott Sie beständig mit seiner Liebe, seiner Freude und seinem Frieden.

Mein Vater sang, betete oder pfiff auch überall, wo er ging und stand. Manchmal ging das meiner Mutter auf die Nerven. Dann sagte sie: „Bitte hör doch auf zu pfeifen, John. Können wir nicht ein bisschen Frieden haben im Haus?"

Er pflegte zu antworten: „Ach, Dodie, ich bin einfach glücklich. Ich pfeife ein Loblied für Gott!"

Sie entgegnete: „John, du pfeifst die Titelmelodie dieser Fernsehsendung. Das ist kein Loblied für Gott!"

Welches Lied er sang oder pfiff war meinem Dad egal. Was zählte, war seine innere Einstellung. Mein Vater war fröhlich, wenn er pfiff. In Gedanken sagte er: *Gott, ich bin glücklich. Gott, ich liebe dich. Ich bin dankbar, dass ich lebe.* Er hatte immer ein Loblied im Herzen.

Wenn Sie das Geschirr spülen, können Sie am Spülbecken stehen und sich beklagen: „Niemand weiß mich zu schätzen. Ich schufte mich hier noch zu Tode." Oder Sie können beschließen, ein Lob- und Danklied zu summen. Es liegt ganz bei Ihnen.

„Ach, ich bin nicht so musikalisch", sagen Sie vielleicht. „Ich kann nicht gut singen."

Ich auch nicht. Aber es geht nicht nur um die Musik – es geht um die Einstellung. Innerlich sind wir voller Dankbarkeit. Wir freuen uns auf die Zukunft. Wir erwarten Gutes von Gott und darum singen wir ihm in Gedanken ständig Loblieder. Jeder von uns kann das tun. Und wenn Sie möchten, können Sie singen, wenn Sie unter der Dusche stehen oder wenn Sie zur Arbeit fahren. Wenn Sie das tun, singen und spielen Sie Gott in Ihrem Herzen.

Vor Kurzem wurde ich mitten in der Nacht wach und hörte mich selbst ein Lied singen, das ich seit meiner Kindheit kenne: „Du, Herr, bist mein Schild und hebst mein Haupt empor ..." Wieder und wieder, nicht akustisch wahrnehmbar, sondern tief in meinem Inneren sang eine Stimme dieses Lied. Während sie das tat, füllte Gott mich neu.

Wenn Sie zur Arbeit fahren, könnten Sie eine inspirierende Lobpreis-CD hören. Nutzen Sie diese Zeit. Wenn Sie zu Hause sind, legen Sie gute, aufbauende Musik auf. Achten Sie darauf, was Sie in sich aufnehmen. Achten Sie darauf, womit Sie sich selbst füttern.

Als ich vor einiger Zeit mit dem Auto unterwegs war, suchte ich nach einem passenden Sender. Ich stieß auf einen Oldiesender, und das Erste, was ich hörte, war ein Lied, in dem es hieß: „Du bist nichts wert, du bist nichts wert, du bist nichts wert. Baby, du bist nichts wert." Ich dachte: *Das muss ich mir nicht antun! Ich habe schon genug Probleme, auch ohne dass ich diesen Müll in mich aufnehme.*

Um noch mal auf den Heliumballon zurückzukommen: Wenn Sie sich ständig solche negativen Dinge anhören, müssen Sie sich gar nicht wundern, wenn Sie bald völlig deprimiert sind.

Und genau das ist heutzutage das Problem vieler Menschen. Sie tragen kein fröhliches Lied in ihrem Herzen. Sie beschäftigen sich mit negativen Dingen – dass sie von anderen verletzt wurden, dass sie viel „um die Ohren" haben, wie unfair das Leben ist. Und dann wundern sie sich darüber, warum sie keine Energie haben, warum es ihnen keine Freude macht, ihre Kinder großzuziehen, warum es ihnen davor graut, zur Arbeit zu gehen. Es liegt daran, dass sie ihr inneres Lied verloren haben. Sie füllen ihren Tank nicht auf. Ergreifen Sie die Initiative, und achten Sie darauf, dass Sie mehr Positives in sich aufnehmen als Negatives!

Es ist schon interessant, wie kleine Kinder reagieren, wenn man ihnen gute Musik vorspielt. Sie beginnen, sich hin und her zu wiegen, zu tanzen und zu klatschen. Die Musik macht sie fröhlich, sie können einfach nicht still sitzen. Man muss ihnen nicht beibringen, das zu tun. Man braucht nicht zu sagen: „Ich schalte jetzt die Musik an. Dann musst du dich bewegen."

Sie tun es von selbst, weil Gott ihnen ein Lied ins Herz gelegt hat. Dasselbe hat er auch für uns getan. Allzu oft lassen wir uns von den Anforderungen des Lebens zu Boden drücken. Als wir jünger waren, konnten wir das Lied noch hören. Wir waren glücklich und sorglos und das Leben machte uns Spaß. Aber im Laufe der Zeit haben wir neue Gewohnheiten entwickelt: Wir wurden missgelaunt, schleppten uns durch den Tag und ließen uns von nichts mehr vom Stuhl reißen. Wir müssen wieder lernen, wie Kinder zu glauben, und wenn wir das tun, werden wir auch das Lied in unserem Inneren wiederfinden.

Eines Tages kam unsere siebenjährige Tochter Alexandra frühmorgens in die Küche. Sie war angezogen und bereit, zur Schule zu gehen, und sprudelte nur so vor Begeisterung. Sie lächelte breit und sagte: „Weißt du was, Daddy? Ich habe schon zwei Lieder gesungen und ich habe schon zweimal Rad geschlagen."

Ich blickte ihr in die Augen und entgegnete ebenfalls lächelnd: „Ich finde es toll, dass du so begeistert bist, Liebling. Was auch immer in deinem Leben geschieht, hör nie auf, deine Lieder zu singen und Rad zu schlagen."

Das Interessante ist, dass Victoria und ich Alexandra nie aufgefordert haben zu singen. Sie singt einfach. Ich kann sie den ganzen Tag hören. Das kommt daher, dass Gott ihr ein Lied ins Herz gelegt hat. Beginnen Sie den Tag damit, dass Sie Gott in Ihrem Herzen ein Loblied singen! Ich mache es auch so. Und unter der Dusche höre ich mich auch super an – ich weiß gar nicht, was passiert, wenn ich herauskomme! Ich mag es, jeden Tag mit einem Loblied zu beginnen. Wenn Sie nicht laut singen, dann singen Sie zumindest in Gedanken. Vielleicht möchten Sie ja auch mal probieren, ein paarmal Rad zu schlagen!

Was auch immer Sie tun – finden Sie Ihr Lied wieder. Wenn Sie dazu ein paar Ihrer Angewohnheiten ändern und aufhören müssen, sich mit negativen Dingen zu beschäftigen, dann tun Sie es! Ihre Lebensumstände sind vielleicht nicht vollkommen, aber sie könnten auch viel schlimmer sein. Befassen Sie sich nicht länger mit dem, was verkehrt läuft, und fangen Sie an, für das zu danken, was richtig ist. Danken Sie Gott den ganzen Tag über für seine Güte. Beschäftigen Sie sich mit seinen Verheißungen. Wenn Sie Ihr Lied wiederfinden, werden Sie nicht nur Ihr Leben mehr genießen, Sie werden auch erleben, wie sich Dinge zu Ihren Gunsten ändern.

Meine Großmutter hatte das auch gelernt. Als wir klein waren, waren meine Geschwister und ich oft bei unseren Großeltern. Jedes Mal, wenn ich Großmutter sah, summte sie eine Melodie. Man hörte es nur, wenn man direkt neben ihr stand, aber bei allem, was sie tat – ob sie bügelte, Geschirr spülte, kochte oder mit Großvater unterwegs war –, sang sie Gott innerlich ein Loblied. Sie schien eigentlich immer zufrieden zu sein und hatte ein Lächeln im Gesicht. Ich kann mich nicht erinnern, sie jemals aufgewühlt, frustriert, gestresst oder besorgt gesehen zu haben. Sie war einer der friedvollsten, fröhlichsten Menschen, die ich je kennengelernt habe. Auch wenn die Dinge nicht so liefen, wie sie es sich wünschte, behielt sie ihre Einstellung bei: „Ich werde mir keine Sorgen machen. Ich weiß, dass Gott alles gut machen wird."

Einmal kamen meine Großeltern zu Thanksgiving zum Abendessen zu uns, und Großmutter vergaß den Truthahn – die Hauptmahlzeit! Aber das verdarb ihr den Tag nicht. (Mir schon, nebenbei bemerkt!) Sie blieb gelassen. Sie lachte nur und sagte: „Könnt ihr euch so was vorstellen?"

Was auch immer geschah – sie ließ sich ihr Lied nicht rauben. Kein Wunder, dass sie lange lebte und bis zum Schluss gesund blieb. Sie sang Gott ständig ein Loblied in ihrem Herzen.

Es beginnt in Ihrem Inneren

Ich frage mich, wie viel mehr Sie und ich unser Leben genießen würden, wenn wir meiner Großmutter ein bisschen ähnlicher wären. Wie sich unsere Einstellung ändern würde, wenn wir nicht alles so ernst nähmen und uns nicht von jedem Rückschlag und jeder Enttäuschung zwei Wochen lang runterziehen ließen. Wie viel besser könnte unser Leben sein, wenn auch wir ständig innerlich ein Loblied sängen!

Vielleicht haben Sie in der letzten Zeit festgestellt, dass Sie nicht mehr so viel lächeln wie sonst, und Sie lachen auch nicht mehr so oft. Sie haben zugelassen, dass die Belastungen des Alltags Sie niederdrücken. Vielleicht haben Sie sich damit abgefunden, dass Sie Ihr Leben nur ertragen, statt es wirklich zu genießen. Sie haben das Feuer und die Begeisterung verloren.

All das kann sich ändern, aber das geht nur, wenn Sie sich bewusst dafür entscheiden, denn Sie müssen ein paar neue Gewohnheiten entwickeln. Regel Nummer eins: Gewöhnen Sie sich an, ganz bewusst zu lächeln. „Aber mir ist nicht nach lächeln zumute. Ich habe einen Haufen Probleme und Schwierigkeiten", wenden Sie vielleicht ein.

Nun, manchmal müssen Sie „im Glauben" lächeln. Wenn Sie im Glauben lächeln, wird die Freude bald folgen. Wenn Sie lächeln, schicken Sie Ihrem ganzen Körper die Botschaft, dass alles gut werden wird. Wenn Sie lächeln, werden in Ihrem Körper Stoffe freigesetzt, die bewirken, dass Sie sich besser fühlen. Außerdem werden Sie, wenn Sie lächeln, mehr von Gottes Gunst erfahren. Es wird Ihnen beruflich weiterhelfen. Es wird Ihnen im Umgang mit Ihren Mitmenschen helfen. Zahlreiche Untersuchungen zeigen, dass Menschen, die lächeln und freundlich sind, Menschen, die liebenswürdig auftreten, entgegenkommender behandelt werden als Menschen, die ernst und unfreundlich sind.

> Gewöhnen Sie sich an, ganz bewusst zu lächeln.

Ich las einmal, dass eine große Firma plante, 500 neue Mitarbeiter einzustellen. Sie luden 5.000 Bewerber ein und sagten automatisch jedem Kandidaten ab, der während des Vorstellungsgespräches weniger als viermal lächelte.

Jemand hat einmal gesagt, Ihr Lächeln sei ein Kapital, das eine Million Dollar wert sei. Wenn Sie es nicht einsetzen, erweisen Sie sich selbst einen schlechten Dienst. „Ach, Joel, ich glaube nicht, dass es einen Unterschied macht, ob ich lächle oder nicht."

Doch, Gott interessiert sich für Ihren Gesichtsausdruck. 53-mal spricht er in der Bibel davon. Wenn Sie lächeln, ist das nicht nur gut für Sie selbst, es ist auch ein gutes Zeugnis für andere. Sie werden neugierig werden, was diese Freude in Ihr Leben bringt. Es ist eine Sache, über unseren Glauben zu reden, aber viel besser ist, ihn vorzuleben. Eines der besten Zeugnisse, die wir jemals geben können, ist, einfach glücklich zu sein, zu lächeln und ein freundlicher, umgänglicher Mensch zu sein.

Manche Menschen sehen immer aus, als hätten sie gerade ihren besten Freund verloren. Selbst wenn sie zum Gottesdienst gehen, sehen sie aus, als gingen sie zu einer Beerdigung!

Jemand fragt: „Wie geht es dir?"

„Ach, ich versuche durchzuhalten, bis Jesus wiederkommt", sagen sie mit Leichenbittermiene.

Nein, Gott will nicht, dass wir nur durchhalten oder uns durchs Leben schleppen. Finden Sie Ihr Lied wieder! Lassen Sie nicht länger zu, dass die Lasten des Lebens Sie zu Boden drücken.

Sicher, manchmal denken Sie: *Ich habe einen Haufen Probleme. Ich muss einige schwirige Dinge bewältigen.* Aber die Wahrheit ist, wir alle haben harte Zeiten durchzustehen, schwierige Probleme zu bewältigen oder schwere Lasten zu tragen. Lassen Sie sich daher von Ihren Umständen und Ihren Problemen nicht Ihre Freude rauben.

Und lassen Sie sich von anderen nicht um das Beste bringen, das Gott für Sie hat. Viele Menschen werden auch heruntergezogen, weil irgendjemand in ihrem Umfeld ein pessimistischer Zeitgenosse ist. Irgendjemand tut die falschen Dinge. Vielleicht arbeiten Sie mit Leuten zusammen, die sich ständig beklagen. Oder Sie leben mit jemandem zusammen, der permanent deprimiert ist und in Selbstmitleid badet. Lassen Sie sich von dieser Person nicht runterziehen. Behalten Sie Ihr Lied im Herzen.

Vor einigen Jahren ging ich über ein großes Feld, das von braunem Gestrüpp bedeckt war. Wohin ich auch blickte, ich sah nichts als vertrocknete, tote, hässliche Sträucher. An einer Stelle des Weges entdeckte ich dann *eine* bunte, leuchtende Blume. Sie blühte dort inmitten all des Gestrüpps. Ich dachte sofort: *Genau so sollen wir sein.* Wir haben vielleicht viele Probleme. Vielleicht sind Sie von unzähligen Pessimisten und kritischen Menschen umgeben. Aber das sollte Sie nicht herunterziehen. Blühen Sie genau da, wo Sie stehen. Vielleicht sind Sie mit einem vertrockneten Strauch verheiratet, aber Sie können trotzdem blühen. Vielleicht arbeiten Sie unter lauter Gestrüpp – Personen, die sich beklagen, tratschen und das Unternehmen, den Chef und alle anderen schlechtmachen.

Sie können sie vielleicht nicht ändern, aber Sie können gerade dort inmitten des Gestrüpps blühen. Machen Sie ein freundliches Gesicht und bewahren Sie eine dankbare Haltung. Lassen Sie sich von niemandem herunterziehen. Nein, geben Sie Ihnen ein gutes Beispiel. Leben Sie so, dass andere haben wollen, was *Sie* haben.

Beschließen Sie noch heute: „Ich werde mich von keinem weiteren Problem, keinem weiteren Umstand und keinem weiteren Menschen davon abhalten lassen, Gott zu loben. Ich werde ihn jederzeit preisen. Ich werde mein Lied wiederfinden."

Ich bin mir darüber im Klaren, dass unsere Probleme echt sind und dass das Leben manchmal extrem schwierig ist. Aber wenn Sie dieses Problem gelöst oder diese Herausforderung bewältigt haben, wird es eine weitere Herausforderung geben, die es zu bezwingen gilt. Es wird etwas Neues geben, womit Sie sich beschäftigen müssen. Wenn Sie warten, bis all Ihre Probleme geklärt sind, ehe Sie beschließen, Ihr Lied wiederzufinden, werden Sie Ihr Leben wahrscheinlich nie richtig genießen.

Der Apostel Paulus war ebenfalls mit allen möglichen Schwierigkeiten und Herausforderungen konfrontiert. Aber er sagte: „Mitten in all dem triumphieren wir als Sieger" (Römer 8,37). Beachten Sie, dass er nicht sagte: „Wenn all diese Schwierigkeiten behoben sind, werde ich glücklich sein." Nein, er sagte: „Inmitten all dieser Probleme werde ich mein Leben genießen."

Regel Nummer eins ist also: Gewöhnen Sie sich an, ganz bewusst zu lächeln. Und Regel Nummer zwei lautet: Überprüfen Sie Ihre Körperhaltung. Richten Sie sich auf, nehmen Sie die Schultern zurück, und tragen Sie den Kopf hoch. Sie sind ein Kind des allerhöchsten Gottes. Es passt nicht zu Ihnen, vornübergebeugt herumzulaufen, sich armselig, schwach und unterlegen zu fühlen und zu denken, Sie seien wenig anziehend.

In der Bibel steht, dass wir Botschafter Christi sind.[38] Das bedeutet, Sie repräsentieren den allmächtigen Gott. Repräsentieren Sie ihn gut! Selbst viele nette gläubige Menschen haben sich angewöhnt, den Kopf hängen zu lassen und zu Boden zu blicken. Doch damit bringen Sie unbewusst zum Ausdruck, dass Sie kein Selbstvertrauen und keine Selbstachtung besitzen. Sie müssen die Schultern zurücknehmen, den Kopf hoch tragen und Stärke, Entschlossenheit und Selbstvertrauen ausstrahlen. Damit sagen Sie: „Ich bin stolz auf das, was ich bin. Ich weiß, ich bin nach dem Bild des allmächtigen Gottes geschaffen. Ich weiß, ich bin sein Augapfel."

Wir müssen uns bewusst sein, dass wir nicht nur mit Worten kommunizieren. Als ich zu predigen begann, streckte ich, wenn ich einen Punkt richtig betonen wollte, den Kopf vor und lehnte mich vornüber. Ich versuchte auf diese Weise, meinen Worten besonderen Nachdruck zu verleihen. Aber ein Freund von mir, der sich mit Kommunikationstechniken auskennt, meinte: „Damit erreichst du genau das Gegenteil, Joel. Wenn du den Kopf vorstreckst und dich vornüber neigst, ist das ein Zeichen von Schwäche. Du würdest viel effektiver kommunizieren, wenn du die Schultern zurücknehmen und den Kopf hoch tragen würdest. Diese Haltung drückt Stärke und Selbstvertrauen aus, und die Leute sind dann viel eher gewillt, anzunehmen, was du zu sagen hast."

Unsere Körpersprache sendet unablässig Botschaften. Sorgen Sie also dafür, dass sie das unterstreicht, was Sie sagen wollen. Ihre Mimik, Ihr Lächeln, Ihre Haltung und Ihre Bewegungen spielen eine wichtige Rolle, wenn Sie weiterkommen und Erfolg haben wollen. Wir sollten darüber hinaus ein ruhiges, zuversichtliches Selbstvertrauen ausstrahlen. Wir wissen, dass wir den allmächtigen Gott repräsentieren. Lassen Sie uns lernen, den Kopf hoch zu tragen.

Sicher, Ihre Persönlichkeit spielt auch eine Rolle. Manche Menschen sind von Natur aus selbsicherer. Manche lächeln von Natur aus häufiger. Ich lächle vermutlich sogar im Schlaf. Sie sind vielleicht genau das Gegenteil. Aber schieben Sie das nicht als Entschuldigung dafür vor, dass Sie unfreundlich und missgelaunt durchs Leben gehen. Auch ich musste mich in mancher Hinsicht ändern. Ich lächle zwar viel, aber ich bin von Natur aus ziemlich still und zurückhaltend. Ich musste bewusst üben, selbstsicherer aufzutreten und meine Meinung zu äußern.

Vielleicht besitzen Sie viel Selbstvertrauen, aber Sie sind zu ernst und lächeln viel zu selten. Sie können üben, mehr zu lächeln. Das beste Lächeln beginnt natürlich im Inneren. In der Bibel steht, dass wir so von Freude erfüllt sein können, dass sie förmlich aus uns herausströmt. Das bedeutet, wir sollten so viel Freude in uns tragen, dass das auf die Menschen in unserem Umfeld abfärbt. Wenn wir unser Gespräch beenden, sollten sie glücklicher sein und sich besser fühlen als vorher; sie sollten neuen Mut und neue Begeisterung empfinden.

Haben Sie den Eindruck, dass Sie, wenn Sie mit anderen zusammen sind, immer nehmen und nie geben? Verlassen Sie sich darauf, dass andere Sie aufrichten? Es sollte umgekehrt sein. Sie müssen anfangen, Gott in Ihrem eigenen Herzen Loblieder zu singen. Vielleicht haben Sie einen schlechten Befund vom Arzt bekommen und Sie lassen die Flügel hängen. Gerade dann müssen Sie den Rücken durchstrecken und sagen: „Gott, ich weiß, dass du immer noch alles unter Kontrolle hast. Ich werde weiterhin ein Lächeln auf dem Gesicht haben und dich trotzdem preisen."

Die Bibel fordert uns auf, Gott in jeder Lebenslage Dankopfer darzubringen.[39] Der Ausdruck „Dankopfer" deutet schon darauf hin, dass das nicht immer leicht ist. Wir sollten dennoch die Einstellung haben: „Gott, ich weiß, wenn ich dir Loblieder singe und dankbar bleibe, setzt das nicht nur deinen Arm in Bewegung, es füllt auch meinen inneren Tank auf. Darum entscheide ich mich, dich trotz meiner Umstände zu preisen."

Sie können selbst entscheiden, welches Lied Sie singen. Seien Sie auch in Gedanken nicht nachlässig; sprechen Sie sich selbst Psalmen und Loblieder vor. Wir alle führen häufig Selbstgespräche. Vielleicht haben Sie eher negative Gespräche mit sich selbst geführt. Sagen Sie sich stattdessen: „Das wird ein guter Tag. Danke, Herr, dafür, dass du mir deine Kraft gibst. Danke, Gott, für meine Gesundheit."

Finden Sie Ihr Lied wieder und sprechen Sie sich positive Dinge zu. Jedes Mal, wenn Sie das tun, wird Gott Sie neu erfrischen und Ihnen Freude, Frieden, Kraft und Sieg schenken. Und wenn Sie mit Gottes Liebe und Kraft erfüllt sind, werden Sie ganz automatisch beginnen, nach den guten Dingen Ausschau zu halten, die er für Sie bereithält.

Damit wollen wir uns nun im nächsten Kapitel näher beschäftigen.

Kapitel 30

Vom Glauben zum Erwarten

Gott hat jedem von uns Träume und Sehnsüchte ins Herz gelegt. Jeder von uns hält an Verheißungen fest und erwartet im Glauben an Gott, dass bestimmte Dinge eintreten. Wie das Wort schon sagt, geht es dabei fast immer auch darum zu *warten*. Vielleicht warten Sie darauf, dass eine Beziehung sich verbessert, dass Sie einen Partner finden oder dass Sie befördert werden. Oder vielleicht warten Sie darauf, eine Krankheit zu besiegen.

Wir bringen einen großen Teil unseres Lebens mit Warten zu. Es gibt eine richtige Art zu warten und eine falsche. Leider verlieren wir oft den Mut und sind frustriert, wenn die Dinge nicht so eintreten, wie oder wann wir uns dies wünschen. Obwohl Gott uns gezeigt hat, dass etwas eintreten wird, geben wir auf und finden uns mit dem Status quo ab. Ich glaube, das liegt daran, dass wir nicht auf die richtige Art und Weise warten.

In der Bibel steht: „Habt Geduld, während ihr [...] wartet" (Jakobus 5,7; NL). Beachten Sie, dass dort nicht steht „*falls* ihr wartet", sondern „*während* ihr wartet". Jakobus fährt fort: „Denkt an die Bauern, die im Herbst und Frühling eifrig nach Regen Ausschau halten." Das ist der Schlüssel: Während wir warten, müssen wir „eifrig Ausschau halten" – wir müssen voller Erwartung sein. Wir sollen nicht herumsitzen und denken: *Meine Situation wird sich nie ändern. Ich habe gebetet, ich habe geglaubt. Aber mir ist schleierhaft, wie ich jemals aus diesem Schlamassel herauskommen soll.* Nein, eine erwartungsvolle Einstellung zu haben bedeutet, dass wir voller Hoffnung sind, während wir warten. Jeden Morgen, wenn wir aufstehen, erwarten wir, dass Gutes geschieht. Wir haben vielleicht Probleme, aber wir wissen, dies könnte der Tag sein, an dem Gott eingreift. Dies könnte der Tag sein, an dem unsere Gebete erhört werden.

Warten sollte auch nie etwas Passives sein. Auf die richtige Weise zu warten bedeutet, dass Sie „eifrig Ausschau halten". Sie reden, als würde das, worauf Sie warten, geschehen. Sie handeln, als würde es geschehen. Sie treffen Vorbereitungen.

Wenn Sie jemanden zum Abendessen erwarten, fangen Sie ja auch nicht erst dann an zu kochen, wenn der Gast schon vor Ihrer Tür steht. Höchstwahrscheinlich beginnen Sie schon morgens mit den Vorbereitungen. Sie sorgen dafür, dass das Haus geputzt ist. Sie gehen vielleicht schon am Vortag einkaufen. Vielleicht kaufen Sie einen Blumenstrauß für die Tischdeko und fahren beim Bäcker vorbei, um Ihren Lieblingskuchen zu kaufen. Warum treffen Sie all diese Vorbereitungen? Weil Sie jemanden erwarten.

Wir brauchen eine ähnliche Einstellung, wenn wir darauf warten, dass Gottes Zusagen sich erfüllen. Es reicht nicht, einfach nur zu beten. Wir müssen unsere Gebete durch Taten bekräftigen. Jakobus schreibt: „So ist auch der Glaube, wenn er nicht Werke hat, tot in sich selber" (Jakobus 2,17; LÜ). Mit anderen Worten: Wir können etwas glauben, wir können etwas aussprechen, aber wenn sich unser Glaube nicht auch darin zeigt, wie wir handeln, wird uns das alles nichts nützen.

Ich unterhielt mich einmal mit Scott, einem jungen Mann, der davon träumte, zur Uni zu gehen. Aber er würde der Erste in seiner Familie sein, der das bisher geschafft hatte. Scott fing sofort an, sämtliche Hindernisse aufzuzählen. „Ich weiß nicht, ob ich mir das leisten kann, Joel. Ich weiß nicht, ob mein Zeugnis gut genug wird. Ich weiß nicht, was meine Familie davon hält." Er war auf dem besten Weg, sich seinen Traum auszureden.

Schließlich unterbrach ich ihn. „Warum unternimmst du nicht einen Glauensschritt, Scott? Verleih deinen Gebeten Nachdruck – füll zumindest ein Bewerbungsformular aus. Schau dir den Campus an. Rede mit den Studienberatern. Bereite dich darauf vor, Erfolg zu haben. Wenn du tust, was in deiner Macht steht, wird Gott tun, was nicht in deiner Macht steht."

Allzu oft behaupten wir, eine Sache zu glauben, und beweisen gleichzeitig durch unser Handeln das Gegenteil – wir bereiten uns darauf vor zu scheitern. Vielleicht gab es in Ihrer Familie in der

Vergangenheit immer wieder Scheidungen. Fürchten Sie sich nicht davor, jemals zu heiraten oder dass Ihre Ehe mit einer Scheidung enden wird. Beginnen Sie stattdessen zu planen, was Sie an Ihrem ersten, Ihrem fünften und Ihrem 25. Hochzeitstag tun wollen. Wenn Sie über Ihre Ehe sprechen, dann tun Sie es in positiver Weise. Sagen Sie nicht: „Ich weiß nicht, ob unsere Ehe diese Krise überstehen wird" oder: „Falls unsere Ehe bis nächstes Jahr hält, machen wir vielleicht eine Kreuzfahrt." Streichen Sie Sätze wie „falls wir es schaffen" aus Ihrem Wortschatz und sagen Sie stattdessen „wenn wir es geschafft haben".

Ich ziehe Victoria gerne damit auf, dass ich mir schon überlegt habe, wie wir unsere Goldene Hochzeit feiern. Wahrscheinlich werde ich das Mädchen, das es so lange mit mir ausgehalten hat, zu einem tollen Milkshake bei McDonald's einladen!

Aber Scherz beiseite – seien Sie voller Hoffnung und optimistisch und treffen Sie Vorbereitungen dafür, Erfolg zu haben. Wir müssen begreifen, dass es einen Unterschied gibt zwischen „glauben" und „erwarten". Sie können glauben, dass Sie ein Kind bekommen, ohne überhaupt schwanger zu sein. Aber wenn Sie tatsächlich ein Kind *erwarten*, dann werden Sie auch aktiv. Dann gehen Sie los und richten das Kinderzimmer ein. Sie kaufen Kleidung für ein Baby, das noch nicht da ist. Sie rufen Ihre Freunde und Verwandten an und teilen Ihnen die gute Nachricht mit: „Mutter! Vater! Wir bekommen Nachwuchs!" Schon im Frühstadium der Schwangerschaft beginnen Sie, alle möglichen Vorbereitungen zu treffen. Die veränderte Situation hat Auswirkungen auf Ihre Einstellung, Ihre Ernährung, Ihre sportlichen Aktivitäten, Ihr Reden und Ihr Denken.

> Es gibt einen Unterschied zwischen „glauben" und „erwarten".

Dabei kann es durchaus sein, dass Sie in den ersten Monaten sagen: „Ich sehe immer noch genauso aus wie früher. Ich fühle mich nicht anders als zuvor."

Es ist ganz egal, was Sie sehen oder fühlen. Ihr Arzt hat Ihnen mitgeteilt, dass Sie ein Kind bekommen. Das ist alles, was Sie wissen müssen, um Vorbereitungen zu treffen.

So sollten Sie auch handeln, wenn Gott Ihnen einen Traum ins Herz legt. Vielleicht ist eine seiner Verheißungen in Ihrem Herzen oder Ihren Gedanken lebendig geworden, und zum ersten Mal wagen Sie zu glauben, dass Ihre Familie wieder in Ordnung kommen kann. Sie wissen, dass Sie gesund werden können. Sie wissen, dass Sie Ihre Träume verwirklichen können. Das Erste, was Sie tun müssen, ist: Lassen Sie diese Saat wirklich Wurzeln schlagen. Aber bleiben Sie nicht dabei stehen. Sie müssen vom Glauben zum Erwarten kommen.

„Das tue ich ja", sagen Sie vielleicht, „aber ich merke nicht, dass irgendetwas geschieht. Meine Finanzen bessern sich nicht. Ich sehe nicht, dass sich irgendwelche Türen öffnen. Mit meiner Gesundheit geht es nicht bergauf, sondern bergab."

In der Bibel steht: „Wir leben ja noch in der Zeit des Glaubens, noch nicht in der Zeit des Schauens" (2. Korinther 5,7). Wenn Sie sehen, dass etwas geschieht, brauchen Sie keinen Glauben mehr. Aber wenn Sie auf der sichtbaren Ebene nichts haben, woran Sie sich festhalten können, und dennoch anfangen zu handeln, als sei Gottes Wort wahr, wenn Sie voller Hoffnung und optimistisch sind, dann bekräftigen Sie Ihren Glauben durch Taten. Das weckt Gottes Aufmerksamkeit. Das veranlasst ihn dazu, auf übernatürliche Weise in Ihr Leben einzugreifen. Was ist geschehen? Sie sind vom Glauben zum Erwarten gekommen.

Genau dies tat der Leitungskreis der *Lakewood*-Gemeinde, als wir in Verhandlung traten wegen des *Compaq Center*, des ehemaligen Stadions der Baseballmannschaft *Houston Rockets*. Ich teilte der Gemeinde mit, dass wir Geld für die Renovierung der Räumlichkeiten sammeln wollten, und das, noch bevor wir wirklich sicher wussten, dass wir es erwerben konnten. Nachdem der Stadtrat unserem Antrag stattgegeben hatte, strengte ein Unternehmen einen Prozess gegen uns an, um uns daran zu hindern, hier einzuziehen. Unsere Anwälte gestanden uns, sie könnten nicht garantieren, dass wir den Prozess gewinnen würden, und selbst wenn es uns schließlich doch gelänge, könnte es zehn Jahre dauern, bis der Fall durch alle Instanzen hindurch wäre.

Vom logischen, geschäftlichen Standpunkt aus betrachtet, hätte ich abwarten müssen, wie sich das Ganze entwickelt. Aber tief in meinem Inneren wusste ich, dass Gott wollte, dass wir aktiv wurden. Also ging ich vom Glauben zum Erwarten über, und wir begannen, Vorbereitungen zu treffen. Wie ein junges Paar, das das Kinderzimmer herrichtet, begannen wir, die neuen Pläne zu zeichnen, die entsprechenden Kostenvoranschläge einzuholen und uns in allen Einzelheiten auszumalen, wie wir uns dort einrichten würden.

Das war nicht immer angenehm oder einfach. Oft wachte ich mitten in der Nacht schweißgebadet auf. Eine kleine Stimme drängte sich immer wieder in mein Bewusstsein: „Was machst du, wenn du das Gebäude nicht bekommst, Joel? Du wirst wie ein Idiot dastehen! Du hast die Leute schon gebeten, Geld für das Projekt zu spenden. Du wirst ihnen ihr Geld zurückgeben müssen." Und so ging es endlos weiter.

Ich entgegnete gewöhnlich: „Gott, ich weiß, du hast alles unter Kontrolle, und ich lasse mich nicht beirren, auch wenn ich noch nicht sicher weiß, wie die Sache aussieht. Du bist mächtiger als die Hindernisse, die uns im Weg stehen. Und ich weiß, dass du zur rechten Zeit die Dinge zu unseren Gunsten verändern wirst."

Anderthalb Jahre später geschah genau das.

Wie wartet der Bauer? Geduldig und erwartungsvoll. Wie sorgt er für seine Saat? Indem er sie bewässert, das Unkraut herauszieht und den Boden auflockert.

Wie bewässern wir unsere Saat? Indem wir Gott jederzeit in unserem Herzen preisen. Indem wir ihm jeden Morgen beim Aufstehen dafür danken, dass die Antwort auf unsere Fragen und Probleme unterwegs ist. Wenn sich negative Gedanken regen und Ihnen einreden wollen, dass „es" niemals geschehen wird, dass sie nie gesund werden, dass Sie Ihre Schulden niemals abbauen werden, dann reißen Sie dieses Unkraut heraus, indem Sie sagen: „Herr, ich weiß, dass du treu bist. Ich vertraue fest auf dich. Ich weiß, dass du großartige Dinge für mich bereithältst." Sie schützen Ihre Saat, indem Sie eine dankbare, erwartungsvolle Einstellung behalten.

Glauben Sie nur oder erwarten Sie schon?

„Ach, Joel, ich wäre gern meine Schulden los", wenden Sie vielleicht ein. Oder: „Ich hätte gern eines Tages ein schönes Haus. Aber meine Geschäfte laufen so schleppend. Und die Lebenshaltungskosten sind so hoch. Ich kann mir nicht vorstellen, wie das jemals klappen soll."

Solche Gedanken werden Sie genau dort festhalten, wo Sie sind. Entscheiden Sie sich dafür, *erwartungsvoll* zu warten! Sagen Sie: „Gott, ich weiß, dass du tun kannst, was Menschen nicht tun können. Du versorgst mich. Meine Arbeit ist nicht die Quelle meines Lebens und die Wirtschaft ist nicht die Quelle meines Lebens. Du, Herr, bist die Quelle meines Lebens."

Lassen Sie sich eine neue Vision schenken. Wagen Sie es, Ihre eingefahrenen Denkmuster zu durchbrechen, und beginnen Sie, Vorbereitungen für Gottes Segnungen zu treffen, wenigstens in irgendeiner Hinsicht.

Vor Jahren war ich bei Peter und Becky zu Besuch, einem befreundeten Ehepaar. Sie lebten in einer kleinen Wohnung, und obwohl sie glücklich und zufrieden waren, wussten Sie, dass Gott mehr für sie bereithielt. Deshalb kauften sie, als sie ihre Wohnung einrichteten, lauter Möbelstücke, die viel zu groß waren für die kleinen Zimmer. Die Sofas waren nebeneinander gequetscht und zu beiden Seiten standen Tische. Ich kam kaum an ihnen vorbei.

Natürlich sagte ich nichts, aber es sah schon seltsam aus. Nach ein paar Minuten meinte Becky: „Du musst entschuldigen, wie es hier aussieht, Joel. Wir haben diese Möbel für unser *neues* Haus gekauft."

Ich hatte nicht gewusst, dass sie umziehen würden, und so erwiderte ich: „Ach, wirklich? Wo zieht ihr denn hin?"

Sie lachten und Peter antwortete: „Das wissen wir noch nicht. Wir wissen nur, dass wir nicht hierbleiben. Das ist nur eine Übergangslösung."

Im Grunde machten sie mir damit deutlich: „Das ist nicht unsere Bestimmung. Wir werden uns nicht zurücklehnen und uns damit abfinden. Gott hat uns Größeres ins Herz gelegt, und wir bereiten uns darauf vor, höher hinauszukommen."

Sie blieben mehrere Jahre in diesem Apartment wohnen, und

wenn ich ihnen begegnete, fragte ich oft: „Seid ihr schon umgezogen?"

„Noch nicht."

„Wann ist es denn so weit?"

Ihre Antwort lautete immer: „Bald!" Ich hörte sie nie irgendetwas Negatives sagen. Ich sah sie nie bedrückt und niedergeschlagen. Sie blieben immer zuversichtlich und erwartungsvoll.

Eines Tages gelang Becky ein wichtiger Vertragsabschluss, der dazu führte, dass sie befördert wurde und bedeutend mehr Gehalt bekam. Auf einmal begannen die Puzzleteile an ihren Platz zu fallen.

Können Sie erraten, wo diese überdimensionalen Möbelstücke jetzt stehen?

Nein, nicht in ihrem neuen Haus. Becky und Peter haben sie einem anderen jungen Paar geschenkt, das im Glauben auf sein Traumhaus wartet. Sie selbst haben sich für ihr neues Haus funkelnagelneue Möbel gekauft.

Es erregt Gottes Aufmerksamkeit, wenn Sie Ihren Glauben durch Taten bekräftigen. Unternehmen Sie doch einen Glaubensschritt – säen Sie eine Saat, tun Sie irgendetwas, das Ihnen selbst und anderen beweist, dass Sie planen, Erfolg zu haben.

Vielleicht haben Sie mit einer Krankheit zu kämpfen. Vielleicht haben Sie von Ihrem Arzt schlechte Nachrichten bekommen. Fangen Sie nicht gleich an, Ihre Beerdigung zu planen. Sitzen Sie nicht deprimiert herum, und denken Sie nicht an all die anderen Leute, die schon an derselben Krankheit gestorben sind. Planen Sie fest, wieder gesund zu werden.

Als mein Vater sich auf seine Herzoperation vorbereitete, war das eine extrem ernste Situation. Die Ärzte konnten uns keinerlei Garantie geben, dass die Operation gelingen würde.

Mein Vater blies nicht Trübsal, sondern bat uns, ihm seinen Jogginganzug und seine Turnschuhe zu bringen und die Sachen direkt neben sein Bett zu stellen. Tatsache war, dass er in der nächsten Zeit mit Sicherheit nicht joggen würde, aber während er sich von der Operation erholte, sah er tagtäglich diese Turnschuhe. In Gedanken sagte er: *Bald werde ich wieder laufen gehen. Eines*

Tages bin ich wieder gesund. Eines Tages bin ich wieder bei Kräften. Er wässerte seine Saat, war erwartungsvoll, und das gab ihm die Kraft, die schwierige Situation zu ertragen.

In der Bibel steht: „[...] die, die auf den Herrn warten, gewinnen neue Kraft" (Jesaja 40,31; NL). Was könnte passieren, wenn wir voller Hoffnung und Erwartung leben und Vorbereitungen dafür treffen würden, die Güte Gottes zu erleben?

Der darauf folgende Bibelvers versichert uns: „Sie schwingen sich nach oben wie die Adler. Sie laufen schnell, ohne zu ermüden. Sie werden gehen und werden nicht matt." Mit anderen Worten: Sie werden nicht am Boden liegen bleiben; Sie werden die Herausforderungen des Lebens bestehen.

Wenn Sie jeden Tag in der Erwartung beginnen, dass Gott Ihre Probleme lösen wird, wenn Sie fest auf ihn vertrauen, dann verspricht Gott Ihnen: Er wird Ihnen übernatürliche Kraft verleihen und dafür sorgen, dass Ihnen Flügel wachsen wie dem Adler.

Bekräftigen Sie Ihre Gebete durch Taten

Denken Sie aber daran, dass Sie Ihre Gebete durch Taten bekräftigen müssen. Vielleicht glauben und beten Sie schon; das ist gut. Aber bleiben Sie nicht dabei stehen; klammern Sie sich noch fester an Gott. Glauben Sie nicht nur daran, dass er etwas in Ihrem Leben tun kann – *erwarten* Sie, dass er Großes an Ihnen, für Sie und durch Sie tun wird.

Ein befreundeter Pastor träumte davon, durch die ganze Welt zu reisen und Gottes Wort zu verkünden. Aber zum damaligen Zeitpunkt gab es für ihn keine einzige offene Tür; es gab nicht *eine einzige* Einladung.

Statt den Mut zu verlieren und zu denken: *Ich habe das wohl falsch verstanden. Das ist anscheinend nicht mein Auftrag,* tat er einen Glaubensschritt: Er kaufte sich ein nagelneues Koffer-Set. Und das, obwohl er in der Vergangenheit nur wenige Kilometer über seine Heimatstadt hinausgekommen war. Vernünftig betrachtet, hätte es wichtigere Dinge gegeben, für die er sein Geld hätte ausgeben können. Aber tief in seinem Herzen wusste er, dass Gott ihm eines Tages Türen öffnen würde. Darum sorgte er dafür, dass sein Glaube stark und lebendig blieb.

Etwa sechs Monate später wurde er zum ersten Mal eingeladen, in einer anderen Gemeinde zu predigen. Er war so aufgeregt, dass er die Einladung mitbrachte und sie meinem Vater zeigte. Heute reist dieser Mann um die ganze Welt. Er erhält mehr Einladungen, als er je annehmen kann. Er kam vom Glauben zum Erwarten und dann zum Empfangen. Aber dazu musste er bereit sein, aktiv zu werden, ohne die feste Gewissheit zu haben, dass sein Traum auch Wirklichkeit werden würde. Wenn wir das bekommen wollen, was Gott uns schenken möchte, können wir nicht passiv bleiben. Wenn wir wirklich etwas *erwarten*, dann halten wir nach Gelegenheiten Ausschau. Wir tun alles, was in unserer Macht steht, um unsere Träume zu verwirklichen.

Als meine Schwester Tamara etwa sieben Jahre alt war, wollte sie unbedingt Kaninchen haben. Wir lebten damals auf dem Land und besaßen schon ein paar Hunde und sogar einige Hühner. Aber Tamara wollte auch Kaninchen. Sie ging zu meinem Vater und sagte: „Daddy, würdest du mir bitte ein paar Kaninchen kaufen?"

Mein Vater war ein großzügiger Mensch, aber er hatte schon mit unseren Hühnern viel Arbeit. Sie entwischten oft aus ihrem Gehege oder aus dem Garten und wir mussten zu unseren Nachbarn hinüber und sie wieder einfangen.

Daher entgegnete mein Vater: „Tamara, ich liebe dich, aber wir schaffen uns keine Kaninchen an." Nun, was Tamara betraf, hätte er ebensogut mit einer Wand reden können. Sie nahm seine Worte überhaupt nicht zur Kenntnis. Stattdessen benahm sie sich, als würde sie diese Kaninchen bekommen.

Das erinnert mich an eine Situation aus dem Leben Jesu, als dieser auf dem Weg zu einem kranken Mädchen war, um für es zu beten. Unterwegs wurde er mehrmals aufgehalten und schließlich kamen Leute und sagten zu dem Vater des Kindes: „Deine Tochter ist gestorben. Du brauchst den Lehrer nicht weiter zu bemühen" (Markus 5,35). Jesus hörte dies zwar, aber er ignorierte es. Stattdessen ermutigte er den Vater: „Erschrick nicht, hab nur Vertrauen!"

Wir können hier ein Prinzip erkennen: Manchmal müssen Sie eine negative Nachricht ignorieren, um an Ihrem Glauben festzuhalten. Manchmal werden die Menschen versuchen, Ihnen Ihre Träume auszureden. Manchmal werden Ärzte Ihnen sagen, dass sie nichts mehr für Sie tun können. Manchmal versuchen sogar unsere eigenen Gedanken, uns all die Gründe vor Augen zu führen, warum unser Traum nicht erfüllt, unser Ziel nicht erreicht oder unser Gebetsanliegen nicht beantwortet werden wird.

Jesus hörte die schlechte Nachricht, aber er beschloss, sie zu ignorieren. Er beschloss, sich davon nicht beeinflussen zu lassen. Und dasselbe tat auch meine Schwester Tamara. Immer wieder ging sie zu meinem Vater und fragte ihn von Neuem: „Daddy, hast du noch mal über diese Kaninchen nachgedacht? Ich hätte wirklich sehr gerne eins."

„Ich muss nicht darüber nachdenken, Tamara", entgegnete mein Vater. „Wir kaufen keine Kaninchen."

Ein paar Tage später fragte sie erneut: „Daddy, ich hätte immer noch so gern ein Kaninchen." Das ging zwei oder drei Monate lang so weiter. Tamara war fest entschlossen, dass sie eines Tages diese Kaninchen bekommen würde.

Irgendwann erkannte ich, dass sie ihn fast herumgekriegt hatte. Er antwortete nämlich: „Tamara, selbst wenn ich dir Kaninchen kaufen wollte – ich weiß überhaupt nicht, wo man welche bekommt."

„Aber ich!", entgegnete Tamara. „Ich weiß genau, wo es welche gibt. Ich habe das Geschäft schon gesehen."

Die beiden fuhren eine Viertelstunde über die Autobahn. Etwa 200 Meter von der Straße entfernt am Waldrand stand ein kleines Schild: „Kaninchen zu verkaufen."

Tamara hatte fest nach der Erfüllung ihres Traums Ausschau gehalten. Und wenn *Sie* einen Traum haben, werden auch Sie Dinge sehen, die andere nicht wahrnehmen. Meine Familie und ich waren Hunderte von Malen diese Straße entlanggefahren, aber keiner von uns hatte jemals dieses Schild gesehen. Schließlich sagte mein Vater: „Ich würde dir wirklich gern Kaninchen kaufen, Tamara, aber wir haben doch gar keinen Platz, wo wir sie unterbringen können!"

„Doch, haben wir", erwiderte sie. „Paul hat mir schon einen Käfig gebaut."

Es ist wohl überflüssig zu sagen, dass Tamara ihre Kaninchen bekam.

Oft warten wir darauf, dass Gott etwas tut. Im Grunde sagen wir: „Gott, du musst mir diese Sache auf einem Silbertablett servieren." Aber wir müssen unseren Teil beitragen, indem wir Vorbereitungen treffen. Stellen Sie ein paar Nachforschungen an, säen Sie ein paar Samen, und dann warten Sie voller Erwartung.

„Und was ist, wenn ich all das tue, und es passiert trotzdem nicht, Joel?"

Was ist, wenn Sie all das tun, und es passiert nichts? Selbst wenn es nicht so kommt, wie Sie gehofft hatten, wird Ihr Leben trotzdem eine bessere Wendung nehmen, wenn Sie es mit einer positiven, hoffnungsvollen Einstellung angehen.

Viele Menschen warten darauf, dass sich ihre Situation verändert, und während dieser Zeit des Abwartens werden sie immer missmutiger und pessimistischer. „Mir passiert nie irgendetwas Gutes." – „Wann werde ich endlich heiraten?" – „Wann komme ich aus dieser Situation heraus?"

Nein, Sie müssen diese Situation Gott anvertrauen.

David sagte: „Meine Zeit steht in deinen Händen" (Psalm 31,16; LÜ). Oder: „Gott, ich weiß nicht, wann es geschehen wird, aber ich weiß, dass du weißt, was das Beste für mich ist, und darum werde ich Gutes erwarten. Und selbst wenn es nicht heute geschieht, werde ich heute Abend nicht enttäuscht zu Bett gehen. Ich werde dir weiterhin vertrauen und mich darüber freuen, dass ich der Erhörung meiner Gebete wieder einen Tag näher gekommen bin."

> Schenken Sie den „Nie-Lügen" keinen Glauben.

Beginnen Sie, Vorbereitungen für ein gesegnetes Leben zu treffen. Halten Sie Ihre Vision lebendig und schenken Sie den „Nie-Lügen" keinen Glauben: „Ich werde nie gesund werden. Ich werde nie erleben, dass meine Träume sich verwirklichen." Nein, legen Sie diese Haltung ab und bleiben Sie optimistisch und erwartungsvoll.

Vielleicht haben Sie das ja schon getan. Sie haben gebetet, Sie haben geglaubt, Sie haben erwartet. Aber Ihr Angehöriger ist trotzdem gestorben, und Sie verstehen einfach nicht, warum.

Gott hat immer noch einen großartigen Plan für Ihr Leben. Sie sollten sich von einem Rückschlag und selbst von einer Reihe von Enttäuschungen nicht daran hindern lassen, Ihr Leben aktiv anzugehen und daran zu glauben, dass er Gutes für Sie bereithält.

John und Karen hatten sich von ihrem Sohn entfremdet. Es waren ein paar Dinge vorgefallen, die ihr Verhältnis getrübt hatten. Der junge Mann sprach nicht mehr mit seinen Eltern, besuchte sie nicht und wollte nichts mit ihnen zu tun haben. Das ging monatelang so, und schließlich sah es ganz so aus, als würden sie sich nie mehr versöhnen.

Aber John und Karen weigerten sich, ihren Sohn aufzugeben. Sie taten einen Glaubensschritt und kauften ihm eine Bibel. Sie ließen sogar seinen Namen eindrucken. Der junge Mann hatte nie etwas mit Gott zu tun haben wollen, und rein äußerlich betrachtet sah es ganz so aus, als würden die Eltern ihr Geld verschwenden. Sie legten die Bibel dennoch auf ihren Beistelltisch, und jedes Mal, wenn sie daran vorbeikamen, dankten sie Gott, dass ihr Sohn eines Tages nach Hause zurückkehren würde. Eines Tages würde er wieder auf den richtigen Weg kommen.

Ein paar Jahre später bekamen sie einen Anruf von ihrem Sohn. „Mom und Dad", sagte er, „ich will nach Hause kommen." Ich bin fest davon überzeugt, dass Gott auf übernatürliche Weise ihre Beziehung wiederhergestellt hatte, und heute sehe ich diesen jungen Mann ständig im Gottesdienst. Er trägt eine Bibel mit sich herum – aber nicht irgendeine, sondern diejenige, in die sein Name eingedruckt ist und die all die Jahre hindurch auf dem Beistelltischchen seiner Eltern lag.

John und Karen erwarteten, dass Gott handeln würde. Sie bereiteten sich darauf vor, dass ihr Sohn nach Hause zurückkehren würde, und heute erntet die ganze Familie die Früchte ihrer Hoffnung.

Stacey hatte es so satt, übergewichtig zu sein. Sie hatte jede Diät ausprobiert, die es nur gab, aber nichts schien zu funktionieren.

Schließlich gab sie auf und fand sich mit ihrem Übergewicht ab, obwohl sie wusste, dass das nicht Gottes bester Plan für sie war.

Es geschieht schnell, dass wir uns in irgendeinem Bereich unseres Lebens mit Mittelmäßigkeit zufrieden geben. Aber eines Tages hatte Stacey die Nase voll. Sie gab sich einen Ruck und bekräftigte ihre Gebete durch Taten. Sie fuhr ins Einkaufszentrum und kaufte sich entschlossen ein neues Outfit, das ihr zwei Größen zu klein war. Sie wusste, dass sie es nicht tragen konnte.

Warum tat sie das? Sie bereitete sich darauf vor abzunehmen. Sie kam vom Glauben zum Erwarten. Später erzählte sie mir, dass sie die neue Kleidung direkt neben ihrem Schrank am Spiegel aufgehängt hatte, damit sie sie jeden Tag sehen konnte. Das inspirierte sie. Jedes Mal, wenn ihr Blick darauf fiel, sagte sie: „Vater, ich danke dir, dass ich abnehmen werde. Danke, dass jede Drüse, jedes Organ, jede Zelle in meinem Körper normal funktioniert. Danke, dass ich Disziplin und Selbstkontrolle besitze."

Als ich sie das nächste Mal sah, trug sie ihre neue Kleidung. Sie sagte: „Ich habe nicht nur zwölf Kilo abgenommen, Joel, ich fühle mich auch besser als je zuvor."

Gott belohnt solche Menschen – Menschen, die an ihrer Vision festhalten. Bleiben Sie zielbewusst. Tamara hätte ihre Kaninchen nie bekommen, wenn sie nicht dafür gesorgt hätte, dass Paul ihr einen Käfig baute, und wenn sie nicht am Ball geblieben wäre. Die *Lakewood*-Gemeinde hätte das neue Gebäude nie beziehen können, wenn wir uns nicht durch die Hindernisse hindurchgekämpft hätten.

Lassen Sie Ihren Glauben praktisch werden. Unterstreichen Sie das, was Sie von Gott erwarten, durch Ihr Handeln. Vielleicht rechnen Sie kaum noch damit, dass das, was Gott Ihnen ins Herz gelegt hat, jemals geschehen wird. Sie denken vielleicht, Ihr Leben würde sich niemals bessern.

Doch, es kann geschehen, aber Sie müssen das Feuer neu entfachen.

„Ach, Joel, das ist nun schon so lange so ..."

In der Bibel steht: „[Das Angekündigte] wird sich ganz bestimmt erfüllen, darauf kannst du dich verlassen. Warte geduldig, selbst wenn es noch eine Weile dauert!" (Habakuk 2,3; Hfa). Wir sollen also nicht unruhig werden, sondern voller Erwartung sein und wirklich damit rechnen, dass unsere Hoffnung sich erfüllt. Was wird geschehen, wenn Sie das tun? „Es wird sich ganz bestimmt erfüllen, darauf kannst du dich verlassen." Wenn wir weiterglauben, wenn wir positiv, erwartungsvoll und voller Hoffnung sind, dann können sämtliche Mächte der Finsternis Gott nicht davon abhalten, seine Verheißungen zu erfüllen.

Vielleicht erinnern Sie sich noch an Gavin MacLeod, den Schauspieler, der in der beliebten Fernsehserie „Love Boat" den Kapitän gespielt hat. Nach sieben Jahren Ehe gab es einige Schwierigkeiten und er verließ seine Frau Patti.

Er erzählte mir später, dass er ganz in seiner Karriere aufgegangen war und falsche Entscheidungen getroffen hatte. Die beiden ließen sich scheiden und Patti war verzweifelt. Sie hatte die Trennung nie gewollt.

Doch statt einfach aufzugeben und die Scheidung zu akzeptieren, dankte sie Gott jeden Morgen dafür, dass Gavin eines Tages nach Hause zurückkehren und dass ihre Beziehung wieder in Ordnung kommen würde. Sie ging noch einen Schritt weiter und begann sogar, ihren Glauben durch entsprechendes Handeln zu bekräftigen. Sie berichtete später, dass sie jeden Abend nicht nur für eine, sondern für zwei Personen den Tisch deckte. Sie traf Vorbereitungen dafür, dass Gavin zurückkommen würde.

Drei Jahre später klopfte es an der Haustür. Sie öffnete und vor ihr stand Gavin. Sie lächelte und sagte: „Komm rein. Dein Essen wird kalt." Bald darauf heirateten sie wieder.

Wie warten Sie auf das Gute, das Gott für Sie bereithält? Lernen Sie, voller Erwartung zu warten! Beginnen Sie jeden Tag damit, dass Sie Ihre Saat gießen, indem Sie Gott dafür danken, dass die Antwort schon unterwegs ist. Gehen Sie dann noch einen Schritt weiter, und beginnen Sie, Vorbereitungen für die Erfüllung der Träume zu treffen, die Gott Ihnen ins Herz gelegt hat. Reden Sie, als würde es geschehen, handeln Sie, als würde es geschehen. Behalten Sie die richtige Einstellung bei. Wenn Sie das tun, verspricht Gott, dass er Ihnen, wenn die Zeit gekommen ist, geben wird, was Sie brauchen.

Kapitel 31

Bewahren Sie sich Ihre Leidenschaft für das Leben

Wenn Sie sich weiterentwickeln und immer mehr so werden wollen, wie Gott Sie gedacht hat, ist es äußerst wichtig, dass Sie das Gute zu schätzen wissen, das Gott bereits für Sie getan hat. Allzu viele Menschen haben aber leider ihre Leidenschaft für das Leben verloren. Ihnen ist die Begeisterung abhanden gekommen. Früher hatten sie einmal große Träume; sie standen jeden Morgen voller Elan und Enthusiasmus auf. Aber nun begeistern ihre Träume sie nicht mehr – vielleicht haben sie zu viele Enttäuschungen erlebt, vielleicht ist der Druck, der tagtäglich auf ihnen lastet, zu groß, oder vielleicht ist einfach so viel Zeit vergangen, dass sie nicht länger daran glauben, ihre Träume verwirklichen zu können. Sie haben ihr Feuer verloren.

Früher waren sie vielleicht begeistert von dem Menschen, mit dem sie verheiratet sind. Sie waren leidenschaftlich verliebt, aber inzwischen ist die Beziehung schal geworden. Sie funktionieren nur noch wie Roboter, stehen auf, gehen zur Arbeit, kommen nach Hause. Aber Gott möchte nicht, dass wir so leben. Wir sollten jeden Morgen voller Begeisterung aufstehen und gespannt sein auf das, was vor uns liegt. Wir sollten dankbar sein, dass wir leben, dankbar für die Möglichkeiten, die sich uns eröffnen, dankbar für die Menschen in unserem Umfeld.

Angesichts der Tatsache, dass das Leben zum größten Teil aus Routine besteht, kann alles langweilig werden, wenn wir es zulassen. Sie haben vielleicht einen interessanten Job, aber es kann sein, dass er Ihnen irgendwann keinen Spaß mehr macht. Sie können mit einer netten, liebevollen, charmanten Person verheiratet sein, aber wenn Sie diese Beziehung nicht nähren und etwas in sie investieren, wird sie wahrscheinlich im Laufe der Zeit erkalten.

Wir müssen daran arbeiten, wenn wir schwungvoll und lebendig bleiben wollen. Es geschieht nicht automatisch. Wir müssen uns selbst jeden Tag von Neuem anfeuern. Paulus schrieb seinem Schüler Timotheus: „Lass die Gabe wieder aufleben, die Gottes Geist in dich gelegt hat" (2. Timotheus 1,6). In der Einheitsübersetzung heißt es sogar: *„Entfache die Gnade Gottes wieder."* Paulus sagte also: „Lass dein Feuer nicht ausgehen, Timotheus. Behalte deine Leidenschaft für das Leben. Lass dir die Begeisterung für deine Träume nicht rauben."

> Schauen Sie nicht länger auf das, was in Ihrem Leben nicht so toll läuft, und beginnen Sie, für das zu danken, was gut ist.

Vielleicht fällt es Ihnen im Moment schwer, sich für Ihr Leben zu begeistern; halten Sie aber dennoch Ihre Hoffnung lebendig. Vielleicht flackert Ihr Feuer nur noch ein bisschen und ist kurz davor auszugehen. Sie sind vielleicht nah dran, einen Ihrer Träume aufzugeben. Oder vielleicht leben Sie in einer Beziehung, die etwas abgekühlt ist. Aber die gute Nachricht lautet: Das Feuer ist noch da, und wenn Sie Ihren Beitrag leisten, um die Flamme anzufachen, kann die Leidenschaft wieder erwachen. Das bedeutet: Statt sich durch den Tag zu schleppen und alle möglichen Gründe dafür zu finden, warum Sie unglücklich sind, müssen Sie Ihren Blickwinkel verändern. Schauen Sie nicht länger auf das, was in Ihrem Leben nicht so toll läuft, und beginnen Sie, für das zu danken, was gut ist. Ihre Einstellung sollte sein: „Ich werde mein Leben nicht niedergeschlagen und deprimiert leben. Meine Träume sind vielleicht noch nicht in Erfüllung gegangen. Es gibt vielleicht noch ein paar Hindernisse auf meinem Weg, aber ich weiß, Gott hat immer noch alles unter Kontrolle, und er hält gute Dinge für mich bereit. Darum werde ich jeden Morgen, wenn ich aufstehe, auf das gespannt sein, was mich erwartet."

In Ihrem Leben ist vielleicht nicht alles vollkommen, aber wenn Sie nicht lernen, in der Situation glücklich zu sein, in der Sie sich befinden, werden Sie es nie sein. Vielleicht haben Sie nicht die perfekte Arbeitsstelle, aber Sie sollten Gott dafür danken, dass Sie wenigstens nicht arbeitslos sind. Viele wären froh, wenn sie Ihre Stelle hätten. Fachen Sie das Feuer an und arbeiten Sie mit Begeisterung. Schleppen Sie sich nicht mit saurer Miene zur Arbeit und surfen Sie dort nicht den halben Tag im Internet. Geben Sie Ihrem Chef 100 Prozent. Erledigen Sie Ihre Arbeit mit ganzem Einsatz und so gut Sie können. Begeistern Sie sich für Ihre Aufgaben. Jeder andere wird vielleicht nachlässig; jeder andere hat vielleicht eine miese Einstellung. Aber Sie sind nicht jeder andere – Sie sind ein Kind des allerhöchsten Gottes. Tragen Sie nicht zu dem Problem bei – tragen Sie zu seiner Lösung bei.

Begeisterung ist ansteckend. Wenn Sie mit einem Lächeln auf dem Gesicht am Arbeitsplatz erscheinen und Lebensfreude ausstrahlen, wird das über kurz oder lang auf Ihre Kollegen abfärben. Dank Ihnen wird sich die ganze Atmosphäre dort verbessern.

In der Bibel steht: „Werdet im Eifer nicht nachlässig, sondern lasst euch vom Geist Gottes entflammen" (Römer 12,11). Setzen Sie sich Tag für Tag leidenschaftlich für das ein, was Ihnen am Herzen liegt? Sind Sie dankbar für Ihr Haus oder Ihre Wohnung?

„Ach, ich wohne in einem winzigen Apartment", sagen Sie vielleicht. „Ich finde es schrecklich. Ich wünschte, ich hätte ein eigenes Haus."

Nein, Sie müssen lernen, genau dort glücklich zu sein, wo Sie stehen. Es ist nicht in Gottes Sinne, wenn wir uns ständig beschweren und über all das nachgrübeln, was in unserem Leben schlecht ist. Sie wohnen vielleicht nicht in Ihrem Traumhaus, aber Sie sollten Gott dafür danken, dass Sie ein Dach über dem Kopf haben.

„Mein Mann und ich haben überhaupt nichts gemeinsam. Wir verstehen uns einfach nicht mehr."

Gut, er ist vielleicht nicht der ideale Ehemann. Aber Sie können Gott dafür danken, dass Sie zumindest jemanden haben, den Sie lieben können. Wissen Sie, wie viele Menschen heute einsam sind? Ob Sie es glauben oder nicht, manch eine Frau wäre froh, wenn sie Ihren Mann hätte. Seien Sie dankbar für Ihren Mann. Seien Sie dankbar für Ihre Frau.

Wir sollten begreifen, dass jeder Tag ein Geschenk Gottes ist. Wie schade wäre es doch, wenn wir auch nur einen davon in einer düsteren, niedergeschlagenen Verfassung verbringen würden!

Sicher, wir alle müssen auf unserem Lebensweg Hindernisse

überwinden und Herausforderungen bestehen, aber unsere Einstellung sollte sein: „Gott sei Dank – ich bin am Leben. Ich lebe in einem freien Land. Ich habe eine Familie. Ich habe Chancen. Darum werde ich diesen Tag so gut wie möglich nutzen und mein Bestes geben."

„Das würde ich ja gern tun, Joel, aber ich habe gerade erfahren, dass ich nächstes Wochenende arbeiten muss ... Ich muss auf Geschäftsreise ... Ich muss den ganzen Tag auf diese Kinder aufpassen ..."

Nein, Sie *müssen* nichts von alledem tun – Sie *dürfen* es tun. Gott ist derjenige, der Ihnen das Leben geschenkt hat. Sie könnten am nächsten Wochenende keine Überstunden machen, wenn Gott Ihnen nicht diese Tür geöffnet hätte. Sie müssen Ihren Blickwinkel ändern. Tun Sie die Dinge nicht, weil Sie dazu verpflichtet sind – tun Sie sie in einer dankbaren Haltung. Mit anderen Worten: „Ich *muss* heute nicht arbeiten gehen, ich *darf* arbeiten gehen. Ich *muss* nicht auf diese Kinder aufpassen – diese Kinder sind ein Segen, und ich *darf* auf sie aufpassen. Ich *muss* nicht geben, ich *darf* geben."

In der Bibel steht: „Wenn ihr mir bereitwillig gehorcht, werdet ihr die Früchte des Landes essen" (Jesaja 1,19; NL). Es ist eine Sache zu gehorchen. Das ist gut. Es ist besser, als es nicht zu tun. Aber wenn Sie wirklich in den Genuss dessen kommen wollen, was Gott für Sie geplant hat, müssen Sie mehr tun als nur gehorchen. Sie müssen *bereitwillig* gehorchen. Sie müssen es mit der richtigen Einstellung tun.

Es ist zum Beispiel eine Sache, zu geben, weil Sie dazu verpflichtet sind. Es ist eine andere Sache, zu geben, weil Sie es wollen. Es ist eine Sache, zur Arbeit zu gehen, damit Geld auf Ihr Konto kommt. Es ist eine andere Sache, zur Arbeit zu gehen, damit Sie jemandem zum Segen werden können. Es ist eine Sache, mit Ihrem Ehepartner zusammenzubleiben, weil Sie nun einmal verheiratet sind. Vielleicht sehen andere ja auf Sie herab, wenn Sie sich scheiden lassen. Aber es ist eine andere Sache, mit Ihrem Partner zusammenzubleiben und ihn mit Achtung und Respekt zu behandeln und ihm (oder ihr) dadurch zu helfen, sich weiterzuentwickeln. Das zu tun bedeutet, *bereitwillig* zu gehorchen. Wenn Sie das Richtige aus den richtigen Beweggründen heraus tun, gibt es keine Grenzen für das, was Gott in Ihrem Leben tun kann. Es ist wichtig, dass wir über bloßen Gehorsam hinauskommen. Gehorchen ist einfach, das kann jeder. Wenn Sie wirklich über sich selbst hinauswachsen wollen, wagen Sie den nächsten Schritt – tun Sie das Richtige mit der richtigen Einstellung.

> Wenn Sie das Richtige aus den richtigen Beweggründen heraus tun, gibt es keine Grenzen für das, was Gott in Ihrem Leben tun kann.

Roger war niedergeschlagen und mutlos und ging zu seinem Pastor, um sich Rat zu holen. „In meinem Leben läuft überhaupt nichts richtig", sagte er. „Ich bin einfach völlig frustriert."

Der Pastor dachte einen Moment nach und sagte dann: „Gut, machen wir eine einfache Übung." Er holte einen Block hervor und zog in der Mitte einen senkrechten Strich. „Auf die linke Seite schreiben wir all das, was in Ihrem Leben gut ist; alles, was so läuft, wie Sie sich das vorstellen. Und auf die andere Seite schreiben wir all Ihre Probleme und all das, was Sie stört."

Roger lachte skeptisch und sagte: „Na gut, aber da gibt es nichts, das ich auf die Haben-Seite schreiben könnte."

Der Pastor entgegnete: „Das macht nichts. Lassen Sie uns einfach mal anfangen."

Er begann: „Es tut mir so leid, dass Ihre Frau gestorben ist."

Roger erschrak: „Was reden Sie denn da?", fragte er. „Meine Frau ist nicht gestorben. Sie lebt und erfreut sich bester Gesundheit."

„Ach, wirklich?" Der Pastor schrieb auf die Haben-Seite: „Hat eine Frau, die lebt und sich bester Gesundheit erfreut." Dann fuhr er fort: „Ich fühle ja so mit Ihnen – wie schrecklich, dass Ihr Haus abgebrannt ist."

„Was?", rief Roger. „Mein Haus ist nicht abgebrannt. Ich habe ein tolles Haus!"

„Ach, wirklich?", staunte der Pastor, während er auf die Haben-Seite der Liste schrieb: „Hat ein tolles Haus." Dann sagte er: „Es tut mir so leid, dass Sie Ihren Job verloren haben. Man hat Sie einfach entlassen …"

„Wie kommen Sie auf all diesen Blödsinn?", fragte Roger kopfschüttelnd. „Ich habe einen tollen Job."

„Tatsächlich?" Der Pastor zog die Augenbrauen hoch und schrieb: „Hat einen tollen Job."

Jetzt ging Roger langsam ein Licht auf. Er sagte: „Geben Sie mir diese Liste." Der Pastor schob den Block zu Roger hinüber, und dieser fügte ein paar Dutzend weitere Dinge hinzu, die in seinem Leben gut waren. Als er später das Büro des Pastors verließ, hatte er eine ganz neue Einstellung. Seine Umstände hatten sich nicht verändert, aber er betrachtete sie nun aus einem ganz anderen Blickwinkel.

Wir richten unser Augenmerk viel zu oft auf das, was nicht so läuft, wie wir es gerne hätten, und nehmen das, was richtig ist und was gut läuft, als selbstverständlich hin. Wenn Sie sich hingegen auf das Gute konzentrieren, werden Sie feststellen, dass Ihre Begeisterung und Ihre Leidenschaft wachsen. Wenn Sie frustriert sind, weil Ihnen immer nur all das auffällt, was nicht gut läuft, sollten auch Sie eine Liste mit all den Dingen erstellen, für die Sie dankbar sein können. Schreiben Sie all die Dinge auf, mit denen Gott Sie gesegnet hat. Wenn Sie gesund sind, schreiben Sie es auf: „Ich bin gesund." Wenn Sie sehen können, schreiben Sie es auf: „Ich kann sehen." Wenn Sie gutaussehend sind, schreiben Sie es auf: „Ich sehe gut aus." Wenn Sie Arbeit haben, schreiben Sie: „Ich habe Arbeit."

„Ich habe eine Familie ... Ich habe gute Freunde ... Ich habe tolle Kinder ..." Erstellen Sie eine Liste, und lesen Sie sie jeden Tag, bevor Sie aus dem Haus gehen, zwei- oder dreimal durch. Es ist wichtig, dass Ihre Gedanken sich mit den richtigen Dingen beschäftigen, denn Ihr Leben wird die Richtung nehmen, die auch Ihre Gedanken nehmen.

Sorgen Sie jeden Tag als Erstes für die richtige Grundstimmung. Wenn Sie in einer dankbaren Haltung und mit positiven Gedanken aus dem Haus gehen, werden Sie sich nicht nur viel besser fühlen, Sie werden auch das Gute anziehen, das Gott Ihnen schenken will. Wir ziehen das an, worum unsere Gedanken kreisen. Wenn Sie schon beim Aufstehen denken: *Mein Leben ist wirklich mies. Mir widerfährt nie etwas Gutes. Ich weiß, meine Ehe wird kaputtge-*

hen, dann ziehen Sie Niederlagen, Versagen und Mittelmäßigkeit an. Wenn Sie jedoch lernen, den Spieß herumzudrehen, den Tag in einer dankbaren Haltung angehen und darüber nachdenken, wie gut Gott zu Ihnen gewesen ist, werden Sie noch mehr von seiner Güte erfahren.

> Wir ziehen das an, worum unsere Gedanken kreisen.

Manchmal liegen wir im Bett und denken: *Ich will heute nicht zur Arbeit gehen ... Ich habe so viele Probleme ... Ich habe die Nase voll davon, dieses Haus zu putzen.*

Leider haben Sie gerade den Weg für einen lausigen Tag geebnet. Sie haben sich innerlich darauf eingestellt, bei irgendetwas zu scheitern.

Wenn solche finsteren, entmutigenden Gedanken in Ihnen hochkommen, müssen Sie etwas dagegen unternehmen. Holen Sie Ihre Liste heraus und lesen Sie sie durch. Erinnern Sie sich selbst daran: „Ich lebe. Ich bin gesund. Ich habe eine tolle Frau. Ich habe wunderbare Kinder. Ich habe so viel Gutes." Hängen Sie diese Liste an Ihren Badezimmerspiegel, legen Sie sie auf Ihren Schreibtisch oder irgendwo hin, wo Sie sie im Laufe des Tages sehen. Lesen Sie sie gelegentlich durch, während Sie Ihren Alltagsbeschäftigungen nachgehen. Sie wird Ihnen helfen, sich die Begeisterung für Ihr Leben zu bewahren.

Wenn Sie Ihre Leidenschaft anfachen wollen, sollten Sie sich darüber hinaus neue, interessante Ziele setzen. Manche Menschen haben ihre Begeisterung für das Leben verloren, weil sie sich überhaupt nichts vornehmen. Aber Gott hat uns dazu erschaffen, dass wir uns immer nach irgendetwas ausstrecken, das außerhalb unserer gegenwärtigen Reichweite liegt. Wenn Sie antriebslos sind, wenige Träume haben und sich keine realistischen Ziele setzen, werden Sie unweigerlich in Ihrer Entwicklung steckenbleiben. Wenn Sie jedoch ständig ein interessantes Ziel verfolgen, werden Sie voller Energie und Begeisterung leben. Ihr Ziel braucht nicht wahnsinnig hoch gesteckt oder edel zu sein. Sie können sich vornehmen, Ihren Schulabschluss zu machen, ein besserer Vater zu werden oder sich um eine Lohnerhöhung zu bemühen. Aber nehmen Sie sich immer etwas vor. Entwickeln Sie sich ständig weiter, und sorgen Sie dafür, dass Sie nie selbstzufrieden werden. Und wenn Sie ein Ziel erreicht haben, dann setzen Sie sich sofort ein neues. Bleiben Sie in Bewegung. Halten Sie Ausschau nach neuen Herausforderungen.

Wenn Sie krank sind, dann träumen Sie davon, gesund zu werden. Wenn Sie Schulden haben, dann lassen Sie Ihren Traum sein: „Ich werde meine Schulden loswerden und auch anderen Menschen finanziell unter die Arme greifen." Stehen Sie jeden Tag in der Gewissheit auf, dass Sie diesem Ziel immer näher kommen.

„Ach, Joel, ich bin doch schon in Rente", sagen Sie vielleicht. „Ich will es lieber langsam angehen lassen und mache mir keinen Stress mehr." Nein, auch wenn Sie nicht mehr berufstätig sind – Gott hat weiterhin Pläne und Aufgaben für Sie. Es ist nicht gut, ziellos in den Tag hineinzuleben.

Vor Jahren lernten mein Vater und ich Jacques Cousteau kennen, den berühmten Meeresforscher. Wir flogen über den Amazonas und Cousteau befand sich im selben Flugzeug. Unterwegs kamen wir ins Gespräch. Der Forscher war schätzungsweise Anfang 80, aber er war von unglaublichem Enthusiasmus erfüllt. Er berichtete uns von einem neuen Projekt, an dem er arbeitete, und erläuterte es in allen Einzelheiten. Kurz bevor wir uns verabschiedeten, erzählte er uns von seinem Zehnjahresplan und all dem, was er noch zu erreichen hoffte. Ich dachte: *Die meisten Menschen in seinem Alter denken höchstens noch an nächste Woche oder den nächsten Tag. Aber Jacques Cousteau macht Pläne für die nächsten zehn Jahre.* Kein Wunder, dass er vor Leben nur so sprühte.

Wenn Sie Hausfrau und Mutter sind, dann seien Sie es mit Begeisterung. Tun Sie es mit ganzem Herzen. Vielleicht träumen Sie davon, ein Geschäft zu eröffnen, ein eigenes Haus zu besitzen oder in den vollzeitlichen Dienst zu gehen. Behalten Sie Ihren Traum im Auge, und tun Sie alles, was in Ihrer Macht steht, damit er Wirklichkeit wird.

In Sprüche 29, Vers 18 heißt es treffend: „Ohne prophetische Weisung wird ein Volk zügellos." Die „Neues Leben"-Übersetzung gibt den Vers mit den Worten wieder: „Wenn ein Volk das prophetische Wort nicht annimmt, verliert es jeden Halt." Im Haus meines Vaters stand überall, wo er arbeitete, ein Globus – an seinem Lieblingssessel, wo er in der Bibel las, und auf dem Schreibtisch in seinem Büro. Mein Vater träumte davon, auf der ganzen Welt die Botschaft von der Liebe Gottes zu verkünden, und der Globus erinnerte ihn daran. Als er im fortgeschrittenen Alter regelmäßig zur Dialyse musste, bat er uns herauszufinden, ob es auch in Indien Dialysestationen gab. Obwohl es ihm letztlich dann nicht möglich war, nach Indien zu reisen, nachdem er mit der Dialyse begonnen hatte, hinderte ihn das nicht daran zu träumen. Im Gegenteil, dieser Traum gehörte zu den Dingen, die ihm halfen, trotz seiner Erkrankung jeden Tag voller Elan anzugehen.

Vielleicht sehen auch Sie sich mit einigen Hindernissen oder Herausforderungen konfrontiert. Halten Sie trotzdem an Ihren Träumen fest. Gott hat immer noch wichtige Aufträge für Sie. Wie auch immer die Situation rein menschlich betrachtet aussehen mag – halten Sie Ihre Träume wach. Vielleicht sind Sie eine Mutter mit kleinen Kindern und ernsthaft erkrankt. Sorgen Sie dafür, dass Sie immer ein Bild von Ihren Kindern vor Augen haben. Sagen Sie sich jeden Morgen, wenn Sie aufstehen: „Ich werde hier sein, um meine Kinder großzuziehen. Ich werde leben und nicht sterben."

Oder vielleicht haben Sie finanziell zu kämpfen, aber Sie träumen davon, ein eigenes Haus zu besitzen. Halten Sie diesen Traum wach! Hängen Sie ein Bild von dem Haus auf, das Sie gern hätten. Halten Sie es sich vor Augen. Sie brauchen etwas, worauf Sie zustreben können. Arbeiten Sie fleißig, sparen Sie, und treffen Sie kluge finanzielle Entscheidungen – dann werden Sie staunen, wie bald Ihr Traum Wirklichkeit werden kann.

Denken Sie an das Wunder

Manchmal verlieren wir unsere Begeisterung, weil das, was für uns einmal ein Wunder war, alltäglich geworden ist. Wir gewöhnen uns daran und es ist nichts Besonderes mehr. Sie haben gebetet und geglaubt, und Sie wissen, dass Gott Ihnen diese Tür geöffnet hat. Gott hat ein Wunder vollbracht und Ihnen diese Arbeitsstelle geschenkt, und Sie konnten es gar nicht erwarten, jeden Morgen zur Arbeit zu gehen. Sie haben alles gegeben, was Sie hatten. Aber jetzt, ein paar Jahre später, hat es seine Anziehungskraft verloren. Es ist Routine geworden – die Arbeit macht Ihnen keine rechte Freude mehr und Sie haben den Mut verloren. Wissen Sie, was passiert ist?

Sie haben zugelassen, dass Ihr Wunder alltäglich geworden ist. Sie müssen wieder einige Schritte zurückgehen und sich daran erinnern, wie Gott Sie dorthin gebracht hat, wo Sie jetzt stehen. Sie müssen das Feuer neu entfachen.

Ein Freund von mir beklagte sich unablässig über seinen Job. Er erzählte mir, wie schlecht sein Arbeitgeber ihn behandelte. Dass er für seine Arbeit nicht gut genug bezahlt würde. Dass er seinen Vorgesetzten nicht leiden könnte. Es war immer wieder dasselbe. Eines Tages gab die Unternehmensleitung bekannt, dass aufgrund von Rationalisierungsmaßnahmen etwa die Hälfte der Mitarbeiter entlassen würde. Es sah ganz danach aus, als wäre mein Freund einer davon. Erstaunlicherweise begann dieser, seine Arbeit plötzlich wirklich zu mögen. Im letzten Moment beschloss die Unternehmensleitung, ihn doch zu behalten, und Sie hätten mal sehen sollen, wie sehr er sich gefreut hat!

Es ist interessant, wie solche Dinge unsere Perspektive verändern können. Ihre Arbeit gefällt Ihnen vielleicht viel besser, wenn Sie sich klarmachen, dass Sie sie eines Tages verlieren könnten.

Oder vielleicht würden Sie sich viel stärker in Ihre Ehe einbringen, wenn Sie damit rechnen müssten, Ihren Ehepartner bald zu verlieren. Sie waren einmal so verliebt, dass Sie den Blick nicht von ihm oder ihr abwenden konnten. Aber im Laufe der Jahre ist die Beziehung erstarrt und Sie sind einander fremd geworden. Sie genießen das Zusammensein nicht mehr. Sie haben keine Zeit für Umarmungen, Küsse und Komplimente. Sie sind zu beschäftigt, um abends miteinander zu reden. Sie könnten ja Ihre Lieblingssendung verpassen.

Nein, nehmen Sie Ihr Gegenüber nicht als selbstverständlich hin. Tun Sie, was immer erforderlich ist, um das Knistern wiederzufinden und die Liebe, die Sie anfänglich füreinander empfunden haben, neu zu entfachen. Bringen Sie frischen Wind in Ihre Ehe. Lösen Sie sich aus der üblichen Routine und machen Sie mal etwas anderes.

Auch ich bin ein Gewohnheitsmensch, und es kostet mich einige Überwindung, aus meiner üblichen Routine auszubrechen. Victoria und ich unternehmen zum Beispiel fast jeden Freitagabend etwas miteinander. Meist gehen wir einfach nur essen, nehmen uns Zeit für Gespräche und genießen es, zusammen zu sein. Aber wir haben auch schon abenteuerlichere Dinge ausprobiert. Vor Kurzem waren wir Gocart fahren. Und einmal haben wir unsere Fahrräder genommen und sind eine Runde durch den Park geradelt.

Es erfordert ein bisschen Einsatz und Fantasie, aber es ist durchaus möglich, frischen Wind in eine Beziehung zu bringen. Halten Sie Ihre Begeisterung für Ihr Gegenüber wach. Lassen Sie dieses Wunder, diese Beziehung zu dem Menschen, den Gott in Ihr Leben gebracht hat, nicht so normal werden, dass Sie es als selbstverständlich hinnehmen.

Vielleicht waren Sie einmal überglücklich über das Haus, das Gott Ihnen geschenkt hat. Sie haben gebetet, Sie haben geglaubt, und Sie wissen, dass Gott Ihnen diese Tür geöffnet hat. Aber jetzt denken Sie: *Ich muss alles putzen, die Dachrinnen sind verstopft, und meine Spülmaschine ist kaputt. Und dann erst diese hohen Steuern ...* Sie richten Ihr Augenmerk auf die falschen Dinge. Gott hat Sie mit diesem Haus gesegnet. Es war einmal ein Traum, der Wirklichkeit geworden ist. Lassen Sie nicht zu, dass es nichts Besonderes mehr ist.

Wir sollten nie aufhören, über das zu staunen, was Gott getan hat. Jedes Mal, wenn ich an unserem Gemeindezentrum vorbeifahre, staune ich. Und ich habe beschlossen, dass ich auch in 20

Jahren noch staunen werde. Wenn ich auf den Parkplatz fahre, sage ich: „Gott, du hast mehr getan, als wir jemals erbitten oder uns ausdenken konnten."

Gott ließ der Gemeinde in Ephesus mitteilen: „Etwas habe ich an euch auszusetzen: Eure Liebe ist nicht mehr so wie am Anfang" (Offenbarung 2,4). Mit anderen Worten: „Ihr seid nicht mehr so begeistert von dem, was ich für euch getan habe." Allzu oft passiert uns dasselbe. Wir lassen zu, dass das, was einmal so wunderbar war, alltäglich wird, und wissen es nicht mehr so zu schätzen.

Ich hörte einmal, wie ein Reporter einen berühmten Herzchirurgen fragte, wie er sich seine Begeisterung bewahre. Der Arzt hatte ein bestimmtes Verfahren entwickelt und es mehr als tausendmal durchgeführt. Die Operation galt inzwischen als Routineeingriff.

Der Reporter erkundigte sich: „Wird es Ihnen nie langweilig, das zu tun?"

„Nein", entgegnete der Mediziner. „Ich führe jede Operation so durch, als wäre sie meine erste."

Er sagte damit: „Ich betrachte das, was Gott mir zu tun gestattet, als etwas Besonderes. Ich will es nicht so alltäglich werden lassen, dass es mich nicht mehr begeistert."

Vielleicht hat Gott tolle Dinge in Ihrem Leben getan. Er hat Sie weitergebracht, als Sie sich je hätten träumen lassen. Er hat Sie mit großartigen Menschen zusammengeführt. Er hat Ihnen außergewöhnliche Türen geöffnet. Gewöhnen Sie sich nicht so sehr an diese Dinge, dass sie Sie nicht mehr vom Stuhl reißen. Bewahren Sie sich Ihre Leidenschaft; leben Sie jeden Tag voller Begeisterung.

Manchmal bekomme ich mit, dass jemand sich über seine Kinder beklagt. „Ach, mein Leben wäre bestimmt aufregender, wenn ich nicht den ganzen Tag zu Hause bleiben und für meine Kinder sorgen müsste."

Nein, das sehen Sie falsch. Ihre Kinder sind ein Wunder, und wenn Sie einen Beweis dafür brauchen, denken Sie einfach an den Tag zurück, an dem sie zur Welt kamen. Wahrscheinlich sind Ihnen Tränen übers Gesicht gelaufen, so überglücklich waren Sie damals. Sie wussten, dass jedes Kind ein Geschenk Gottes ist. Lassen

Sie nicht zu, dass dieses ehrfürchtige Staunen über Gottes Wunder mit der Zeit verblasst.

Vor Kurzem war ich etwas gehetzt und versuchte, die Familie zusammenzutrommeln und ins Auto zu scheuchen. Irgendjemand hatte uns einmal einen Etikettendrucker geschenkt – einen kleinen Apparat, mit dem man Etiketten drucken kann –, und unsere Kinder liebten es, damit zu spielen. Jonathan hatte gerade den Etikettendrucker am Wickel und tippte etwas hinein.

Ich sagte: „Leg das Ding weg, Jonathan. Wir müssen los."

Er erwiderte: „Gib mir noch ein paar Sekunden, Daddy. Ich will das fertigmachen."

„Nein, Jonathan", insistierte ich. „Leg es weg. Wir müssen fahren."

So ging es ein paar Mal hin und her und ich wurde immer nervöser. Schließlich war er fertig und druckte das Etikett aus. Darauf stand: „BESTER PAPPI DER WELT."

Ich dachte so bei mir: *Vielleicht können wir ein bisschen bleiben und noch ein paar solcher Etiketten drucken!*

Manchmal sind wir so gehetzt, dass uns die Wunder entgehen, die auf unserem Weg liegen. Nehmen Sie sich Zeit für Ihre Kinder. Schauen Sie ihnen jeden Tag in die Augen, und sagen Sie ihnen, wie sehr Sie sie lieben und wie stolz Sie auf sie sind. Denken Sie an das Glück und die Erfüllung, die sie Ihnen schenken. Schon das sollte genügen, um uns jeden Tag voller Freude und Elan aufstehen zu lassen. Und wenn Sie es satt haben, hinter ihnen herzuräumen, oder Gefahr laufen, in ein Loch zu fallen, dann lernen Sie, den Spieß herumzudrehen. Sagen Sie: „Vater, danke für diese Kinder. Danke für jedes dieser Geschenke, die du mir gemacht hast."

Wir sind von Wundern umgeben. Die Menschen in Ihrem Leben, die Türen, die Gott geöffnet hat, die Dinge, die Ihnen widerfahren sind, sind kein Zufall. Es war die Gunst Gottes, die dafür gesorgt hat, dass Sie zur rechten Zeit am rechten Ort waren. Sie sind jemandem begegnet und haben sich verliebt. Oder Sie konnten die Finanzierung für ein Haus auf die Beine stellen, obwohl das nach menschlichem Ermessen unmöglich war. Oder Sie wurden unerwartet befördert. Das sind keine Zufälle. Gott hat Ihre Schritte gelenkt, also sollten Sie diese Erfahrungen nicht als selbstverständlich hinnehmen.

Worauf konzentrieren Sie sich heute? Sind Sie dabei, sich weiterzuentwickeln? Haben Sie Frieden in Ihrer Familie, im Herzen und in Gedanken? Sind Sie glücklich und ausgeglichen? Genießen Sie Ihr Leben? Wir müssen begreifen, dass jeder Tag einzigartig und unersetzlich ist. Wir müssen das Beste daraus machen und ihn so leben, als wäre es unser letzter.

> Wir sind von Wundern umgeben.

Ein älteres Ehepaar, mit dem ich befreundet bin, war in dieser Hinsicht ein wunderbares Vorbild. Sie lächelten gerne und versuchten stets, andere zu ermutigen. Alle liebten sie, besonders junge Menschen. Zudem behandelten sie sich gegenseitig auch nach jahrzehntelanger Ehe noch mit Achtung und Respekt.

Die Frau starb dann mit Mitte 80. Bei der Beerdigung erzählte der Mann, der ebenfalls schon in den Achtzigern war, eine interessante Geschichte: „Vor etwa 15 Jahren hatte ich einen Herzinfarkt. Als meine Frau ins Krankenhaus kam, sagte sie: ‚Liebling, das zeigt uns, wie zerbrechlich das Leben ist. Du hättest tot sein können. Von heute an will ich, dass wir uns jeden Abend, bevor wir ins Bett gehen, siebenmal küssen. Einfach, um zu zeigen, dass wir uns lieb haben und dass wir einander nicht als selbstverständlich hinnehmen.' Und so sind wir in den letzten 15 Jahren nie schlafen gegangen, ohne uns vorher siebenmal zu küssen."

Finden Sie das nicht auch toll? Diese Frau lebte jeden Tag so, als könnte es ihr letzter sein. Sie starb an einem Dienstag, aber noch am Montagabend hatte sie ihren Mann siebenmal geküsst. Am Montagabend sagte sie ihm, wie sehr sie ihn liebte. Und als ihr irdisches Leben vorüber war, hatte sie nichts zu bereuen. Sie hatte jeden Tag zu einem besonderen Tag gemacht. Auch am letzten Tag ihres Lebens war sie liebevoll, fürsorglich und von Frieden erfüllt gewesen und hatte jeden Augenblick genossen. So will ich auch leben.

Glauben Sie mir, dieser Tag ist ein Geschenk – also machen Sie das Beste daraus. Schütteln Sie alles ab, was auch nur im Entferntesten an Selbstmitleid oder Mutlosigkeit erinnert, und finden Sie einen Grund, dankbar zu sein.

Wenn Sie wirklich erfüllt und glücklich sein wollen, dann zählt vor allem Ihre Einstellung zum Leben. Ich hörte einmal eine Geschichte von zwei Männern, die Patienten im selben Krankenhauszimmer waren. Jeden Tag berichtete derjenige, der am Fenster lag, seinem Zimmergenossen, was er draußen sah. Er beschrieb es in allen Einzelheiten, damit der andere die Aussicht genießen konnte, obwohl er ans Bett gefesselt war.

„Heute sehe ich einen herrlichen Sonnenaufgang", sagte er. „Die Kinder spielen draußen. Die Bäume blühen" und so weiter. Jeden Tag freute sich der bettlägerige Patient darauf, zu hören, was sein Zimmergenosse von der Welt dort draußen berichtete. Es war für ihn der Höhepunkt des Tages.

Eines Tages war der Patient, der am Fenster lag, ganz aufgeregt. „Oh, wenn du das sehen könntest! Da kommt eine Parade vorbei – vorne marschiert eine Kapelle, und dann lauter Kinder und Erwachsene, die irgendetwas feiern und unglaublich viel Spaß haben!"

Einige Wochen darauf starb der Patient am Fenster, und sein Freund fragte die Schwester, ob er nun den Platz am Fenster haben könnte, damit er all die tollen Dinge sah, die sich draußen ereigneten.

„Natürlich", antwortete die Schwester und schob sein Bett ans Fenster. Aber als der Mann hinausschaute, sah er zu seiner großen Überraschung nur eine Mauer. Etwa fünf Meter entfernt stand ein anderer Flügel des Krankenhauses. Der Patient rief die Schwester zurück und sagte: „He, warten Sie mal! Was soll das heißen? Mein Freund, der gestorben ist, hat mir ein paar Wochen lang all diese tollen Dinge beschrieben, und ich sehe nur eine Wand!"

Die Schwester lächelte und entgegnete: „Haben Sie denn nicht gemerkt, dass Ihr Freund blind war? Er hat all diese schönen Dinge nur mit seinen inneren Augen gesehen."

Was auch immer in Ihrem Leben geschieht, Sie können das Gute daran entdecken, wenn Sie Ausschau danach halten. Wenn wir die richtige Einstellung haben, können wir die Sonne sehen, auch wenn der Himmel bedeckt ist. Wir können fröhlich sein und uns jeden Tag besser fühlen, auch wenn die Dinge nicht so laufen, wie wir es gern hätten.

Ich bete dafür, dass Gott uns ein dankbares Herz schenkt, damit wir unseren Blick immer auf das Gute richten und das Leben nie selbstverständlich nehmen. Wenn Sie Gott Tag für Tag vertrauen und so leben, wie es seinem Plan für Ihr Leben entspricht, werden Sie glücklicher und gesünder sein und Dinge erleben, die Sie nie für möglich gehalten haben.

Beschließen Sie, dass Sie jeden Tag voller Begeisterung leben werden. Denken Sie jeden Morgen über all die Dinge nach, für die Sie dankbar sein können. Wenn nötig, machen Sie eine Liste. Lesen Sie sie immer wieder durch, und dann gehen Sie jeden Tag los und verfolgen Sie die Träume, die Gott Ihnen ins Herz gelegt hat.

In der Bibel steht: „Richtet also eure Gedanken nach oben und nicht auf die irdischen Dinge!" (Kolosser 3,2). Ich glaube, Paulus meint damit, dass wir unsere Gedanken auf Positives richten sollen. Also beginnen Sie jeden Tag damit, dass Sie Ihre Gedanken auf etwas Konkretes ausrichten. Rechnen Sie damit, Erfolg zu haben und Siege zu erringen. Stellen Sie sich darauf ein, diesen Tag zu genießen. Und dann breiten Sie die Flügel aus und lassen Sie sich vom Wind Gottes erfassen!

Denken Sie daran: Gott hat die Saat in Sie gelegt, Großes zu erreichen. Sie wurden nicht dazu erschaffen, auf der Stelle zu stehen. Lassen Sie sich nicht von Selbstzufriedenheit lähmen – entwickeln Sie sich weiter, strecken Sie sich nach Höherem aus. Ihre besten Tage liegen noch vor Ihnen!

Sie ahnen ja nicht, was Gott für Sie bereithält – es ist weit großartiger, als Sie es sich überhaupt vorstellen können. Wenn Sie sich stets nach Höherem ausstrecken, Ihr Leben verbessern und danach streben, Ihr gesamtes Potenzial zu entfalten, werden Sie nicht nur Ihre Träume verwirklichen, sondern weit über sich selbst hinauswachsen und mehr aus Ihrem Leben machen, als Sie je für möglich hielten.

Praktische Schritte

Teil 7: Bewahren Sie sich die Leidenschaft für das Leben

1. Heute werde ich nach praktischen Möglichkeiten Ausschau halten, wie ich voller Leidenschaft leben kann. Ich werde die Gewohnheit entwickeln, ganz bewusst zu lächeln. Ich werde Gott in meinem Herzen ein Loblied singen, ungeachtet der äußeren Umstände. Ich werde eine dankbare Einstellung haben und diesen Tag als Geschenk betrachten.

2. Ich werde an positiven Dingen festhalten, mich darauf vorbereiten, dass ich mit Gottes Hilfe erfolgreich sein kann, und erwarten, dass er mir Gutes tut. In dieser Woche werde ich einem nahestehenden Menschen erzählen, dass ich plane, ein langes, gesundes und gesegnetes Leben zu führen. Ich werde Schritte unternehmen, um mein Leben mit gesunden Aktivitäten zu füllen und alle ungesunden Verhaltensweisen, Einstellungen und Gewohnheiten ablegen.

3. Ich entscheide mich dafür, nicht nur daran zu glauben, dass Gott einen guten Plan für mein Leben hat, sondern es fest zu erwarten. Heute werde ich mich nach etwas ausstrecken, das außerhalb meiner bisherigen Reichweite liegt. Ich werde aktiv neue Ziele verfolgen, sie mir ständig vor Augen halten und damit rechnen, dass ich sie erreichen werde.

4. Ich werde mir immer wieder bewusst machen: Wenn ich wirklich erfüllt und glücklich sein will, dann zählt vor allem meine Einstellung zum Leben. Ich werde ständig nach Möglichkeiten Ausschau halten, wie ich mein Leben verbessern kann. Ich werde freundlich zu anderen sein; ich werde mich

um lebendigere Beziehungen zu den Menschen bemühen, die mir am nächsten stehen, und ich werde aktiv daran arbeiten, meine Beziehung zu Gott zu vertiefen.

5. Ich entscheide mich dafür, diesen Tag voller Leidenschaft und als lebendiges Zeugnis für Gott zu leben. Ich werde meinen Glauben mit Taten bekräftigen und meiner Familie und der Welt ein bleibendes Vermächtnis hinterlassen.

Anmerkungen

[1] siehe Jesaja 54,17
[2] siehe 1. Mose 4,25
[3] siehe 4. Mose 13,31–33
[4] siehe Josua 14,6–14
[5] siehe 2. Korinther 5,17
[6] siehe 1. Mose 2,7
[7] siehe Jesaja 61,7
[8] siehe Philipper 3,13
[9] siehe 1. Johannes 4,4
[10] siehe Psalm 91,16
[11] siehe Sprüche 26,2
[12] siehe Epheser 6,12
[13] siehe Matthäus 5,41
[14] „Dort fanden sie gute, saftige Weiden. Das Land dehnte sich nach allen Seiten weit aus, es war sicher und ruhig. Die früheren Bewohner waren Nachkommen von Noachs Sohn Ham" (1. Chronik 4,40).
[15] siehe 1. Samuel 25,10
[16] Militärstandort in Kentucky, USA, südwestlich von Louisville; größtes amerikanisches Golddepot (Anmerkung der Übersetzerin)
[17] siehe 2. Korinther 3,18
[18] siehe Epheser 1,4–14
[19] siehe Jakobus 3,10
[20] siehe Römer 4,17 (Elberfelder)
[21] siehe 5. Mose 28,12.13
[22] siehe 2. Mose 3,9 bis 4,17
[23] jemand, der andere aufbaut und motiviert (Anmerkung der Übersetzerin)

[24] siehe Lukas 6,43–45
[25] siehe auch 2. Timotheus 3,1–5
[26] siehe Psalm 118,24
[27] Josua 24,15
[28] siehe 2. Könige 3,25
[29] siehe Psalm 140,2–4
[30] Der Autor verwendet hier den Ausdruck „high-maintenance people" als Gegensatz zu dem gebräuchlicheren „low maintenance", das im Deutschen meist mit „pflegeleicht" wiedergegeben wird und ursprünglich für Kleidungsstücke, Maschinen und Ähnliches verwendet wurde. „High-maintenance people" sind also Personen, die ständig ein hohes Maß an Aufmerksamkeit und Einsatz verlangen. (Anmerkung der Übersetzerin)
[31] siehe Johannes 10,29
[32] Der englische Originaltext lautet: „When peace like a river attendeth my way, when sorrows like sea billows roll, whatever my lot, thou has taught me to say, 'It is well, it is well with my soul.'" (Anmerkung der Übersetzerin)
[33] siehe Hebräer 13,5
[34] vgl. Hebräer 4,11
[35] vgl. 1. Thessalonicher 2,13
[36] siehe Psalm 51,9–12
[37] siehe Hebräer 12,15
[38] siehe 2. Korinther 5,20
[39] siehe Hebräer 13,15

Sie sind uns wichtig!

Ich glaube, in jedem Menschen gibt es ein Vakuum, das nur durch eine Beziehung zu Gott gefüllt werden kann. Ich meine damit nicht, dass Sie „fromm" werden oder sich einer bestimmten Gemeinde anschließen sollten. Es geht mir darum, dass Sie durch Jesus Christus, den Sohn Gottes, eine Beziehung zu Ihrem himmlischen Vater bekommen. Ich glaube, dass wir nur dann Frieden und Erfüllung finden.

Ich möchte Sie ermutigen, mit Gott zu reden. Sie könnten beispielsweise folgendes Gebet sprechen: „Herr Jesus, ich glaube, dass du für mich gestorben und von den Toten auferstanden bist, und darum möchte ich nun für dich leben. Ich wende mich von meinen Sünden ab und setze mein Vertrauen auf dich. Ich nehme dich als meinen Herrn und Retter an, und ich bitte dich, von nun an mein Leben zu lenken."

Mit diesem einfachen Gebet kann für Sie ein ganz neues Leben beginnen. Lesen Sie jeden Tag in der Bibel, sprechen Sie im Gebet mit Gott, und besuchen Sie eine bibeltreue Gemeinde. Dort können Sie Freunde finden, die Ihnen helfen, sich geistlich weiterzuentwickeln. Geben Sie Gott den ersten Platz in Ihrem Leben und folgen Sie seinen Weisungen. Er wird Ihnen Dinge zeigen und Sie Wege führen, die Ihr bisheriges Vorstellungsvermögen weit übersteigen!

Wenn Sie mehr darüber erfahren möchten, wie Sie im Glauben wachsen können, dürfen Sie jederzeit Kontakt mit uns aufnehmen. Wir würden uns freuen, von Ihnen zu hören! Schreiben Sie an:

Joel und Victoria Osteen
P. O. Box 4600 • Houston, TX 77210-4600 • USA

Besuchen Sie uns auch im Internet unter: www.joelosteen.com.

⤏ Leben mit einem großen Gott.

Joel Osteen:
Lebe jetzt!
Beginnen Sie heute
Ihr bestes Leben.

Gebunden, 400 Seiten
Best.-Nr. 816 154

„*Gott gebrauchte Joel Osteen, um meinen Blick himmelwärts zu richten und mir neuen Mut zu schenken. Möge er dieses Buch gebrauchen, um in Ihrem Leben das Gleiche zu tun.*"
Max Lucado, Bestsellerautor

Träumen Sie manchmal von einem besseren Leben? Von einer glücklicheren Ehe? Von einer Aufgabe, die Sie stärker ausfüllt? Von tiefgehenderen Beziehungen zu Ihrer Familie und Ihren Freunden? Sind Sie mit Ihrer Lebenssituation unzufrieden?

Dann geht es Ihnen wie vielen Menschen. Sie haben zwar relativ klare Vorstellungen, Ziele und Träume, doch mit der Umsetzung im Alltag klappt es nicht. Immer wieder hindert Sie etwas daran, Ihre Wünsche zu verwirklichen.

Doch Sie können diesen entmutigenden Kreislauf durchbrechen und das volle Potenzial entfalten, das Gott in Sie hineingelegt hat. Joel Osteen zeigt Ihnen, wie Sie Ihr Leben zum Besseren wenden und Erfolg, Freude und Zufriedenheit zu Ihren täglichen Begleitern machen.